KB152175

성공한 나라 불안한 시민

대전환 시대,
한국 복지국가의
새판 짜기

성공한 나라

이태수
이창곤
윤홍식
김진석
남기철
신진욱
반가운

불안한 시민

헤이북스

복합 위험의 시대,
새로운 복지국가를 향하여

집요한 질문의 시간

2016년 그해 겨울, 촛불의 요구는 '나라다운 나라'였다. '민주주의다운 민주주의'였다. 더 평등하고 더 공정한 세상이었다. 탄핵과 심판, 정권 교체는 이 도저한 역사적 요청의 일부였을 뿐이었다.

어느덧 다섯 해가 흘렀다. 다시 '정치의 시간'이다. 우리는 지금 무엇을 해야 하나? 무엇을 논하고 무엇을 되돌아보아야 하나? 언제나 그렇듯 시작은 질문이다. 집요하게 물어야 한다.

'나와 너, 우리의 삶은 얼마나 나아졌는가? 우리 사회는 어디로 가는가? 어디로 가야 하나? 기회는 평등하고 과정은 공정하고 결과는 정의로워졌는가?'

모두가 끊임없이 묻고 답해야 할 질문이다. 그 누구도 아직 뚜렷한 답을 보여주지 못했다. 그렇다고 결코 멈출 수 없다. 새

역사의 시작은 언제나 질문이었지 않은가.

"문재인 정부는 촛불 이후 5년 동안 촛불집회에 내포되어 있던 사회 개혁의 열망을 얼마나 충실히 실현했는가? 과거 참여정부 때와 마찬가지로 경제적 불평등과 불안정 문제를 해결하는 데에 실패했는가? 아니면 정권 출범 때부터 소득 주도 성장, 노동 존중 사회, 포용 복지국가를 모토로 하였던 것처럼 실제로 경제정책의 패러다임을 바꾸고 노동·사회정책에 큰 비중을 두고 변화를 이뤄냈는가?" (신진욱 중앙대 교수)

더 큰 질문도 있다.

"(대한민국은) 성장과 분배의 균형을 보여주는 북유럽형으로 갈 것인가? 아니면 불균형을 보여주는 아메리카형으로 갈 것인가? 더구나 생태 위기로 인하여 기존 화석연료 중심의 생산체제의 전환이 불가피한 상황에서 어떻게 대응할 것인가?" (신광영 중앙대 교수)

"한국사회의 개혁엔 두 가지 길이 있다. '① 한국의 생산체제가 그대로 지속하는 가운데 발생하는 불평등과 빈곤 문제에 대처하는 방식과, ② 보편적 복지국가를 전제로 생산체제를 개혁하는 길, 즉 복지를 통해 생산을 바꾸는 길'이다. 이 두 길 가운데 우리는 어느 길을 선택해야 하는가? 후자의 길이 바람직한데, 과연 복지를 통해 생산체제를 바꿀 수 있을까?" (윤홍식 인하대 교수)

역사에는 에누리가 없다. 지난 시간에 대한 치열한 성찰 없이 힘찬 미래가 있을 수 없다. 그렇다. 정치가 궁극에 찾아야 할 것은 바로 이들 질문에 대한 답이다. 새 리더십을 창출하는 선거는 정치 이벤트이지만, 단순히 그것에 그칠 수 없다. 우리의 미래와 직결되기 때문이다. 하여, 선거는 지난 시간을 성찰하고 미래를 논하는 공론의 장이어야 한다.

공론의 요체는 질문과 답의 쉼 없는 상호작용이다. 정치인과 각 정치 세력들은 시민과 각계의 수많은 질문에 답하면서 자신들의 비전과 정책 등을 되짚고 가다듬으며 대한민국호란 거대한 함선에 터를 둔 시민의 삶과 더 큰 자유와 더 확고한 안전을 보장하는 길을 찾아야 한다.

이런 점에서 2022년 벽두, 작금의 정치는 여전히 문제적이다. 의혹의 말은 넘쳐나고 질문은 무성하나 질문다운 질문, 답변다운 답변이 없다. 제대로 된 질문이 없으니 토론이 없고,. 토론이 없으니 숙의가 없다. 공론장은 제 길을 잃은 채 그저 빈 수레처럼 소란스러울 뿐이다.

"최고의 시간이었고 최악의 시간이었다. 지혜의 시대이자 어리석음의 시대였고, 믿음의 세기이자 불신의 세기였다. 빛의 계절이면서도 어둠의 계절이었고, 희망의 봄이지만 절망의 겨울이기도 했다. 우리 앞에 모든 것이 있었지만, 또 한편으로 아무것도 없었다. 우리 모두 천국으로 가고 있었고 우리 모두 반대 방향으로 가고 있었다."

영국 소설가 찰스 디킨스Charles Dickens가 소설 〈두 도시 이야기

A Tale of Two Cities〉에서 묘사한 극단이 교차되는 당대다. 어쩌면 대한민국 공동체의 당대 또한 디킨스가 묘사했던 것처럼 최고와 최악이 공존하는 시간 속에 있지는 않을까?

대한민국엔 두 개의 서로 다른 시간이 흐르는 듯하다. 하나는 선진 대한민국의 시간이다. 유엔무역개발회의(UNCTAD)는 지난해 대한민국에 선진국이란 지위를 공식 부여했다. 이 기구가 설립된 1964년 이래 처음이다. 돌이켜보면 기적이다. 1960년 대한민국의 1인당 국내총생산(GDP)은 156달러 불과했다. 그로부터 60년 뒤인 2020년 대한민국의 1인당 GDP는 3만 1637달러를 기록했다. 무려 200배 이상 뛰어오른 이 수치는 대한민국의 특별한 성공을 표상한다.

선진 한국은 경제 규모에서도 세계 10위권에 랭크되었다. 대한민국은 명실공히 부자 나라다. 그저 돈만 많은 나라가 아니다. K-팝, 〈오징어게임〉 등 우리의 문화 콘텐츠도 세계 최고 수준을 자랑한다. COVID-19(코로나바이러스감염증-19, 이하 코로나19) 팬데믹을 맞아 내로라하는 선진국의 방역체계가 속수무책으로 무너졌을 때, 대한민국은 K-방역이란 창조적 대응으로 세계의 시선을 사로잡기도 했다.

같은 대한민국의 하늘 아래, 또 하나의 시간이 흐른다. 시간의 렌즈를 내부로 향하면 쉽게 체감할 수 있는 시간이다. 무한 질주하듯 숨 가쁘게 흘러온 성공과 성취의 시간과 전혀 다른 짙고 칙칙한 어둠의 시간이다. 그 시간 속에는 갖은 상처로 얼룩진 얼굴이 나타난다. 경제협력개발기구(OECD) 최고 수준의 노인 빈곤율, '대기업과 중소기업, 정규직과 비정규직, 남성과 여성' 간에 존재하는 극심한 격차, 높은 자살률 그리고 마침내 세계 최저의 출산율 … 불안한 얼굴이다. 따지고 보면 성공과 성취의 기적, 선진 대한민국은 모두의 것이 아니었던 것이다.

복합 위험과 복지국가 재구조화

바야흐로 대격변이 일고 있다. 노도 같은 변동이 곳곳에서 일어나고 있다. 많은 것이 매우 불확실해졌다. 오직 확실한 것은 내일이 불확실하다는 사실, 그 자체다. 이름하여 '신불확실성의 시대'다. 이 시대의 문제는 우리의 삶을 극단으로 밀어붙여 궁극에는 삶의 안전을 위협한다는 점이다.

대격변은 크게는 세 가지다. 기회와 충격의 양면성을 지니는 '디지털 전환'이 그 하나이며, 인류의 생존 자체를 위협할 수 있는 '생태 위기'가 또 하나다. 여기에 미·중 패권 경쟁과 블록화된 글로벌 가치 사슬(GVC)Global Value Chain 등 '정치경제적 위기'도 크다. 특히 세 번째 위기는 한국이 경제적으로 성공할 수 있었던 조건의 근본적 변화를 뜻한다. 이 세 개의 거대한 메가톤급 복합 위험이 우리를 향해 거칠게 다가왔다. 한국은 이런 상황에서 우리 사회의 난제를 풀어야 하는 것이다.

디지털 전환은 사람과 사물의 네트워킹, 현실 세계와 가상 세계의 융합을 핵심으로 한다. 하드웨어, 소프트웨어 및 서비스가 디지털 콘텐츠에 연결되는 것으로 디지털 경제, 긱 경제, 플랫폼 경제를 낳는다. 이는 에너지, 모빌리티, 헬스케어, 제조업 등 산업과 경제 전반에 혁신과 변화를 유발하고 있다.

디지털 전환은 산업혁명 이래 가장 큰 변화로 새로운 기회이기도 하지만 기업과 산업구조는 물론 노동시장과 일의 방식, 고용시장 등에 큰 도전이기도 하다. 디지털 경제는 특히 노동자들의 지위를 더욱 극단적으로 불안정하게끔 할 여지가 적잖다. 결국 지금까지 뿌리내리고 있던 복지국가의 토양이 바뀌고 있는 것이다.

더 큰 메가톤급 위험은 생태 위기다. 기후 위기와 생물 다양성 상실이란 이중의 위기를 가리키는 생태 위기는 우리 시대를 "대전환 시대"라고 부르는 상징이다. 지질학자들은 '인류세'라는 개념을 통해 이 생태 위기의 본질을 드러내고자 한다. 인류세의 구체적인 현상이 기후변화다. 오스트레일리아나 미국 캘리포니아의 초대형 산불, 독일 등 유럽의 홍수 등 잇따른 기상 재난은 기후변화의 위험성을 잘 보여준다. 기후변화는 기상 재난만으로 그치지 않는다. 감염병, 범죄, 전쟁, 아동 발달, 농어업, 경제 등 인간사 거의 모든 영역에 영향을 끼친다.

지구 고온화의 주범은 화석연료에 따른 온실가스다. 이미 지구환경은 비상 상황이다. 기온이 1도 올라간다는 것은 극한 기상이변 빈도가 급증하는 것을 의미한다. 1.5도 오르면 식량 공급이 불안정해지고, 2도 이상 상승은 '찜질방 지구'를 떠올리면 된다. 이쯤 되면 사망률이 전 세계적으로 급증할 것으로 전문가들은 내다본다.

간과할 수 없는 더 근본적인 위기는 생물 다양성 상실이다. 현재 지구상에서 동식물이 빠르게 멸종하고 있다. 이들의 서식지를 파괴해온 인간 때문이다. 하지만 멸종은 가공할 부메랑이 되어 우리를 위협한다. 어떤 종도 홀로 존재할 수 없다. 한 생물이 멸종할 때마다 더 위험한 것은 인간 자신이다.

생태 위기는 현실에선 지극히 '사회적인 것'으로 전개된다. 많은 이들에게 피해를 주지만, 특히 더 어려운 사람들에게 더 큰 피해를 일으키는 재난의 불평등을 낳는다. 낡은 주택에 사는 사람, 해안이나 산사태 위험 지역에 사는 사람, 화훼 농민, 임업인, 양식 어민 그리고 노인과 기초생활수급자 등 사회경제적으로 어려운 사람들에게 더 큰 타격을 주는 것이다. 피해는 회복 불가능할 지경으로 파괴적이다. 여타 위험과 질적으로 다른 층위의 위험이다.

1인 가구의 급증이란 인구구조의 변화 또한 놓칠 수 없는 큰 변화다. 1인 가구의 급증은 가족이 더는 보호망이 되기 어렵다는 것을 뜻한다. 한국의 경우에는 그 속도가 가파르다. 2018년 통계청의 '장래 가구 특별 추계'를 보면, 전체 가구 가운데 1인 가구 비중이 31.7%(664만 가구)에 이르렀다. 2047년에는 37.3%(832만 가구)에 이를 것으로 추정된다. 세대별로 보면 20대가 19.1%로 가장 많고, 30대(16.8%), 50대(15.6%)와 60대(15.6%), 40대(13.6%) 등의 순으로 나타났다.

이런 가구 구성의 변화도 변화이지만 이제 한 사람 한 사람 개인의 생각과 욕구, 취향 등이 다양성의 이름으로 더욱 존중받아야 한다는 세대가 등장하였다. 이른바 M-Z세대다. 이들이 주류가 될 미래를 생각하노라면 역시 지금의 복지제도가 어떤 원리와 지향점을 지녀야 하는지 근본에 다시 서게 된다.

이들 변화와 도전은 복지와 고용, 환경 등 사회정책은 물론 복지국가 시스템의 전면적인 재구조화를 강제한다.

이 책의 구성

이 책은 이렇듯 대격변 시대를 맞아 시민의 안전한 삶을 보장하기 위해서는 우리의 사회정책과 복지국가 시스템의 재구조화가 시급하다는 문제의식에서 비롯됐다. 더군다나 2022년 어김없이 찾아온 '정치의 시간'이 '집요한 질문의 시간'이 되어야 한다는 생각에 이 책을 내놓게 되었다.

사각지대와 낮은 보장으로 제구실을 못하는 부실한 한국 복지국가와 사회정책을 내실화하는 한편, 디지털 전환과 생태 위기란 거대한 도전에 맞서 시민의 안전을 보장할 복지국가의 재구조화 방안을 마련할 필요가 있다는 생각도 컸다.

2020년 2월 21일 코로나19 바이러스 확산이 본격화하는 즈음, 이태수 한국보건사회연구원장의 제의에 몇몇이 동참하면서 이름하여 '복지국가 새판 짜기' 연구진이 만들어졌다. 이 책은 이 연구진이 스물여덟 차례 세미나와 회의를 거듭한 최종 결과물이다.

모두 3부로 구성된 이 책의 1부는 '대격변 시대, 시민은 정말 안전한가?'이다. 그 첫 번째 장을 참여연대 사회복지위원장인 김진석 서울여대 교수가 '대물림되는 불평등과 격차'란 제목으로 짚었다. 김 교수는 UNCTAD로부터 선진국이란 지위를 공식 부여받은 '성공'한 국가의 대한민국 시민들이 '왜 삶의 만족도가 낮고 정신적으로 건강하지 못하는가?'라고 묻는 데서 논의를 출발했다.

이 '이상한 신호'의 원인을 김 교수는 커져가는 불평등과 격차가 점점 구조화하고 세습된다는 것에서 찾았다. 불평등이 세습화하고 불공정마저 일상화한 사회에서 "대안과 희망이 부재한 현재적 조건은 결국 높은 수준의 울분"으로 나타나고 있다는 진단이다. 그는 우리 사회의 당면 과제는 이 나쁘고 이상한 "신호를 민감하게 포착하고, 정확하게 해석하고 선제적으로 대응"하는 데 있다고 강조한다.

한 사회의 위치를 종합적으로 파악하기 위해서는 그 사회의 지난 궤적, 즉 역사를 살피는 것과 함께 오늘의 현주소와 동시에 그 사회가 직면하는 미래를 짚어야 한다. 이 어려운 임무를 이태수 한국보건사회연구원장이 소화해주었다. 1부 두 번째 장인 "'초격차-단절-공포'의 미래"가 그것이다.

이 장에서 이 원장은, 지금은 디지털 전환과 기후변화 등 세계 질서의 대전환이 다가오며 국내적으로도 초저출산화와 고령화 경향에 심각한 격차가 동시에 나타나는 시기라고 보고, 팬데믹이 이런 위기적 현상을 가속화하고 중층화하고 있다고 진단했다. 이런 상황은 우리를 '초격차-단절-공포'의 미래로 몰아붙여 회복할 수 없는 파국으로 치닫게 할 수 있다. 그는 현 위기 상황이 파국으로 이어지지 않도록 하기 위해서는 당장 현시점부터 정치, 경제, 사회, 특히 생태 환경 등에 걸쳐 패러다임 전환이 필요하다고 역설했다.

이 전환의 핵심이 새로운 복지국가의 틀을 만드는 것이라는 게 그의 강조점이다. 이 원장은 문재인 정부에서 대통령 소속 정책기획위원회 미래정책연구단장으로서 '혁신적 포용 국가 미래 비전 2045'를 마련하는 데 주도적 역할을 했다.

1부 세 번째 장은 오늘의 현실과 변화를 자본주의의 지속과 변화라는 보다 역사적이고 구조적인 맥락에서 살펴볼 필요가 있다는 생각에서 마련했다. 역량 있는 정치사회학자인 신진욱 중앙대 교수가 이 난해한 과제를 풀어줬다. 그는 자본주의 경제는 경제적 법칙만이 아니라 계급 관계의 역학에 의해 바뀌고, 계급 관계는 언제나 정부 정책이나 국가 개입 등 정치적 요인에 의해 영향을 받는다고 봤다. 따라서 계급, 정치, 이데올로기란 세 가지 측면에 주목해 복지 자본주의의 번영과 위기의 과정을 살폈다. 특히 담론과 관련해 21세기에 새롭게 등장한 네 개의 자본주의 담론, 즉 '노동 없는 자본주의, 지식 기반 자본주의, 네트워크 자본주의 그리고 플랫폼 자본주의'를 각각 검토했다.

이 장을 통해 독자는 오늘의 자본주의 세계가 1980년대부터 정치경제체제, 담론, 이데올로기 차원에 어떻게 다층적인 구조 변동을 해왔는지를 확인할 수 있다. 오늘의 자본주의는 경제적 측면에서는 금융자본의 지배력 확대를, 자산 부문에서는 부의 집중과 불평등을 특징으로 존속하고 있다는 게 신 교수의 최종 진단이다.

문제의 핵심은 결국 우리다. 한국은 복지국가인가? 그렇다면 어떤 특징을 지니고 있으며, 어떤 한계를 지니고 있는가? 이로써 우리는 어떤 복지국가를 만들 수 있고, 지향해나가야 하는가?

이 물음에 대한 답은 한국 복지국가를 역사와 복지, 정치, 경제라는 통합적이고 총체적인 관점으로 관찰하고 진단해온 윤홍식 인하대 교수가 맡았다. 한국 사회가 놀라운 성공과 사회 위기가 기묘하게 공존하는 데는 취약한 한국 복지국가 시스템과 관련이 있다고 본 그는 한국 복지국가의 특징을 '역진적 선별성'이란 개념으로 응축한다.

그는 개발주의 복지체제가 형성되는 역사를 살펴본 뒤, 한국 복지국가가 빠져 있는 성공의 덫을 분석했다. '성공적인 산업화의 덫, 성공적인 민주화의 덫'이 그것이다. 한국 사회가 직면한 심각해지는 불평등, 높은 자살률, 초저출산율은 한국 사회가 산업화와 민주화라는 이중 혁명에 실패한 결과가 아니라 그 이중 혁명을 한국적 방식으로 성공한 결과라는 독특한 진단을 내린다.

한국 복지체제가 시민이 직면한 사회적 위험에 적절히 대응하지 못하는 현실은 사회 지출의 양이 적기 때문만이 아니라, 지난 80여 년 가까이 분배를 둘러싸고 제도화된 정치경제 변화의 누적된 결과다. 따라서 우리의 대응은 복지체제의 변화만으로 달성할 수 없다는 게 그의 결론이다. 즉 한국의 산업구조와 정치질서의 변화가 함께 이뤄져야 한다는 것이다.

그렇다면 우리는 현 복지국가를 어떻게 재구조화해야 하며, 그 재구조화의 구체적인 방향과 과제는 어떤 것인가?

이 책의 2부 '대전환 시대, 우리는 무엇을 바꿔야 하나?'에서는 1부 진단에서 살펴본 시대적 상황과 다가오는 도전에 맞서기 위한 '새판 짜기' 연구진만의 복지국가 시스템에 대한 새로운 관점과 접근을 담았다. 이 책의 가장 중요한 파트다.

윤홍식 교수가 특유의 논지로 기본 관점을 풀었다. 2부 첫 번째 장인 '왜 정치·경제와 함께 복지를 봐야 할까?'가 그것이다. 이 장에서 윤 교수는 한국 복지국가를 이해하기 위해서는 '정치·경제·복지의 통합적 프레임'이란 관점이 절실하다고 역설했다.

그는 이 장에서 경제 및 정치체제의 특성이 한국 복지체제의 특성을 결정하는 핵심적 역할을 했는데도 복지제도만으로 이해하려는 것은 코끼리의 다리만 만지고 코끼리의 모습을 상상하는 것과 같다고 본다. 나아가 역진적 선별성을 특징으로 하는 한국 복지체제를 보편적 복지체제로 전환하기 위해서는 지출을 늘리는 한편, 재벌 대기업이 주도하는 수출 중심의 성장체제를 전환하는 게 필수적이라고 강조한다.

김진석 교수가 집필한 2부 두 번째 장인 '가족 지원에서 개인 지원으로'는 한국 사회보장제도의 새로운 논점이다. 매우 논쟁적인 접근이다. 연금이나 수당 등 사회보장제도 설계에서 국가가 지급하는 급여가 개인에게 직접 지급되는지, 아니면 가족(가구)을 통해 개인에게 지급되는지 여부는 기능적이고 기술적 차원을 넘어선 적잖은 차이와 다른 의미를 지닌다.

한국 사회보장제도에서는 그동안 영·유아 양육수당과 같이 국가가 가족에 대한 지원을 통해 영·유아 아동의 돌봄이라는 목표를 달성하거나 혹은 국민기초생활보장제도와 같이 가족-개인 사이의 부양 및 돌봄이란 가족 기능을 전제하고 그 기능이 부족하거나 없는 경우에 한해 국가가 제도적 지원을 하는 방식의 보충적 지원이 강조돼왔다. 김 교수는 이제는 가족의 존재 유무나 가족 기능(지원)의 작동 여부와 무관하게 국가의 개입이 개인의 사회권을 보장하기 위해 직접 작용하는 방식으로 이뤄져야 한다고 제기한다.

'국가-가족-개인'에서 '국가-개인'의 직접 지원이란 형태로 사회보장 설계를 재구성할 필요가 있다는 문제 제기다. 예컨대 국민연금의 경우 소득이 없는 성인이 미혼이면 납부 예외자로 분류되고 기혼이면 가입 대상 제외자로 분류되는데, 이런 가입대상제외자제도는 폐지되어야 한다. 기초생활보장제도의 부양의무자제도는 이런 맥락에서 완전 폐지가 마땅하다. 김 교수는 이 접근은 개인이 독립성과 자율성은 물론, 사회연대의 토대를 강화한다고 주창한다.

복지는 노동시장과 가장 밀접하게 잇대어져 있다. 노동시장을 둘러싼 여러 변화는 필연적으로 복지 시스템의 변화를 강제한다. 신진욱 교수가 집필한 2부 세 번째 장의 '다양한 종류의 일하는 사람들을 위해'는 노동시장을 둘러싼 노동의 세계가 기존의 정규직 중심의 모델에서 벗어나 파트타임, 한시적 일자리, 취업준비생, 실업자, 프리랜서, 비정규직 임금근로자 등 실로 다양한 종류의 '일하는 사람들'로 된 다층적 구조로 바뀌었는데, 복지나 노동 관련 법제는 아직까지 정규직 취업 노동사회 모델에 기초하고 있다는 문제의식에서 비롯한다.

따라서 그는 다층화하고 다변화한 노동 세계를 새 현실로 받아들이고 이에 조응하는 새로운 복지 패러다임이 모색되어야 한다고 강조한다. 그 방향과 관련해 신 교수는 "임금노동사회를 넘어 사회권을 확장하고, 취업 노동의 패러다임을 다중 활동의 패러다임으로 전환하며, 복지국가의 수동적 수급자들이 공공선의 창출에 참여하는 주체적 시민이 될 수 있게 돕는 것이 되어야 한다"고 말했다.

필자가 집필한 2부 네 번째 장 또한 복지국가의 재구조화를 고민할 때 결코 빠뜨릴 수 없는 중요한 접근이다. 하지만 비교적 사회정책학계에선 아직 낯설고 거의 논의가 이뤄지지 못하는 접근이기도 하다.

바로 생태 위기 시대에 즈음해 이 가공할 위기에 복지국가 시스템이 대응하지 않으면 안 된다는 문제의식이다. 생태 위기는 우리 시대의 가장 큰 사회적 위험으로 떠올랐다. 시민의 안전을 위해 복지가 이에 대응하지 않으면 안 된다. 생태 위기는 기존 복지국가의 새로운 전환을 강제하는 강력한 게임 체인저로 작동할 것이라고 필자는 판단한다.

이 장에서 필자는 생태 위기를 극복하기 위해서는 거대한 경제사회적 전환이 필요한데, 그 전환은 녹색 전환과 탈탄소사회라고 주장한다.

이 전환을 위한 복지국가 재구조화 비전을 필자는 '녹색 복지국가'로 지칭한다. 녹색 복지국가는 "급변하는 경제사회질서 속에서 국민의 기초적인 삶을 보장하는 한편 소수의 성장보다는 모두의 번영을 이룩하고 인류는 물론 지구촌에 삶의 터를 둔 뭇 생명이 함께 누리는 공존을 지향하는 국가"를 말한다. 기존 복지국가의 재구조화이되 그 방향이 생태 위기란 인류 생존의 근원적 위기를 타개하는 녹색 전환을 향하며, GDP 성장 중심의 탄소자본주의에서 벗어나 지속 가능하고 지탱 가능한 탈탄소사회를 지향한다. 그 핵심적인 전략이 '국가의 녹색(복지)화'다

그렇다면 복지국가의 재구조화는 어떻게 달성될 수 있는가?

3부 '새로운 복지국가, 모두가 행복하게 살아가려면?'은 이 물음에 대한 연구진의 답변이다. 전 국민 사회보험, 전환기적 기본소득, 보편적 사회서비스, 혁신 역량 강화, 정의로운 전환을 비롯한 녹색 복지 전략 그리고 이를 달성하기 위한 복지 정치 전략이다.

이태수 원장이 집필한 3부 첫 번째 장에서는 한국 사회보장제도의 중심축인 사회보험의 전면 개편을 다뤘다. 우리나라 사회보험은 고용관계를 근간으로 확립돼 있다. 때문에 불안정노동자가 증가하고 있는 노동시장의 변화에 조응하지 못해 많은 사각지대를 낳는 한계를 지닌다. 이 장에서는 이런 문제를 근본적으로 해소하기 위한 구체적인 혁신 방안으로써 사회보험 재구조화 방안을 제시한다. 핵심은 현재 고용에 기반한 사회보험 가입체계를 소득에 기반한 가입체계로 전면 전환하는 것이다. 소득이 있는 곳에 사회보험료가 있다는 기조와, 가구에서 개인으로 부과 기반이 바뀐다는 것을 말한다. 네 가지 원칙과 실제 시행에서 고려할 사항 및 대응 방안에 실행 전략까지 제시했다.

이렇듯 소득 기반 사회보험을 시행해도 소득 활동을 하는 모든 취업자를 전 국민 사회보험에 포괄하는 것은 원천적으로 가능하지 않다. 소득 활동을 하지 않는 시민을 포괄하지 못하는 문제가 발생하기 때문이다. 이 때문에 보편적이면서도 관대한 소득보장제도 구축이 필요하다.

따라서 3부 두 번째 장에서는 복지국가의 핵심 축인 소득보장제도의 재구조화 방안을 다뤘다. 윤홍식 교수가 집필한 이 장에서는 소득보장제도의 하나로서 기본소득의 가능성과 쟁점도 다룬다. 윤 교수는 복지국가의 전통적 사회보장제도를 훼손하지 않는 범위에서 기본소득 원리를 제한적으로 제도화하는 타협안으로 전환기적 기본소득을 제안한다. 범주적 기본소득 혹은 보편적 사회수당으로도 불린다.

복지국가의 또 하나의 핵심 축이 사회서비스다. 선진 복지국가는 대체로 돌봄을 비롯한 공적 사회서비스가 발달한 국가다. 하지만 우리나라 사회서비스는 공공의 책무성이 거의 실종된 상태다. 반면에 시설 중심 그리고 시장 의존이라는 특징을 지닌다. 대부분의 사회서비스 제공 기관은 민간이 설립해 공공 재정을 받아 운영하는 방식으로 전개돼왔다. 아동의 양육과 장애인의 자립 생활, 노인의 요양 등의 돌봄은 여전히 과도할 정도로 가족의 부담 영역에 맡겨진 상태다. 이제는 사회서비스가 필요에 의해 공공에 의해 보편적으로 지원되는 방향으로 재편이 될 필요가 있다.

남기철 동덕여대 교수는 3부 세 번째 장에서 모든 국민은 사회서비스를 권리로 보장받는다는 방향을 제시한다. 사회서비스의 공공 인프라를 대폭 확충해 공공이 직접 서비스를 제공하는 공급자 역할을 확대하는 것이다. 민간 중심의 공급체계, 공공의 공급자 관리 감독에 국한된 역할 수행, 중앙 부처 중심의 서비스 기획과 관리체계 등을 기초지방자치단체가 핵심적 역할을 하는 방향으로 재편하는 게 핵심이다. 이로써 거주 시설 중심의 복지 서비스나 입원·입소를 하는 기존 서비스를 지역사회 주거와 결합된 서비스 지원체계로 바꿔내고자 한다.

복지국가는 지속 가능한 자본주의를 기반으로 할 때 역시 지속 가능하다. 지속 가능한 복지 자본주의는 혁신을 필요로 한다. 혁신은 일터의 역량 있고 창의적인 사람에 의해 일어날 수 있다. 3부 네 번째 장인 '노동자가 주도하는 일터 혁신'의 문제의식이다. 이 분야에 정통한 반가운 한국직업능력연구원 연구위원이 집필했다.

반 연구위원은 한국 노동시장의 문제 가운데 하나가 낮은 숙련의 일터라고 보고, 고숙련 일터로의 전환이 시급하다고 강조한다. 이런 전환을 위해 그는 공급 측면에서 역량 중심의 성인 학습체계를 구축하는 것과 함께, 수요 측면에서 자율과 재량의 일터 혁신체계를 마련하는 게 중요하다고 주창한다. 더불어 그동안 국가와 사업주가 주도해온 숙련 형성도 이제는 노동자 혹은 개인이 주도하는 것으로 전환하는 것이 동반되어야 한다고 말한다.

3부 다섯 번째 장은 2부에서 제기한 녹색 복지국가를 실현하기 위한 전략과 구체적인 과제를 다뤘다. 필자가 집필했다.

무릇 어떠한 비전이나 구상도 '선언'만으로 실현될 수 없다. 녹색 복지국가 비전의 실현도 예외가 아니다. 녹색 복지국가 비전은 산업과 경제 등 경제사회체제의 큰 전환 없이 가능하지 않다. 따라서 그 실현은 기존 복지 자본주의 체제의 일대 개혁을 동반해야 한다.

녹색 복지국가 전략의 가장 중요한 포인트는 생태 위기 시대의 복합 위험에 대응해 시민의 사회권을 어떤 정책과 제도적 장치로 보장할 것인가란 물음의 답을 찾는 것이다. 따라서 핵심은 생태 위기 시대에 조응하는 재구성에 있다.

즉, 기후 위기 등 생태 위기에 적극 대응하는 사회정책이어야 한다. 시민의 권리와 삶의 질을 신장하는 한편, 자연과의 호혜적 공존이란 생태적 가치를 동시에 또렷이 담은 사회정책이어야 한다. 지속 가능한 지구를 위한 사회정책이다. 이름하여 '생태사회정책'이다. 생태사회정책은 필연적으로 '정책 꾸러미policy package' 형태일 것이다. 다양한 정책 간의 융합적 전개, 즉 '정책 매트릭스policy matrix'를 필요로 하기 때문이다.

아무리 좋은 비전이 있고 정책이 있다고 해도 정치가 이를 구체화하지 않으면 서랍 속 구상이나 한낱 백일몽에 그친다. 과연 누가 이 비전과 과제를 실현할 것인가? 누가 이 역사적 임무를 자각하고 자신의 과업으로 여길 것인가?

그래서 '문제는 정치'다. 3부 여섯 번째 장에서는 이런 맥락에서 신진욱 교수가 한국 복지정치의 조건과 변화를 짚었다. 그가 주목한 흐름은 비정규노동운동, 청년운동, 페미니즘운동, 기후행동 등 신생 사회운동이다. 서로 중첩되는 이 새 흐름은 기존의 진보와 보수의 구분 방식을 깨뜨리고, 민주화 이후 한국 사회운동 주류에도 순응하지 않는다. 경제, 노동, 복지 이슈에 대한 태도에서 계급적 차이가 더 뚜렷해지는 현상도 주목할 만하다. 계급정치의 가능성이 커진다는 신호이기 때문이다.

한국 복지정치는 여러 장애물도 있지만 더불어 긍정적 조건을 함께 갖고 있다. 문제는 이를 정치적으로 결집해낼 수 있는 리더십과 구체적 프로그램이다.

그런데 이 책 저자들이 주창하는 복지국가는 과연 어떤 모습일까? 남기철 교수가 상상력을 발휘해 그 추상적인 형상을 매만질 수 있도록 풀어주었다. 이 책의 끝에 마련한 에필로그 '새로운 복지국가에서 국민의 삶'이 그것이다.

새로운 복지국가에서는 더는 간병 살인이란 비극이 없다. 가족의 돌봄이 삶과 생활의 위기가 되지 않기 때문이다. 새로운 복지국가에서는 대기업 정규직만 보호받는 세상이 아니다. 국민 누구나 자신의 권리로 기본적인 복지와 서비스를 보장받기 때문이다. 새로운 복지국가에서는 상속 자산이 없어도 공정한 기회를 갖고 생애 주기에서 다양한 시도를 벌일 수 있다. 실패해도 패자 부활이 가능한 세상이기 때문이다. 새로운 복지국가에서는 노후 걱정이 없다. 공적 소득보장체계가 마련돼 기본적인 생활은 보장받기 때문이다.

독자는 이 장을 읽으면서 새로운 복지국가에서의 자신의 삶을 상상해보면 어떨까 싶다.

다시, 문제는 정치다!

이런 복지국가는 누가 어떻게 구현할 것인가? 핵심은 역시 정치다. 누차 강조했듯이 아무리 좋은 구상과 비전이 있다고 해도 정치가 이를 구체화하지 않으면 한낱 백일몽일 뿐이다.

이 점에서 2022년 한국 정치는 여전히 문제다. 시민의 안전과 더 나은 삶, 이 나라 미래 비전을 논하는 장이라 보기에 부끄럽다.

우리는 대선을 코앞에 둔 시점이건만 각 후보와 정당이 우리의 불안한 노후를 튼튼히 해줄 안전장치인 국민연금을 어떻게 정비하고 개혁할 것인지를 알지 못한다. 세계 어느 나라보다 전례 없는 빠른 속도에 큰 규모로 고령화가 전개되고 있는 곳, 그러면서도 OECD 소속 국가 가운데 가장 높은 노인 빈곤율을 나타내는 나라가 한국이란 사실을 모르는 이가 없다. 연금 재정은 고령화에 따른 재정 부담을 감당치 못해 2050년대에는 고갈이 불가피하다. 적정 노후 소득 보장과 재정적 지속 가능성이란 두 마리의 토끼를 잡아야 하는 상황에서 연금개혁의 중요성은 두 말이 필요 없다. 더욱이 누가 집권하든 차기 정부에서는 피할 수가 없는 과제가 연금개혁이다.

어디 국민연금 뿐인가? 재벌 중심의 산업구조를 어떻게 바꿀지, 탄소 중립의 목표를 구체적으로 어떻게 이뤄낼지에 대해서도 잘 알지 못한다. 후보의 그럴듯한 '선언'은 약속이 아니다. 설득력 있는 정책 수단을 함께 제시해야 한다. 또 플랫폼 노동으로 출렁이는 노동시장의 불안정노동자를 보호할 방안에 대해서도 알지 못한다. 학업과 가족 돌봄, 생계까지 책임져야 하는 '영 케어러young carer'의 갇힌 삶을 풀어주기 위한 방안도 자세히 알지 못한다. 한국 정치는 지금 어떤 공론을 하고 있는가?

일자리 불안정은 소득 불안정이다. 심각한 불평등과 소득 격차는 사회의 지속 가능성을 위협한다. 코로나19 감염병으로 인해 수많은 이들이 직장을 잃고 파산을 했다. 그러나 우리 사회의 복지가 이들의 삶을 제대로 지켜주지 못하고 있다. 영세 자영업자와 청년, 실업자들의 아우성이 귓전을 때린다. 이들 모두의 소득 불안을 해소할 소득 보장 시스템이 필요하다. 이 역시 공론이 충분치 않다.

정치는 궁극에 시민의 더 나은 삶과 안전을 보장할 때 그 의미를 지닌다. 정치의 본질이자 책무다. 정치가 해야 할 공론과 정책 공방은 이런 책무를 이루기 위한 필수 과정일 것이다.

저자들의 변

연구진은 모쪼록 이 책이 대한민국 시민이 더 나은 삶을 누리도록 한국 정치가 책무를 다하는 데 의미 있는 자극이 되길 기대한다. 각계에서 복지국가를 위해 헌신하는 많은 실천가에게 새로운 고민을 불러일으키는 촉매가 되길 역시 기대한다. 무엇보다 대한민국이 더 나은 복지국가로 도약하는 데 작은 밑거름이 되길 소망한다.

또한 많은 학자 및 연구자, 정책 전문가들이 이 책을 읽고 연구진이 품은 고민에 동참해 생각을 확장하거나 따가운 비판을 해주기를 기대한다. 그래서 더 정확한 진단과 더 효과적이고 바람직한 처방이 집단지성의 힘으로 모아지길 바란다.

이 책 출간으로 지난 2년 가까이 이어진 복지국가 새판 짜기 연구진의 논의도 마무리 수순에 이른다. 여러모로 아쉬움이 크다. 특히 코로나19 팬데믹의 제약으로 더 숙의하지 못한 점이 그렇다. 곳곳에 미흡하고 덜 익은 부분이 적잖다. 글도 좀 더 독자 친화적으로 매만졌으면 했지만 이 또한 여력을 갖지 못했다. 그저 독자의 질정을 바랄 뿐이다.

아쉬움은 아쉬움대로, 미흡함은 미흡한대로 두고자 한다. 아쉬움과 미흡함, 모자람은 또 다른 논의와 공론의 시작일 것이다. 이 책을 계기로 역량 있는 또 다른 '새판 짜기 연구진'과 실천가들이 속속 나와 모자라고 미흡한 부분을 과감히 메꿔주기를 바란다.

끝으로 강의과 연구, 실천이란 '3중 생활'의 힘겨운 일정 속에서도 아낌없이 시간을 내고 이 작업을 위해 기꺼이 사비까지 내어 함께한 새판 짜기 동지들에게 무한한 신뢰와 존경을 표한다. 어려운 출판 환경 속에서도 기꺼이 이 책 출간에 나서준 윤미경 헤이북스 대표와 세심하게 편집과 교열을 맡아준 김영회 편집장에게도 감사 말씀 드린다.

2022년 1월
저자들의 생각을 모아
이창곤 드림

목차

세부 목차

1부

대격변 시대,
시민은
정말 안전한가?

대물림되는
불평등과 격차

좋은 신호

영국의 공영방송 BBC가 지난 2019년 방영한 60분짜리 다큐멘터리 〈K-pop Idols: Inside the Hit Factory〉는 다음과 같은 내레이션으로 시작한다.

"로큰롤이 탄생한 이후로 우리의 멜로디와 우리의 가사, 그리고 우리의 리듬이 전 세계를 지배해왔습니다. 서구의 음악은 정상에 있었으며 대중음악의 사운드 그 자체였습니다. 이제 새로운 세력이 서구의 지배를 끝내려고 위협하고 있습니다. 그 힘은 대한민국으로부터 오고 있으며, 'K-팝'이라고 알려져 있습니다."

대중음악 저널리스트인 제임스 발라디James Ballardie가 직접 한국을 방문하여 취재한 이 다큐멘터리는, 2019년 여름에 그 유명한 웸블리 스타디움을 '점령'한 BTS를 사례로 들며 전 세계 대중음악을 장악해온 서구 중심성을 뒤흔드는 일대 사건으로 K-팝을 소개하고 있다. 한때 브루스 스프링스틴Bruce Springsteen이나, 아델 Adel, 유투U2와 같은 전설적인 스타들이나 공연할 수 있던 상징적 인 공간을 한국의 K-팝 그룹인 BTS와 그의 팬덤인 7만 아미[1]들 이 가득 메웠다는 한탄 섞인 목소리가 들린다.

대한민국의 위상을 드높이는 이런 좋은 신호를 도처에서 찾 아볼 수 있다. 1인당 GDP는 이미 3만 달러를 넘어섰고, 상대적 으로 크지 않은 인구 규모에도 불구하고 무역 규모와 경제 규모 는 세계 10위 이내에 자리 잡고 있다. 세계 유명 대학의 공학 전 공자, MBA 과정 졸업생들이 일하고 싶은 직장으로 꼽는 기업의 리스트에도 우리나라 기업들은 빠지지 않고 포함된다.[2]세계 역 사에 유례없는 세기적 민주주의 발전을 우리는 일제강점기를 거 친 이후에만 해도 5·18광주민중항쟁, 6월민주항쟁 그리고 가깝 게는 촛불항쟁 등을 통해 이미 수차례 경험해왔다.

스포츠, 대중문화, 예술 등의 영역은 또 어떠한가? 전 세계가 열광하는 스포츠 스타들이 피겨스케이팅·빙상·골프·축구·야구· 배구 등 전방위적으로 활약하고 있고, 영화[3]와 대중음악[4] 심지어 비보잉의 영역에 이르기까지 굳이 '국뽕'을 동원하지 않고도 낯 뜨겁지 않게 '세계 정상'이라고 부를 수 있는 아티스트들이 출현 하고 있다. 고전음악[5]·발레[6]·현대음악·현대미술 등의 영역에서도 내로라하는 예술가들이 전 세계적으로 활동하고 있는 것도 익히 알고 있다.

일제강점기라는 역사의 어두운 터널에 40여 년 가까이 갇혀 있던 국가, 해방 후 10여 년을 다시 전쟁과 분단으로 이어져 결국 폐허만 남은 국가에서 불과 60년 사이에 유례없는 초고속 발전을 만들어낸 국가라는 수사는 이미 익숙하다 못해 식상한 수준의 클리셰cliché이다. 그도 그럴 것이 1960년 156달러에 불과하던 1인당 GDP가 2019년이 되면 3만 1250달러로 무려 200배 넘게 뛰어올랐다. 전쟁 직후인 1953년 13억 달러이던 세계 무역 규모는 2018년 1만 6000억 달러로 1000배 넘는 성장을 기록한다. 각종 소셜 미디어에 'South Korea'를 키워드로 검색하면 'amazing Korea'를 앞다투어 소개하고 분석하는 콘텐츠가 넘쳐난다. 단순히(?) 소셜 미디어만이 아니다. 앞서 언급한 바와 같이 주요국의 공영 언론들도 한국에 대한 분석과 소개에 뛰어들고 있다.

2021년의 한국은 참담했던 과거를 딛고 '성공'한 국가의 전형으로 이해되고 있다. 지난 세기 전 세계 경제와 문화 등 다양한 영역에서 선두 자리를 누리던 국가들은 자신들의 지위를 위협하는 경계의 대상으로, 오래된 정치적 혼란과 사회경제적 자원의 부재로 인해 고통 받는 국가들에게는 자신들이 따라가고 싶은 성공의 경로를 보여주는 모범적인 사례로 한국이라는 사회를 분석하고 소개한다.

급기야 UNCTAD는 한국을 개도국 지위에서 선진국으로 지위를 바꾸는 결정을 발표했는데, 이와 같은 국가 지위의 변화는 1964년 기구 설립 이후 처음 있는 일이다[7]. 2021년 한국은 이들에게 성공한 사회다.

나쁜 신호

바깥세상의 렌즈에 비친 우리 사회가 아니라 우리 안의 거울로 우리 스스로를 비춰본다면 얘기가 많이 달라진다. 우선 '성공'한 국가 대한민국의 시민들은 행복하지 않다. 수출 기준 2016년 국제 교역량 규모로 세계 7위[8], 2020년 GDP 규모 세계 9위[9]의 부유한 국가이지만 그 사회에 사는 시민들의 자살률은 2017년 기준 OECD 국가 가운데 1위다. 더 심각한 문제는 자살 증가율이다. 1987년부터 2017년까지 지난 30년 동안 OECD 국가의 자살률이 평균적으로 25.9% 줄어든 반면 우리나라는 153.6%만큼 늘어났다.

평소 자신의 정신 건강 상태에 대해 '나쁘다' 혹은 '매우 나쁘다'라고 응답하는 사람의 비율이 12% 가까이 이르고, 이 수치는 젊은 층으로 갈수록 더 심각해진다. 《국가정신건강현황보고서 2019》에 따르면 만 15~69세 사이의 응답자들 가운데 자신의 평소 정신 건강 상태에 대해 부정적으로 응답한 사람의 비율이 전체적으로 11.8%이지만, 이 비율이 15~19세, 20~29세 연령대의 경우 17.4%까지 올라가고 그 다음으로 30~39세 청년층의 경우 16.7%에 이르는 이들이 자신의 정신 건강 상태를 '나쁘다'고 응답한다.[10]

세계가 놀라는 성장을 이룬 국가의 시민들이 체감하는 행복지수는 2020년 조사에 참여한 153개 국가들 가운데 61번째다.[11] 지난 10여 년 동안 시민들이 느끼는 행복지수가 안 좋은 방향으로 변화한 정도를 놓고 보면 그 순위가 105위까지 하락한다. 지난 10여 년 사이에 만들어낸 물질적 풍요와 민주주의의 성취에

최근 OECD 회원국 자살 현황

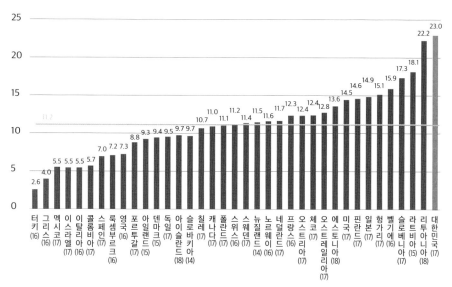

● OECD 자살률 ● OECD 평균 11.2

OECD 자살률 변동 현황

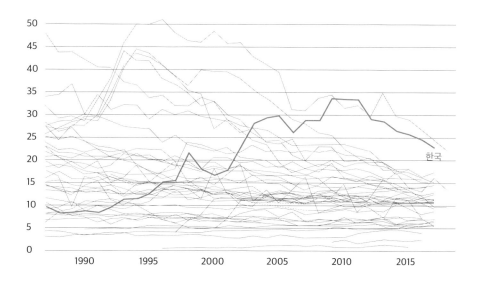

OECD 회원국 삶의 만족도 현황

(10점 만점)

	2007	2010	2013	2016
한국	5.5	5.7	6.3	5.9
일본	6.4	5.9	6.1	5.9
독일	6.5	6.6	6.8	7.0
멕시코	6.6	6.9	7.2	6.6
OECD 평균	6.7	6.6	6.7	6.5
프랑스	6.8	6.7	6.8	6.4
영국	6.9	7.0	6.9	6.7
미국	7.3	7.2	7.1	6.9
호주	7.3	7.4	7.3	7.3
덴마크	7.9	7.8	7.6	7.5

도 불구하고 행복지수가 오히려 하락한 몇 안 되는 국가들 가운
데 하나다. 국가 대신 도시를 기준으로 한 같은 조사에서도 비슷
한 경향을 보인다. 인구 천만의 대한민국 수도 서울의 시민들도
자신의 웰빙에 대한 평가에서 조사 대상 186개 도시 가운데 83위
를 기록했고, 지난 10년 동안의 웰빙 평가 변화율의 측면에서도
129위에 위치할 정도로 부정적이다. 지속적인 하락세를 보이는
것은 앞서 국가를 분석 단위로 한 결과와 비슷하다.

행복까지는 바랄 것도 없고 삶의 만족도를 놓고 보더라도 우
리나라의 상황은 그리 좋아 보이지 않는다. 현재 삶에 어느 정
도 만족하는지를 10점 만점으로 물어봤을 때 우리나라 사람들은
2019년 평균적으로 6.0점을 보여주고 있다. 10여 년 전인 2007
년의 5.5점에 비해 일정하게 상승한 것은 고무적이지만, 그때나

지금이나 OECD 평균에는 한참 미치지 못하고 있다. [12]

무엇이 문제일까? 왜 세계가 주목하는 대단한 성과를 이루었고 지금도 새로운 역사를 쓰고 있는 나라에서 정작 주민들은 행복하지 않을까?

이상한 신호

현상을 이해하기 위한 단서는 곳곳에 존재한다. 우선 불평등이 문제다. 나날이 심각해지는 분배 문제다. 지니계수를 통해 본 우리나라의 불평등 수준은 OECD 국가 가운데 8번째로 심각하다. 고소득 가구의 비중을 현실적으로 적용한 보정지니계수를 통해 본 우리나라의 불평등 수준은 IMF 사태 이전에 비해 현격히 높아진 것을 확인할 수 있다. 소득 상위 10%에 위치한 사람과 소득 하위 10%에 위치한 사람의 소득 비율(P90/P10)의 측면에서도 우리나라는 5.5배 차이가 나는 것으로 OECD 국가 가운데 7번째를 차지한다. 이밖에도 2017년 팔마Palma 지수[13] 1.4(OECD 11위), P50/P10 비율 2.8(OECD 4위), 소득 상위 20%가 전체 소득의 71.5%를 가져가는 반면 소득 하위 20%는 전체의 1.4%만을 가져가는 것으로 나타난다. 이들 지표들은 모두 우리나라의 소득 불평등이 심각한 수준인 것을 반복해서 확인해준다.

사회적 불평등의 문제가 심각하다 보니, 경제 규모에 있어서 급격한 성장세에도 불구하고 빈곤율은 여전히 매우 높은 수준이다. 특히 노인 빈곤율은 2위와도 상당한 격차를 보이는 세계 최

지니계수

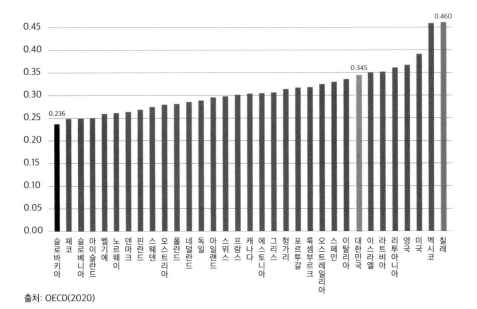

출처: OECD(2020)

소득 비율 P90/P10

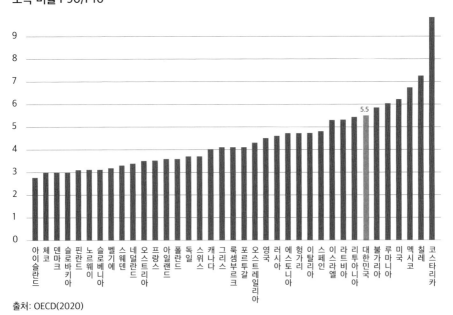

출처: OECD(2020)

빈곤율

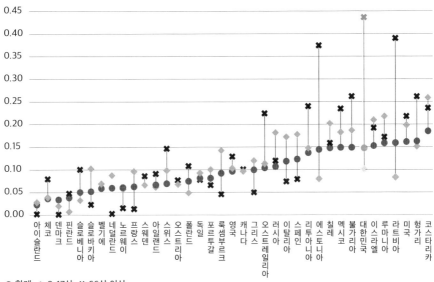

아이슬란드 · 체코 · 덴마크 · 핀란드 · 슬로베니아 · 슬로바키아 · 벨기에 · 네덜란드 · 노르웨이 · 프랑스 · 스웨덴 · 아일랜드 · 스위스 · 오스트리아 · 폴란드 · 독일 · 포르투갈 · 룩셈부르크 · 영국 · 캐나다 · 그리스 · 오스트레일리아 · 러시아 · 이탈리아 · 스페인 · 리투아니아 · 에스토니아 · 칠레 · 멕시코 · 불가리아 · 대한민국 · 이스라엘 · 루마니아 · 라트비아 · 미국 · 헝가리 · 코스타리카

● 합계 ◆ 0-17살 ✖ 66살 이상

합계출산율

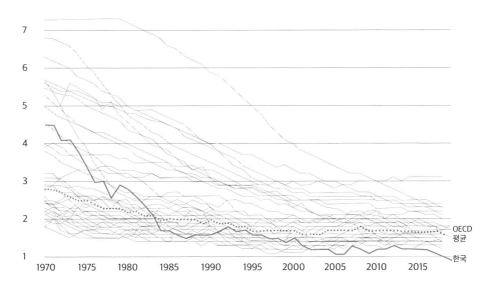

······ OECD 평균 ── 한국

고 수준이다. 노인 빈곤율에 비해 아동 빈곤율이 낮은 것은 그나마 다행이지만 이 또한 학력, 직업, 소득수준 등이 유사한 사람들끼리 결혼하는 '동질혼'의 증가와 사회경제적 지위에 따른 자녀 수의 격차 현상이 가져오는 착시 효과에 불과하다. 즉 상대적으로 가구 소득이 높은 이들이 자녀가 있는 가구를 이루고 가난하거나 결혼 및 출산으로 인해 가난해질 가능성이 있는 청년들은 출산이나 결혼을 포기하거나 미루는 상황이 가져온 결과라는 것이다.[14]

이는 현재 우리나라가 직면하고 있는 초저출생율의 문제와도 맞닿아 있는 문제로서, 낮은 아동 빈곤율을 마냥 환영할 수만도 없는 이유이기도 하다. 현재와 미래에 대한 청년의 불안은 낮은 출생률을 통해 극명하게 드러난다. 한국의 합계 출산율은 2019년 현재 0.92명, 2020년 3분기 기준으로는 이보다 더 심각한 0.84명에까지 이르렀다. 우리나라는 지난 2001년 합계 출산율 1.30명으로 초저출생 국가로 접어든 이래 20년 가까이 초저출생 국가의 상태를 벗어나지 못한 역사상 유일한 국가가 되었다.

보이지 않는 사다리

더 큰 문제는 이 커져가는 격차가 점점 구조화되고 세습된다는 것이다. 과거에 계층 이동의 경로로 활용되었던 교육을 통한 계층 이동의 기회는 갈수록 좁혀지고 있다. 어느 부모 밑에서, 어느 지역에서 태어났는지에 따라 이미 많은 가능성이 삭제된다.

2007년 서울 일반고 출신 서울대 합격자 700명 가운데 서울시 강남, 서초, 노원, 송파, 양천 등 소위 교육특구 5개 구 출신이 전체의 53.0%이던 것이 2017년에는 59.7%로 그 비율이 오히려 상승하고 있다. 강남구의 비중만을 놓고 봐도 2007년 17.3%이던 것이 2017년에는 23.4%까지 올라간다. 특목고와 같이 엘리트 교육을 받고 있는 이들을 제외하고 서울의 일반고 출신 서울대 합격자 4명에 1명꼴로 강남구 출신인 셈이다. 특목고를 제외하고 고등학교 학생 1000명당 서울대 입학생의 비율로 봐도 서초구와 강남구의 경우 28.3명과 27.1명 수준이고, 양천구(16.2%), 과천시(14.7%), 성남시 분당구(14.6%)의 순서로 그 다음을 잇는다. 특목고(45.9%)와 자사고(33.9%)의 신입생 비율이 이들 일반고와는 비교되지 않을 수준으로 높다는 것은 이론의 여지가 없다.

이렇게 대학에 들어온 이들은 다시 우리 사회 출신 계급에 따른 신분 구조를 강화하는 데 기여한다. 2020년 서울대 로스쿨 전체 합격자 10명 중 9명은 소위 SKY대 출신이다. 지방 대학 출신 합격자는 사실상 없다고 봐야 한다. 우리나라 역대 대통령 가운데 2명을 배출한 사법고시를 실질적으로 대체한 로스쿨 제도는 갈수록 그들만의 리그가 되어가고 있다.

더 이상 개천에서는 용이 나지 않는다. 우리 사회의 구조화되어가고 있는 격차는 개천에서 태어난 용의 씨를 말리고 있는 수준이다.

출신 계급에 따른 격차만이 구조화되고 있는 것은 아니다. 다른 차별과 격차의 장벽들도 더욱 공고하게 자리 잡고 있다. 볼수록 마음이 무거워지는 통계는 여기서도 이어진다. 성별 간 임

성별 간 임금격차

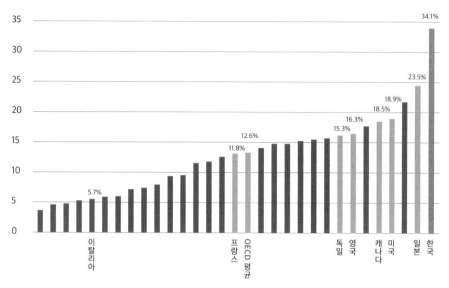

출처: OECD(2021)

금격차는 OECD가 발표한 자료에서 역시 비교 국가 가운데 가장 높은 수준을 보이고 있다. 세계경제포럼(WEF)World Economy Forum 이 발표한 성별 격차 지수에 따르면 우리나라는 2020년 현재 조사 대상 153개 국가 가운데 108위를 차지한다. 이는 2006년의 92위보다도 더 후퇴한 결과로 그 심각성을 더한다.

최근 유엔개발계획(UNDP)이 발표한 성 불평등 결과는 화제가 된 바 있다. 위의 부정적인 결과들과는 다르게 2019년 우리나라의 성 불평등 지수(GII)Gender Inequality Index가 세계 189개 국가들 가운데 11위로 매우 높은 수준을 보여준 것이다. 이를 자세히 들여다보면 UNDP의 성 불평등 지수는 인적자원 개발의 측면에서 보건, 교육, 노동시장 진출 등의 지표를 중심으로 구성되는데, 특

각 소득 원천별 기여도

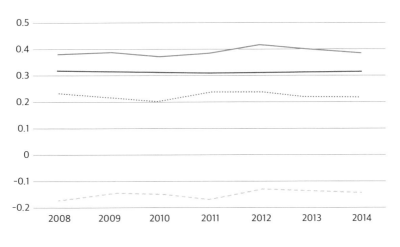

범례: ---- 노동소득 ─── 자산소득 ······ 기타 소득 ─── 전체

출처: 이성재·이우진(2017)

히 교육과 보건 영역에서 성별 격차가 낮은 우리나라의 상황이 반영된 결과라 할 수 있다. 이 결과를 위에 보고한 심각한 수준의 성별 격차와 함께 살펴보면, 교육과 보건 등 인적자원의 측면에서 남성과 여성 사이에 성별 격차가 상대적으로 낮은 수준임에도 불구하고 결과적으로 임금과 사회적 지위 등의 측면에서는 심각한 수준의 성별 격차를 경험한다는 것으로 해석될 수 있다. 결국이 결과는 우리나라 성별 격차의 심각함을 재확인시켜주는 결과일 뿐이다.

우리 사회가 종교, 계급, 장애 유무, 출신 국가, 성적 정체성 등 다면적으로 내부의 다양성과 이질성이 갈수록 증가하고 있음에도 불구하고 이들 이질성에 따른 차별과 배제가 갈수록 심화되고 있음은 더욱 절망적이다.

우리 사회에 존재하는 불평등 구조에 자산이 미치는 영향이 크다는 점도 고려되어야 한다. 이우진의 연구[15]에 따르면 2014년 기준 우리나라 총소득 불평등에 미치는 영향으로 자산 소득이 상당한 수준에서 기여하고 있음을 알 수 있다.[16] 같은 연구에서 자산 불평등에 대한 원천별 기여도를 분석해본 결과 어떤 분석 방법을 사용하더라도 부동산 자산이 자산 불평등에 주요한 영향을 미치고 있는 것을 확인한 바 있다. 우리 사회에서 자산, 특히 부동산 자산의 축적을 향한 높은 벽을 고려하면 불평등은 더욱 구조화, 세습화되어 있음을 확인할 수 있다.

청년 세대의 포기 또는 '영끌'

사회적 불평등이 심화되고 다른 한편으로는 계층 이동의 경로가 사라져가는 그 자리에 놓인 이들은 대체로 포기한다. 그리고 작은 기회의 창이라도 열리는 경우 소위 '영끌'을 동원한다. 최근 화제와 문제의 중심에 있는 '코인' 투자 열풍은 이런 현상을 반영한다. 청년의 70% 가까이가 스스로를 'N포 세대'로 규정하는 현재의 상황에서 어떤 제도적 장치도 제힘을 발휘하기 힘들다. 특히 청년 세대의 포기와 그에 따른 원천적 불안은 매우 심각한 수준이다. '국민의 사회 정치 및 젠더 의식 조사' 자료에 따르면 청년 세대는 구직, 낙오, 미래에 대한 불안, 범죄 피해에 대한 불안, 관계성에 대한 불안 등의 측면에서 전 영역에 걸쳐 기성세대에 비해 높은 수준의 불안을 보이고 있다. 특히 불확실한 미래와 낙오에 대한 불안함은 전체적으로 가장 높은 수준이다.[17]

불평등과 불공정이 일상화된 사회에서 대안과 희망이 부재한 현재적 조건은 결국 이들을 높은 수준의 울분으로 몰아넣는다. 앞서 제시한 불안의 경우와 마찬가지로 청년 세대는 기성세대에 대해 높은 수준의 울분을 보이고 있다. 남성에 비해 여성의 울분이 높은 수준을 보이는 것도 주목할 필요가 있다.

2021년의 한국 사회에는 좋은 신호와 나쁜 신호 그리고 쉽게 이해하기 어려운 이상한 신호들이 뒤섞여 있다. 유례없는 경제성장과 시민 민주주의의 실현, 문화적 자산의 풍부함에 이르기까지 이웃 사회가 부러움과 경계가 뒤섞인 눈빛을 던질 만큼 좋은 신호들이 가득한 반면, 우리 사회 내부를 들여다보면 주민들은

청년 세대의 원천적 불안

단위: 점

구분		구직, 낙오, 미래 불안	범죄 피해 불안	관계성 불안
전체	계(n=5,000)	2.478(0.759)	2.060(0.764)	2.185(0.643)
세대	청년 세대	2.632(0.818)	2.178(0.905)	2.268(0.707)
	기성세대	2.400(0.714)	2.000(0.673)	2.143(0.605)
	t	106.170***	61.229***	42.536***
성별	여성	2.492(0.756)	2.369(0.738)	2.234(0.613)
	남성	2.464(0.761)	1.765(0.665)	2.138(0.667)
	t	1.624	926.841***	27.749***

자료: 국민의 사회·정치 및 젠더 의식 조사, 원자료
주: 1) *p<.05 ***p<.01 ***p<.001
　　2) ( )안은 표준편차
　　3) 각 항목의 불안을 어느 정도 느끼는지를 4점 척도(① 전혀 그렇지 않다 ~ ④ 매우 그렇다)로 측정했으며, 값이 클수록 각 항목에 대한 불안이 높은 것으로 해석됨.
출처: 마경희 외(2020)

청년 세대의 울분 정도

단위: 점

구분		평균
전체	계(n=5,000)	2.631(0.590)
세대	청년 세대	2.656(0.652)
	기성세대	2.618(0.555)
	t	4.581*
성별	여성	2.702(0.581)
	남성	2.564(0.590)
	t	69.039***

자료: 국민의 사회·정치 및 젠더 의식 조사, 원자료
주: 1) *p<.05 ***p<.01 ***p<.001
   2) ( )안은 표준편차
   3) 울분과 관련된 10개의 문항에 대해 4점 척도(① 전혀 그렇지 않다 ~ ④ 매우 그렇다)로 측정했으며,
     셀 안의 값은 10개 문항에 대한 응답값의 평균임. 값이 클수록 울분을 자주 경험하는 것으로 해석됨.
출처: 마경희 외(2020)

행복하지 않고 삶에 대해 만족하지 못한다. 객관적인 지표가 제시하는 물질적 풍부함에도 불구하고 주민들은 자신들 삶의 질이 빈약하다고 느끼며, 심지어 절망한다. 이 모순된 현상들은 소득, 자산, 젠더, 출신 성분 등에 의해 공고하게 가로막힌 불평등 구조를 등에 업고 발현한다.

우리 사회가 당면한 과제는 결국 이 신호들을 민감하게 포착하고, 정확하게 해석하고, 선제적으로 대응하는 데 있지 않을까? 도저히 뛰어넘을 수 없을 것처럼 보이는 절망의 장벽 앞에서 누구도 포기하지 않고 올라탈 수 있는 기회의 사다리를 조립하는 작업을 우선 시작해보자.

'초격차-단절-공포'의 미래

미래는 항상 불안의 세계로 다가온다. 영국 소설가 조지 오웰이 쓴 《1984》가 대표적이다. 빅 브라더가 세상을 모두 감시하고 개인은 없는 전제주의의 시대. 생각해보면 제2차세계대전이 끝나고 히틀러가 만든 공포의 잔영이 가시지 않은 1948년의 절망적인 모습을 보고 그 절망의 연장선 위에 미래를 올려놓았던 것이다.

역사의 발전을 생각하는 수많은 역사가들과 사상가들, 사회운동가들은 현재의 위기와 절망이 미래로 확대 증폭될 경우 올 수 있는 파멸을 경고하지만, 미래는 현재를 사는 우리가 '어떤 교정의 역사를 쓰느냐'에 달려 있음을 역시 강조한다. 물론 역사에 필연적 법칙이 없지 않으나 그것은 '역사는 진보한다'는 것 하나일 뿐 나머지는 결정된 것이 없을 것이다.

앞에서 진단한 '불평등, 장벽, 불안'의 대한민국. 과연 우리에게는 어떤 미래가 올 것인가? 아니 어떤 미래를 만들어야 하는

가? 이 장에서는 미래의 우리가 맞이할 환경의 변화를 통해 어떤 미래를 만들어야 하는지에 대한 답에 한 걸음 더 다가가본다.

세계 질서의 대전환 시기

대분기Great Divergence. 인류 역사상 유럽과 아시아(특히 중국, 인도)의 주도권이 갈린 19세기 산업혁명을 두고 캘리포니아학파들이 부른 용어다.[18] 17세기 르네상스부터 시작된 문화사적 변화가 산업혁명을 결정적 계기로 하여 아시아의 경제력을 완전히 뒤집는 유럽 번영의 역사로 인류는 제1차 대분기를 맞았다고 본다. 그러나 오늘날 1980년 후반을 지나면서 산업혁명 이후 지속되어온 세계 질서가 새로운 전환점을 맞이했다는 견해가 등장한 바 있고, 1980년대보다 훨씬 더 격한 변동이 앞으로 한 세대 이전에 찾아올 것이란 전망도 만만치 않다.

그 근거로 먼저 꼽히는 것은 디지털화digitalization의 진전이 변곡점을 넘어섰다는 점이다. 일각에서 '제4차 산업혁명'[19]이라 명명하고 있는 이 변화는 디지털 경제가 산업의 한 분야로서 발달하는 것에서, 디지털 기술에 기반한 인공지능(AI)artificial intelligence이 전산업에 사용됨으로써 생산과 유통, 소비 전 영역에 걸쳐 혁명적인 변화가 유발된다는 점에서 이전의 디지털 경제와는 뚜렷이 구분된다. 이러한 디지털화가 몰고 올 변화를 설명하는 데 있어 가장 대표적인 것인 AI의 등장이다. AI의 지적 능력이 2015년 생쥐의 수준에 다다르더니 2023년은 사람 1명의 수준을 넘

기술의 급격한 변화 추세

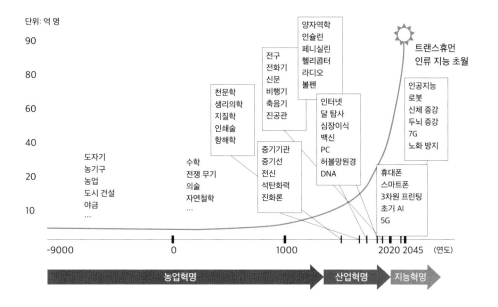

고 2045년경 인류 전체를 합한 수준을 넘는 이른바 '싱귤래러티 singularity'에 달하는 것으로 예측되고 있다. 인류의 인구수가 20세기를 맞아 빠르게 증가하는 가운데, 향후 제4차 산업혁명의 결과로 야기될 수 있는 AI 기술의 놀라운 진화 속도와 수준은 미래 인류를 어떤 식으로 변화시킬 것인가?

정확히 누구도 예측할 수는 없지만 주요 영역에 대한 몇 가지 대표적인 추론을 열거해보면 다음과 같다.

우선 기술의 변화가 수많은 일자리와 업종의 변화를 급격히 가져올 수 있다. 프라이Frey와 마이클Michael에 의하면, 20년 내 미국의 702개 직업 가운데 약 47% 정도가 컴퓨터에 의한 자동화, 로봇 등으로 대체 가능한 것으로 전망된다.[20] 특히 서비스직, 도·

소매업, 사무 보조 등에 집중되어 있다. 이런 직업에 종사하는 노동자들은 일자리를 잃을 것은 당연한 귀결이며, 대신 또 다른 새로운 직종과 직업군이 창출될 것이냐가 관건이지만 이 부분에 대한 전망은 엇갈리고 있는 상태다. 즉, 기술의 변화에 따라 인간의 역할을 동반한 새로운 일자리 창출의 가능하다고 보는 견해에 의하면, 기존 직업 내에서 단순 반복적 서류 업무가 줄어들고 인간의 직관과 의사결정이 필요한 고부가가치 업무(예, 금융 서비스에서의 모기지 전문가, 전문 외환 딜러 등)가 부각될 수 있으며, 서로 다른 지식과 직무를 융합하여 전문직으로 새롭게 탄생시키는 경우(예, 요리사 농부, 홀로그램 전시 기획가 등)도 존재할 것이고, 과학기술 진보로 인해 완전히 새로운 직업(예, 인공장기 제조 전문가, 아바타 개발자, 첨단 과학기술 윤리학자 등)도 생길 것이라고도 본다. 그러나 과연 이러한 고부가가치, 세부화된 영역의 새로운 일자리 규모가 대규모로 소멸되는 직종과 직업의 일자리를 대체할 정도로 많을 것인지에 대해서는 회의적인 시각이 많다.

더군다나 더 큰 충격은 고용 및 일하는 방식의 변화에서 찾아올 것으로 예견된다. 즉 근무시간을 스스로 선택하고 복수의 고용주 아래 있으면서 유동적으로 일자리를 바꿀 수 있는 긱Gig 경제에 속한 이들이 더욱 많아질 것이란 예상이다. 맥킨지 보고서에 따르면, 이미 미국과 유럽연합EU에는 독립적 지위의 노동자들이 많은데 직업적으로는 예술가나 디자이너를 비롯하여 장비 설치·유지·수리업자, 특수 유통업자 등이 대표적이며 산업에 있어 유통산업, 건설업, 전문 경영 서비스업 등에서 성행하고 있다.[21] 규모로 보더라도 전체 노동인구의 20~30%를 이미 차지하고 있으며 이들 중 40%는 보조적인 소득을 올림으로써 결코 좋은 직업이라고 보기 어려운 상태인데, 이런 종류의 노동자들이 제4차 산업혁명이 가속화됨에 따라 더욱 커질 것이라고 누누이 경고되고 있다. 결국 낙관적인 전망에 선다 해도 전문적이고 세분화된 고부가가치 업종으로 전환하는 이들과 긱 경제에서 가장 불안정한 일자리에 놓일 노동자들이 공존함으로써 노동자들 간의 격차와 불평등은 심화됨은 분명하다.

기업의 경우, 이미 '기하급수적 기업exponential organization', 즉 혁신적 기술에 적합한 새로운 조직 기술로 영향력 및 성과를 기하급수적으로 올리는, 최소 10배 이상으로 향상시키는 기업의 등장이 결코 드문 일이 아닌데, 90배나 많은 객실을 확보한 에어비앤비Airbnb, 109배나 많은 리포지터리Repository를 확보한 깃허브GitHub, 10배나 빠른 제품을 개발한 쿼키Quirky 등이 대표적이다. 이들은 일반적으로 선형에 의한 성장을 하는 기업과 뚜렷이 대조되고, 대대적인 변혁을 목적으로 하는 소위 MTPMassive Transformation Purpose를 갖고 있다고 평가된다. 특히 공유와 협력, 정보재의 가치를 활용하는 이들 기업의 등장은 기업들 내의 흥망이 더욱 빈발하고 그 결과에 의해 기업들 간의 격차 역시 더욱 커질 것임이 예상되기에 충분하다.

이러한 기하급수적 기업이 등장하는 데에도 연결된 경제권의 변화 중 하나가 공유 경제와 온디맨드 경제On-Demand Economy의 등장이다. 수요자가 요구하는 대로 제품 서비스가 네트워크를 통해 제공되는 경제는 소비자와 노동자를 온라인 네트워크상에서 연결하여 미사용 자산 및 인적자원을 공유시키는 역할을 함으로써 새로운 비즈니즈 모델을 통해 가치 창출의 원천을 혁신적으로 변화시키는 기업들이 탄생될 수 있도록 한다.

컴퓨터와 디지털 기술과 결합한 생활상의 이기利器만이 아니라 아예 인간과 디지털이 결합된 트랜스휴먼Trans-Human의 등장을 예고하기도 한다. 이는 감성까지도 변화시킬 수 있는 제2의 인간이 출현할 수도 있으며 그렇지 않더라도 시간과 공간, 가상과 현실, 사람과 사물, 사람과 사람 간의 기존 통념이 완전히 바뀌는 결과를 가져오고 사회 전체도 초연결 사회로 전환될 수 있다. 특히 DNA(데이터 'D', 네트워크 'N', AI 'A'의 약어)를 기초로 한 기술이 새로운 연결 관계를 창출하고 기존의 경계를 허물어 사회관계와 일자리를 변모시키고 그 안에서 인간의 역할에 변화를 요구할 수 있다.

이렇듯 AI의 등장 등 디지털 기술의 진보는 자본주의 자체를 근본적으로 변화시킴으로써 새로운 경제체제로 전화될 것이라는 예상까지는 아니어도 이미 '노동 없는 자본주의', '지식 자본주의', '플랫폼 자본주의' 등으로 자본주의의 전환이 예견되기도 한다. 이러한 자본주의의 변용은 항시 그에 대응되는 복지체제의 변용을 초래할 수밖에 없다. 특히 자본의 이윤 추구 방식, 자본과 노동의 계약 방식, 노동자의 임금 획득 방식에 있어 전혀 새로운 양태를 보일 것이라는 점에서 복지국가의 변모는 불가피하다.

대분기의 조짐은 글로벌 정치·경제적 패권에서도 찾아진다. 소련의 붕괴로 미국 중심의 단극 체제가 1990년대부터 본격화되었지만 이제 미국과 중국 간의 국제적 패권을 주도하려는 경쟁 체제가 노골화되는 가운데 중국 경제 규모가 미국을 압도하

2010~2050년 경제 규모 Top 10 국가들(PPP 환율 기준)

단위: 점

순위	국가	2010	순위	국가	2030	순위	국가	2040	순위	국가	2050
1	미국	14.12	1	중국	38.49	1	중국	58.17	1	인도	85.97
2	중국	9.98	2	미국	24.62	2	인도	48.97	2	중국	80.02
3	일본	4.33	3	인도	23.27	3	미국	31.08	3	미국	39.07
4	인도	3.92	4	일본	5.55	4	인도네시아	8.27	4	인도네시아	13.93
5	독일	2.91	5	브라질	5.28	5	브라질	7.96	5	브라질	11.58
6	러시아	2.20	6	러시아	4.82	6	러시아	6.42	6	나이지리아	9.51
7	브라질	2.16	7	인도네시아	4.28	7	일본	6.08	7	러시아	7.77
8	영국	2.16	8	독일	4.05	8	나이지리아	5.38	8	멕시코	6.57
9	프랑스	2.12	9	영국	3.67	9	독일	4.17	9	일본	6.48
10	이탈리아	1.75	10	멕시코	3.20	10	멕시코	4.67	10	이집트	6.02

자료: Citi Research, KB증권

는 것은 시간문제이며 나아가 인도 및 인도네시아 등의 필연적 부상까지 합치면 다시 세계 경제권이 아시아를 중심으로 재편될 것이란 전망도 나오고 있다. 피터슨경제연구소에 따르면, 미국의 연평균 경제성장률이 2%일 때 중국에 추월되는 시점은 2030년, 3%일 때 2036년으로 예상되고 있다.[22] 씨티리서치와 KB증권에 따르면, 구매력 평가(PPP)Purchasing Power Parities 환율 기준으로 2040년이 되면 중국과 인도, 인도네시아가 세계 1, 2, 4위권의 경제 규모를 갖게 되고 2050년이 되면 인도가 세계 1위의 경제권이 되면서 세계 10위 경제권 안에 인도, 중국, 인도네시아, 일본이 자리 잡게 되고 유럽 국가들 중에는 단 한 국가도 자리를 차지하지 못하는 상태를 맞이하는 것으로 전망되고 있다.[23]

그러나 이러한 경제 패권의 변동은 국제정치 질서를 요동치게 하여 미국과 중국 간의 전략적 경쟁이 지금보다도 더욱 치열하게 일어날 수 있으며, 정치적 포퓰리즘의 득세가 자국 이익의 극대화 전략을 택하도록 추동하는 흐름과 맞물려 세계 정치는 과도기적 긴장 속에 일촉즉발의 상황도 초래될 개연성이 늘 상존할 것이다.

또 한 가지, 대분기를 촉발할 가능성은 생태계의 변화에서 찾아진다. 가장 전형적인 생태계 파탄의 근거는 CO_2 배출량의 급증에 있다. 백만 년에 이르는 기간 동안 한 번도 넘어본 적이 없는 배출량 수준이 1950년을 지나면서 급격히 증가하여 각종 환경 파괴의 조짐들이 현실화되고 있고, 아무리 통제한다 하여도 그 파괴적 영향력을 획기적으로 막을 대안을 찾는 것이 불가능할 정도다.

나사(NASA, 미국항공우주국)에 따르면, 19세기 말과 비교하여 지구의 평균기온은 1.14℃나 올랐고 이는 탄소량 증가와 인간에 의해 만들어진 다른 방출물의 대기 유입에 따른 것으로써 2014년 이후 6년 연속 최고기온을 경신하고 있어 그 심각성이 더해지고 있다. 또한 1969년 이후 해수 온도는 0.33℃ 올랐는데, 해양은 지구의 여분 에너지의 90%가 있는 곳이기도 하다. 1993년과 2019년 사이 그린란드와 남극의 빙하는 매년 2790억 톤씩 없어졌으며, 20세기 100년간 해수면은 0.2미터가 올라갔는데 놀랍게도 지난 20년간의 상승 속도는 20세기의 그것보다 거의 두 배 가까이 빨라진 상태다. 과거의 이런 기록이 무색할 정도로 미래의 생태계 파괴 전망도 어둡다.

인류의 CO₂ 배출량 변화 추이[24]

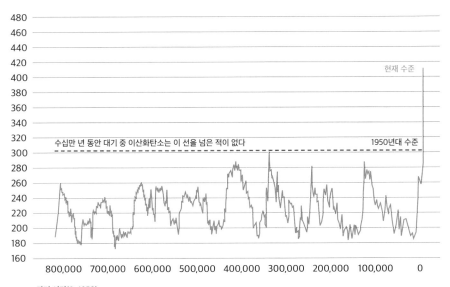

현재 수준

수십만 년 동안 대기 중 이산화탄소는 이 선을 넘은 적이 없다

1950년대 수준

과거 시기(O=1950)
출처: 나사(NASA) 홈페이지

시나리오별 온도와 해수면 상승 전망[25]

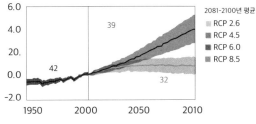

전지구 평균 지표온도 변화(℃)

2081-2100년 평균
RCP 2.6
RCP 4.5
RCP 6.0
RCP 8.5

39

42

32

전지구 평균 해수면 상승(m)

시나리오	기온(℃)	
	2046~2065년	2081~2100년
RCP 2.6	1.0(0.4~1.6)	1.0(0.3~1.7)
RCP 4.5	1.4(0.9~2.0)	1.8(1.1~2.6)
RCP 6.0	1.3(0.8~1.8)	2.2(1.4~3.1)
RCP 8.5	2.0(1.4~2.6)	3.7(2.6~4.8)

(1986~2005년 대비)

시나리오	해수면(m)	
	2046~2065년	2081~2100년
RCP 2.6	0.24(0.17~0.32)	0.40(0.26~0.55)
RCP 4.5	0.26(0.19~0.33)	0.47(0.32~0.63)
RCP 6.0	0.25(0.18~0.32)	0.48(0.33~0.63)
RCP 8.5	0.30(0.22~0.38)	0.63(0.45~0.82)

출처: IPCC, 2013, 제5차 평가보고서: 기후변화의 과학적 기초

국제식물보호협약(IPPC)에 따르면, 최악의 시나리오인 대표 농도 경로(RCP)Representative Concentration Pathways 8.5 하에서는 2046~2065년 사이 평균기온 2.0℃, 더 나아가 2081~2100년 사이에는 3.7℃가 각기 상승할 것으로 예상하고 있으며, 산업혁명 이전인 1750년 대비 2℃ 상승 이하로 유지하는 최상의 시나리오로 막아도 1.0℃ 상승은 막을 수 없는 것을 보여주고 있다. 이렇게 되었을 때 해수면 상승은 RCP 8.5 하에서 2046~2065년 사이 0.3미터, 2081~2100년 사이 0.63미터가 예상되고, RCP 2.6 하에서는 각기 0.24미터와 0.4미터를 기록하는 것으로 나타나고 있다. 이로 인해 나타나는 전 지구 차원의 이상 기온과 저지대 침수 등은 최근의 재난 상황을 토대로 유추해볼 때 거의 재앙 수준에 가까울 것이다.

지금까지 살펴본 바와 같이 앞으로 남은 21세기의 시간 동안 기술의 변화와 세계 질서의 변동, 생태계의 파괴 등이 초래할 위기는 결국 사람들의 삶에 격차와 불평등을 더 심화시킬 가능성이 크고, 그것들은 국제적으로도 국가 간 생존경쟁에서 오는 격차와 갈등을 야기할 것으로 보인다. 이러한 격차의 심화는 일국 내부의 계층 간, 직업 간, 사회적 지위 간에 고착을 심화시키고 더 나아가 국가 간에도 뛰어넘을 수 없는 장벽을 만들어낼 가능성이 높다. 또한 생태계의 파괴에서 오는 자연재해, 이어지는 사회 재난이 복합 재난으로 바뀌면서 근본적으로 인간의 안위를 저해하는 위험이 상존함으로써 불안과 공포를 벗어나기 힘들 것이다.

대한민국 고유의 미래 환경

한국 사회는 그간 정치, 경제, 문화 등의 측면에서 글로벌 세계에 깊숙이 편입되어옴으로써 앞에서 살펴본 전 지구적 차원의 미래 환경의 변화에 그대로 영향을 받을 수밖에 없는 특성을 지녔다. 일례로 세계은행(WB)world bank의 발표에 따르면, 2017년 현재 한국은 경제 개방도가 19위에 속하며, 인구 규모만을 볼 때 전 세계에서 한국은 아홉 번째이지만 경제 개방도에서 한국보다 인구 규모가 큰 나라이면서 더 높은 국가는 독일밖에 없다.[26] 이러한 사실을 놓고 보면 한국의 대외 환경의 변화가 미치는 영향력의 정도는 상대적으로 더욱 심대하다고 할 수 있다.

그렇다면 앞에서 설명한 대로 디지털 기술혁명을 통하여 경제 분야 전반에 걸쳐 일어나는 충격에 따라 격차와 장벽이 더욱 커지고, 정치적으로 세계 패권 경쟁과 생태계의 파괴에 따른 불안과 공포가 더해지는 상황은 그 자체가 대한민국 미래 환경의 변화와 그에 따른 영향으로 받아들여야 할 것이다.

그러나 한국적 특수성으로 추가될 몇 가지가 존재한다. 제일 먼저 꼽을 수 있는 대한민국만의 미래 환경의 핵심적 변화는 인구의 절대적 감소이며 이와 연관된 초저출생과 고령화 경향이라 할 것이다. 먼저 그간의 저출생 추이는 최근 2~3년간 더욱 격화되어 합계 출산율이 1.0명 이하로 내려간 상태에서도 그 끝을 모르고 계속 낮아져 세계에서 가장 출산율이 낮은 국가가 되고 있다. 이에 따라 한국의 인구 추이는 절대적인 감소 경향을 보이는데, 다만 출산율 수준이 어느 수준으로 유지되느냐에 따라 감소

시나리오별 장기 인구 추계[27]

	총 인구 전망(단위: 만 명)		
연도	포용국가군 출산율 기준 (시나리오 I)	통계청 연구 추계 (시나리오 II)	서울시 출산율 기준 (시나리오 III)
2017	5,136	5,136	5,136
2020	5,183	5,178	5,180
2030	5,256	5,193	5,152
2040	5,232	5,086	4,927
2045	5,156	4,957	4,743
2060	4,648	4,284	3,926
2100	3,585	2,557	1,698

	노인인구 및 고령화 전망(단위: 만 명, %)		
연도	포용국가군 출산율 기준 (시나리오 I)	통계청 연구 추계 (시나리오 II)	서울시 출산율 기준 (시나리오 III)
2017	707(13.8)	707(13.8)	707(13.8)
2020	813(15.7)	813(15.7)	813(15.7)
2030	1,298(24.7)	1,298(25.0)	1,298(25.2)
2040	1,722(32.9)	1,722(33.9)	1,722(35.0)
2045	1,833(35.6)	1,822(37.0)	1,833(38.6)
2060	1,881(40.5)	1,881(43.9)	1,881(47.9)
2100	1,218(34.0)	1,110(43.4)	1,000(58.9)

의 폭은 매우 다르게 나타난다.

위 표에서는 출산율에 대해 세 가지로 가정을 세웠다. 첫 번째가 주로 포용과 혁신이 잘 발달된 유럽 국가들 중 7개국을 평균했을 때의 1.73명을, 두 번째가 2019년 정부가 통계청 중위 시나리오의 출산력인 1.27명을, 세 번째가 전국 시도가 서울시 수

한국과 세계의 고령화 추이 비교

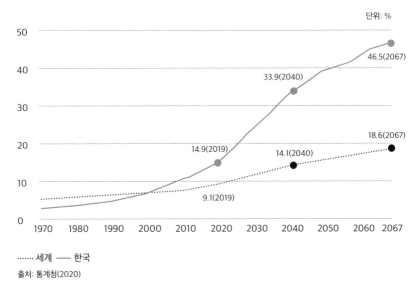

단위: %

46.5(2067)

33.9(2040)

18.6(2067)

14.9(2019)

14.1(2040)

9.1(2019)

······ 세계 ── 한국

출처: 통계청(2020)

준으로 수렴한다는 가정하에 서울시 수준인 0.76명을 각기 가정한 결과를 보여주고 있다. 그중 특히 시나리오 III에서는 인구의 격감 추이가 매우 현저하여 2100년에는 1천 명대를 기록하는 것으로 예측되고 있다. 이와 함께 고령화율도 빠르게 증가하여 2045년이면 시나리오 I, II, III에 따라 각기 35.6%, 37.0%, 38.6%로 나타나고 있다. 따라서 향후 출산율이 단기적으로 회복되기도 어려울 뿐더러 회복된다 해도 한 세대 안에는 그 추이에 큰 변화를 줄 수 없다는 점에서 인구 감소의 추이는 훨씬 심각하고 이는 한국 사회에 커다란 충격을 줄 것임에 틀림없다.

　이러한 저출생 경향은 한국 사회의 전 부문에 걸친 구조적 변화를 야기할 것이다. 당장 생산 가능 인구가 줄어듦으로써 노동시장과 산업 전반에 충격을 줄 것이며, 국가 재정을 포함하여 정

수도권 인구 집중도 변화 전망

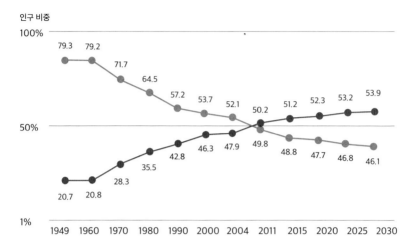

인구 비중

출처: 통계청(2015)

부의 규모와 역할도 영향을 주게 된다. 나아가 국방, 교육을 비롯해 사회 각 부문에도 새로운 구조 전환이 야기될 수밖에 없다. 이 가운데 저출생과 동전의 양면인 고령화 추이 역시 주목해야 하는데, 한국의 고령 인구 비율은 시간이 지나갈수록 급속도로 높아져, 통계청의 발표에 따르면 2067년에는 46.5%에 도달할 예정이며, 이는 당시 세계 평균 18.6%의 2.5배 수준에 해당된다.[28]

다음으로는 한국 사회에서 각종 부문의 격차가 심각해질 가능성이 있는데, 그중에 지역 간 격차가 미래 대한민국의 환경 변화에서 주목될 부분이다. 현재 서울을 포함한 수도권으로의 인구 및 산업, 교육, 자산, 금융, 문화 등 모든 면에서 집중이 강화되어 수도권과 비수도권의 격차가 심화되고 있는 가운데 향후

남북한 통일에 따른 변화 전망

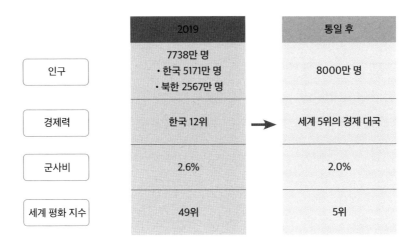

	2019	통일 후
인구	7738만 명 • 한국 5171만 명 • 북한 2567만 명	8000만 명
경제력	한국 12위	세계 5위의 경제 대국
군사비	2.6%	2.0%
세계 평화 지수	49위	5위

이런 추세를 반전시킬 계기가 있으리라 볼 근거가 없는 상태다.

2011년 수도권의 인구가 비수도권을 앞지른 이후, 통계청에 따르면 2030년까지도 그 격차는 계속 벌어지는 추이를 나타내는 것으로 전망되고 있다.[29] 당연히 이러한 현상은 비수도권, 특히 군 단위의 인구 격감을 초래할 것이다. 이로 인해 지역 간 균형 발전에 대한 획기적 전환을 미래 시점에 취하지 않는다면 어느 지역에 사느냐에 따라 그 격차가 더욱 현저히 드러날 것이다.

대한민국의 미래에 대한 또 하나의 요소는 북한과의 관계가 될 것이다. 이는 사실 대한민국의 최대 불안 요소이면서 다른 한편으로 최대의 기회를 가져다주는 양날의 검이 될 전망이다. 따라서 북한 리스크를 어떻게 통제하고 평화통일 체제를 구현하여 정치적 안정과 경제적 번영의 길을 가느냐는 것도 관건이 되어야 한다. 다행히도 국립외교원의 전망에 따르면, 남북한의 평화

통일이 구현될 경우 남북한 합하여 8000만 명에 이르는 인구 대국이 되며, 경제력은 세계 5위로 도약하고 군사비 부담도 줄어들면서 세계 평화 지수 역시 현재 49위에서 현격히 개선되어 5위로 격상됨으로써 한반도에 대한 투자 환경이 크게 개선되는 것으로 전망되고 있다.[30] 더욱이 대외경제정책연구원의 연구에 따르면 남북의 평화 경제 효과는 2047년경 1인당 국민소득을 7만 5000 달러까지 상승시키는 것으로 추계하기도 한다.[31]

팬데믹, 미래의 위기를 촉진시키다

앞에서 각기 두 가지 측면으로 바라본 미래의 환경 변화에 2020년 목도한 코로나19 사태는 매우 의미심장하다. 코로나19가 불러온 팬데믹(감염병 대유행)pandemic 현상은 한마디로 미증유의 사태 속에 현재의 위기 징조가 더욱 심각하게 앞당겨지는 결과를 예상할 수 있다. 그러기에 코로나19 사태는 인류에게 소위 '문명사적 대전환'을 요구한다고 할 정도로 기존의 패러다임에 대한 대대적인 성찰과 근본적인 결단이 우리 모두에게 요구되고 있다.

아직 그 파급력과 전모가 다 드러나지 않은 채, 이러한 팬데믹은 모든 것을 그 이전(BC)Before Corona와 그 이후(AD)After Disease로 바꿔 놓았다고 할 정도로 전 분야에 걸쳐 새로운 과제를 던진다. 특히 세계화의 양태를 바꿔 놓을 가능성이 커 슬로벌리제이션slowbalization('slow'와 'globalization'이 합쳐진 말-편집자 주) 시대를 전망하기도 하여 상품과 자본, 노동의 세계적 이동에 변화를 초래

팬데믹 현상과 향후 포스트코로나 시대의 변화 전망

구분	팬데믹 현상	포스트코로나 전망
경제 측면	• 수요와 공급의 동시 축소(대봉쇄) • 국제적으로 GVC의 변화 초래 • 새로운 산업(디지털, 플랫폼 경제 등)의 가속화	• 세계화와 국수주의 사이의 새로운 길 (슬로벌리제이션) • 탈세계화로 인한 자립적 지역경제 • 제4차 산업혁명의 가속화 • 장기 경제 침체의 가능성
국제정치 측면	• 기존 국제기구의 무력화 • 미국(트럼프 정부)의 국제적 리더십 실종	• 새로운 국제 질서의 등장(초국가 이슈의 미해결, 공유지의 비극) • 미국을 대신할 새로운 패권 국가의 등장(?) • 동아시아로의 패권 이동(?) • 국지적 전쟁 발발 가능성
생활양식의 측면	• 비대면의 활성화 • 특히 온텍트(on-tact) 세상	• 새로운 문화양식 창출 • 동시에 고립감, 소외감의 증진 • 공동체, 가족의 재발견
사회 측면	• 방역 체계의 과부하 • 병상의 한계 • 재난 피해의 계층적 영향	• 공공 의료의 강화 • 불평등의 심화
정치 측면	• 국가의 귀환 • 공공성의 재강조 • 포퓰리즘의 득세(권위주의적 통제와 억압 정당화)	• 큰 정부의 귀환 • 국민국가의 강화→국민경제, 자급 경제의 강화

할 가능성이 커졌다. 또한 비대면 양식의 확대는 새로운 욕구와 소비 방식을 낳고 아울러 산업구조와 노동 방식에 대한 변화를 초래하여 경제구조와 기술 양태, 고용관계에 새로운 변화를 예고하고 있다. 또한 생활양식과 문화양식의 변화도 초래되어 트랜스휴먼의 시대를 촉진하여 인간과 인간의 관계도 변화를 가속화할 것이다. 그러나 팬데믹을 포함하여 각종 복합 재해의 빈발

은 기후 환경의 변화에서 온 재앙이란 인식이 새로운 차원의 해법을 요구하게 되어 지구적 차원의 강도 높은 환경 대책이 강구되고 국내적으로도 이에 대한 대응의 중요성이 새로운 대응의 필요성을 낳게 한다.

좀 더 구체적으로 경제, 국제정치, 사회, 정치 등의 각 측면에서 팬데믹 현상으로 드러난 것과 향후 시간이 지남에 따라 야기될 포스트코로나post-corona 시대의 변화 전망을 정리해보면 앞 장의 표와 같다.

'초격차-단절-공포'의 미래가 온다

앞에서 각기 글로벌 차원과 한반도 차원 그리고 팬데믹의 등장 등을 통해 우리의 미래 환경은 어떻게 변화될 가능성이 있는지를 살펴보았다. 물론 미래는 정해진 것이 없다. 현재의 연속 지점에 미래가 있다는 점에서 현재 우리가 무엇을 하느냐에 따라 앞에서 예상된 미래의 변화들 가운데 위기 요인들을 배제하고 긍정 요인으로 살려나갈 수 있다.

그러나 적어도 위에서 살펴본 미래의 환경 변화들은 그것을 방치했을 때 우리 사회의 현재 위기를 더욱 증폭시키고 회복될 수 없는 파국catastrophe으로 연결될 여지는 명백하다. 특히 현재 대한민국이 처한 위기의 전형적인 양상인 '격차, 장벽, 불안'은 더욱 증폭될 것이 틀림없다. 어떻게 증폭될 것인가?

현재 소득과 산업, 기업, 계층, 지역, 성별 간 '격차'는 전 세계적인 변화이자 팬데믹으로 더욱 증폭될 디지털 혁명에 의해 기업의 영업이익 구조에 있어 격차가 더욱 벌어지고, 기술의 변화에 적응 못하거나 불안정한 지위에서 일할 수밖에 없는 노동 계층을 대폭 늘리면서 여성 노동자들에게 그 충격이 먼저 가해질 수밖에 없다. 또한 현재의 도-농 간, 수도권-비수도권 간의 격차 역시 경제사회적 격차가 투영되는 한편 인구의 절벽 현상과 맞물려 더욱더 증폭될 수밖에 없다는 점에서 현재의 격차사회는 '초격차 hyper-gap사회[32]'로 변화될 것이다.

현재 계층 간의 이동성이 이미 상실되고 현재 소속된 경제사회적 계층이 그대로 대물림되는 의미의 '장벽'이라는 위기의 특성은 미래 환경의 변화를 거치며 어떻게 더욱 고착될 것인가? 그간 우리 사회의 소득과 자산, 교육의 불평등이 낳은 장벽은 미래에 이 불평등 구조가 초격차사회를 낳는 구조로 더욱 공고화될 경우 이제 장벽을 넘어 '단절'의 사회가 될 것이다. 여기에 개인화의 경향과 팬데믹과 같은 재앙적 상황이 사람들 간의 교류를 거부하게 하고, 디지털로 인해 비대면 사회가 거듭되면서 이 단절의 의미는 더욱 중층적 의미를 낳으며 개개인 차원에서는 고립과 소외의 현상까지 중첩될 것이다. 따라서 이렇게 고립화의 의미까지 더해진 '단절' 사회는 사회적인 갈등의 진폭을 더욱 크게 할 것이다.

'불안'의 양상은 어떻게 바뀔 것인가? 코로나19 사태를 겪으면서 우리 사회는 각종 자연적, 사회적 재난 앞에서 단순히 불안함을 넘어서 '공포'의 단계를 접했음을 부정하기 어렵다. 여기에 국제정치의 장에서 미국과 중국의 패권 정치는 세계 정치와 경제를 재앙 수준으로 이끌 수 있으며, 남북 평화통일의 길도 역행하

'초격차-단절-공포'의 미래 위기의 도래

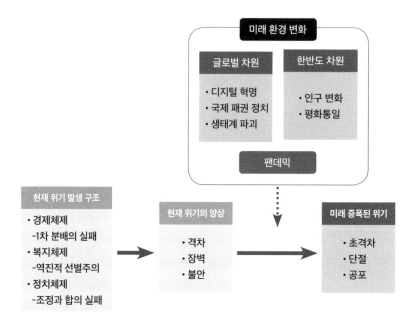

여 군사적 대치 국면이 지속된다면 불안정한 국제 정세와 초현대
식 살상 무기의 발달 앞에서 안보 불안이 안보 공포로 변할 수 있
다. 이미 세계 도처에 종교와 인종 간의 대립에 따른 무차별적인
테러가 이어지고 있고, 지배 권력과 매체들의 파시즘적 통제와
배제 앞에서 대중이 갖는 공포 역시 더욱 증폭될 것이다. 물론 이
미 지그문트 바우만 같은 석학이 현재의 불안과 미래의 불확실성
이 공포의 원인임을 지적했지만,[33] 미래에 닥칠 공포의 그림자는
너무 다채롭고 짙어질 것이다.

지금까지의 내용을 종합해보면 위의 그림과 같이 도식화할
수 있다. 따라서 이러한 위기의 중층화와 심화가 미래의 현실로

실현되지 않도록 하기 위해 우리는 현시점에서부터 새로운 체제를 구축해나가야 함은 당연하다. 그 어느 때보다도 더 심각한 절체절명의 위기와 도전에 직면하여 정치, 경제, 사회, 특히 생태환경 측면 모두에 걸쳐 철저한 패러다임의 전환에 입각한 것이라야 한다. 그 전환의 핵심이 바로 새로운 복지국가의 틀을 만드는 것에 있음을 강조하지 않을 수 없다.

자본주의의
변화와 불평등

새로운 것, 오래된 것

지난 몇 년 사이에 디지털 경제, 플랫폼 경제, 공유 경제, 앱 경제, 긱 경제, 지식 경제, AI 경제, 포스트휴먼 경제 등 다양한 명칭으로 불리고 있는 새로운 경제 현실이 기업과 정부, 학계, 미디어 등 사회 다양한 분야에서 큰 관심을 받고 있다. 이러한 미래 담론은 종종 컴퓨터, 인터넷, 모바일, 정보·통신, 디지털, 빅데이터, AI, 3D 프린터, 사물인터넷과 같은 여러 기술 진보에 근거하여 인류 역사상 초유의 격변이 일어나고 있다고 진단하곤 한다. 그러한 신기술은 종종 우리의 눈을 휘둥그레지게 만들고 완전히 새로운 세계가 곧 도래할 것 같은 상상에 잠시 빠지게 하기도 한다. 인간은 누구나 할 수 있는 걷고 뛰고 앉고 서는 행동을 로봇이 하는 것을 보면서 우리는 탄성을 지른다. 그러나 우리는 이 로봇이 우리 삶과 사회를 더 인간적으로 만드는 데 봉사하게 만들 수 있을까? 아니면 로봇에 대한 소유권과 통제권을 가진 사람들이 이 로봇들로 하여금 우리를 대체하고, 감시하고, 지배하게 만들까?

말하자면 정작 중요한 현실은, 기업들이 소비자를 유혹하고 정부의 지원금을 끌어내기 위해 보여주는 현란한 테크노피아의 미래상 뒤에 두꺼운 커튼으로 가려진 곳에 있는 것이다. 그곳으로 눈을 돌리면 정작 우리에게 의미 있는 것은, 그래서 사람들의 삶이 어떻게 변하느냐의 문제라는 평범한 사실을 자각하게 된다. 더 정확히 말하면 자본주의와 과학기술이 변화하는 과정에서 각기 다른 계급 계층의 운명이 어떤 궤적을 그리게 될 것인가, 그리고 그 계급들 간의 관계가 어떻게 바뀔 것인가가 관건이다. 그러므로 이러한 경제적, 기술적 현실에 연동된 새로운 이윤 추출 방식과 노동 현실, 불평등 구조를 올바로 이해하고 대응하려면, 변화하는 자본주의의 특성들을 역사적이고 정치경제적인 관점에서 분명히 하는 것이 중요하다.

앨빈 토플러Alvin Toffler, 제러미 리프킨Jeremy Rifkin, 클라우스 슈바프Klaus Schwab 등 통찰력 있는 저술가들은 산업과 경제, 과학기술, 정치, 복지, 문화와 일상 등 많은 영역에서 전례 없이 급속하고도 전면적인 패러다임 변동이 진행되고 있다고 주장해왔다.[34] 우리는 지금 일어나고 있는 그와 같은 사회 변화와 다가오는 미래를 민감하게 감지하고 준비해야 한다. 하지만 과장된 '단절'의 서사, 다급한 '격변'의 전망은 현실의 보다 깊은 역사적, 구조적 맥락을 시야에서 놓치게 만듦으로써 정확한 진단과 대응을 방해한다. 돌아보면 지금 뭔가 거대한 위기, 거대한 단절, 거대한 전환이 일어나고 있다는 담론은 언제나 있어왔던 것이다.

이미 1970~1980년대부터 탈산업사회, 노동사회의 종언, 완전고용 시대의 종말, 무인화·자동화의 시대, 계급정치의 종언에 관한 주요 저작들이 쏟아져 나왔다.[35] 1990년대에 오면 정보사회의 도래, 비물질 노동, 지식 기반 경제 등에 대한 비판적 고찰이 이론화되며, 2000년대에 들어와서 네트워크 자본주의, 디지털 자본주의 등에 관한 핵심 문헌들이 나오기 시작했다.[36] 이처럼 2021년 현재 우리가 놓여 있는 자본주의사회의 새롭고도 급변하는 듯이 보이는 여러 특성들은, 실은 상당히 장기적인 구조의 지속과 변화라는 맥락 안에 놓여 있다. 이에 대한 역사적 관점을 견지하지 못한다면, 우리는 변화를 과장하거나 또는 반대로 간과하는 편향 중 하나에 빠질 위험이 있다.

자본주의의 성격 변화에 대한 여러 접근법이 가능할 것인데, 이 글에서는 특히 다음 세 가지 측면에 집중할 것이다. 첫째, 자본주의경제는 수요와 공급, 생산과 소비 같은 경제적 법칙에 의해서만 움직이는 것이 아니라 근본적으로 자본과 노동 간의 미시적 또는 집단적인 계급 관계의 역학에 의해 변화한다.[37] 따라서 계급 행위자들의 조건과 전략, 상호작용은 구조 변동을 설명하는 중요한 요인이 된다. 둘째, 정치의 영향이 중요하다. 자본주의와 계급 관계는 언제나 정부 정책이나 국가 개입 등 정치적 요인에 큰 영향을 받았으며,[38] 세계적 수준의 자본주의 변화 역시 국제금융 기구와 미국 등 강대국의 정치적 기획에 크게 기인했다.[39] 셋째, 문화와 담론, 이데올로기는 자본주의 체제하의 지배와 저항에 중요한 의미를 갖는다. 자본주의경제와 정치가 언제나 위기와 균열의 요소를 내포하고 있듯이, 상징적 영역과 정치경제적 영역 간에도 조응과 긴장 관계가 함께 있으며 그것이 체제 변동을 불러일으키는 하나의 요인이 된다. 이같이 계급, 정치, 이데올로기의 측면을 함께 고려하여 자본주의 체제의 지속과 변화를 고찰해보자.

복지 자본주의의 번영과 위기

오늘날 21세기 자본주의의 구조적 특성들은 대략 1970년대 후반에서 1980년대에 이르는 시기 동안 발흥하기 시작한 것으로 평가된다. 그 이전 시기의 자본주의 체제 유형을 많은 학자들이 '포드주의Fordist' 축적 체제라고 부른다. 여기서 '축적 체제'라는 용어는 조절 이론이라고 불리는 특정한 정치경제학 이론과 관련이 있는 개념이지만 이 글에서는 그보다는 느슨한 의미로 사용하기로 한다. 그것의 의미를 단순화시켜 말하자면, 자본주의 사회체제 내의 여러 불균형, 왜곡, 교란, 위기에도 불구하고 자본축적을 상당 기간 안정적으로 지속할 수 있게끔 해주는 규칙성의 총체라고 할 수 있다. 그러한 축적 체제의 재생산을 위해서는 법률과 규칙, 가치 체계, 상징적 표상 체계 등 여러 면에서 인간 행위와 관계를 규범화하는 제도 형태들이 필요하다. [40]

그런 의미에서 포드주의 축적 체제와 그 제도적 형태들은 대공황기인 1930년대에 시작되어 1950~1970년대 가장 안정된 전성기에 이르렀다가 구조적 위기에 봉착하여 1980년대부터 쇠퇴

하기 시작했다고 볼 수 있다. 여기서 '포드주의'는 좁은 의미에서 컨베이어 벨트가 상징하는 표준화된 대량생산 시스템을 뜻하지만 축적 체제로서 포드주의는 경제, 정치, 문화와 일상 세계를 포함하여 사회 모든 분야의 총체적인 체계로 구성된다.

노동과정의 측면에서 포드주의는 일명 '과학적 관리 기법'으로 알려진 테일러주의Taylor system 방식의 노동조직을 통한 착취의 효율화와 생산성 혁명에 기초하고 있다. 이것은 인간 노동을 기계의 리듬에 가장 효율적인 방식으로 결합시키고 종속시켜서 이윤을 극대화하는 것을 목표로 하고 있다. 또한 포드주의 체제는 높은 생산성에 조응하여 노동자들의 실질임금과 구매력을 높여서, 대량생산된 상품의 과소소비·과잉공급을 막는 내포적 축적 전략을 특징으로 한다.

그와 더불어 종종 간과되는 포드주의 시기의 또 하나의 특징은 사회의 상품화, 시장화, 자본화가 지속적이고도 광범위하게 진행되었다는 사실이다. 그것은 가사의 산업화, 전통적 생산과 서비스 형태의 소멸, 노동력 재생산 영역의 상품화를 통한 서비스 산업의 팽창 등이다. 이를 통해 사회적 삶의 구석구석까지 자본의 새로운 투자 영역을 팽창시켜가는 과정이 진행됐다. 이 과정에서 사람들의 문화와 생활, 사회적 관계의 '전前 자본주의적' 형태들이 해체되어갔다.[41]

이렇게 전통 사회의 원리가 해체되고 자본주의 소비 원리가 확대되는 대중사회에서 사회관계를 관료제적으로 감시·관리·규율하는 규제 국가가 발전했고, 그와 더불어 자본과 임금노동의 관계를 규제하고 노동계급의 이익을 일정 정도 대변하는 복지국가가, 그리고 또한 국민정당을 지향하는 대중정당들과 거시적인 코포라티즘corporatism적 이익 조정의 중개자 역할을 자임하는 케인스주의Keynesian economics 국가가 성장했다.

현재의 시점에서 1930~1970년대의 약 반세기에 걸쳐 존속했던 포드주의 체제를 돌아볼 때 그것의 양면성을 함께 봐야 한다. 즉 한편으로 자본주의적 노동규율과 효율성 원리, 소비문화가 사회 모든 곳에 깊숙이 침투되고, 다른 한편으로는 자본주의 시장경제의 절대적 지배를 어느 정도 제어하는 조직된 노동과 국가적 규제의 힘이 동시에 커지는 이중 운동이 부단히 경합했다.

그런 불안정한 힘의 균형 속에서 특히 제2차세계대전 종전 후인 1950년 초반부터 대략 1970년대 초반까지 약 20년 동안 서구 선진 자본주의 국가들에서 이른바 '자본주의 황금기'라고 불리는 시기가 존재했다. 토마 피케티Thomas Piketty, 임마누엘 사에즈 Emmanuel Saez 등 자본주의 장기 역사를 연구한 학자들은 18세기 후반에 산업자본주의가 등장하기 시작한 이후 이 시기만큼 성공적으로 생산성 증대와 안정적인 거시 순환, 평등한 부의 분배가 이뤄진 적은 없다고 평가했다. 그것이 의미하는 바는 오늘날 자본주의 불평등과 노동의 위기는 오랫동안 안정적이고 풍요했던 자본주의 역사의 예외적 상황이 아니라는 것이다. 그와 반대로 제2차세계대전 종전 이후 20~30년이 복지 자본주의 계급 타협을 가능케 하는 정치경제적 조건이 존재했던, 더구나 그조차 일부의 부유한 서방 국가들에서만 그러했던 예외적 시기라고 보는 것이 보다 합당하다. 그 조건들이 사라지거나 약화되면서 자본주의 체제의 성격도 변화하게 되었다.

미국의 경제학자인 로버트 하일브로너Robert Heilbroner와 윌리엄 밀버그William Milberg는 이러한 자본주의 황금기를 가능케 한 몇가지 핵심 요인을 정리했다. 그 하나는 제2차세계대전 종전 후 국제통화기금(IMF)International Monetary Fund과 세계은행의 설립, 그리고 무엇보다 미국 달러를 주축으로 하는 고정환율제 국제통화체제 정립에 의한 세계 자본주의경제 질서의 안정화다. 또한 자본과 노동 간의 협약으로 노동자들이 고용 보장과 임금 인상에 대한 반대급부로 생산성 향상과 급속한 기술혁신, 경영 효율화에 적극적으로 협력하게 되었다. 이와 더불어 정부가 거시 경제의 활기와 안정, 불평등과 빈곤 문제의 완화를 위해 적극적으로 개입하여 성과를 보여주었다.[42]

이처럼 1950년대 이후 지구 북반구의 일부 선진 자본주의 나라에서 일시적으로 형성되었던 민주적 복지 자본주의가 오늘날 우리가 '서구 복지국가'라고 흔히 말하는 이미지의 역사적 원형이다. 그러나 이러한 축적 체제는 지난 수세기의 자본주의 역사에서 예외적인 시기다. 이 시기에 선진 자본주의사회들이 경험한 고도의 생산성 증대는 역사적인 생산성 변동의 장기 추이 속에서 '한 번의 거대 파동One Big Wave'이었고,[43] 재산과 소득의 불평등의 정도라는 면에서도 장기 역사의 '거대한 U 자 곡선' 중에 일시적인 하강기였다.[44]

고생산성과 고임금, 완전고용, 대량생산-대량소비 선순환, 안정된 정당정치, 합의 민주주의, 계급 타협 같은 것들은 서유럽에서도 이미 1970년대부터 흔들리기 시작했고, 1980년대부터 노동자들의 조직력 파괴, 노동과정에 대한 통제력 상실, 자본에 대한 협상력 저하, 노동시장의 분절, 자동화와 인간 노동력의 가치 하락, 전자화된 노동 통제 등 여러 측면에서 우려와 비판이 쏟아져 나오기 시작했다. 그러한 급변은 많은 부분 포드주의 체제를 탄생시키고 지탱했던 여러 정치경제적 조건의 소멸과 관련되어 있었다.

1973년과 1979년에 두 차례에 걸쳐 일어난 석유 파동은 전 세계적으로 석유 가격의 폭등을 가져와서 생산비용과 상품 가격, 물가의 급등을 초래했고 스태그플레이션stagflation(경기 불황 중에도 물가가 계속 오르는 현상-편집자 주)으로 이어졌다. 1973년은 또한 미국의 닉슨 대통령이 공식적으로 금金 창구를 닫아서 브레튼우즈체제Bretton Woods System(1944년 미국 뉴햄프셔 주 브레튼우즈에서 열린 44개국 연합 회의에서 탄생한 국제통화제도. 금을 본위로 한다.-편집자 주)가 종언을 고한 해이기도 하다. 이러한 일련의 위기 이후에 계급 타협 자본주의에 종지부를 찍은 것은 두 번의 중대한 정치적 사건이다. 1979년과 1980년에 강경 신자유주의자인 영국의 대처 수상과 미국의 레이건 대통령의 집권이 바로 그것이다.

이후에 선진 자본주의 나라들은 '포스트포드주의'라고 불리는 새로운 축적 체제로 점차 이동해갔다. 경제 영역에서는 미국과 유럽에서 기업의 이윤율과 노동자들의 임금수준이 하강 곡선을 그렸고, 특히 유럽의 많은 나라에서는 높은 실업률이 오랫동안 지속된 것이 큰 사회문제로 등장했다. 이에 따라 많은 나라에서 예전의 고생산성-고임금 체제가 종식되었고, 대량생산과 대량소비의 순환으로 작동하는 내포적 축적 전략도 더 이상 작동하지 않게 되었다. 저임금과 고실업 상황에서 노동자들은 고용주에 대한 협상력이 약해졌고, 노조는 조합원 감소와 결집력 이완, 회사에 의한 파괴 공작 등의 방식으로 약화되어 갔다.

정치의 영역에서도 큰 변화가 일어났다. 한동안 받아들여지던 국가의 시장규제와 사회정책을 기업들은 점점 더 노골적으로 공격했다. 실제로 적극적 정부 지출, 완전고용, 갈등 조정으로 작동하던 케인스주의 체제가 한계에 부딪치면서 국가가 문제의 해결사가 아니라 문제의 원천이라는 비난의 분위기가 확산됐다. 그에 따라 노동자들은 힘이 약화된 노조에 의해서도, 궁지에 몰린 정부에 의해서도 보호를 받지 못하는 개인들로 개별화되었고, 바로 그 취약성을 노려 기업들은 해고와 다양한 비정규 고용 수단을 자유롭게 활용할 수 있는 여지를 더욱 넓혀갔다.

이와 같은 총체적 체제 변동이 일어나게 된 저변의 원인에 대해 크게 두 가지 설명이 있다. 첫 번째 설명은 포드주의 체제의 특성 중 하나인 노동계급의 조직력과 복지국가의 성장이 포드주의적 자본축적의 위기를 낳았다는 것이다. 이것을 '변증법적'[45] 설명 방식이라고 부를 수도 있겠다. 즉 어떤 자본주의 축적 체제의 불균형이나 내적 모순을 완화하기 위해서 창출한 바로 그 사회형태가 이후에 자본축적에 더 큰 한계를 부여할 수 있다는 것이다. 복지국가의 시장규제와 노동자 보호 제도, 노사 합의 체제, 노동조합의 조직력과 협상력 강화 등이 자본의 이윤율을 저하시킴에 따라 자본은 점차 부담스런 고용을 축소하거나 비정규직·하청 등 완충지대를 창출하고 복지국가에 대한 공격을 강화하는 방향으로 선회하게 되었다는 것이다.

두 번째 설명은 기술 진보의 둔화와 생산성 침체가 포드주의 체제의 위기의 원인이라는 것이다. 프랑스의 경제학자인 제라르 뒤메닐Gerard Dumenil과 도미니크 레비Dominique Levy는 포드주의의 위기와 신자유주의의 등장을 추동한 핵심이 이윤율로 측정되는 자본 수익성의 악화였으며, 그러한 수익성 위기의 원인은 생산기술 진보의 둔화와 그로 인한 노동생산성의 정체였다고 진단했다. 말하자면 인과관계가 노동자들의 과도한 임금 압박과 복지국가의 여러 제도적 구속 때문에 자본 수익성의 위기가 온 것이 아니라, 거꾸로 자본 수익성의 위기 때문에 임금을 축소하고 해고를 확대하며 복지국가의 재정 압박이 생겨나게 되었다는 것이다.[46]

이처럼 1980년대에 포드주의 체제의 위기와 더불어 개시된 이 역사적 시간은 21세기인 오늘날까지 큰 틀에서 지속되고 있다. 1990년대 말부터 2000년대 초까지 생산성과 이윤율의 회복기도 있었고 2007~2011년에는 세계경제 위기가 있었지만, 자본주의의 장기 역사를 다룬 중요한 저작들은 1970년대의 위기 이후 형성된 체제의 특징, 즉 자본의 지배력, 저임금과 소득 불평등, 자산의 집중, 정부의 조정능력 한계 등이 오랫동안 지속되고 있음을 확인하고 있다.[47]

간교한 불협화음: 신자유주의 담론과 정치

1980년대 이후로 현재까지 지속되고 있는 이 역사적 시간대에 자본주의 체제의 정치적, 이데올로기적 측면의 가장 두드러진 경향성을 두고 그 비판자들은 '신자유주의'라고 이름 붙였다. 원래

'new liberalism' 또는 'neo-liberalism'이라는 명칭은 자유주의 초기의 자유방임주의가 19세기 중·후반부터 위기에 봉착하면서 시장경제의 폐해와 한계를 인정하고 정부 역할과 사회 통합의 중요성을 더 강조하는 방향으로 수정된 새로운 자유주의를 가리키는 말이었다. 그런 의미의 신자유주의의 다양한 변종으로 사회적 자유주의, 자유주의적 사회주의, 복지 자유주의, 질서 자유주의 등이 서로 중첩되는 사상적 흐름으로 형성되었다.

그런데 1980년대부터 확산된 이데올로기 또는 정치적 기획을 두고 그 비판자들이 '신자유주의'라고 이름 붙였을 때 그것은 전혀 다른 의미를 갖게 되었다. 즉 오랫동안 역사에서 사라졌다고 믿어졌던 고전적 자유주의의 초기적 이념들이 20세기 후반에 재등장했다는 의미에서 '신'자유주의라 불리게 되었다는 것이다. 그것은 이념적으로 시장·경쟁·사유재산·개인들의 경제적 자유를 찬미하며, 정책적으로는 친기업·반노동·탈규제·시장화·상품화·반복지·성장우선주의를 특징으로 했다. 오늘날 사람들은 빈번히 21세기 자본주의를 디지털, AI 등과 같은 기술적 측면들로 특징 짓곤 하는데, 물론 그러한 개념화가 잘못된 것도 아니고 중요하지 않은 것도 아니지만 그러한 기술 중심적 담론이 과도할 경우에 자본주의의 계급적 본질이 공론장에서 주변화될 위험성을 인식할 필요가 있다.

아무튼 위와 같은 의미의 신자유주의 시대가 개막된 기점은 일반적으로 1979~1980년경으로 기록된다. 1979년에 영국에서 노동당 정권이 실각하고 민영화, 탈규제, 반복지, 시장화를 주창한 마거릿 대처Margaret Thatcher가 수상으로 선출되었고, 같은 해에 미국에서는 연방준비은행의 의장이 된 폴 볼커Paul Volcker가 인플레이션 억제를 위한 초강력 고금리 정책을 펼쳐서 금융자본의 비대한 성장이 시작되었다. 1980년에는 미국에서 로널드 레이건Ronald Reagan이 대통령에 당선되어 루스벨트 이후 큰 틀에서 지속되어 온 뉴딜 타협을 깨고 노조 탄압과 대대적인 탈규제, 사유화를 단행했다. 여기에 한 가지 중요한 사건을 더하자면 1978년에 덩샤오핑鄧小平이 경제자유화정책을 개시함으로써 중국이라는 거대한 나라가 세계 자본주의의 역동적 플레이어로 등장하기 시작했다는 점이다.

신자유주의의 힘을 이해하기 위해서는 그것을 경제체제로만 좁혀서 이해하지 않고 경제, 정치, 문화와 이데올로기를 포함하는 총체로서 봐야 한다. 나아가 그러한 입체적 접근에서 무엇보다 중요한 것은 신자유주의의 이론과 실제 사이에 연계성만 있는 것이 아니라, 또한 의미심장한 간극이 있다는 것을 인식하는 것이 중요하다. 신자유주의 담론과 정치 사이의 그러한 긴장 관계를 간파해야만 신자유주의 정치의 그 적나라한 친기업·반노동, 친시장·반복지, 친소유·반공유 성향에도 불구하고 그 정치 세력이 중산층을 물론 노동계급의 일부까지 포함하는 광범위한 계급 동맹을 형성하여 부르주아계급의 헤게모니에 복속시킬 수 있었는지를 이해할 수 있다.

신자유주의 이론과 사상은 개인적 자유의 찬미, 시장 원리에 대한 신뢰, 정부나 거대 사회조직에 대한 불신 등을 핵심으로 한다. 그 반대 세력들은 이와 같은 사상들의 문제점을 비판하고 그 대안으로 연대, 나눔, 단결, 공공성의 가치를 강조할 수 있지만 그런 사상 논쟁 못지않게 중요한 것은 신자유주의 담론의 힘을 이해하는 일이다. 즉 개인, 자유, 선택, 다양성, 창의성, 개방성, 자발성, 자생성, 반위계, 반관료주의 등과 같은 가치들은 현대의 문화적 심층에서 좌파와 우파, 중산층과 노동자의 경계를 넘어 많은 사람에게 강력한 매력을 발휘한다. 그러한 담론은 어떤 면에서는 시장 경쟁과 최소 규제를 지향하는 실제 신자유주의 질서와 부합하기도 하지만, 다른 한편으로는 신자유주의 지배 체제가 사회적 약자들에게 얼마나 많은 착취와 배제, 조직적 폭력과 강제를 내포하고 있는지를 은폐하는 이데올로기로 작용한다.

그래서 영국의 문화연구자인 데이비드 하비David Harvey는 '신자유주의'의 이론과 실제 사이에 커다란 간극이 존재하며, 그 간극이야말로 1980년대 이후에 어떻게 그토록 거대한 정치사회적 변화가 일어날 수 있었는지를 이해하는 데 큰 의미를 갖는다는 것을 강조했다. 그에 따르면 어떤 사고 방식이나 정치적 주장이 사람들에게 지지를 받고 정당성을 얻기 위해서는 사람들의 직관과 상식, 가치와 욕망에 접목되어 뿌리내릴 수 있는 개념적 장치와 담론들을 개발할 수 있어야 하는데, 신자유주의 이념은 개인의 자유와 다양성, 사회의 자율성과 역동성이라고 하는 근대의 가치들에 호소하는 데 매우 매력적이고 감동적인 요소를 풍부히 갖고 있다.

신자유주의 이념의 그러한 호소력과 흡수력 때문에 심지어 68혁명(1968년에 프랑스에서 학생운동이 노동운동과 결탁하여 일으킨 사회혁명. 총파업의 양상을 띠었으나, 드골 대통령이 의회를 해산하고 총선을 실시하여 수습했다. '5월혁명'이라고도 한다.-편집자 주)에서 태동한 '좌파 자유해방주의left-libertarianism', 또 어떤 면에서 분명히 전복적이기도 한 '포스트모더니즘', 그리고 강력한 민주적 함의를 갖고 있기도 한 '시민사회civil society'의 이념까지 포함하여 "개인의 자유가 신성불가침이라고 주장하는 모든 정치적 운동은 신자유주의적 습곡으로 편입되기 쉽다." 그렇기 때문에 신자유주의의 "정치적 동의의 구축을 이해하고자 함에 있어, 우리는 이러한 문화적 외피로부터 정치적 의미를 끄집어내야" 하는 것이다.[48]

그러나 다른 한편으로 현실에서 신자유주의는 1950~1960년대 복지 자본주의하에서 민주주의와 노동 인권, 사회 불평등 완화를 위해 제한되었던 "자본축적의 조건들을 재건하고 경제 엘리트의 권력을 회복하기 위한 '정치적' 프로젝트"였고, "신자유주의적 주장의 이론적 유토피아는 이러한 목적을 달성하기 위해 이뤄져야 할 필요가 있는 모든 것들을 정당화하고 합법화하는 체계로서 우선적으로 작동했다."

바로 이 지점에서 신자유주의 이념과 실제 간의 화해 불가능한 모순이 생겨난다. 그 가장 중심적인 모순은 첫째, 시장 원리의 보편적 효율성을 주창하면서 실제로는 기업과 부유층의 계급 권력만을 증대시키는 것, 둘째, 개인의 자유를 찬미하면서 실제로는 상층계급의 집단 이익을 강화하는 것, 셋째, 금융 경제의 자유가 만인의 부를 증대시켜줄 것이라고 약속하지만 실제로는 금융 엘리트 집단이 투기와 사기, 담합으로 거대한 부를 가져간다는 것, 넷째, 사회적 약자들에게는 시장 경쟁을 강요하면서 실제로는 경제적 독점화와 부의 집중을 달성한다는 것, 마지막으로 시장과 경쟁이 모든 개인의 이익을 증대시키는 최선의 기제라고 주

장하지만 실제로는 사회적 연대가 해체되고 그 결과 빈곤, 자살, 범죄, 증오가 증대해왔다는 것이다.[49]

특히 지배계급이 노동계급, 빈민층과 나눌 잉여를 충분히 갖고 있지 않은 나라들에서 신자유주의 정치는 그 담론과 이데올로기가 표방하는 개인의 자유, 다양성, 작은 정부 등의 이야기들과 완전히 다른 현실로 존재했다. 정부는 기업과, 특히 초국적 자본에 대해서는 한없이 작았지만 노동계급의 힘을 해체시키고 하층민들의 저항을 억제하기 위해 강력한 무장력을 행사했다. 그래서 남미에서는 '무장된 신자유주의neoliberalismo armado'라고 불릴 만큼 민중들에게 폭력적인 질서가 등장했다.[50]

이러한 신자유주의는 하나의 '체제'이기 이전에 담론과 정치의 불협화음으로 때로는 대중을 현혹하고 포섭하며, 때로는 그들을 배제하고 수탈하는 영리한 '기획'이었다는 것을 분명히 이해하는 것이 중요하다. 즉 그것은 생산력과 기술 발전, 또는 시장 법칙으로 저절로 생겨난 '자생적 질서spontaneous order'[51]가 아니라, 국가와 노동의 제어에서 풀려난 자본 지배, 시장 지배의 질서를 만들기 위한 지배계급의 의식적 행동의 전리품이었다는 것이다. 신자유주의는 "자본 소유자 계급과 그들의 권력이 집중된 '금융'기관들이 대공황과 제2차세계대전 이후 감소 추세에 있던 자본 소유자 계급의 수입과 권력을 … 회복하려는 열망의 표출"이었으며, "이러한 전환은 보통 물질적, 기술적 필요성이라는 외피를 두르거나 경제의 국제화, 시장의 세계화의 필요성을 위장"했지만 "이것은 불가피한 과정이었던 것이 아니라 정치적 행위였다."[52]

세계적 수준에서 신자유주의화의 과정 역시 자본주의나 시장경제에 내재한 어떤 경향성의 필연적 발현이 아니었다. 세계화가 자본 이동과 자본시장의 자유화를 핵심으로 전개된 이유는, 발전된 자본주의사회의 고용주들이 한편으로 외국의 값싼 노동력에 외주를 주는 방식으로, 다른 한편으로 그처럼 방대한 저임금 노동력이 존재하는 환경에서 선진국의 노동자들의 임금을 낮추는 방식으로 이득을 취하는 데 그런 방식의 세계화가 필수적이었기 때문이다.[53]

그러한 신자유주의 체제는 2007년 미국 서브프라임Subprime 붕괴, 2009년 세계경제 위기, 2011년 남유럽 경제 위기를 거치면서 종말을 고하는 것처럼 보였고 혹자는 "시장근본주의의 자멸"[54]을 말하기도 했다. 그러나 이후 미국 중심의 신자유주의 세계자본주의 체제가 건재함을 과시하면서 오히려 그 복원력resilience이 설명을 요하는 현상이 되고 있다.[55] 그런 의미에서 신자유주의 시대는 현재까지 이어지고 있다고 말할 수 있다. 그러므로 오늘날 디지털, 플랫폼, AI과 같은 새로운 기술적 차원을 주목하는 논의들은 1980년대 이후 현재까지 긴 불평등의 시대를 만들어낸 신자유주의의 지속과 변형이라는 역사적 맥락 안에 자리매김될 필요가 있다. 그처럼 21세기까지 힘을 발휘하고 있는 신자유주의의 가장 강력한 중핵은 바로 금융자본, 그중에서도 특히 전 지구적 주택금융 시스템과 부동산자본주의의 역동성이다.

금융자본주의와 부동산 계급사회

신자유주의 전환은 자본가계급 전반의 권력 강화를 가져왔다. 그러나 자본가계급의 모든 분파가 균등하게 강화된 것은 아니었다. 그중에서 특히 금융 권력, 즉 금융 경제 부문 및 강력한 금융자본을 보유한 다양한 산업 부문의 지배계급의 수중으로 부와 권력이 집중되는 경향이 신자유주의 질서의 특징이다. 세계적 수준에서 금융자본의 확대는 IMF, 세계은행, 세계무역기구(WTO) 등 국제금융 기구가 주도한 신자유주의 세계화의 결과였다. 노벨경제학상 수상자이자 세계은행 부총재를 지내기도 한 경제학자 조지프 스티글리츠Joseph Stiglitz는 이 같은 세계화가 "'우연하고' 유감스러운 부수적 결과가 아니라 '지배 집단의' 목표였음"을 강조한다.[56] 세계화의 방향은 "게임의 규칙이 정해지고 집행되는 방식"을 누가, 누구를 위해 결정하느냐에 달렸으며, 거기에서 "누가 협상 테이블에 있었고 누가 없었는지를 이해하기만 하면" 어떻게 신자유주의 세계화가 관철됐는지 알 수 있다.[57]

그렇다면 왜 신자유주의 시대의 금융자본주의는 무엇보다 주택금융의 방식으로, 부동산자본주의의 형태로 꽃피었는가? 현대 자본주의에서 주택은 두 가지 의미를 갖고 있다. 하나는 거주 공간이자 사회적 권리로서의 주택이며, 다른 하나는 매매 가능한 상품이자 부의 축적을 위한 자산으로서의 주택이다. 현대 복지국가의 네 기둥인 연금, 의료, 교육, 주거 가운데 주거 부문은 탈상품화를 이루기 가장 힘들었고, 그런 의미에서 복지국가의 '불안정한 기둥wobbly pillar'이었다.[58]

그 이유는 무엇보다 복지국가의 여러 영역 가운데 주택 부문이 자본주의경제에 가장 깊고 직접적으로 연관되어 있기 때문이다. 자본주의경제와 주택 체제 간의 연관성을 중요시하는 입장들[59]은 주택이 자본주의 체제의 핵심 자본의 하나이기 때문에 복지국가를 통해 탈상품화하는 데 큰 한계가 있다고 봤다. 20세기에 대부분의 발전된 자본주의사회에서 주택은 '상품화→탈상품화→재상품화'의 방향으로 변해왔고, 여기서 탈상품화 단계는 제2차 세계대전으로 파괴된 사회를 복구하는 과정에서 일시적으로 국가의 힘과 공공 부문이 팽창했던 예외적인 시대였다는 것이다.[60]

오늘날의 부동산 체제는 1980년대 이래 진행되어온 세계 자본주의의 금융화 경향, 거대한 지구적 금융시장의 형성, 주택 모기지의 증권화 등에 의해 가능해졌으며 또한 촉진되었다. 금융자본주의 체제의 확대와 더불어 주택금융 체제가 고도로 발달됐고, 주택은 단지 노동력 재생산의 물리적 기반이 아니라 지구적 자본축적 과정의 유기적 구성 요소가 됐다. 상품·자산·자본으로서의 주택이 지구적, 지역적, 일국적 수준에서 자본주의 체제의 중핵으로 부상하게 되었다. 이 새로운 체제의 원형은 미국 자본주의에서 시작되었다. 이 체제의 핵심은 '주택-성장 연계housing-growth connection'로써 주택의 상품화와 금융화를 촉진하고 주택 매매 시장을 활성화함으로써 가계의 소비수준과 기업의 투자 자본을 성장시키는 메커니즘을 특징으로 했다.[61]

많은 나라에서 정부가 주택 공급과 주택 시장규제 역할을 축소하고 각종 탈규제와 금융자유화정책을 펼침으로써 주택 체제는 점점 더 지구적 경제에 연계된 민간 금융기관들에 의존하게 되었다. [62] 모든 이가 자기 집과 재산을 갖게 된다는 '소유 사회 ownership society'의 비전(미국), 모든 세입자들이 자기 집을 갖게 만들어준다는 '집 살 권리the right to buy' 정책(영국), 전 국민이 자기 집을 갖는 '위대한 호주의 꿈Great Australian Dream' 등의 정치적 구호들은 폭넓은 호응을 받았다. 하지만 이처럼 많은 사람이 주택 시장 붕괴 시에 상환 불능의 위험을 안고서 거액의 주택 담보대출로 집을 사게 만드는 정책 노선은 독일이나 프랑스 등 일부 대륙 유럽 나라에서는 거부되었다. 그런 나라들은 그 대신에 공공주택의 대량 공급이나 강력한 세입자 보호 그리고 무엇보다 부동산 자산 없이도 생계와 교육, 노후 등을 보장받을 수 있는 강력한 복지 프로그램을 제공했다. 유럽의 많은 나라들에서 부동산 불평등은 한국보다 심하지만, 한국보다 우월한 소득 보장이 자산 격차의 충격을 완화시킨다.

영미권의 자유주의적 주택금융 체제의 전 지구적 확산은 사회적 측면에서도 중대한 함의를 갖고 있다. 오늘날 많은 나라에서 주택은 상층계급의 자본 증식 수단일 뿐 아니라 도시 중간계급 및 노동계급의 일부에게 소득 및 고용 불안에 대응하는 개인화된 대체물이자 계급 상승을 위한 기회 혹은 공적 연금을 대신할 노후 복지의 원천으로 간주되고 있다. 주택금융의 유동성이 확대되고 모기지에 대한 접근성이 높아짐에 따라 중산층과 노동계급을 포함하는 광범위한 인구층이 부채를 동반한 주택 매매로 자가 시장에 참여하게 됐다. '집'은 이제 사회 전체의 관심사가 됐고, 소수의 상층계급에게만 부의 원천이 되고 있지 않다. 주택은 과거 어느 때보다 강하게 "보다 넓은 계급 관계와 계급투쟁의 장

소"가 되어가고 있는 것이다. [63]

그리하여 복지국가의 '사회적 소득 이전social transfer' 제도 대신에 미래에 가치가 상승할 것으로 기대되는 금융 상품 및 주택 자산에 투자하는 '자산 기반 복지asset-based welfare', '재산 기반 복지property-based welfare' 또는 '자가 소유자 복지사회homeowners welfare society'의 대안이 많은 사람에게 더 매력적이고 현실적인 것으로 간주되고 있다. [64] 이처럼 자산 추구 경향이 점점 더 확산됨에 따라 재무관리 지식과 기술을 일상적으로 실행하는 '일상의 재무화financialization of daily life'가 진행되고 있었다. [65] 이런 사회적 경향은 정치적 주체 형성과 투표 성향, 조세·재정·복지정책에 대한 태도에 큰 영향을 미치기 때문에 [66] 주택 소유에 근거한 자산 축적 전략의 확산은 복지국가 제도와 정책을 위협하는 사회적 환경이 되고 있다. [67]

자가 보유와 복지국가 간의 대체 관계를 규명한 이론들에 의하면 [68] 그런 대립 관계를 만들어내는 기제는 무엇보다 주택 구매 비용에 수반되는 조세 저항(부정적 동인) 및 재산 증식을 통한 사적 보험 기능(적극적 동인)과 관련이 있다. 즉 주택 보유율이 높은 사회에서는 주택 구입, 대출이자, 원금 상환 등에 임금소득의 상당한 부분을 지출해야 하기 때문에 높은 조세와 사회보험social insurance 부담금에 의존하는 복지국가에 반대하는 경향이 강해진다는 것이다. 자유주의적 주택금융 체제가 빠르게 확산된 1980~2001년 시기 동안 남유럽을 제외한 대부분 OECD 회원국에서 자가 보유율 변화는 정부 복지 지출, 특히 연금과 의료 복지 지출의 변동과 부(−)의 관계에 있었으며, 반대로 소득 불평등 정도

와 정^{正}의 관계였다.[69]

이 과정에서 대부분의 나라에서는 실물 자산의 불평등도가 급속히 높아졌는데, 이러한 경향은 흥미롭게도 소득과 복지의 측면에서 가장 평등한 사회에 속하는 스웨덴, 핀란드 등 북유럽 사회에서도 진행됐다. 많은 선진 자본주의사회에서 자산의 집중과 불평등은 20세기 내내 꾸준히 완화되어 왔거나, 또는 1930~1940년대의 전쟁 기간과 1950년대의 전후 복구 과정에서 크게 경감되었다.[70] 그러나 1970~1980년대 이후 자산 불평등은 여러 나라에서 다시금 서서히 심화되기 시작했고, 특히 2000년 초중반에는 북미와 유럽, 동아시아의 대부분의 선진 자본주의 국가에서 불평등 심화가 진행됐다.

20세기 중반의 자산 불평등의 완화는 부모로부터 물려받았거나 불로소득에 의해 획득한 부가 아니라 노동에 대한 대가로 받은 근로소득이 중심이 되는 사회를 뜻했다는 점에서 근대사회의 능력주의 원리의 구현으로 이해될 수 있었다. 그리고 최근의 자산 불평등 심화는 현대 자본주의의 이데올로기적 근간을 의심하게 만드는 새로운 역사적 상황이라고 볼 수 있다.[71] 그런 의미에서 최근 미국의 철학자 마이클 샌델Michael Sandel이 《공정하다는 착각》에서 전개한 바와 같은 능력주의 비판이 사회에서 의미를 갖는 이유는, 오늘날 많은 사람이 이 사회가 공정하다고 착각하고 있기 때문이 아니라 지금 현실에 없는 능력주의가 구현된다면 공정한 사회가 될 것이라는 착각이 확산되어 있기 때문일 것이다.

21세기 자본주의의 새로운 쟁점들

이제 끝으로 이상에 서술한 자본주의 구조 변동의 맥락에서 21세기에 들어와 새롭게 등장한 쟁점들을 조명해보기로 한다. 최근 논의들은 주로 기술 진보의 사회적, 경제적 결과를 주목하고 있다. 예를 들자면 디지털 자본주의, 플랫폼 자본주의, 제4차 산업혁명, AI 경제, 포스트휴먼, 지능 혁명 등의 다양한 주제어들이 그런 관심을 표현한다. 이러한 현실 규정은 앞에서 서술한 포스트포드주의, 신자유주의, 금융자본주의 등과 같은 정치경제학적 개념과 구분되는 것이다.

그렇기 때문에 이러한 최근 경향들에 대한 학문적인 분석들과는 별개로 미디어나 미래학적 문헌들에서 오늘날 자본주의 변화에 관한 과장된 또는 과잉 단순화된 담론이 많아지고 있다. 그래서 여기서는 특히 최근 널리 회자되고 있는 네 가지 담론을 검토하면서 위에 서술한 자본주의 변화의 정치경제적 맥락에서 더 깊이 생각해볼 거리를 부연하는 방식을 취해보려 한다. 그 네 가지란 '노동 없는 자본주의', '지식 기반 자본주의', '네트워크 자본주의', '플랫폼 자본주의'에 관한 이야기들이다.

첫째, '노동 없는 자본주의' 담론은 기계화, 자동화에 이어서 이제 디지털, AI 기술을 이용한 가치 창출이 중요해지면서 인간 노동력이 더욱 불필요하게 되고 있다는 것이다. 만약 '탈노동'이라는 개념이 노동력의 상품화로부터 해방된 사회를 향한 기획을 함축한다면, 그것은 비록 새로운 기획은 아니지만 수백 년 노동운동의 전통을 계승하는 의미 있는 이행의 전망이라고 볼 수도 있다. 하지만 '탈노동'이라는 용어가 현 단계 자본주의 변화의 필연적 결과를 뜻하는 것으로 사용된다면, 그 타당성을 의심해볼 만한 여러 이유가 있다. 그러한 주장들의 기본적 서사 구조는 전통적인 산업자본주의에서 인간 노동이 가치 창출의 원천이었던 데 반해 오늘날 새로운 자본주의에서는 인간 노동 없이도 가치를 증식하고 자본을 축적할 수 있게 되었다는 것이다. 이런 미래학적 예견은 사실 엄청난 입증책임을 짊어지고 있다.

지난 수백 년의 자본주의 역사에서 생산기술혁명의 복합적인 사회적 결과를 숙고해볼 필요가 있다. 이 책의 2부에서 현대 '노동사회'의 변화를 다룰 때 더 상세히 서술하겠지만, 기술혁신이 노동 없는 자본주의를 초래할 것이라는 상상은 산업자본주의의 탄생 때부터 있었고 그때마다 '이번에는 다르다'는 단언들이 있었다. 그러나 자본-노동-국가 간의 관계와 과학기술의 제도 환경에 따라서 기술 진보는 많은 사람이 풍요를 나눌 수 있게 해주는 공존의 이기가 될 수도 있고, 그와 반대로 인간 노동의 가치를 떨어뜨려 손쉬운 착취 대상으로 전락시키는 자본의 무기가 될 수도 있다. 기계화가 그러했던 것처럼, 그리고 보다 최근에 자동화가 그랬듯이 현재 진행 중인 무인화·정보화·디지털화도 인간 노동을 불필요하게 만들기보다는 무가치하게 만들어 새로운 생산 체제의 값싼 부품으로 종속시킬 가능성이 더 높다.

둘째, '지식 기반 경제(KBE)knowledge-based economy'의 담론은 엄밀한 의미에서 정보들의 의미 있는 배열을 뜻하는 지식뿐 아니라 정보, 데이터, 과학기술의 경제적 중요성을 크게 부각시킨다는 특성을 갖고 있다. 따라서 정보 자본주의, 데이터 자본주의, 인공지능 경제, 과학 기반 자본주의 등 여러 인접한 개념들이 여기에 직간접적으로 관련될 수 있다. 여기서 공통된 핵심은 제조업 중심의 산업자본주의 시대와 달리 이제는 인간의 물리적 노동이 아니라 지적 창조성이나 정보의 유용성이 가치 창출의 원천이 된다는 메시지다. 여기서 지식, 정보, 데이터가 자본으로서의 중요성이 커졌다는 점은 타당한 주장이지만, 그것이 인간 노동을 대신하는 경향이 있다는 가정은 문제적이다.

지식, 정보, 데이터에 대한 소유권과 통제권을 갖고 있는 행위자 또는 조직체가 실제 경제체제의 맥락 안에서 그것을 '자본'으로 전환시키기 위해서는 수많은 인간의 복속과 협력을 필요로 한다. 그리고 오늘날 자본주의사회에서 다수의 비물질 노동은 창의성, 자율성, 상상력의 영역이라기보다는 '피고용자'의 지위로 이윤 창출 과정에 종속되어 있다. 그래서 한편에서는 소수의 고급 지식 기술 보유 계층의 위상이 높아지지만, 다른 편에서는 기업에 종속된 다수의 지식 노동자 집단이 생겨나는 양극화 경향이 진행되고 있다. 이런 현실에서 지식 경제의 찬미는 소수의 고학력·고숙련 집단을 제외한 대다수 노동인구의 노동력 가치와 협상력이 현저히 약화된 신자유주의 경제체제를 미화하는 용어가 될 수도 있다.[72]

셋째, '네트워크 자본주의'의 담론이 있다. 이미 1980년대 앨빈 토플러의 《제3의 물결》에서부터 강조된 바인데 오늘날 '제4차 산업혁명'론에서 디지털 버전으로 전승되고 있다. 이 계보의 담론들의 기본 구조는 이런 것이다. 즉 과거에는 공장, 기계, 조직, 대규모 노동자들로 구성된 경직된 물질적 장소성이 자본주의 산업

생산의 기본적인 토대에 해당했다면, 이제는 컴퓨터와 정보·통신 기술의 혁명에 따라 관리자, 생산자, 소비자 그리고 기업들을 광역에 걸쳐 자유롭고 유연하게 연결시켜서 판매와 소비, 이윤 창출을 할 수 있는 새로운 자본주의 단계로 넘어왔다는 것이다.

여기서도 사회변동의 경로를 결정짓는 진정한 관건은 자본, 노동, 국가의 권력관계와 제도 환경이다. 단적인 예로 현대의 시대에 물리적 거리와 시간적 소요의 한계를 넘어 인간과 사물이 서로 연결되는 '시간·공간 압착time-space compression'의 경향이 진행됨으로써 생겨난 가장 중요한 결과는, 기업들이 지구적 범위에서 자본회전의 속도를 가속화하고 생산 네트워크를 조직할 수 있게 되었다는 사실이다.[73] 그에 반해 노동자들은 그와 같은 세계화된 환경에서 국경을 넘어 일자리를 찾아갈 수도 있고 원거리의 기업을 위해 노동을 할 수는 있을지언정 초국적인 집단화와 조직화를 통해 자본에 대한 협상력과 대항력을 향상시키는 것은 대단히 어렵다. 그러므로 기업의 관점에서 관심이 있는 네트워크의 경제적 기능 못지않게 노동의 관점에서는 그 네트워크가 누구의 힘을 강화시키고 약화시키는가, 네트워크의 목적과 효용에 영향을 미치는 힘을 누가 갖는가가 중요하다.

넷째, 위에 언급한 디지털, 데이터, 네트워크라는 세 핵심 요소가 모두 결집된 사례가 이른바 '플랫폼 자본주의platform capitalism'로 불리는 새로운 이윤 창출 양식이다. 산업 분류상 디지털 또는 플랫폼 경제 부문은 부가가치나 고용 규모 면에서 오늘날 전체 산업에서 작은 부분을 차지할 뿐이다. 하지만 디지털 기술은 제조업, 서비스업, 운수, 통신, 광업 등 모든 산업 부문에서 가장 역동적으로 발전하고 있으며 구조적으로 중요한 위치를 차지하고 있기 때문에 플랫폼 경제는 자본주의의 미래를 선도하는 모델의 하나가 되고 있다.

이 새로운 경제의 특징은 데이터, 정보, 지식이 경제적 가치의 중요한 원천이 되는 비물질 경제라는 점이다. 이 부문에서는 핵심 노동자의 성격이 과거의 산업 노동자에서 이제는 점점 지식 노동자, 인지 노동자로 대체되었다. 지배계급의 성격에도 변화가 일어나서, 물질적 생산수단을 소유한 집단이 아니라 대량의 정보와 정보 가공을 위한 하부구조를 소유하고 있는 집단이 부상했다. 데이터라고 하는 특수한 원료를 추출, 수집, 가공, 활용할 수 있는 능력 그리고 그러한 작업을 위한 인프라 구조에 투자할 수 있는 자원에 기초해서 이윤이 창출되는 것이다.[74]

산업자본주의 공장제 생산에서는 고용주와 관리자가 노동자에게 일을 '지시'해서 이윤을 추출하는 방식이었다. 그에 반해 플랫폼 자본주의는 자본 소유자가 노동자와 소비자를 포함하는 플랫폼 이용자를 끌어들여서 이용자들에게 나름의 효용을 제공하는 대신에 이용자들 자신이 자발적이고 적극적으로 이윤 창출과 이용자 확대에 '참여'하게 만드는 방식이다. 어떤 플랫폼의 이용자가 늘어날수록 이용자들에게 플랫폼의 효용이 높아지는데, 바로 그런 확장을 통해 기업은 더 많은 수수료를 챙길 수 있고 이용자들에 관한 데이터를 수집, 분석, 판매하여 엄청난 수익을 올릴 수 있다.

이처럼 플랫폼 경제를 디지털 기술이나 특정 산업 부문을 뜻하는 것으로 축소되어 이해해서는 안 되며, 기업이 거대한 양의

데이터를 추출, 수집, 통제하고 소비자에 대한 지배력을 높임으로써 이윤을 창출하는 새로운 사업 모델로서 다양한 산업 부문으로 확대되고 있다는 점을 주목해야 한다. 이러한 플랫폼 경제는 자본주의 이윤율이 장기적으로 하락하고 제조업 생산성 혁신이 쉽지 않은 현실에서, 기업들이 다른 기업과의 경쟁에서 생존하고 저숙련·저임금 노동자들을 효과적으로 활용하는 유력한 방법으로써 급격히 부상하고 있다.

1990년대에 정보·통신 기술의 비약적 발전과 더불어 일시적으로 '닷컴 호황'이라고 불린 인터넷 경제가 활성화되었고, 그것은 금융자본주의 체제와 결합되어 이후 디지털 경제의 발전을 가능케 한 인프라 구조를 형성했다. 그러한 기술적, 사회적 맥락 위에서 2007~2008년에 시작된 세계경제 위기로 전 세계적으로 수많은 노동자가 일자리를 구하거나 나쁜 일자리에 종사하게 되었으며, 그중 많은 이들은 근로자의 지위도 없이 유사-자영업의 위상으로 노동기본권을 보장받지 못하는 계약관계를 받아들여야 하는 상황에 놓이게 되었다.

바로 그러한 역사적 조건 위에서 플랫폼 기업들은 고학력자를 포함하여 저임금 조건으로 노동자들을 고용할 수 있었다. 즉 착취하기 쉬운 취약한 노동자 집단이 한쪽에 광범위하게 존재했고, 다른 한편에 저금리 상황에서 전 세계에 방대한 잉여 자본이 존재했던 것이다. 거대한 글로벌 플랫폼 경제의 빠른 확장은 신자유주의 세계화와 금융자본의 확대, 노동계급의 조직력 약화와 종속성 심화, 국가의 규제 역량의 한계라는 정치경제적 환경 안에서 새로운 과학기술이 새로운 착취 기술로 전유된 결과였다.

한국 자본주의의 보편성과 특수성

이제까지 살펴본 바와 같이 오늘날의 자본주의 세계는 1980년대부터 정치·경제체제와 담론, 이데올로기에 다층적인 구조 변동이 진행되어온 역사적 시간대 안에 놓여 있다. 그 중층구조의 근저에는 1930~1970년대에 부유한 자본주의 국가들에서 작동하던 포드주의 축적 체제가 이완되면서 새롭게 형성된 포스트포드주의 축적 체제와 그 제도 형태들이 있다. 그것은 영미권을 비롯한 많은 나라에서 사유재산·시장·경쟁 지향의 신자유주의 담론 및 정치 노선과 결부되어 있었고, 오랜 복지국가 전통을 가진 대륙 유럽 나라들도 그 영향에서 자유롭지 않았다.

이 체제는 또한 경제적 측면에서 금융자본의 지배력 확대를 특징으로 했는데, 이는 자산 부문에서 거대한 부의 집중과 불평등으로 이어졌다. 2000년대 중반에 세계 여러 나라에서 일어난 부동산 붐, 2007년 미국 서브프라임 붕괴와 뒤이은 세계금융 위기, 최근 다시 일고 있는 집값 폭등 같은 일련의 사건들은 글로벌 주택금융 체제의 장기파동과 직결되어 있다. 한국에서 2000년대 초중반의 실질 주택 가격 상승과 자산 불평등 심화 그리고 2016년 이후 현재까지 지속되고 있는 집값 폭등은 한국 고유의 사적 복지체제와 정부의 정책 실패에 기인하는 바 있지만, 또한 세계적 차원의 경기변동과 떼어놓곤 설명되지 않는다.

하지만 이처럼 세계적 범위에서 전개된 자본주의 변화의 큰 흐름 안에서 각 나라와 지역의 자본주의는 그 경제적, 정치적, 문화적 유산에 따라서 변화의 경로 및 제도 형태에 적잖은 차이를 보인다. 미국과 영국, 독일, 스웨덴, 이탈리아, 폴란드, 한국 등 각기 다른 정치·경제·복지체제를 형성해온 나라들은 이 챕터에서 서술한 바와 같은 세계적 범위의 변화들을 다양한 방식으로 흡수하고 내재화시켰다. 그러므로 한국 자본주의와 복지체제의 최근 변화에서 그 세계적 보편성과 한국적 특수성을 함께 포착해야 정확한 현실 인식과 정책 대응을 기대할 수 있을 것이다. 이 중요한 과제가 바로 다음 챕터의 중심 주제다.

성공의 덫에 걸린
한국 복지국가

한국은 어떤 나라인가? 영국의 역사학자 에릭 홉스봄Eric Hobsbawm
은 영국의 산업혁명과 프랑스의 대혁명을 근대사회가 성취해야
할 이중 혁명이라고 불렀다.[75] 신분제를 해체시킨 프랑스 대혁명
은 민주주의의 길을 열었고, 영국 산업혁명은 경제적 번영의 시
작을 알리는 출발점이었다. 하지만 현실 세계에서 홉스봄이 이
중 혁명이라고 명명했던 산업화와 민주주의를 성공적으로 성취
한 국가는 서구 국가가 대부분이었다. 비서구 국가에서 이중 혁
명을 완수한 경우는 거의 없었다. 실제로 제2차세계대전 이후 식
민지에서 독립한 80개가 넘는 국가 중에서 산업화와 민주화라는
이중 혁명을 성취한 국가가 소수에 불과하다. 그것도 도시국가
와 중국의 일부로 간주되는 대만을 제외하면 한국이 유일하다.
물론 식민지에서 독립한 국가들에서 성장이 전혀 없었다는 것은
아니다. 많은 국가들이 절대 빈곤에서 벗어났다. 하지만 빈곤에

서 벗어나 수십 년 동안 성장을 지속했던 나라는 극히 드물었다.

정치적으로 봐도 한국의 성공은 놀랍다. 일제강점기, 미군의 점령, 정부 수립 이후 근 40여 년에 달하는 권위주의를 겪은 나라가 1987년 6월 민주화 이후 불과 40여 년 만에 아시아에서 가장 민주적인 국가로 발전했다는 것은 경제적 성공을 넘어서는 놀라운 일이라고 할 수 있다.[76] 이 뿐만이 아니다. 아시아의 장벽을 넘지 못할 것 같았던 한국의 문화는 전통적 문화 강국이라고 알려진 서유럽과 미국으로까지 그 영향력을 확대하고 있다. 2020년 코로나19 팬데믹에 대한 한국의 대응도 서구 국가들과 비교되면서 경이의 대상이 되고 있다. 한국의 성공적 방역에 대해 권위주의적 유산에 주목하던 서구의 반응은 이제 한국 사회의 높은 민주적 시민 의식에 감탄을 자아내고 있다. 한국의 성공 스토리는 밤을 새우며 이야기해도 모자랄 정도다. 경이로운 일이다.

그러나 한국의 놀라운 성공의 이면에는 1부에서 다루었듯이 그 어떤 사회보다도 심각한 사회문제가 공존하고 있다. 왜 이런 일이 벌어진 것일까? 우리는 국민소득 3만 달러가 넘고 역동적인 민주주의를 갖고 있다고 이야기하면서도, 왜 이런 심각한 사회문제에 손도 대지 못하고 있는 것일까? 이러한 인식에 기초해 이 장에서는 한국 복지국가의 특성과 한계에 대해 살펴보았다. 우리는 한국 사회의 놀라운 성공이 심각한 사회 위기와 기묘하게 공존하는 이유 중 하나가 취약한 한국 복지국가와 관련 있다고 믿고 있다. 성공적인 산업화와 민주화가 제대로 된 복지국가와 함께 했다면, 우리의 성공이 지금처럼 심각한 사회문제와 공존하지 않았을 것이라고 생각하기 때문이다.

한국 복지국가가 걸어온 길

한국 복지국가는 어떤 길을 걸어왔을까? 한국 복지국가의 역사를 되돌아보는 것은 현대를 살아가는 한국인들이 직면한 "선진국 대한민국과 행복하지 않은 내 삶이 공존"하는 한국 사회를 이해하는 출발점이다. 이런 관점에서 한국 복지국가의 역사를 바라보면, 한국 복지국가는 일제강점에서 해방된 1945년 8월 15일부터 현재까지 크게 세 시기로 구분할 수 있다. 물론 역사적 시기는 다양한 방식으로 구분될 수 있고 시기 구분 자체가 역사적 시기에 대한 핵심적인 함의를 담고 있기 때문에, 시기 구분은 논쟁적이다. 시기 구분에 대해 모두가 동의하는 합의를 이끌어내는 것은 매우 어려운 일인 것이다. 이러한 인식을 전제로 이 글에서는 한국 사회가 불평등과 빈곤에 대응하는 복지체제의 성격을 중심으로 한국 복지국가의 역사를 구분했다. 이 글의 목적이 한국 사회의 성공과 그 성공이 만들어낸 '덫'을 이야기하려는 것이기 때문에 불평등에 대한 한국 사회의 대응 방식을 통해 우리는 왜 한국 복지국가에서 공적 사회보장제도로부터 보호받아야 할 시민이 공적 사회보장제도로부터 배제되고, 중산층에게 사적 자산이 공적 사회보장제도보다 사회적 위험에 대응하는 더 중요한 제도가 되었는지를 이해할 수 있을 것이다.

첫 번째 시기는 1945년 8월 해방을 시작으로, 정확하게는 9월 미군이 한반도 남단을 점령하면서 시작된다.[77] 통상적으로 복지체제는 국가, 시장, 가족이라는 주체들이 안정된 삶을 시민에게 제공하기 위해 어떤 역할을 하는지에 따라 구분한다.[78] 단순하게 이야기하면 사민주의 복지체제는 시민의 복지와 관련해 '상대적으로' 국가의 역할이 큰 반면, 자유주의 복지체제는 시장의 역할이 상대적으로 크다고 할 수 있다. 가족의 역할이 상대적으로 클 경우, 일반적으로 보수주의 복지체제로 분류한다. 그런데 1945년 8월부터 1960년대 초까지 한국의 상황을 보면 복지를 제공하는 주체 중 국가와 시장의 역할은 대단히 제한적인 반면 서구 복지국가의 역사에서는 전례가 없는 외국의 원조가 중요한 역할을 하고 있는 것을 발견할 수 있다. 해방과 한국전쟁을 거치면서 수많은 사람들이 절대 빈곤에 빠졌다. 1951년부터 1957년까지 생명을 부지하는 것조차 위태로운 국민의 비중이 크게는 국민의 절반에 가까운 49.3%(1953년)에 달했고 상황이 좀 나아졌을 때도 5명 중 1명꼴인 19.7%에 달했다.[79] 하지만 국가는 이들에게 최소한의 생존을 보장할 수 없었고 구호의 대부분은 미국의 원조에 의존했다. 1957년을 기준으로 보건사회부(현 보건복지부)가 구호 등을 위한 지출한 복지 예산은 GDP에 0.47%에 불과했지만, 미국이 구호물자로 제공한 실제 규모는 GDP의 1.36%에 달했다. 원조를 통한 구호가 보사부의 지출보다 2.9배나 컸다.[80] 정부 예산의 상당 부분도 미국의 원조에 의존했다는 점을 고려하면, 구호와 같은 복지 지출 중 실질적인 원조의 비중은 더 컸을 것이다. 이렇게 보면 이 시기 한국 복지체제의 핵심 구성원은 국가, 시장, 가족으로 구성되는 서구와 상이하다는 것을 확인할 수 있다. 이 시기 한국 복지체제를 '원조 복지'체제라고 부르는 것은 바로 이러한 특성을 반영한 것이다.

물론 원조 복지체제로 이 시기 복지체제를 모두 설명할 수 있는 것은 아니다. 이 시기는 이 글의 핵심 주제인 한국의 놀라운 '성공'을 가능하게 했던 토대와 '성공'이 심각한 사회문제로 나타날 수밖에 없었던 '덫'의 맹아가 함께 만들어진 모순적인 시기이기도 하다. 미군정과 이승만 정권 시기는 한국 경제의 놀라운 성공을 이끌었던 선행 조건이 형성되었던 시기였던 동시에 현재 한국 사회가 직면한 심각한 사회 위기의 기원이 만들어진 시기라고 할 수 있다. 또한 동북아시아를 제외한 대부분의 아시아, 남미, 아프리카에서 볼 수 없었던 농지개혁은 한국이 성공적인 산업화를 이루는 토대였다. 균등한 토지 배분을 통한 소농(가족농)의 형성이 없었다면 공업 발전의 토대가 되는 농업 생산량의 증가와 국내 소비 시장이 만들어지지 않았을 것이기 때문이다. 실제로 한국이 다른 제3세계와 다른 길을 걸었던 결정적 차이 중 하나는 농지개혁의 성공과 관련 있기 때문이다.[81] 또한 농지개혁은 안정을 지향하는 보수적 농민 계급이 형성되는 정치경제적 기반이기도 했다.

두 번째 시기는 박정희 소장이 군사 쿠데타로 민주적 선거를 통해 집권한 정부를 무너뜨리고 정권을 장악한 1961년부터 1997년 IMF 외환 위기가 발생하기 전까지의 시기다. 이 시기는 세부적으로 1980년 전두환 소장이 광주에서 민간인을 학살하고 정권을 찬탈한 이후 경제자유화·개방화를 시작하면서 개발국가의 성격이 약화된 시점을 기준으로 전후 시기로 구분할 수도 있지만, 여기서는 1961년부터 1997년까지 국가의 적극적인 공적 복지 확대 없이 상대적으로 낮은 불평등 수준을 유지하고 절대빈곤을 낮추었던 시기로 규정했다.

이 시기는 상대적으로 경제성장이 일자리를 만들고 이렇게 만들어진 일자리가 저임금·장시간 노동과 결합하면서 불평등과 빈곤을 완화시켰다는 점에서 개발국가 복지체제가 형성되고 발전했던 시기였다. 외국에서 설비, 부품, 소재를 들여와 최종재를 생산해 외국에 수출하는 방식으로 성장을 추구했던 조립형 성장 체제가 만들어졌지만,[82] 적어도 1990년대 초까지 대기업의 성장은 일정 수준에서 중소기업의 성장을 동반했다. 이 과정에서 설비, 부품, 소재의 국산화가 꾸준히 진행되었다는 점에서 단순한 조립형 수출 주도 성장 체제라기보다는 수출과 내수의 성장이 일정 수준에서 함께했던 시기였다.[83] 이 시기, 특히 1986년부터 1990년대 초까지 노태우 정부가 들어섰던 시기는 복지국가의 관점에서 적극적으로 평가하면 서구 복지국가에서 나타났던 생산과 소비가 선순환하는 복지국가의 포디즘 체제가 공적 복지의 확대 없이 복선형 성장을 통해 잠시나마 한국에서도 만들어졌던 시기라고 평가할 수 있다.[84]

문제는 이 시기에 경험한 공적 복지 확대 없이 성장과 사적 자산 축적을 통해 삶의 질을 높이고 사회적 위험에 대응했던(대부분 중·상층을 중심으로) 경험이 1987년 민주화 이후 30년 넘게 '성장을 통한 복지'라는 신화로 남아 있다는 것이다. 더욱이 일제강점과 해방 이후 40년간 지속된 반공·권위주의 체제는 권력관계에서 노동자들이 자신의 이해를 요구할 수 있는 조직된 힘과 이들을 대변하는 진보적 정당의 출현을 어렵게 했다. 1987년 민주화로 이행하기 시작한 이후에도 개발국가 복지체제라는 신화가 정치적으로 유지될 수 있었던 이유였다. 사실 1987년 민주화는 민주화를 염원했던 많은 사람들의 기대와는 달리 민주화의 최대 수혜자는 민주화를 염원했던 대다수 시민과 사회 개혁 세력이 아니라 재벌 대기업과 보수 양당(현 더불어민주당과 국민의힘)이었다. 한국의 민주화는 권위주의 세력을 해체하면서 이뤄진 민주화가 아니라 권위주의 세력과 이에 소극적으로 대응했던 보수 야당(자유주의 세력)의 타협에 의한 이행이었기 때문이다.

민주화로 권위주의 체제가 사라지자 재벌 대기업을 통제할 수 있는 세력은 한국 사회에 어디에도 존재하지 않았다. 이는 재벌 대기업이 1990년 3저 호황이 끝나고 경기가 어려워지자 적대적인 노사 관계를 우회하기 위해 신경영전략이라고 일컬어지는 노동자의 숙련을 배제한 자동화를 통해 조립형 수출 전략을 강화할 수 있었던 조건이기도 했다. 이렇게 재벌 대기업이 자동화에 기초한 수출 중심의 성장 전략을 선택하자, 국내에서는 좋은 일자리가 줄어들고 대기업과 중소기업의 격차가 벌어지기 시작했다. 재벌 대기업의 성장이 대기업과 이해를 같이하는 소규모 집단(예를 들어, 준계열화된 중소기업)의 성장으로 국한되었다. 이렇게 1990년대 초를 지나면서 한국 사회에서는 성장이 일자리를 만들고 이렇게 만들어진 일자리가 불평등을 완화하는 개발국가 복지체제가 해체되기 시작했다.

개발국가 복지체제가 본격적으로 해체되고 성장이 불평등을 확대하는 결과로 고착화되기 시작한 것은 1997년 IMF 외환 위기를 거치면서다. 한국 복지국가의 역사에서 세 번째 시기에 해당하는 시기로 1997년부터 현재까지다. 이 시기는 매우 모순적인 결과가 나타났던 시기다. 1997년 IMF 외환 위기로 한국 경제가 어려움에 직면한 것은 사실이지만, 재벌 대기업은 외환 위기를 거치면서 조립형 수출 주도형 성장 체제를 모듈화한 조립형 성장 체제로 진화시키면서 글로벌 기업으로 성장했다.[85] 국가적으로 한국은 중간 소득 함정에서 빠져나와 본격적으로 고소득 국가에 진입했고, 2010년대 후반에 들어서면서는 경제적으로 분명하게 선진국에 진입하게 된다. 1960년대 산업화를 시작하면서 한국인들이 잠을 자건 깨어 있건 잊지 않고 소망했던 선진국의 꿈이[86] 실현된 것도 1997년 외환 위기를 겪으면서다. 그러나 1990년대 초부터 시작된 성장과 분배의 탈동조화가 심화되면서 노동시장은 기업 규모와 고용 지위에 따라 이중적으로 균열되었다. 여기에 사회보험을 중심으로 공적 복지가 확대되자, 한국 복지체제는 상대적으로 안정적 고용과 소득을 보장받는 사람들의 사회적 위험에 더 잘 대응하는 역진적 선별성의 모습이 확연해졌다. 더욱이 공적 사회보장제도의 낮은 급여 수준은 중·상층이 사회적 위험에 대응하기 위해 부동산과 금융자산에 의존하는 경향을 더 강화했다. 공적 사회보장제도만이 아닌 사적 자산 축적에서도 계층에 따른 불평등이 심화된 역진적 선별성이 강화된 것이다. 문재인 정부가 공적 복지를 확대한 것은 사실이지만, 1997년 이후 공고화되었던 한국 복지체제의 역진적 선별성을 완화하지는 못했다. 코로나19 팬데믹이라는 전대미문의 위기에 직면했을 때 한국 사회보장제도가 팬데믹으로 일자리를 잃고 가게 문을 닫은 자영업자를 보호하지 못했던 이유였다. 한국 복지체제는 해방 이후 75년을 지나면서 이렇게 역진적 선별주의가 고착화되어가고 있다.

역진적 선별주의 복지체제

개발국가 복지체제가 한국 복지체제의 현재를 설명하는 중요한 특성이지만, '개발국가 복지체제'가 실제로 작동한 기간은 매우 짧은 시기에 불과했다. 공적 복지의 확대 없이 고도성장을 통해 소득 불평등이 낮아진 시기는 1970년대 후반부터 1990년대 초까지 대략 15~20년 정도였다. 이 시기 동안 GDP 대비 사회 지출은 단지 0.9%에서 2.7%로 증가했을 뿐이다. 그것도 1987년 민주화 이전까지 GDP 대비 사회 지출은 2%를 넘지 않을 정도로 공적 사회보장제도는 불평등과 빈곤을 완화하는 데 아주 제한적인 역할만을 했다. 하지만 이런 짧은 개발국가 복지체제의 경험은 앞서 이야기한 것처럼 한국 사회에 강력한 경로 의존성을 만들었고, 한국 사회에서 공적 복지의 확대가 아닌 성장이 스스로의 삶의 질을 높인다는 신화를 만들었다. 1997년 IMF 외환 위기, 2008년 금융 위기, 2020년 코로나19 팬데믹이라는 위기를 겪으면서도 한국인들이 공적 복지의 확대가 아닌 성장을 갈구하는 이유다.

1997년 외환 위기는 한국 사회에서 고도성장이 지속 가능하지 않으며, 공적 복지 확대 없이 국민의 삶이 내외의 충격에 얼마나 취약한지를 확인해주는 계기가 되었다. 외환 위기가 발생하자 공식적으로 일자리를 잃은 사람이 128만 명에 이르면서[87] 실업률이 치솟았고 폐업하는 자영업자가 속출했다. 지니계수로 측정한 소득 불평등은 역대 최고 수준을 기록했다. 하지만 한국의 사회보장제도는 직업을 잃은 사람들에게 안전망이 되지도, 소득 불평등을 줄이는 역할을 하지 못했다. 사회보험의 대상은 제한적이었고 일제강점기에 만들어진 〈조선구호령〉의 특성을 유지하고 있던 공공부조public assistance는 엄격한 자격 요건과 함께 극빈층에 대한 시혜적 제도에 머물러 있었기 때문이다.

민주당의 집권(김대중 정부)은 이러한 취약한 한국 복지체제의 전환을 알리는 신호처럼 보였다. 김대중 정부는 사회보험의 대상을 전 국민으로 확대하고 시혜적이고 제한적인 〈생활보호법〉을 시민권에 기초한 근대적 공공부조인 국민기초생활보장제도로 전환했다. 하지만 정리 해고 등 노동시장 유연화와 함께 진행된 공적 복지의 확대는 노동시장에서 발생하는 사회적 위험을 막기에는 충분하지 않았다. 더욱이 정기적으로 기여금을 안정적으로 낼 수 있는 사람들을 위한 사회보험과 자산과 소득 조사에 기초해 극빈층에게 최저 생활비를 지원하는 국민기초생활보장제도를 중심으로 한 공적 복지의 확대는 한국 사회를 네 개의 분리된 계층으로 나누는 계기가 되었다.

특히 1980년대 말부터 시작된 이른바 탈산업화에 3저 호황 이후 본격화된 대기업의 노동 숙련을 대신하는 급격한 자동화로 한국 노동시장에서 나쁜 일자리를 늘어가고 있는 상황에서 1998년 2월 8일 노사정 합의로 도입된 노동시장 유연화는 노동시장에서 나쁜 일자리가 더 빨리 늘어나는 계기가 되었다. 문제는 이러한 상황에서도 김대중 정부를 시작으로 역대 정부들이 사회보험을 중심으로 공적 복지를 확대했다는 것이다. 그러자 한국 복지체제에는 노동시장의 지위와 고용된 기업의 규모에 따라 거대한 장벽이 만들어졌다. 상대적으로 안정적 직장과 소득을 보장받는 계층은 사회보험의 대상이 되었지만, 불안정 고용 상태에 있는 비정규직, 자영업자, 특수고용직 등은 사회보험으로부터 배제되었기 때문이다. 외부 충격에 취약한 보호받아야 하는 시민들이 공적 사회보장제도에서 배제되고 상대적으로 경제적 상황이 안정적인 시민들을 중심으로 공적 복지가 확대된 '역진적 선별주의 복지체제'가 만들어졌다.[88]

실제로 공적 사회보장제도의 빈곤 감소 효과를 비교한 연구에 따르면 한국 복지체제는 비정규직보다 정규직을 더 잘 보호하는 것으로 나타났다. 조세와 공적 이전소득의 빈곤 감소 효과는 정규직 노동자가 15.1%인데 반해 비정규직 노동자는 1.8%에 그쳤다. 독일과 프랑스의 정규직과 비정규직의 빈곤 감소 효과가 각각 -20.5%와 -42.9%, -22.2%와 -35.1%로 비정규직에 더 우호적인 공적 복지제도가 만들어져 있는 것과 대비되는 모습이다. OECD 회원국의 평균적인 정규직과 비정규직에 대한 빈곤 감소 효과를 봐도 정규직은 -32.6%, 비정규직은 -33.9%로 비정규직에 대한 보호 효과가 더 컸다.

역진적 선별성은 공적 사회보장제도에 그치지 않았다. 개발국가 복지체제가 남긴 중요한 특성 중 하나는 개인과 가족이 직면한 사회적 위험을 공적 복지의 확대가 아니라 사적 자산 축적을 통해 대응하는 것이었다.[89] 실제로 한국 복지체제의 중요한 특성 중 하나는 공적 사회보장제도보다 사적 자산이 사회적 위험에 대응하는 더 중요한 제도였다는 것이다.

사실 한국인들에게 부동산은 사회적 위험에 대응하는 가장 중요한 사적 자산이었다. 권위주의 개발국가 시기에 만들어진

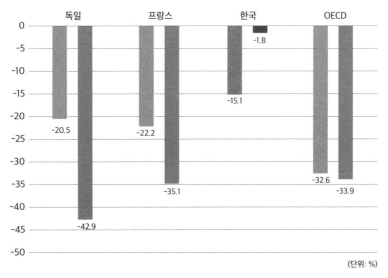

노동시장 지위에 따른 조세 및 공적 이전소득의 빈곤 감소 효과[90]

(단위: %)

■ 정규직 ■ 비정규직

부동산 불패 신화는 한국인들이 부동산 투자를 통해 부자가 되는 꿈을 꾸게 만들었고 생애 주기에서 발생하는 다양한 경제적 필요를 충족시켜주는 유력한 수단으로 간주되었다. 1963년의 지가 수준을 100이라고 했을 때 박정희 정권의 마지막 해인 1979년의 지가는 1만 8734였다. 권위주의 정권 16년 동안 지가가 무려 187배나 폭등했다.[91] 정도는 훨씬 덜해졌지만, 1987년 민주화 이후에도 부동산 불패 신화는 계속되고 있다. 한국인들은 소득이 늘어도 좀처럼 소비를 늘리지 않는다. 늘어난 소득은 부동산을 구입하기 위해 대출한 빚을 갚거나 부동산에 다시 투자하는 방식으로 지출되었다.

2006년과 2016년의 한계소비성향과 소득 증가분의 지출 용도를 보면 이러한 사실을 확인할 수 있다. 2006년과 비교해 2016년 모든 소득 분위에서 소득이 증가했지만, 모든 소득 분위의 소비성향은 더 낮아졌다. 소득 분위와 관계없이 모든 계층은 자신의 소득 증가분에서 부채 상환을 위해 지출한 비중이 늘어났다.[92] 가계 부채의 대부분이 주택 구입과 관련되어 있다는 점을 고려하면 부동산이 한국 복지체제에서 어떤 지위를 갖는지를 정확하게 보여주는 결과라고 할 수 있다. 문제는 이러한 사적 자산 축적은 소득 계층 간 불평등이 매우 심하다는 것이다. 특히 1997년 외환 위기를 거치면서 한국 경제에서 소득(유량, flow)이 갖는 중요성보다 자산(저량, stock)의 중요성이 커지면서[93] 자산 불평등이 심각한 사회문제로 부상하고 있다. 순자산 하위 20%의 자산은 3252만 원(중위 값)인데 반해 상위 20%의 자산은 12억 7111만 원에 달해 상위 20%의 자산 규모가 39.1배나 큰 것으로 나타났다.[94] 민간 보험의 가입 비율도 소득 상위 20%는 85.7%가 가입한 반면 소득 하위 20%는 37.0%에 불과했다.[95]

이렇게 사적 자산 축적이 한국 복지체제에서 중요해진 이유는 보편적인 세금 증가 없이 가입자의 기여금에 의존하는 사회보험을 중심으로 공적 복지를 확대했던 김대중 정부 이래 역대 정부의 정책 때문이었다. 공적 사회보장제도에 이어 사적 자산 축적에서도 역진적 선별주의 복지체제가 만들어진 것이다. 민주화 이후 모든 정부는 이념과 관계없이 취약한 공적 복지를 사적 자산 축적을 통해 보완하기 위해 낮은 세금을 유지했고, 사적 자산 축적을 장려하기 위해 적극적인 세제 지원을 실행했다.[96]

성장을 통해 소득을 높이고 불평등을 완화했던 짧았던 개발국가 복지체제의 경험은 신화가 되었다. 신화가 된 개발국가 복지체제는 한국 사회를 성장제일주의, 낮은 세금, 공적 복지와 사적 자산 축적에서 나타나는 계층 간 불평등으로 대표되는 '역진적 선별성'이 강한 복지체제를 고착화시키면서 국민을 서로 다른 세계에 살고 있는 '4개의 신분으로 구분되는 사회'로 분열시켰다. 최상위에 있는 1등 국민은 안정적 고용과 높은 소득을 보장받는 계층으로 개발국가 복지체제의 가장 큰 수혜자들이다. 낮은 세금과 사적 자산의 축적에 우호적인 정부 정책으로 대규모 사적 자산을 축적한 계층이다. 대부분 공적 사회보험의 대상이 되지만 이들이 사회적 위험에 대응하는 데 공적 사회보험의 역할은 매우 제한적인 지위를 갖는다.

두 번째 집단은 상대적으로 안정적 고용과 소득을 보장받는 계층이다. 하지만 축적한 사적 자산만으로는 사회적 위험에 대응하는 데 충분하지 않은 집단으로 공적 사회보험이 사회적 위험에 대응하는 중요한 역할을 하는 집단이다. 중소기업의 정규직, 대기업에 다니지만 정년이 보장되지 않는 노동자, 중간 규모의 자영업자 등이 여기에 해당한다. 세 번째 집단은 비정규직, 영세 자영업자, 특수고용직 등 불안정 고용 상태에 있는 사람들이다. 이들은 정기적으로 안정적 기간 동안 기여금을 낼 수 없고 임금노동자로 분류되지 않아 사회보험에서 배제된 사람들이다. 이 세 번째 계층은 사회적 위험에 대응할 수 있는 어떠한 안전망도 갖고 있지 않지만 부양의무자 기준, 자산 기준, 노동능력 여부 등 공공부조의 엄격한 수급 조건으로 인해 공공부조에서 배제된 사람들이다. 마지막으로 네 번째 계층은 공공부조의 엄격한 자격 요건을 통과한 소수의 극빈층으로 국민기초생활보장제도의 주 수급자다.

이렇게 개발국가 복지체제가 만들어놓은 성장 신화는 사회적 위험에 대응하는 상이한 기제를 갖는 4개의 계층으로 분열시켰다. 분열된 사회에서 사회적 연대에 기초한 보편적 복지국가가 아닌 각자가 자신의 안위를 위해 치열하게 경쟁하는 각자도생의 사회를 만든 것이다. 코로나19 팬데믹 상황에서 주식 투자의 광풍이 불고 부동산 가격이 천정부지로 치솟는 이유도 결국 나와 내 가족의 안위는 내가 축적한 사적 자산에 달려 있다는 개발국가 복지체제의 신화가 만들어진 결과라고 할 수 있다.

왜 한국 복지국가는 성공의 덫에 빠진 것일까?[97]

한국의 놀라운 성공이 덫을 만들었다. 한국 사회가 직면한 심각해지는 불평등, 높은 자살률, 초저출생율은 한국 사회가 산업화와 민주화라는 이중 혁명에 실패한 결과가 아니라 그 이중 혁명을 한국적 방식으로 성공한 결과이기 때문이다.

성공적인 산업화의 덫

이중 혁명 중 산업화의 성공이 왜 성공의 덫을 만들었는지부터 시작하자. 한국과 같은 권위주의 개발국가 방식을 취했던 제3세계 국가들이 대부분 실패했던 것에 반해 한국은 성공의 길을 걸었다. 제3세계 국가들 대부분이 농업 사회라는 공통분모를 갖고 있었음에도 불구하고 왜 한국과 같은 동아시아에서 이런 기적 같은 산업화가 가능했던 것일까? 마사히코 아오키Masahiko Aoki는 한국으로 대표되는 동아시아 개발국가의 성공을 산업화가 본격적으로 시작되기 이전부터 광범위하게 존재했던 소규모 자영농의 존재로부터 찾는다. 라틴아메리카의 경우 대지주가 농업 노동자를 고용하는 형태가 일반적이었고 사하라사막 이남의 경우는 부재지주가 농업 노동자를 고용하는 형태였다.[98] 놀라운 사실은 한국 경제는 1945년 8월 일제강점으로부터 해방되기 이전에는 여느 제3세계와 유사한 모습이었다는 것이다. 일제강점기 동안 농가 중 소작농의 비율은 지속적으로 증가해 전체 농가의 대부분을 차지했다. 일제강점기를 거치면서 한국은 라틴아메리카처럼 소수의 지주와 다수의 소작농으로 나눠진 사회였다.

변화는 1945년 8월 해방과 함께 찾아왔다. 불완전했지만 해방 이후 북한의 농지개혁에 자극받은 미군정이 농지개혁을 시작하고 이승만 정권이 이를 계승하면서 한국은 동아시아 개발 국가의 특성이자 개발국가의 성공 조건 중 하나인 광범위한 소규모 자영농의 사회가 되었다.[99] 산업화에 자원이 집중되는 것에 반대할 수 있는 지배계급으로서 대지주가 사라진 것이다. 하지만 농업경제에 이해를 갖고 있는 지배 세력의 해체만으로는 산업화를 위한 정치적 조건이 갖춰졌다고 보기 어렵다. 지속적인 산업화를 위해서는 자원이 산업화에 계속 집중되어야 하지만, 산업화 과정에서 형성되는 대규모 노동계급의 분배 요구는 이를 (전적이라고 이야기할 수는 없지만 후발 산업화를 추진하는 국가에게는 부분적으로) 제약하는 조건이 될 수 있다.

그러나 한국에서 자본을 규율할 수 있는 노동계급의 정치 세력화는 미군정 시기에 발생한 9월 총파업과 10월 항쟁을 거치면서 궤멸적 타격을 입는다. 권위주의 개발국가의 자율성에 도전하고 자본을 규율할 수 있는 중요한 저항 세력이 해방 이후 남한 단독 정부 수립 과정에서 무력화된 것이다. 여기에 산업화를 주도할 산업자본은 미군정과 이승만 정권의 특혜적 적산財産 불하拂下를 통해 만들어지고 정부가 제공하는 지대를 통해 성장하면서 정부에 저항할 수 있는 위치에 있지 않았다. 아오키는 여기에 더해 자원을 산업자본가에게 할당할 수 있는 비민주적 방법으로 정권을 장악한 강한 정부를(한국의 경우 군사 쿠데타) 개발국가의 중요한 특성으로 이야기했다.[100] 이 개발국가는 크게 두 가지 형태로 나타나는데, 하나는 경제 발전에 대한 기여라는 국가의 조건부 지원이 기업을 성장시키지만, 산업화 과정에서 기업이 정부가 통제할 수 없을 정도로 커지면서 조건부 지원은 작동하지 않는 경우다. 이렇게 되면 국가의 조건부 지원에 기초한 산업화는 실패하고 집권 세력과 자본의 결탁이 부패를 낳게 된다. 다른 하나는 한국이 걸었던 것으로 보이는 길로 쿠데타로 집권한 강력한 권위주의 정부가 기층 민중의 요구에 일정 정도 반응하면서 자본과 노동자의 중재자 역할을 하는 경우다. 정부가 자본과 결탁할 가능성이 상대적으로 낮은 경우로 한국과 같이 지속적인 산업화가 가능해지는 경우다.

그러면 왜 한국에서 쿠데타로 집권한 정부가 노동자와 농민으로 대표되는 기층 민중의 요구에 민감하게 반응했을까? 아마도 그것은 1960년 4·19혁명이 중요한 역할을 했던 것으로 보인다. 민중의 분노가 독재 정권을 무너뜨린 역사적 경험은 새롭게 쿠데타로 집권한 정권 또한 기층 민중의 이해에 반할 때 언제든지 교체의 대상이 될 수 있다고 생각했을 것이다. 실제로 박정희 소장은 쿠데타에 성공한 이후 제3공화국이 수립되기 이전까지 4·19혁명 정신을 계승하겠다고 공헌했다.[101] 쿠데타 정권의 이러한 특성은 박정희 정권이 추진한 산업화의 광범위한(암묵적) 동의 기반을 형성했을 것이다. 선성장-후분배에 대한 명시적 보장 없이도 기층 민중의 상당수가 동의할 수 있는 이유였다. 이러한 과정에서 자원이 기업에 집중되고 고도성장으로 연결되면서 선성장-후분배 담론은 사회적으로 광범위한 동의 기반을 구축할 수 있었던 것으로 보인다.

더욱이 고도성장이 일자리를 만들고 이렇게 만들어진 일자리가 저임금·장시간 노동과 결합하며 빈곤과 불평등을 완화하자, 성장이 분배를 촉진했던 개발국가 복지체제가 성립된 것이다. 성장이 분배로 이어지는 개발국가 복지체제는 정치적으로 권위주의 개발국가의 정당성을 공고화했다. 1970년대 말부터 소득 불평등은 급격히 낮아지며, 이러한 현상이 1990년대 초까지 지속되었다. 소위 성장이 낙수 효과를 유발하면서 공적 사회보장제도의 확대 없이도 불평등과 빈곤이 완화되는 것이 가능해진 것이다. 1960년대부터 1990년대 초까지 한국의 GDP 대비 사회지출은 1~3% 수준에 불과했다. 더욱이 1987년 민주화 이후 사회지출의 증가분 대부분이 안정적 고용과 소득을 보장받았던 사람들을 위한 사회보험 지출이었다는 점을 고려하면, 공적 복지의 반反빈곤과 반불평등 효과는 대단히 제한적이었을 것이다.

하지만 앞서 이야기한 것처럼 한국의 개발국가 복지체제는

1990년대 초를 거치면서 해체된다. 1990년대 3저 호황이 끝나면서 자본은 중요한 선택의 기로에 놓인다. 크게 보면 대략 두 가지 길이 놓여 있었던 것 같다. 하나는 민주화 이후 이윤을 노동과 나누면서 노동의 숙련을 높이는 방식으로 성장을 도모하는 길이고, 다른 하나는 노동을 배제하고 자동화를 통해 성장하는 길이었다. 1987년 7~9월 노동자 대투쟁으로 상징되는 일련의 과정과 1990년 3당 합당으로 대표되는 정치적 변화는 자본에게 노동 숙련을 높이는 어려운 길보다는 노동을 배제하는 자동화의 길을 선택하게 만들었던 것으로 보인다. 물론 자본이 숙련 형성을 통한 성장을 전혀 시도하지 않은 것은 아니다. 현대자동차 사례를 보면 당시 지배적인 생산방식인 토요타의 숙련노동에 기초한 린-체제를 현대자동차에 구축하기 위해 1990년대 초(직능 자격제도 도입)와 1997년 외환 위기 이후(기술 교육 경로 프로그램, TRM) 노동자의 숙련을 강화하려는 시도를 했지만, 권위주의 정권의 유산인 적대적 노사 관계로 인해 실패했다.[102]

　　재벌 대기업이 노동 숙련 대신 자동화를 통해 노동을 절감하는 성장 방식을 선택하자, 성장이 일자리를 만들고 그런 일자리가 불평등과 빈곤을 완화하는 개발국가 복지체제도 사라졌다. 재벌 대기업은 핵심 부품과 자본재를 외국에서 수입해 최첨단 자동화 설비를 이용해 조립 생산해 수출하는 방식으로 성장했다. 노동자 1만 명당 로봇 대수로 측정하는 로봇 밀도는 1990년대를 지나면서 급속히 높아지기 시작했다.[103] 제조업 강국인 독일, 일본, 스웨덴 등의 로봇 밀도가 매우 완만하게 높아지는 현상과는 대조적이다. 핵심 부품과 자본재를 외국에서 수입하고, 노동 숙런 대신 자동화에 대규모 투자를 감행하면서 1990년대 이전까지 산업화 과정에서 확대되고 있었던 국내 산업의 연관 관계가 약해진 것이다. 이에 따라 노동시장 지위와 기업 규모에 따른 소득 불평등도 확대되었다.

특히 1997년 IMF 외환 위기는 정부가 보증하는 부채를 통해 사업을 확장하는 방식으로 성장했던 재벌 대기업이 (일명 글로벌 표준이라고 하는) 부채를 줄이고 기업 가치를 높이는 방식으로 기업 경영 방식을 전환하는 계기가 되었다.[104] 이런 변화들이 결합되면서 한국 사회에서 성장은 더 이상 불평등과 빈곤을 완화하는 서구 복지국가의 기능적 등가물과 같은 기능을 할 수 없게 되었다. 한국의 재벌 대기업은 글로벌 경쟁력을 갖춘 기업으로 성장했지만, 기업의 성장이 분배 문제를 해결해주지는 못했다. 오히려 글로벌 기업으로 성장한 기업 내부자와 외부자의 격차가 더 벌어지는 현상이 나타났다. 기업 규모에 따른 생산성 격차는 그대로 기업 규모와 노동시장 지위에 따른 임금격차로 나타났다. 한국은 OECD 회원국 중 기업 규모에 따른 생산성과 임금격차가 이례적으로 큰 나라다.[105]

여기에 1997년 IMF 외환 위기 이후 재벌 대기업의 자본 조달 방식이 은행을 통한 차입 대신 자기자본을 조달하는 방식으로 전환하자 정부가 기업을 규율할 기제도 약해졌다.[106] 결국 1990년대 이후 한국 사회에서는 성장하면 할수록 불평등이 높아지는 현상이 나타난 것이다. 게다가 재벌 대기업이 국가 경제에서 차지하는 비중이 커지면서 한국 사회는 개발국가의 두 가지 유형[107] 중 전자에 해당하는 기업이 너무 커져 국가가 기업을 통제할 수 없는 상황이 벌어졌다. 대기업에 대한 조건부 지원을 매개로 성장을 지속하지 못할 경우 지원을 중단할 수도 있다는 위협은 더 이상 기업을 규율하는 수단이 되지 못했다. 그리고 한국 경제의 성장도 점점 낮아졌다. 더욱이 코로나19 팬데믹으로 슬로벌리제이션이라는 새로운 국면에 접어들면서 한국처럼 수출을 통해 성장했던 경제체제의 취약성이 드러났다. 한국이 가장 잘했던 일들이 어느 순간 한국의 가장 큰 취약점이 된 것이다.

성공적인 민주화의 덫

1987년 6월 민주화항쟁이 성공하면서 한국은 오랜 권위주의 통치로부터 벗어나 민주화의 길을 걷게 된다. 하지만 그렇게 오랜 싸움과 희생 끝에 얻어낸 민주화 이후의 세상은 민주화를 갈망하며 민주화를 위해 모든 것을 걸었던 사람들이 꿈꾸는 세상은 아니었다. 앞서 우리가 이야기한 것처럼 한국 사회는 민주화 이후 경제적으로 점점 더 불평등한 사회가 되었기 때문이었다. 민주화가 국민소득의 더 많은 몫을 일하는 사람들에게 분배한 것은 1987년부터 1990년대 초까지 불과 몇 년에 불과했다. 민주화가 되었는데도 한국 사회가 더 불평등한 사회가 되었다는 것은 일견 이해하기 어려운 일이었다. 그러나 한국 산업화의 성격과 민주화의 특성을 이해하면, 왜 한국에서 민주주의가 불평등의 확대를 막는 데 그렇게 무력했는지를 이해할 수 있을지도 모른다.

먼저 한국 사회에서 분배 문제를 사회의 핵심 의제로 만들고, 이를 전면에 밀고 나갈 노동계급, 구체적으로 제조업 노동자는 1988년을 정점으로 이미 전체 계급에서 차지하는 비중이 낮아지고 있었다. 한국 경제가 1988년을 정점으로 탈산업화되기 시작했다는 점을 고려하면 민주화 이후 노동계급의 쇠락은 어쩌면 당연한 일이었다. 노동계급은 더 이상 한국 사회의 주류가 아니었다.[108] 더욱이 조직된 노동자라고 할 수 있는 대기업 노동자들은 1997년 IMF 외환 위기 이후 노동시장 유연화의 위험으로부터 비켜서 있는 사람들이었다. 국가 전체적으로는 성장이 불평등과 빈곤을 완화하는 기제는 해체되었지만, 재벌 대기업의 조직된 노동자들은 기업의 성장과 함께 소득도 높아졌다. 심지어 대기업의 조직노동자는 비정규직을 방패 삼아 자신의 안정적 고용을 보장받으려 했다.[109] 상황이 이렇게 되자, 한국 사회에서 유일한 조직된 실체였던 조직노동자가 복지국가를 위해 헌신할 동인은 크지 않았다. 그렇다고 이를 대체할 수 있는 대안적 조직된 역량이 존재하는 것도 아니었다. 오랜 권위주의 체제는 노동자의 정치적 성장을 방해했고, 1997년 외환 위기 이후 노동시장 유연화와 같은 신자유주의 정책이 전면화되자, 항상 그랬던 것처럼 각자도생의 길을 모색할 수밖에 없었다. 성장이 불평등을 완화하는 개발국가 복지체제가 유일한 긍정적인 분배의 경험으로 남아 있는 사회에서 아무도 경험하지 않았고, 그것을 추진할 세력도 없는 사회적 연대를 통한 분배는 상상하기 어려웠다.

민주화의 성격도 한국이 분배 문제를 중심으로 사회적 균열 구조가 만들어지는 데 우호적이지 않았다. 분배를 중심으로 사회적 균열 구조가 만들어지기 위해서는 자원 배분을 둘러싸고 상이한 이해를 가진 집단들의 정치 세력화가 이뤄져야 하는데, 1987년 민주항쟁 이후 한국의 민주화는 권위주의에 뿌리를 두고 있는 보수정당과 보수야당으로 불렸던 자유주의 정당이라는 양당의 지배 구조가 공고화되는 과정이었기 때문이다. 사실 1987년 민주화는 기층 민중의 희생과 투쟁을 생각하지 않곤 상상할 수 없다. 하지만 1987년 민주화 이후의 과정은 민주화 운동을 주도했던 기층 민중이 배제되고, 오도넬Guillermo O'Donnell이 이야기한 것처럼 권위주의 세력과 보수야당의 타협에 의해 이뤄졌다.[110]

1987년 민주화 이후 권위주의 세력과 보수야당이 합의한 소선거구제와 다수득표제의 공고화는 계급의 이해를 대변하는 새로운 정당이 제도권 정치에 진입할 수 있는 장벽을 높이는 문지기 같은 역할을 했다. 1987년 민주화 이후 개혁적이고 진보적인 정당들이 번번이 제도권 진입에 실패한 이유였다. 우여곡절 끝에 비례대표제를 강화하는 방식으로 선거제도의 개혁이 이뤄지면서 2004년 민주노동당이 원내 정당으로 진입했지만, 진보정당이 수권 정당으로 성장하는 것은 쉽지 않았다. 보수 정부가 집권하면 진보 이슈는 자유주의 정당의 전유물이 되었고, 자유주의 정부가 집권하면 대립의 축은 자유주의 정당과 보수야당 간의 도덕 정치의 문제로 이동했다. 진보정당이 독자적인 목소리를 낼 수 있는 공간이 존재하지 않았다. 정당 지지율을 확인할 수 있는 지방선거와 국회의원 총선거를 보면 진보정당에 대한 지지율은 1990년대 이후 지속적으로 낮아졌다.

1987년 민주화 이후 자유주의 정당과 보수정당의 양당 구도가 공고화된 상황에서 일하는 노동자와 중간계급이 연대할 가능성도 거의 없었다. 특히 권위주의 개발국가 시기 동안 성장의 최대 수혜자였던 중간계급은 낮은 세금에 힘입어 사적 자산을 축적함으로써 공적 사회보장제도의 확대 없이도 어느 정도 사회적 위험에 대응할 수 있는 기제를 구축했다. 한국 복지국가에서 부동산 가격의 상승과 민간 연금의 대규모 확장은 이를 반증해준다. 더욱이 젠더와 세대를 중심으로 새로운 사회적 균열이 형성되면서 분배 이슈만을 중심으로 복지국가를 확장하는 것은 변화하는 후기 산업사회에 대응하는 복지국가를 만들어가는 대안이 되기도 어려워졌다. 분배와 정체성 이슈를 통합적으로 제기하면서, 이를 중심으로 사회적 균열을 만들어낼 새로운 정치 개혁이 필요해진 것이다.

정리하면, 한국 복지체제가 시민들이 직면한 사회적 위험에 적절히 대응하지 못하고 있는 현실은 단순히 사회 지출의 양이 적기 때문이 아니다. 그것은 1945년 해방 이래 지난 80여 년 가까이 분배를 둘러싸고 제도화된 정치·경제적 변화의 누적된 결과라고 할 수 있다. 사실이 이와 같다면 한국 복지체제가 시민이 직면한 사회적 위험에 보편적으로 대응하기 위해서는 단순히 복지체제의 변화만이 아닌 한국의 산업구조와 정치 질서의 변화를 요구한다는 것은 누구도 부정할 수 없는 진실이라고 할 수 있다.

2부

대전환 시대, 우리는 무엇을 바꿔야 하나?

왜 정치·경제와 함께
복지를 봐야 할까?

통합적 접근이 필요한 이유

왜 복지국가를 이야기하면서 정치와 경제를 함께 이야기해야 하는 것일까? 한국 복지국가는 한국 자본주의, 권력관계(자원), 복지가 상호 공진共進하는 과정에서 만들어졌기 때문이다. 우리는 한국 복지국가에 대한 연구를 단순히 복지제도, 프로그램, 복지 지출 등에 국한해 논의하는 것은 한국 복지국가에 대한 이해를 제대로 담보할 수 없다고 주장한다. 왜냐하면 한국 복지국가는 앞에서 보았듯이 경제구조와 밀접히 연관되어 있고 그렇게 복지제도가 특정한 경제구조와 연관된 구도가 계속 유지되는 것은 정치적으로 이에 반대하는 사람들보다는 동의하는 사람들의 힘이 더 세기 때문이거나, 정치제도가 그들의 이해를 반영하는 방식으로 제도화되어 있기 때문이라고 주장한다. 앞서 언급한 이야기들을 생각해보면 우리가 왜 한국 복지국가를 정치·경제와 통합적 관점에서 서술해야 하는지를 이해할 수 있을 것이다.

사람들이 어떤 곳, 어떤 조건, 어떻게 일을 하는지는 기본적으로 한 사회의 산업구조와 밀접히 연관되어 있다. 한국이 근대화하기 이전인 조선시대를 생각해보라. 조선 후기에 들어서면서 상업과 공업 생산 활동이 활성화된 것은 사실이지만, 조선시대 전 기간 동안 그리고 1960년대 한국이 산업화를 본격화하기 이전까지 한국인의 대부분은 농업에 종사했다. 다시 말해, 농업 생산성을 유지하기 위한 노동력의 보존이 분배 체제의 가장 중요한 역할이었다. 중·고등학교 역사 교과서에서 배운 '환곡還穀'이라는 제도는 가족 구성원을 중심으로 생산 활동을 하는 소농사회의 특성을 반영한 분배제도였다.[111] 기본적으로 소농에 기초한 농업 생산은 농업 노동력을 유지할 수 있을 정도의 생산량을 넘지 않기 때문에, 즉 시장에 잉여 농산물을 내다 팔 수 있을 정도로 생산하거나, 대규모 축적이 가능하지 않기 때문에 가뭄, 홍수 등과 같은 자연재해에 취약할 수밖에 없다. 이런 상황에서 재해가 발생하면 가족 구성원에 기초한 농업 생산방식은 노동력을 유지하기가 어려워지고, 이렇게 소농의 농업 노동력이 유지되지 못하면 국가 전체의 생산력도 보존할 수 없게 된다. 환곡은 바로 이러한 소농 중심의 농업 사회의 노동력이 자연재해 등으로 인해 위협받았을 때 이를 보존해 농업 생산을 계속할 수 있도록 고안된 분배제도인 것이다. 흉년이 들면 곡식을 대출해주어 농업 생산력을 유지시키고 평년이 되면 흉년에 빌려갔던 곡식에 10%의 이자를 붙여 되갚는 방식으로 자연재해에 따른 농업 생산의 차이

를 환곡을 통해 균등화시켰던 것이다.[112]

농업 생산력을 유지하기 위해 고안된 이 환곡 제도가 조선 후기에 접어들면 '환정'이라는 세금으로 뒤바뀌어 농민을 수탈하는 제도가 된다.[113] 분배제도가 수탈제도가 된 것이다. 그러자 농민들은 이에 맞서 저항했는데, 1862년 진주에서 발생해 삼남 지역으로 확대된 진주농민항쟁과 1894년 갑오농민전쟁이 대표적이다.[114] 전근대사회의 이러한 특성은 단순히 전근대사회의 문제로 끝나지 않았다. 1960년대 이후 한국의 놀라운 경제성장을 가능하게 했던 중요한 경제적 토대로 알려진 농지개혁[115]은 단순히 1945년 8월 해방 이후 정치적 상황에 따라 결정된 개혁이 아니었다. 농사짓는 사람들이 농지를 소유해야 한다는 전근대사회로부터 이어진 오랜 소농사회의 기본 가치인 경자유전耕者有田의 현대화된 요구라고 할 수 있다. 이처럼 근대사회 이전에도 생산(경제), 분배(복지), 정치는 상호 밀접하게 연관되어 있었다. 우리가 한국 복지국가를 경제-정치-복지의 통합적 관점에서 접근해야 하는 이유다.

한국 복지국가에서 정치·경제·복지의 통합적 접근

경제체제와 복지체제

전근대사회만이 아니다. 현재 한국 복지체제는 어떻게든 한국의 정치경제적 특성과 밀접하게 연관되어 있다. 자세한 내용은 앞서 1부에서 검토했기 때문에 여기서는 간략하게 살펴보는 것으

정치·경제적 성격과 한국 복지체제의 특성[116]

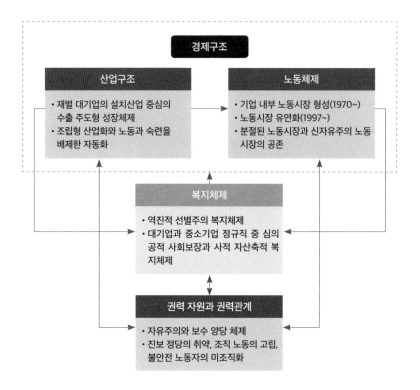

로 대신하겠다. 복지제도로부터 거꾸로 거슬러 올라가자. 현재 한국 복지체제는 상대적으로 안정적 고용과 소득을 보장받고 있는 계층을 중심으로 공적 사회보장제도가 만들어져 있는 역진적 선별성을 강하게 내재하고 있다. 이뿐만이 아니다. 공적 사회보장제도의 급여 수준이 낮아 중산층은 국민연금과 같은 공적 사회보장제도의 급여만으로는 노령과 같은 사회적 위험에 직면했을 때 중산층 생활을 유지하기 힘들다. 그래서 중·상층의 경우 부동산과 금융자산과 같은 사적 자산의 축적이 공적 사회보장제

도보다도 개인과 가족의 안전을 지키는 데 더 중요한 역할을 하고 있다.

북서유럽에서 사회보험이 보편적 사회보장제도의 핵심이라는 점과 비교하면 한국 복지체제에서 사회보험에 광범위한 사각지대가 존재한다는 것은 언뜻 보면 납득이 가지 않는다. 하지만 한국 노동시장에서 취업자의 25%가 자영업자이고 임금노동자의 41.6%(2020년 8월 기준)가 비정규직이라는 점을 고려하면[117] 왜 보편적이어야 할 사회보험이 광범위한 사각지대를 갖고 있는지를 이해할 수 있다. 한국의 산업구조가 안정적으로 기여금을 낼수 있는 괜찮은 일자리를 보편적으로 만들지 못했기 때문이다.

왜 그럴까? 두 가지 핵심적인 원인이 있다. 하나는 한국 경제가 북서유럽과 달리 제조업이 충분히 발달하기 전에 탈산업화를 시작하면서 노동시장에서 제조업과 관련된 좋은 일자리를 만들 수 없었다. 한국은 1인당 GDP 기준으로 미국의 60%에 도달했을 때인 1989년에 제조업 고용이 정점을 찍고 탈산업화를 시작했다.[118] '조숙한 탈산업화'라고 부르는 것이다. 그러니 안정적 제조업 일자리가 보편적으로 확산된 것을 전제로 발전한 사회보험제도의 보편성이 한국 복지체제에서는 나타날 수 없었던 것이다. 취업자 중 자영업자가 상대적으로 높은 비중을 차지하는 것도 바로 이러한 이유와 관련이 있다.

두 번째 이유는 한국의 성장 방식과 관련된다. 특히 1997년 IMF 외환 위기를 지나면서 한국 대기업의 성장 방식은 국내 산업과 연관 관계를 높이는 방식의 성장이 아니라 핵심적인 소재, 부품, 설비를 외국에서 도입해 모듈화한 자동화 조립 생산방식

산업화가 정점일 때 고용 비중과 미국 1인당 GDP 대비 비율[119]

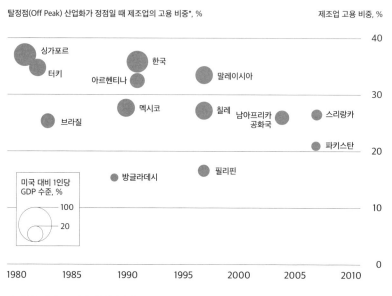

탈정점(Off Peak) 산업화가 정점일 때 제조업의 고용 비중*, %

제조업 고용 비중, %

제조업에 고용된 노동자가 정점이었던 시점

을 강화했다.[120] 성장 체제가 이렇게 전환되면서 1990년대 이전에 복선형 발전이라고 일컬어졌던 국내 산업 간 연관 관계가 확대되는 성장과는 반대로 대기업의 성장이 중소기업의 성장과 무관한 성장 체제가 된 것이다. 그러니 삼성, 현대 등 대기업이 폭발적인 성장을 해도 좋은 일자리가 만들어지는 것은 제한적일 수밖에 없었다. 중소기업에서 좋은 안정적 일자리가 만들어지기 위해서는 중소기업이 생산한 물건을 대기업에 납품해야 되는데, 1990년대를 거치면서 대기업에 납품할 수 있는 중소기업이 대기업에 수직으로 준계열화된 소수의 중소기업에 국한되면서 한국 노동시장에서는 좋은 일자리가 만들어지지 않은 것이다.

마지막으로, 세 번째 이유는 사회보험을 반드시 안정적 고용을 보장받는 임금노동자에 기초해 제도화할 필연성이 없는데도 안정적으로 기여금을 낼 수 있는 임금노동자에 기초한 사회보험제도를 고수함으로써 공적 사회보장제도의 광범위한 사각지대를 양산한 것이다. 1980년대 후반 이후 한국의 산업구조가 변화하면서 노동시장도 변화했고 이에 따라 안정적으로 사회보험을 낼 수 있는 취업자는 제한적이었다. 그럼에도 불구하고 1997년 IMF 외환 위기 이후 집권한 김대중 정부는 정규직 임금노동자에 기초한 사회보험제도를 중심으로 한국 복지국가를 확장했던 것이다. 다만 주의해야 할 점은 이러한 확장에도 불구하고 전체적으로 보면 공적 사회보장제도의 보편성을 확대하는 결과로 나타났다. 김대중 정부의 복지정책을 국가 책임의 확대라는 관점에서 평가했던 이유였다.[121] 여하튼 분명한 것은 김대중 정부가 사회보험을 중심으로 한국 복지국가를 확대한 것은 1980년대 후반부터 분명해진 한국 산업구조의 변화에 조응하는 복지체제를 고민하지 못했던 결과이자, 공적 사회보장제도에서 불안정 고용 상태에 있는 수많은 사람들을 배제한 이유였다. 서구의 경험을 한국의 정치경제적 상황에 대한 고려 없이 그대로 이식하려 했다고 할 수 있다. 이처럼 경제체제의 특성이 복지체제의 특성을 결정하는 핵심적 역할을 하는데도 불구하고 복지국가의 문제를 복지제도만으로 이해하려는 것은 코끼리의 다리만 만지고 코끼리의 모습을 상상하는 것과 같다.

정치체제와 복지체제

그러면 정치는 한국 복지국가와 어떻게 연결될까? 일반적으로 정치와 복지의 연관은 중요한 선거 국면에서 경쟁하는 정당들이 유권자의 표심을 얻기 위한 공약 경쟁을 상상하기 쉽다. 물론 이 또한 정치가 복지에 미치는 중요한 영향이다. 특히 한국처럼 사회의 균열 구조가 분배 문제를 중심으로 나타나지 않으며, 계급의 이해를 대변하는 정당이 없는 경우 복지 확대의 기회의 창이 열리는 시점은 대통령 선거로 대표되는 선거 국면이다. 복지국가의 확장과 관련해 '선거 동원 모델'이라고 부를만하다. 그러나 1987년 민주화 이후 진행된 선거에서 보았듯이 선거 동원 모델은 복지국가를 확대하는 데 분명한 한계가 있었다. 기초노령연금, 기초연금, 보육료 지원, 아동수당 등이 대통령 선거에서 공약되고 집권 이후 제도화되었지만, 개별 프로그램 차원의 확장을 넘어서지 못했다. 심지어 박근혜 정부 시기에는 선거에서 약속했던 보편적 기초연금이 집권 이후 재정상의 이유로 수정되는 일도 벌어졌다.

우리가 주목하는 것은 복지국가가 안정적으로 확대되기 위해서는 복지국가를 지지하는 강력한 권력 자원이 형성되어야 한다는 점이다. 물론 복지국가를 지지하는 핵심 집단이 북서유럽의 복지국가와 같이 반드시 노동자계급일 이유는 없다. 또한 한 계급만이 핵심 주체일 이유도 없다. 최고의 복지국가라는 찬사를 받는 스칸디나비아 복지국가들은 노동자와 중산층의 연대를 통해 만들어진 복지국가이기 때문이다.[122] 더욱이 1980년대 후반부터 진행된 탈산업화가 이미 30년 가까이 진행되었고 최근에는 디지털 기술 변화로 인해 고용관계를 전제한 노동계급의 정체성이 모호해지고 있는 상황에서 전통적 노동계급만을 복지국가의 핵심 주체로 상정할 이유는 없기 때문이다. 하지만 북서유럽의 복지국가 역사가 우리에게 주는 명백한 함의는 누가 되었든, 누구와 연대하든 복지국가를 만들어갈 정치적 주체의 형성 없이 복지국가의 안정적 확장은 불가능하다는 것이다.

복지국가의 정치적 주체가 만들어진다고 복지국가가 만들어지는 것도 아니다. 복지국가의 확장은 제도화를 수반해야 하기 때문에 반드시 집권을 전제한 강력한 친복지 정당이 필요하다. 북서유럽에서는 사민당이, 대륙 유럽에서는 기민당이 복지국가 확장에 중요한 역할을 했다. 문제는 한국 복지국가에서는 친복지 정당이라고 할만한 정당이 모호하다는 점이다. 1997년 이후 자유주의 정당(현 더불어민주당)과 보수정당(현 국민의힘)이 번갈아가며 집권했지만, 복지국가 확장과 관련해 두 정당의 근본적 차이가 존재했다고 보기는 어렵다. 2000년대 이후 치러진 대통령 선거에서 자유주의 정당과 보수정당 대통령 후보의 공약이 한국 복지국가의 진로를 변경할 정도로 큰 차이를 드러낸 경우는 거의 없기 때문이다. 그래서 한국 복지국가가 보편주의 복지국가라는 새로운 복지체제로 전환하기 위해서는 이를 실현할 수 있는 새로운 수권 정당이 필요하다. 그런데 현재 한국의 소선구제와 다수득표제하에서는 진보적인 친복지 정당의 원내 진입이 쉽지 않다.

지난 2020년 4월에 치러질 총선을 앞두고 시민사회, 학계 등이 비례대표제를 강화할 것을 요구했던 이유였다. 비례대표성을 강화해야 복지국가를 지지하는 소수 정당의 원내 진입이 가능해지고 자유주의 정당과 보수정당의 양당 독식 구도를 완화할 수 있기 때문이었다. 양당 구도가 무너지고 다당 구도가 형성되면, 다양한 이해를 가진 정당들이 타협과 협의가 필요하기 때문이다. [123] 복지국가는 바로 이 정치적 공간을 통해 확대될 수 있다. 선거에서 높은 비례대표성은 북서유럽 복지국가 형성의 중요한 정치적 조건 중 하나였던 코포라티즘의 성립을 가능하게 하기 때문이다. [124]

실제로 선거의 비례대표성은 복지 지출의 규모와 일정한 상관관계에 있는 것으로 나타나고 있다. 다만 비례대표성의 강화가 자동적으로 복지국가의 확대와 연결되는 것은 아니다. 남미에서의 선거의 비례대표성과 복지 지출 간의 상관관계를 보면 OECD 회원국과는 달리 비례대표성과 복지 지출은 반비례관계에 있기 때문이다. 하나의 가설이지만, 대통령중심제와 강한 비례대표성이 결합할 경우 새로운 변화를 가로막은 강한 거부점이 형성되고, 이것이 비례대표성과 복지 지출 간의 관계를 부정적으로 만든 것으로 추정된다. 하지만 검증이 필요한 부분이다. 여하튼 중요한 것은 이처럼 정치체제는 한 사회가 복지국가를 만들어갈 수 있는지 여부는 물론, 어떤 복지국가를 만들어갈 수 있는지를 결정하는 중요한 역할을 한다고 할 수 있다.

GDP 대비 이전소득 비율과 비례대표성(로그): OECD 회원국[125]

GDP 대비 이전 소득 비율

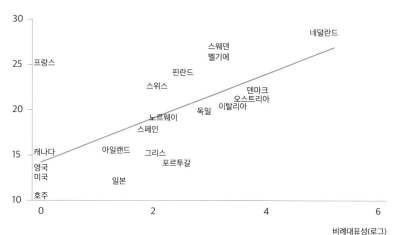

비례대표성(로그)

GDP 대비 이전소득 비율과 비례대표성(로그): 남미 국가[126]

GDP 대비 이전 소득 비율

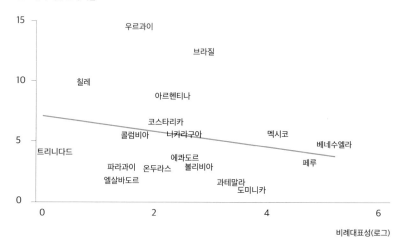

비례대표성(로그)

체제 전환을 위한 정치·경제·복지의 통합적 개혁

이상의 논의를 통해 우리는 복지체제가 단순히 복지제도와 프로그램을 더한 것이 아니라 정치·경제체제와 밀접하게 결합되어 있다는 것을 확인했다. 그렇다면 현재 역진적 선별성을 특징으로 하는 한국 복지체제를 보편적 복지체제로 전환하기 위해서는 단순히 지출을 늘리는 문제를 넘어 한국이 지금까지 성공적(?)으로 걸어왔던 재벌 대기업이 주도하는 수출 중심의 성장 체제의 전환이 필수적이다. 하지만 성장 체제의 전환은 필연적으로 산업구조의 재구조화가 불가피한데, 정말 누구도 감히 시도할 수 없는 어려운 일이다. 설령 누군가 불평등을 확대하는 성장 체제를 개혁하겠는 공약으로 집권한다고 해도 개혁 과정에서 나타나는 실업, 삶의 질의 저하 등을 견뎌내면서 개혁을 추진할 수 있는 강력한 정치적 기반을 갖기는 쉽지 않다. 결국 재벌 대기업 중심의 성장 체제를 대기업과 중소기업이 균형적인 성장 체제로, 수출과 내수가 균형적인 성장 체제로, 자동화와 노동자의 숙련이 균형적인 성장 체제로의 전환하기 위해서는 그 개혁 과정에서 민주주의를 손상하지 않고 체제 전환을 지지할 정치적 동인을 창출해내야 한다.[127]

성장 체제 전환으로 인해 발생하는 사람들의 물질적 조건의 일시적 악화를 상쇄할 수 있는 제도를 만들어놓을 때 성장 체제를 성공적으로 전환할 수 있고 민주주의 또한 지켜질 수 있는 것이다. 우리는 사회적 위험에 대응하는 복지의 보편적 확대가 체제 전환 과정에서 발생하는 물질적 조건의 저하를 체제 전환을 지지하는 사람들이 감내할 수 있는 동인을 제공할 수 있을 것이라고 생각한다. 정리하면 현재 한국 복지체제의 근본적인 개혁을 위해서는 성장 체제의 전환이 필수적인데, 성공적 체제 전환은 정당을 포함해 이러한 개혁을 지지할 강력한 정치적 지지 집단과 개혁 과정에서 발생하는 물질적 조건의 일시적 저하를 견뎌낼 수 있도록 제도화된 보편적 복지의 제도화가 필요하기 때문이다. 우리가 정치·경제·복지의 통합적 프레임을 통해 한국 복지국가의 과제를 보려는 이유다.

가족 지원에서 개인 지원으로

국가-개인, 국가-가족 복지국가

국가-개인 복지국가의 정의

국가-개인 복지국가는 복지국가의 제도적 시민권을 가족이라는 사회적 제도와 최대한 독립적으로 행사할 수 있도록 보장하는 것을 의미한다. 이는 기독교와 가톨릭 등 종교 문화적 맥락과 관련되어 있는 서구의 가족주의적 전통 그리고 그러한 가족주의의 전통에서 수립된 서구 복지국가가 국가의 역할과 기능을 가족의 기능에 대한 보완적 기능을 통해 가족의 사회적 재생산 기능을 완성한다는 전제로 수립된 자유주의적, 보수적 복지국가의 전통으로부터 벗어나는 것을 의미한다. 이는 개인의 해방이 독립적이고 자율적인 개인의 완성에 있으며, 이를 위해서는 취약한 조건에 있는 개인이라 할지라도 가족이나 친구 등에 의존하지 않을

복지국가 개념도

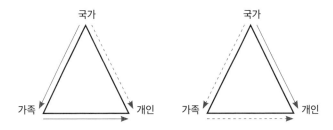

수 있도록 국가가 적극적 역할을 해야 함을 강조한다. 이와 같은 국가의 적극적 역할은 자유롭고 독립적인 개인들 간의 연대를 통한 복지국가의 실현과 운영을 위한 기반을 확보하는 데 필수적이다.

국가-가족-개인 복지국가는 영·유아 양육수당과 같이 국가가 가족에 대한 지원을 통해 영·유아의 돌봄이라는 제도적 목표를 달성하거나, 혹은 국민기초생활보장제도와 같이 가족-개인 사이의 부양 및 돌봄이라는 가족 기능을 전제하고 그 기능이 부족하거나 부재한 경우에 한해 국가가 제도적 지원을 수행하는 방식으로 보충적 기능을 강조하는 경향이 있다. 반면 국가-개인 복지국가는 개인의 사회권을 보장하기 위한 국가의 개입이 가족의 존재 유무나 가족 기능의 작동 여부와 무관하게 개인에게 직접적으로 작용하여 권리를 보장한다.

국가-개인, 국가-가족 복지국가의 역사적 고찰

자유주의적, 시민 공화국적 전통을 갖는 영미와 대륙 유럽의 전통에서는 복지 제공을 위한 적절한 영역이 가족, 교회, 민간단체

등 시민사회로 간주되며 국가는 최후의 수단으로 여겨진다. 반면에 스웨덴, 노르웨이 등 스칸디나비아 사회에서는 복지 제공 등을 통해 불평등 해소나 상층계급의 특권을 폐지하는 데 있어서 국가가 결정적 역할을 수행하는 데 대한 사회적 합의가 이뤄져 있다.

이와 같은 두 경향의 차이는 전자가 절대왕정이나 종교 권력과 같이 절대주의 체제와의 투쟁 과정에서 귀족이나 부르주아의 권리를 확보하는 방식으로 시민적 국가를 형성해오는 역사적 배경이 일반적인 데 비해, 스칸디나비아 국가들의 경우 군소 지방 농민들의 정치적 문화를 확산하고 보편화하는 방식으로 귀족 세력의 특권에 대항하면서 시민국가를 형성해온 전통이 강하다는 역사적 배경의 차이점이 자리 잡고 있다.[128] 즉 절대주의적인 국가권력에 대항하여 시민적 권리를 확산해온 방식의 서유럽에 비해 북유럽에서는 오히려 지역 농민의 평등주의적 가치만 남을 때까지 귀족의 특권을 제거해온 역사를 가지고 있는 것이다.[129] 결국 국가의 절대 권력을 지속적으로 통제해온 서유럽과 달리 북유럽의 전통에서는 불평등의 해소와 상층계급의 특권을 제거하는 데 평민(농민)과 국가의 동맹이 결정적인 역할을 해온 전통이 있음을 확인할 수 있다.

국가-개인 복지국가의 의의

국가-개인 복지국가는 생산수단의 사적 소유라는 자본 축적의 기본 원리를 부정하는 사회주의적 전환을 유보한 상황에서도 개인의 해방을 실현하기 위한 핵심적인 기제다. 이와 같은 접근은 결국 아동, 노인, 장애인 등 사회적 약자를 포함한 모든 개인이 가족과 친구를 포함하여 본인 이외의 어떠한 개인과의 사회적 관계에도 의존적이지 않고 자율적인 개인으로 살아가기 위한 전제 조건이다. 이와 같은 독립적이고 자율적인 개인으로서 사회 구성원의 존재는 강력한 사회연대를 통한 복지국가의 완성을 위해 필수적인 사회적 자원이라 할 수 있다. 이러한 접근에서 강력한 국가와 자유로운 개인은 서로 배타적이지 않으며, 오히려 국가의 개입은 개인의 자율성을 강화하는 방향으로 작동할 수 있다. 즉, 국가-개인 복지국가에서 국가는 사회 구성원들이 독립적이고 자율적인 개인으로 기능하는 데 필요한 제도적 자원을 제공하고, 이러한 사회에서 사회 구성원들은 상호 간의 튼튼한 연대를 통해 복지국가의 제도가 운영될 수 있는 사회적 환경과 정치석 기반을 형성함으로써 다시 사회에 기여한다.

원칙적인 수준에서 모든 개인이 본인 이외의 어떠한 개인이나 사회적 관계로부터 독립적이라는 것은 노인, 장애인 등 일상적인 돌봄과 지원을 필요로 하는 이들이 가족에 의존하지 않고도 존엄한 삶을 누릴 수 있음을 의미한다. 결국 모든 사람 개개인이 최소한의 삶의 조건을 충족하는 것뿐만 아니라, 나아가 인간다운 존엄한 삶을 누리기 위해서도 타인에 대한 의존을 최소화할 수 있는 사회적, 제도적 환경을 구축함으로써 자유롭고 독립적인 개인들 간의 사회적 관계의 형성이 가능하다.

여기서 논의하는 개인화individualization와 개인주의individualism는 단순히 선택의 자유와 사회 구성원 사이의 상호적 책임으로부터의 자유라는 신자유주의적 개인화와는 구분된다. 개인화는 사회적 포용과 배치되는 개념이 아니며 오히려 모든 개인의 사회적 포용을 위해 필수적인 요소로 보는 것이 적절하다. 현대 복지국가에서의 개인화는 사회적으로 민감한 방식으로 전개된다. 즉 모든 개인이 스스로의 삶에 대한 권리를 가지고 있을 뿐만 아니라 이를 실현하기 위해서는 지속적으로 상대방과의 협상할 준비가 되어 있는 이타적인 개인주의가 필요하다는 것이다.[130] 벡Beck과 벡-거네스하임Beck-Gernesheim은 고도로 분화된 현대사회에서 개인이 경험하는 근본적 불완전성에 대한 인식을 바탕으로 하여 개인화는 현대사회의 구조적 특성임을 강조한다. 이런 의미에서 이들은 경제, 복지, 정치, 교육, 고용 등 사회정책적 영역에서 가족과 같은 특정 공동체가 아닌 개인을 중심으로 정책과 제도가 편제되는 것이 현대사회의 특징이라고 보고 있다.

다른 한편, 국가-가족 복지국가는 사실상 국가-가족-개인 사이의 상호작용에 의해 작동하는 복지국가로서 가족이라는 사회적 제도에 편입되지 못하거나 편입을 거부한 개인에 대한 차별을 구조화하는 문제가 있다. 심지어 폭력적인 관계라 할지라도 가족제도로부터의 이탈이 가져오는 사회적 불이익에 대한 우려는 가족 내에서조차 자유롭고 독립적인 개인 간의 대등한 관계의 형성을 가로막는다. 남성의 폭력에 지속적인 피해를 당하고 있음에도 불구하고 피해자 여성이 가해자 남성을 떠나지 못하는 가장 큰 이유 중 하나가 가해자에 대한 피해자의 경제적 의존이라는 사실[131]은 상호 간에 의존적인 관계가 자유롭고 독립적인 개인 간의 관계를 폭력적으로 왜곡할 수 있음을 단적으로 보여준다.

국가-개인 복지국가에서 개인의 자율성 강화는 젠더적 맥락에서도 중요한 의미를 갖는다. 국가-개인 복지국가는 아동, 노인, 장애인과 같이 일상적인 돌봄을 필요로 하는 이들에게 있어 가족이나 다른 개인에 대한 의존으로부터 독립과 해방의 의미뿐만 아니라 전통적으로 가족 내에서 이들에 대한 돌봄 노동을 전담해온 여성이 가족 내 돌봄의 책임으로부터 해방될 수 있는 기반이 됨을 의미한다. 돌봄과 같은 사회서비스가 가족의 돌봄 기능을 전제한 상태에서 보충적으로 작동하는 경우 제도적으로 가족 내 구성원 간의 돌봄 책임은 여전히 강고하게 작동하며, 이와 같은 돌봄 책임이 젠더에 따라 불균등하게 분배되어왔음을 우리는 오랜 역사를 통해 확인한 바 있다. 다른 한편 가족 내 돌봄 구조의 젠더화 경향은 사실상 여성의 사회경제적 활동을 제약함으로써 여성이 독립적이고 자율적인 개인으로 살아가는 것을 방해하는 요인으로 작동한다. 개인이 필요로 하는 돌봄의 욕구를 충족하기 위한 사회서비스의 제공을 국가와 개인 사이의 직접적인 시민적 계약에 따라 수행하는 경우 가족 내 구성원, 특히 여성은 기존의 성 역할 구분과 이에 따른 가족 내 돌봄 구속으로부터 마침내 해방되는 결과를 기대할 수 있다.

국가-개인 복지국가는 제도적 측면에서 민주주의의 원리에 더 부합하는 접근이다. 현대 민주주의는 모든 개인이 자유롭고 평등한 존재라는 가정에 기반하여 작동한다. 즉 민주주의 사회에서 개인은 자치적이고 자율적인 존재다. 자치적이고 자율적인 개인은 자신의 자유를 보호하고 구현할 수 있는 기회와 수단을 보장받을 때에만 가능하다.[132]

가족과 같은 별도의 사회제도에 편입되는 것을 전제할 때에만 개인이 자신의 자유를 구현할 수 있는 기회와 수단을 보장받는 경우라면, 이는 진정한 의미의 민주주의적 개인의 실현이라 할 수 없다. 예를 들어 기본소득과 같은 국가-개인 기반 제도의 구현은 민주주의와 이에 따른 개인의 자치와 자율을 더 용이하게 하는 환경을 제공할 수 있다.

복지국가의 실현 과정에서 국가와 개인 간의 직접적인 거래는 개별 시민들의 삶에 미치는 국가의 기능과 역할에 대한 체감도를 강화하는 효과가 있으며, 이는 결과적으로 복지정치의 활성화에 기여할 수 있다. 개인이 자치적이고 자율적인 삶을 영위하는 데 있어 개인의 가족제도 편입 여부와 무관하게 국가가 1차적인 지지 체계의 역할을 수행하는 경우, 시민은 국가의 기능과 역할 정도에 더욱 민감하게 반응하게 된다. 복지국가의 시민에게 있어 국가의 존재이유는 개인의 자치적이고 자율적인 삶을 영위하는 제도적 환경과 조건을 조성하고 유지하는 데 있으며 이는 탈가족화된 복지제도를 통해 시민에게 체감된다. 시민의 정치 참여가 국가권력의 구성에 대한 시민의 집단적인 의사 표현이라면, 국가-개인 복지국가에서 시민의 정치적 의사결정의 근거는 복지 관련 의제로 주류화되는 경향을 보일 것이다. 결국 개인의 삶과 직접적으로 연결되어 있는 복지가 시민들에게 정치적 의사결정의 주요 의제로 자리 잡게 된다는 것이다.

마지막으로 국가-개인 복지국가는 현대 복지국가가 당면하고 있는 복지제도의 사각지대를 최소화함으로써 보편적 복지제도의 완결성을 강화할 수 있다. 복지제도의 사각지대는 다양한 이유로 발생하지만 국가-가족-개인 복지국가에서는, 특히 가족-

개인 관계의 특성을 조건부로 하는 다양한 제도가 설계되어 운영되고 있으며, 이러한 제도들의 경우 가족-개인 관계의 특성을 충족하지 못하거나 이 관계로부터 소외된 개인들이 제도에서 누락되는 사각지대의 문제가 발생한다. 예를 들어 우리나라 국민기초생활보장제도의 부양의무자 기준 적용은 국가-가족-개인 복지국가 모형이 노출하고 있는 제도적 사각지대의 대표적인 사례라 할 수 있다. 우리 사회 국민기초생활보장제도의 설계에서 소위 부양의무자 기준의 적용은 개인 삶의 조건 충족을 위한 일차적인 책임을 성인 자녀나 배우자, 부모 등의 가족-개인 관계에 부여함으로써 가족-개인 사이의 의존성을 제도화하는 효과가 생긴다. 뿐만 아니라, 형식적으로 부양의무 관계에 해당하는 가족이 있음에도 불구하고 실질적인 부양 관계가 아닌 상황에 있는 개인의 경우, 가족 내 돌봄 및 부양이라는 가족제도의 제도적 기능에서뿐만 아니라 국가가 주도하는 사회보장제도의 제도적 기능에서도 사각지대에 놓이는 이중적 위험에 직면하게 된다. 반면 국가-개인 복지국가에서의 기초생활보장은 사실상 개인의 사회경제적 조건을 기반으로 급여 수혜의 조건을 가리는 관계로 제도적 사각지대의 위험성을 최소화할 수 있다.

무엇이 문제이고, 어떻게 달라지는가?

연금이나 수당 등 주요 사회보장제도들의 설계에 있어 국가가 지급하는 급여가 개인에게 직접 지급되는지, 아니면 가족을 통해 개인에게 지급되는지 여부는 제도의 설계 측면에서 뿐만 아니라 효과 측면에서도 상당한 차이를 가져온다. 우선 제도 설계의 측면에서 보면, 예를 들어 가구 내 아동 양육에 대한 사회적 인정과 보상을 위한 다양한 제도가 마련되어 시행되고 있다. 아동의 부와 모에게 현금 급여 형태인 아동수당으로 직접 지급하는 경우가 있고, 이 경우에도 가구주(보통의 경우 남자) 1인에게(예: 한국, 일본, 영국, 독일 등) 혹은 모에게 배타적으로 지급하는 경우가 있고, 또 부와 모에게 아동수당을 절반씩 나눠 지급하는 경우(예: 스웨덴, 노르웨이 등)가 있다. 아동수당과 같은 정책적 목적을 달성하기 위해서도 현금 급여의 형태가 아니라 세금 감면의 형태로 지급하는 경우(예: 독일 아동비과세 등)도 있다. 이 경우에도 세액공제와 소득공제, 부와 모에게 나눠 공제하는 경우, 둘 중 고소득자에게만 적용하는 경우 등 다양한 유형이 존재한다.

먼저 세금 감면과 현금 급여를 제도 설계의 측면에서 비교해 보면 세금 감면의 경우 일반적으로 과세를 위한 소득의 하한선이 존재하고 다른 한편으로는 최고 세율이 적용되는 상한 소득액이 존재하여 가구 구성원의 소득수준, 가구 내 경제적 지위, 외벌이와 맞벌이 여부 등에 따라 실질적인 혜택의 측면에서 차이가 존재한다. 결과적으로 가족 내 구성원이 다른 구성원과 맺고 있는 관계에 따라 제도가 개인에게 미치는 영향이 차등적으로 적용되는 것으로 이해할 수 있다. 그에 반해 아동수당과 같은 현금 급여의 경우 개인의 사회경제적 변수와 무관하게 보편적으로 대부분 동일한 혜택을 보장하는 차이가 있다.

좀 더 구체적으로 살펴보면, 세금 감면의 경우 가구 내 아동뿐만 아니라 부양가족으로서의 여성, 즉 경제활동을 하지 않는 여성이 있는 경우 더 많은 혜택을 보도록 설계되어 있어 세금 부

주요 국가별 아동수당 지급 현황

국가	지급 대상 아동	지급 대상	기타
한국	7세 미만	보호자 1인	
일본	중학생 이하	가구 내 소득이 높은 주 양육자	소득 제한 여부에 따라 차등 지급
영국	16세 미만, 교육·직업훈련 중인 20세 미만	양육 책임자 1인	6만 파운드 이상 산정 수입의 경우 세금으로 환수; 출생 순서에 따라 차등 지급
독일	18세 미만	주 양육자 1인	출생 순서에 따라 차등 지급
스웨덴	16세 미만	보호자에게 균등 분할 지급	재학 중인 경우 20세까지 지급
핀란드	17세 미만	양육 책임자 1인; 15세 이상 아동의 경우 아동이 수령	출생 순서에 따라 차등 지급
노르웨이	18세 미만	보호자에게 균등 분할 지급	6세 기준 금액 차등화

과 구조, 즉 면세 지점과 최고 세율 하한선 수준에 따라 일정하게 여성의 경제활동을 제한하는 효과를 갖게 된다. 또한 여성이 경제활동을 하는 경우에도 세금 및 세율 구조에 따라 파트타임 일자리 등으로 제한되는 결과를 낳기도 한다.[133] 샌즈버리Sainsbury는 1996년 OECD 14개 국가의 세금 구조에 대한 비교 분석을 통해 같은 수입을 가진 남성이 부양가족으로서 아동과 아내가 있는 경우, 그렇지 않은 경우에 비해 부과되는 세금의 비율이 대략 53%에서 100%까지 다양한 값을 갖는 것으로 보여준 바 있다. 이 연구에서 독일(53%), 캐나다(64%), 미국(70%) 등 가족주의적 전통이 강하거나 자유주의적인 국가들의 경우 부양가족이 있는 경우

1996년 OECD 국가별 세금 구조

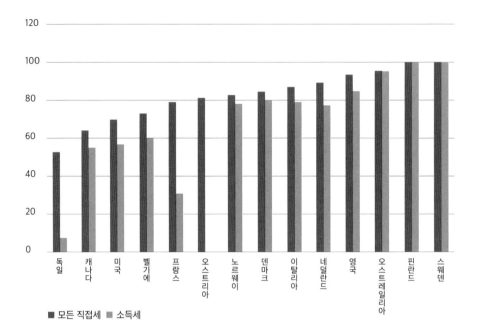

■ 모든 직접세 ■ 소득세

세금을 덜 내는 정도가 강했던 반면, 스웨덴(100%), 핀란드(100%) 등 북유럽 복지국가들의 경우 부양가족 유무와 무관하게 동일한 세금을 내는 것으로 나타났다. 그는 세금 부과에 있어서 이와 같은 가족주의-개인주의의 차이가 반드시 복지국가의 유형과 일치하는 것은 아님을 강조했지만[134] 스웨덴, 핀란드와 같이 국가-개인 복지국가와 전통적으로 국가-가족 복지국가로 알려져 있는 독일이 이 분류의 양 극단에 위치하는 것은 시사하는 바가 크다.

공공부조 및 사회보험의 개인 중심 설계

국민연금 가입 대상 제외자 폐지

연금이나 건강보험과 같은 제도는 현대 복지국가를 구성하는 대표적인 보편적 사회보장제도들이다. 우리나라도 대표적인 은퇴 후 소득보장제도로서 국민연금을 운용하고 있으며 2020년 12월 말 현재 2210만 명이 가입되어 있다. 이와 같이 보편적인 제도임에도 불구하고 이 제도는 개인의 경제활동상의 지위뿐만 아니라 혼인상의 지위에 따라서도 차등적인 적용을 받도록 설계되어 있다. 즉, 소득이 없는 성인의 경우 혼인상의 지위가 미혼인 경우에는 납부 예외자로 분류되지만, 기혼인 경우에는 가입 대상 제외자로 분류된다. 즉 미혼 무소득자는 보험료를 내지 않을 뿐 국민연금 가입자로서의 지위를 인정받는 반면, 기혼 무소득자의 경우 가구 내 소득자의 국민연금에 귀속되어 있는 관계로 국민연금제도로부터 실질적으로 제외되는 것이다. 물론 이들 기혼 무소득자의 경우 임의가입 등의 방식으로 국민연금제도에 편입될 수 있는 길이 열려 있다. 하지만 당연가입 대상이 아닌 관계로 '임의'에 의한 가입 대상으로 편제되어 제도적 사각지대에 머무르게 될 뿐만 아니라, 특히 노후 소득보장제도에 대한 의존성이 높은 저소득층의 경우 현재 가용 자원 부족 등의 이유로 임의가입을 피하게 되는 문제가 있다.

여성의 취업률이 상대적으로 낮은 우리 사회의 현실을 고려했을 때 가입 대상 제외자로 분류되는 이들 기혼 무소득자들의 문제는 곧바로 젠더의 문제가 되는 데 문제의 심각성이 있다.

2020년 국민연금 가입자 현황

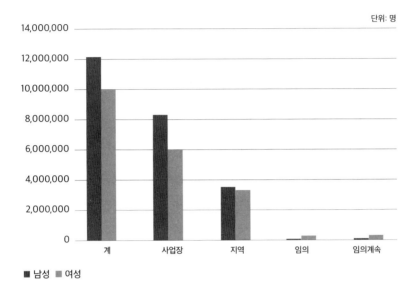

2020년 12월 말 기준 전체 국민연금 가입자의 45.27%만이 여성인 점을 감안하면 가입 대상 제외자라는 국민연금제도 사각지대의 문제가 여성에 집중되어 있음을 확인할 수 있다. 사업장가입자와 지역가입자의 경우 남성의 비율이 높은 반면 사실상 가입 대상 제외자로 분류되는 임의가입자의 경우 여성의 비율이 압도적으로 높은 데서도 같은 문제를 확인할 수 있다.

결국 현재의 국민연금제도하에서 전업주부의 경우 가족제도 내에서 혼인상의 지위를 유지함으로써만 국민연금제도에 대한 권리를 유지할 수 있다. 제도적으로 전업주부는 국민연금 가입자의 기본연금액에 가족수당의 성격을 갖는 가급연금에 의해 수급권이 유지되며, 가입자인 남편이 사망한 후에는 유족연금의 형태로 수급권을 유지하도록 되어 있다. 물론 이혼 등으로 인한 혼인상의 지위가 바뀌는 경우 재산 분할 절차와 마찬가지로 연금에 대해서도 분할연금을 지급받을 수 있게 되어 있다.

우리 사회에 제도적 가족주의가 강하던 시기에 설계된 연금제도의 도입 이후 몇 차례의 제도 개선 과정을 통해 개인 중심으로 제도를 운영하기 위한 시도가 있었다. 대표적으로 전업주부 등 무소득 기혼자가 가입 대상 제외 기간의 보험료를 사후 납부하여 연금 수급권을 취득하도록 하는 보완 장치들이 마련되어 있다.

부양의무자제도 완전 폐지

공공부조의 경우 제도적 가족주의의 문제가 연금제도와 같은 사회보험 영역보다도 더욱 심각하다 할 수 있다. 대표적인 것이 국민기초생활보장제도의 부양의무자 기준으로 사실상 빈곤상태에 있는 개인에 대한 부양책임이 일차적으로 가족에 있음을 제도적으로 명시한 것이다.

사실상 부양의무자 조건을 공공부조에 적용하는 것은 국민기초생활보장제도의 원칙인 국가에 의한 국민의 최저 생활 보장이라는 법의 목적과도 상충되는 것이다. 국민기초생활보장제도가 개인에게 가용한 자원을 최대한 동원한다는 전제하에 보충성의 원칙에 기반하여 운영되는 것은 필요하다. 하지만 개인에게 가용한 자원의 영역에 부양의무자의 개념을 동원하는 것은 사실상 가족 구성원 사이의 의존성을 심화시키거나 심각하게 왜곡시킬 뿐만 아니라 다른 한편으로는 제도적 효과성을 떨어뜨리는 문제를 안고 있다.

청년 독립-주거, 교육, 생활

자녀가 부모로부터 '독립'하는 시점이 지연되는 것은 세계적인 현상이다. '헬리콥터 부모'라는 표현과 같이 외형적으로 독립한 것처럼 보이는 경우에도 여전히 부모의 지원으로부터 완전히 벗어나지 못한 경우도 있다. 더 이상 아동이 아닌 자녀들이 물리적, 경제적 독립을 통해 성인으로 나아가기 위해서는 본인의 의지를 뛰어넘는 물리적, 경제적 조건이 충족되어야 한다.

우리나라의 경우 사실상 의무교육으로서의 중등교육을 이수하는 시점과 아동기의 종료 시점이 대략 일치한다. 생애 주기에서 이 시기를 직면한 이들에게는 일반적으로 두 개의 선택지가 놓여 있다. 그중 하나는 고등교육과정, 즉 대학에 진학하는 길이고, 다른 하나는 취업 등의 방식으로 경제활동을 시작하는 경우다. 어떤 선택을 하든 이들이 가족 등 타인에게 의존하지 않고 독립된 성인으로서의 삶을 영위하기 위해서는 주거와 일상생활의 측면에서 경제적 독립이 필요하다. 취업을 한 경우와 달리 대학 진학 등을 통해 추가적인 교육과정을 택한 경우에 우리 사회에서 자녀가 부모로부터 경제적으로 독립하여 독립적이고 자율적인 개인이 되기는 거의 불가능하다.

이는 높은 수준의 고등교육비용뿐만 아니라 교육을 받는 중에 필요한 주거, 교통, 통신, 생필품 등 기본적인 생활을 유지하는 데 필요한 생활비용을 국가의 지원 없이 부모 등 가족 체계 안에서 해결할 것을 요구받고 있는 데 기인한다. 고등교육을 받는 성인 학생의 경우 일체의 수입이 없는 경우에도 가족 내 부양의 원칙에 따라 다양한 사회적 지원 체계로부터 제외되고 있는 점도 문제적이다. 고등교육이 개인적 차원에서 보면 향후 고용 시장에서 자신의 경쟁력을 강화하기 위한 행위이기도 하지만, 사회적으로 보면 사회 전체적인 인적 자본을 축적하기 위해 필수적인 과정임을 고려하면 취업이 아닌 고등교육을 선택한 성인들에 대한 국가의 직접적인 지원은 합리적인 사회적 투자에 해당한다.

자율적이고 독립적인 개인으로서 청년의 선택을 가능하게 하기 위해 우리 사회는 몇 가지 제도적 보완이 필요하다. 중등교육 내 직업교육 트랙의 강화를 통한 실질적 중층화, 대학의 공영화를 전제로 정원의 조정 및 완전 무상화, 청년 대상 주거비 등 생활비 지원이 여기에 해당한다.

독립적이고 자율적인 개인들의 연대를 위하여

시민 개인의 삶에 대한 국가 개입의 방식이 가족이라는 제도를 경유하지 않고 직접 개인을 향하는 경우 여러 가지 우려가 제기될 수 있다. 우선 개인의 삶에 대한 국가의 직접적 통제라는 전체주의화 경향에 대한 우려다. 이것은 기존 가족 등 타인에 대한 의존을 국가에 대한 의존으로 단순 대치하는 것이 아닌가 하는 우려이기도 하다. 하지만 앞서 언급한 바와 같이 국가-개인 복지국가는 궁극적인 목적이 국가에 대한 개인의 의존이 아니라, 독립적이고 자율적인 개인의 형성과 이를 통한 사회연대의 기반을 형성하는 데 있으며, 이를 위한 국가의 적극적인 역할을 강조한다.

다음으로 가족 관계를 전제하지 않는 복지국가의 제도 운영이 가족 해체 및 개인화를 가속화함으로써 돌봄 윤리가 무너진 사회를 초래하지 않을까 하는 우려다. 하지만 가족과 세대 간의 유대 관계가 가족 구성원들에게 서로에 대한 부양과 돌봄의 책임을 부과함으로써 강화되는 것은 아니라는 점을 확인할 필요가 있다. 가족을 부양하고 돌봐야 하는 의무와 책임에 기반한 관계는 결과적으로 상호 간의 의존적, 종속적 권력관계를 형성하게 되는 위험의 소지가 있다. 오히려 부양의무로부터 자유로운 개인들이 상호 동등한 관계를 전제로 가족 구성원에 대한 부양과 돌봄에 대한 보편적 의무에 대해 접근할 때 비로소 의존과 종속이 아닌 연대의 가능성이 열리는 것이다. 복지국가들이 가족 부양의무를 복지정책에 적용하는 유형에 따라 세대 간 유대 관계가 어떻게 달라지는지에 대한 연구 결과들은 위의 논의를 반복해서 확인시켜주고 있다.[135] 예를 들어 다트란드와 로웬스타인[136]은 전통적 가족주의의 전통을 가지고 있는 유럽 국가들과 개인주의적인 전통을 가지고 있는 북유럽 복지국가의 비교를 통해 개인주의적인 복지국가가 가족 관계에서 노인 돌봄을 구축croud out하는 것은 아니며 오히려 독립적인 세대 간 관계를 형성하는 데 도움이 된다고 결론지었다. 뿐만 아니라 세대 간 연대는 복지국가의 유형을 막론하고 여전히 의미 있는 것으로 여겨지고 있으며 그 유대 관계의 성격에 차이는 있을지라도 그 강도에는 변함이 없다고 주장한다.

부모와 어린 자녀, 성인 자녀와 노인 부모, 남성과 여성 가구원, 장애인과 비장애 가족 구성원, 이들 모두가 독립적이고 자율적인 개인들의 관계를 구축하는 것은 이들 모두가 동등한 사회 구성원으로서 사회적 연대를 형성할 수 있는 필수적인 요건이라 할 수 있다. 국가-개인 복지국가로의 전환을 통해 진정한 사회적 연대를 위한 시발점을 만들어낼 것을 제안한다.

다양한 종류의
일하는 사람들을 위해

소외된 노동의 반란

"회사 안은 전쟁터지만 … 맞아, 밖은 지옥이었어."

2014년에 방영되어 큰 호응을 받았던 드라마 〈미생〉에 나오는 유명한 대사다. 이 말은 2015년에 '헬조선' 담론이 인터넷과 미디어에 확산되었을 때 한창 인구에 회자되었는데, 이후 경제 상황이 악화될 때마다 온라인 커뮤니티에 재소환되고는 했다. 지옥과 전쟁터 중에 어느 쪽이 더 나은가? 말하기 어렵다. 죽은 자의 지옥보다는 산 사람의 전쟁터가 나은 것 같지만, 그 전쟁터에서 사람들은 과로사, 스트레스, 산업재해로 죽어가고 있으니 말이다.

취업자, 실업자, 구직자가 다들 각기 다른 이유에서 불안과 불만의 시대를 살고 있다. 잘리지 않기 위해 심신이 병들도록 일하는 사람, 이러다 정말 죽을 것 같아 그만뒀다는 사람, 살기 위해 필사적으로 일자리를 찾는 사람, 일자리가 계속 끊겨서 일감 있는 동안 죽도록 일하는 사람, 단기적인 일감을 여러 개 붙여야 생활이 가능한 사람, 도저히 일자리를 찾지 못하고 있는 사람, 이렇게 다양한 처지의 소외된 노동들이 도처에서 '살게 해줘!'라고 소리 없이 아우성치고 있다. 일본의 작가이자 프리터노조 활동가인 아마미야 가린의 유명한 책 제목처럼 말이다.[137]

많은 나라에서 '새로운 노동 세계schöne neue Arbeitswelt'[138]가 형상을 점점 더 분명히 드러내고 있다. 여기서 노동 세계란 노동시장과 산업 관계, 취업자의 노동 현장을 가리키는 좁은 의미가 아니라, 잠재적으로 취업이 가능하거나 취업을 희망할 수 있는 모든 인구를 함께 포함하는 사회학적 개념이다. 그런 의미에서 오늘날 많은 현대사회의 노동 세계는 하나의 동질적 세계가 아니라, 너무 다른 여러 세계로 갈라져 있는 상태다. 안정된 직장에서 평생 성실히 일하다 퇴직한다는 정규직 노동사회 모델은 점점 더 소수에게만 현실이 되고 있다. 대다수 사회 구성원이 그런 모델로 살아간다는 전제 위에 세워진 사회제도와 관행, 사고 방식은 커다란 한계를 보이고 있다. 일하는 사람들의 삶과 노동의 형태가 정규직, 비정규직, 비임금근로자, 실업자, 비경제활동인구 등의 다층 구조로 나뉘고 있고, 각 범주들의 경계선 안팎을 오가며 부유하는 계층도 늘어나고 있다.

지금 일어나고 있는 변화는 사회시스템의 모든 차원에 걸친 총체적 현상이며, 따라서 특정 정책 부문으로 축소되어서는 안 되는 사회학적 문제다. 그것은 일자리와 고용 체제, 소득과 사회보장의 문제면서, 또한 사회 구성원들의 가치와 문화, 일하는 사람들의 자기 정체성, 다양한 성격의 노동과 활동에 대한 사회적 인식과 인정, 새로운 참여와 거버넌스의 문제이기도 하다. 대표적인 프레카리아트precariat 이론가인 가이 스탠딩G. Standing이 강조했듯이 지금 일어나고 있는 변화는 생산, 분배, 국가 그리고 가치와 정체성, 시티즌십citizenship의 차원을 모두 포괄한다.[139] 그러므로 이러한 다차원적 변화에 조응하는 새로운 가치, 새로운 제도, 새로운 정치가 긴급하다. 그러한 변화를 촉구하는 소외된 노동의 반란이 세계 도처에서 일어나고 있다.

독일의 수도 베를린에서는 1998년에 '행복한 실업자Die glücklichen Arbeitslosen'라는 작은 시민 모임이 결성되어 선언문을 발표했다. 이를 베를린의 지역 신문 《타게스차이퉁Tageszeitung》이 게재했는데, 이것이 독일 사회에 커다란 반향을 불러일으켰다. 뿐만 아니라 많은 학술적 토론이 촉발되어서, 이 선언문은 몇 년 뒤에 세계적 사회학자 울리히 벡Ulrich Beck이 편집한 책인 《노동과 민주주의의 미래》에 실리기까지 했다.[140] 이 선언문은 취업자도 실업자도 행복하지 않은 오늘날의 사회 현실을 통렬히 고발하고 있다. 어렵게 취직한 사람은 '직장의 노예처럼 일하면서도 더 이상 실업자가 아니라는 것을 자기 위안으로 삼으면서 마치 지금의 삶에 만족하고 있는 듯 가장하며 살고 있고', 반대로 실업 상태에 있는 사람은 '단지 제대로 된 직장을 얻지 못했다는 이유만으로 행복하지 않은 삶을 살고 있는 것처럼 사회적 낙인이 찍혀야 하는' 현실이라는 것이다.

스페인에서는 2011년 5월 15일에 마드리드, 바르셀로나 등

60여 개 도시에서 동시다발적으로 항의 행동이 일어났다. 여기서 시작된 일명 '분노한 자들의 운동Movimiento de los indignados' 또는 '5월 15일 운동Movimiento 15-M'에는 청년, 여성, 실업자, 무주택자, 비정규 노동자, 부채로 고통 받는 사람들 등 다양한 사회집단이 참여하여 기존 거대 정당들이 독식하던 정치의 판을 흔들어 놓았다. 이들은 전국에 독립적인 지역위원회를, 또 지역마다 청년·여성·실업·주거·부채 등 주제위원회를 설립하여 네트워크를 구축했다. '지금 진정한 민주주의를!democracía real ya!', '미래가 없는 청년들Juventud sin futuro' 등 젊은 운동 단체들이 이 변화를 주도했다. 몇 년 뒤에 '우리는 할 수 있다'는 뜻의 '포데모스Podemos'라는 신생 정당이 설립되어 스페인의 주요 정당의 하나로 급성장했다.

미국 뉴욕에서는 같은 해 가을에 스페인의 열정적 행동들에 영향을 받아 '월가 점령 운동Occupy Wall Street Movement'이 일어나서 불과 몇 주일 만에 미국 전역으로 확산되었다. 참여자들은 전국에 수많은 자생적인 행동위원회를 결성하여 수평적, 개방적 직접민주주의를 구현하는 실험을 이어갔다. '1% 대 99%의 사회'를 고발하고 변화시키려는 행동들이 학계, 문화·예술, 언론, 정치 등 많은 분야로 확산되었다. 대기업, 금융기관, 대자산가 집단이 부의 대부분을 차지하고 대부분의 일하는 사람들은 점점 빈곤해져 가는 불평등사회가 시험대에 올랐다. 스페인의 운동이 '세계의 분노한 자들의 운동'으로 확산되었듯이, 미국의 운동도 '글로벌 점령 운동'으로 퍼져갔다.

동아시아의 여러 나라에서도 동시대의 문제를 고발하고 변화를 촉구하는 움직임이 거세지고 있다. 일본에서는 1990년을

전후하여 버블 붕괴와 경제 침체가 시작되면서 단카이 세대 '회사 인간'을 거부하는 사람들이 일명 다메렌ダメ連, '쓸데없는 인간 연합'을 결성하고 '단순한 삶', '슬로 라이프' 운동을 벌이는 등 소극적 저항들이 시작됐다. 2000년대에는 전국프리터일반노조가 결성되고 PAFF(파트타이머, 아르바이트, 프리터, 포리너) 네트워크가 구축되는 등 보다 적극적인 움직임이 시작됐고, 유럽의 '유로메이데이' 캠페인에 영향받은 '프레카리아트 운동', '자유와 생존의 페스티벌' 등이 생겨나기도 했다. 대만에서도 2014년 '해바라기 운동'을 비롯한 여러 사회운동이 청년 실업과 비정규직 확대 그리고 중국 거대 자본의 팽창에 저항하면서 대의정치의 권력 구도에까지 큰 영향을 미쳤다.

한국에서는 1987년 민주화 이후에 2000년대 중반까지 민주화운동을 계승하는 시민단체들이 많은 개혁 입법을 달성했고, 노동계에서는 대기업과 공공 부문 정규직 노동자를 중심으로 노동조합이 강화됐다. 이들 시민·노동단체들은 지금도 한국 시민사회의 주축의 하나지만 2010년대부터 사회운동의 새로운 흐름, 새로운 세대가 빠르게 성장하고 있다. 다양한 부문의 비정규직 운동, 청년들이 주체가 된 일자리·주거·금융·노동 인권 운동들의 생태계가 확대되고 있다. 이 운동들이 얼마만큼 기존 체제를 변화시키는 힘이 될 수 있을지는 여러 환경적, 주체적 요인들에 달려 있지만, 이렇게 새로운 변화의 주체들이 등장하고 있다는 사실 자체가 의미가 크다.

21세기 들어 이처럼 세계 곳곳에서 일어나고 있는 소외된 노동의 반란들은 그 구체적인 맥락은 다양하지만 시대적 배경은 큰 틀에서 공통점을 갖고 있다. 인구의 대다수가 정규 취업 노동자 및 그 가족 구성원으로서 일생을 보낸다는 전제 위에 세워진 사회제도와 문화, 정치는 이제 많은 나라에서 제대로 작동하지 않고 있다. 점점 더 많은 사람이 재능과 노력과 지혜가 부족해서가 아니라 사회구조적인 좋은 일자리의 감소로 인해 평생직장의 이상을 이루지 못하고 있다. 정규직 종사자 중심의 복지제도는 점점 많은 사각지대를 발생시키고 있고, 안정된 평생직장만 성공으로 간주하는 문화는 다수를 실패한 인생으로 만들고 있다.

지금 이런 상황이 세계에서 벌어지고 있는 이유는, 안정된 평생직장을 구하여 살아가는 것을 일반적, 정상적 표준으로 삼는 정규직 사회의 모델이 한때 1950~1970년대의 서구 복지 자본주의에서 구현된 것처럼 보였으나 이제는 많은 나라에서 더 이상 통용될 수 없게 되었기 때문이다. 청년 또는 노인, 여성, 이주자, 저학력자, 저숙련자 등의 '주변부' 속성 중 하나 이상을 가진 사람들은 실업이나 장기 구직, 단기·초단기 일자리, 모호한 고용계약, 잦은 해고, 비정기적 소득, 위험한 노동환경, 사회보험의 미적용, 법적 보호의 사각지대 등으로 고통 받을 가능성이 높다.

이런 맥락에서 지난 십여 년 동안 유럽, 미국, 아시아 등 세계 각지에서 확산된 항의 행동들은 산업자본주의 시대 노동운동과 구분되는 특성들을 보여주고 있다. 전통적인 조직노동 세력에 포함되지 않는 다양한 사회집단들이, 다양한 정체성으로 자신의 목소리를 내기 시작했다. 직장이라고 할만한 일자리에 취업해 있는 사람들뿐 아니라 파트타임 노동자, 한시적 일자리 노동자, 취업 준비생, 실업자, 프리랜서, 지역공동체 활동가 등 실로 다양한 종류의 '일하는 사람들'이 사회의 문제를 폭로하고 변화를 촉구하는 운동의 핵심 주체로 등장했다. 고용주와 전속 계약을 맺은 전통적 의미의 '노동'과, 그런 정의에 포함되지 않는 광범위한 '일'과 '활동'을 함께 포괄하는 새로운 관점이 필요한 시대임이 점점 분명해지고 있다.

정규직 사회의 쇠퇴, 노동 세계의 다층화

자본주의사회에서 다수의 사람은 생계를 유지하고 원하는 생활 수준을 영위하기 위해 어떤 방식으로든 회사에 고용되어 있어야 한다. 그래서 취업을 하거나 취업 상태를 유지하는 것은 청년기뿐 아니라 전 생애에 걸쳐서 개인들의 가장 중요한 관심사 중 하나다. 나아가 직장은 타인들과의 사회관계와 정체성이 형성되는 공간이며, 직장에서의 근무 시간은 사람의 인생에서 가장 많은 비중을 차지하는 시간이다. 뿐만 아니라 사회의 제도와 지배적 인식은 좋은 직장에 취직해서 다니는 사람에게 능력, 노력, 인성 등 많은 면에서 긍정적 평가를 한다. 그에 반해 가사와 돌봄, 공동체 참여 같은 것은 사회의 개선과 행복한 삶을 위해 필수적인 활동임에도 불구하고 무가치하거나 부수적인 것으로 대접받기도 한다.

이처럼 지속적인 고용계약관계에 의한 취업 노동, 즉 직장에서의 정규 취업 노동을 정상적 또는 모범적 기준으로 삼는 사회 모델은 19세기 산업자본주의사회의 형성 및 발전 과정에서 확산된 역사적 현상이다. 그러한 역사성이 의미하는 바는 자본주의 사회의 변화에 따라 이러한 관념과 제도의 타당성 역시 변할 수 있다는 것이다.

역사학자들의 연구에 의하면 고대 시기에는 육체노동이나 상업적 활동을 천시하는 경향이 있었는데, 서구 사회의 경우 근 대로 접어들면서 근대적 경제 부문에 종사하는 사람들의 활동이 시민적 자유와 정치적 권리에 결부되어 긍정적 의미를 갖기 시작 했다. 이후 17~18세기에는 경제활동뿐 아니라 공동체, 정치, 자 연 등 다양한 외적 대상에 대해 행하는 인간 활동들이 두루 적극 적인 의미를 부여받았다. 하지만 19~20세기에 전 세계적으로 노 동력이 상품화되고 자본주의적 고용관계가 일반화되는 과정에 서 '일'의 의미는 점점 더 회사에 고용된 임금 생활자의 '취업 노 동'으로 축소되었다.[141]

이렇게 취업 노동사회의 탄생과 확립이 역사적 산물이었듯 이, 자본주의사회의 변화에 따라서 또한 취업 노동사회의 위상 과 구조도 변했다. 많은 선진 자본주의사회에서 정규직 취업 노 동의 규모는 여전히 작지 않지만, 지난 수십 년에 걸쳐 노동 세계 는 점점 더 다층적인 구조로 변해가고 있다는 것이 변화의 핵심 이다. 즉 '내 직장'이라고 할만한 것이 있는 정규직 취업자의 비율 은 축소되고 제한적인 반면, 비정규직으로 고용되어 있거나 법적 으로 근로자로서 보호받지 못한 채 종속적인 계약관계하에서 일 하는 사람이 늘고 있다. 또한 장기적으로 실업이나 구직 상태에 있거나 초단기 일자리로 빈번하게 구직과 실직을 반복하는 계층 역시 늘고 있다. 이처럼 노동 세계의 큰 변화가 빠르게 진행되고

정규직 사회의 쇠퇴와 노동 세계의 다층화

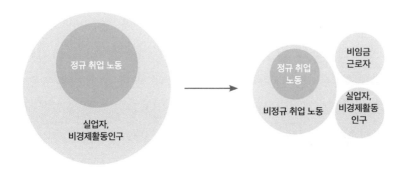

있는데도, 복지나 노동 관련 법제는 아직까지 기본적으로 산업 자본주의와 복지국가 태동기에 그 기둥이 세워진 정규직 취업 노동사회의 모델에 기초하고 있으며 현실에 적응하는 변화의 속도가 느리다. 그 결과로 새로운 노동 세계의 구조와 오래된 제도 체제 사이에 또는 급변하는 경제와 더디게 변하는 정치 사이에 커다란 간극이 있고, 거기에서 많은 고통과 문제가 발생하게 된다.

그래서 과거 1950~1970년대에 발전된 자본주의사회에서 가장 안정된 형태로 구현된 노동 세계의 구조는 대다수 인구가 정규직 취업 노동에 종사하거나 그러한 남성 가부장의 피부양자에 포함되었다면, 1980년대 이후 꾸준히 진행되어온 구조 변동의 결과는 정규직 취업 노동자, 비정규 취업 노동자, 자영업자와 유사類似 자영업자 등 다양한 성격의 비임금근로자 그리고 잠재 구직자, 구직 단념자, 추가 취업 희망·가능자 등을 포함한 넓은 의미의 실업자, 마지막으로 비경제활동인구 등의 여러 범주로 다층화되었다. 여기서 정규 취업 노동 이외의 집단들은 과거에도 당연히 존재했으나 정규 취업 부문과 나란히 놓을 만큼의 비중을 갖지 않았기 때문에 하나의 '구조적 범주'로서 간주되지 않았던 것이다.

최근 노동 세계의 이와 같은 구조적 변화는 더 큰 틀의 자본주의 체제 변동의 과정에서 진행되었다. 정규직 전일제 일자리를 표준으로 하는 취업 노동사회 모델은 1950~1970년대에 잘사는 자본주의 나라들에서 작동했다. 다수 노동자들이 안정된 일자리를 기대할 수 있었고, 높은 임금과 구매력을 바탕으로 대량생산과 대량소비가 순환되었으며, 사회보험제도로 복지의 많은 부분이 해결되었다. 이런 나라들에서는 가부장적 생계 부양자 모델에 따라 대다수의 남성 경제활동인구가 공식 경제 부문의 전일제 정규직 직장에 취직하여 평생 일하다 퇴직하는 '정상 노동관계' 또는 '표준적 고용관계' 모델에 따르는 생애 과정을 기대할 수 있었다.

그러나 1980년대 이후로 기업들은 이윤율 하락에 대한 대응으로 대량 해고, 노조 탄압, 비정규직화, 노동력의 외주화 등을 감행했고 그 결과 많은 나라에서 상당한 수준의 실업률 또는 나쁜 일자리 확대가 발생했다. 실업과 불안정 고용의 확대는 취업 노동자들에게도 임금 하락과 협상력의 약화를 초래했다. 실업자의 존재는 취업자의 대체 가능성을 높임으로써 고용주의 지배력을 강화시킨다.[142] 일자리를 구하는 실업자가 많아짐에 따라 기업은 더 낮은 임금으로 고용할 수 있게 되었고, 또 취업 상태의 노동자들은 조직적 자원이나 기업 내 중요성이 약한 경우에 해고 위험 앞에 위축되어 임금 인상이나 노동환경 개선을 강하게 요구하지 못하게 되었다.

이처럼 자본에 대한 노동의 상대적 힘이 조직력, 협상력, 정치력 등 여러 측면에서 크게 약화되어온 가운데 많은 나라에서는 또한 노동계급 내부의 제도적 분절이 점점 심화되었다.[143] 한편에 안정적인 일자리, 높은 임금, 양질의 사회보장을 누리며 노동과정에서 비교적 큰 자율성을 갖는 부문이 있다면 다른 편에는 일반적으로 저임금이고 불안정한 고용 상태에 있으며, 게다가 사회복지 혜택까지 적용받지 못하는 부문이 있는 이중 구조가 형성됐다는 것이다. 지난 수십 년간 학자들은 이러한 노동시장의 이중 구조를 '중심부/주변부', '내부자/외부자', '1차 시장/2차 시장', '보장된 부문/보장되지 않은 부문' 등 다양한 개념 쌍으로 이론화했다.

보다 최근에 와서 이러한 이중 구조는 자본축적 전략 및 생산기술의 고도화 과정에 따르는 새로운 승자와 패자 집단의 분할로 갱신되고 있다. 즉 오늘날 이중 구조의 중심부에는 현대화된 산업·금융·서비스 부문에 고용되어 상당한 자율성과 전략적 중요성을 갖고 있는 핵심 숙련 노동자들이 있다면, 주변부에 놓인 대규모의 미숙련 노동자층은 전자·정보·통신 기술에 의해 고도화된 노동 통제 및 생산조직 기술로 관리 통제되면서 노동을 착취당한다.[144] 20세기 후반에서 21세기로 넘어가는 시기 동안 유럽에서는 중간 숙련 노동자들의 취업률이 증가한 반면 저숙련 노동자, 특히 제조업 부문의 남성 저숙련 노동자들의 취업률이 하락했다. 다른 한편으로 서비스 부문에서 거대한 저숙련 노동자들이 생겨났는데 그들 중 다수는 여성이었다.[145]

그런데 이상과 같은 노동시장의 분절이 아무리 제도적으로 구조화되어 있다 할지라도 각 계층이 영구히 분리되어 있는 것처럼 정적靜的으로 인식하는 것이 아니라 다중 구조의 큰 그림 안에서 동적動的 인식을 하는 것이 중요하다. 왜냐하면 현재 내부자가 외부자 위치로 밀려날 수 있는 가능성, 또 현재 취업자들이 실업자 위치로 밀려날 수 있는 가능성, 그리고 그처럼 외부자나 실업자가 되었을 때 제도화된 안전망 없이 빈곤에 빠질 수 있는 가능성이 얼마만큼 되느냐에 따라서 그 사회의 다수의 일하는 사람들의 주체성과 연대 가능성, 고용주에 대한 대항력이 달라지기 때문이다.

　　특히 노동자가 공적 보호 없이 시장의 힘에 노출되는 시장 전제주의Market Despotism 체제[146]의 제도 환경이라면 내부자는 외부자로 전락하지 않기 위해, 또 취업자는 실업자로 전락하지 않기 위해 고용주에 충성하게 될 개연성이 높다. 그러므로 만약 사회의 소수의 안정된 부문에 속하지 않는 다수에게 사회적 안전장치와 노동 현장의 보호 장치가 제도화되지 않는다면, 정규직 취업 노동 부문의 축소와 노동 세계의 다층화라는 변화는 자본주의사회에서 노동자가 안고 있는 근원적인 딜레마, 즉 '생존하려면 노동력을 팔아 취업을 해야 하지만, 취업을 하면 착취로 인해 삶이 파괴된다'는 딜레마를 더욱 첨예하게 만든다.

주변의 삶, 프레카리아트

앞에서 우리는 현대 자본주의사회의 노동 세계가 정규 취업 노동 부문, 비정규 취업 노동 부문, 다양한 종류의 비임금근로자층 그리고 구직자나 잠재 경제활동인구를 포함한 광의의 실업자와 비경제활동인구 등으로 다층화되고 있는 문제를 살펴보았다. 그러한 다층 구조에서 정규 취업 노동과 실업·비경제활동 부문의 중간지대에 있는 매우 다양하고 광범위한 계층을 통칭하는 느슨한 개념으로 오늘날 널리 사용되고 있는 용어가 '프레카리아트'다.

'위태롭다, 불안정하다, 취약하다' 등의 뜻을 가진 '프리캐리어스precarious'와 '프롤레타리아트'를 합친 이 신조어는 1970년대부터 이탈리아, 프랑스 등 몇몇 라틴 유럽 나라의 급진적 지식인들이 사용해왔으나, 그것이 대중적 용어로 확산된 계기는 2004~2005년 유로메이데이EuroMayday 페스티벌이라는 범유럽적 대중행동이었다. 유럽 프레카리아트 운동의 중요한 시발점이 된 이 사건에는 유럽 각국에서 청년, 여성, 이주자, 무주택자 등 아주 다양한 범주의 사람들이 기존 체제에서 소외된 '주변의 삶'을 표현하고, 공유하고, 정치화했다.[147] 그리고 바로 다음 해에 일본의 프리터일반노조 등 사회운동 참여자들이 이 용어를 곧바로 도입하여 동아시아까지 퍼지게 되었다.[148] 한국에서 2009~2010년에 청년유니온, 알바노조 등의 청년불안정노동자운동이 일본의 청년유니온운동과 교류하면서 생겨난 것은 이와 같은 국제적인 저항의 확산 주기 위에 있다.

프레카리아트라는 용어는 엄밀한 학술적 개념으로 고안되어

정련된 것이 아니라, 노동과 저항의 현장에서 이 시대의 고발이자 변화의 기획을 위한 언어로서 만들어지고 대중적으로 수용된 것이다. 오늘날 프레카리아트로 불리는 사회집단들은 다양한 종류의 불안정성 또는 취약성을 경험하고 있는데, 이 분야의 대표적 연구자인 가이 스탠딩은 이를 생산관계, 분배 관계, 국가와의 관계라는 세 가지 측면으로 구분해서 설명했다. 프레카리아트는 첫째, 생산관계에서 불안정한 고용 상태, 저소득과 빈번한 소득 단절, 직업과 직장에 대한 정체성 결핍을 특징으로 한다. 둘째, 분배 관계에서 노동 권익을 보호하는 제도들과 사회보장 혜택의 결핍을, 그리고 셋째, 국가와의 관계에서 시민적 권리들과 정치적 대표성의 부재를 경험하고 있다. 이러한 구조적 위치와 경험 때문에 이들은 부자들뿐 아니라 중산층과 정규직 노동자, 조직된 노동계급에 대해서도 상대적 박탈감과 불안, 분노, 소외감을 겪기도 한다.[149]

스탠딩은 그가 프레카리아트라고 부르는 사회집단들이 전통적인 프롤레타리아트, 사무직 급여 생활자, 실업자 등과 모두 구분되는 독자적 계급으로 부상하고 있다고 보았다.[150] 그러나 프레카리아트의 속성들은 제조업·서비스업 부문의 노동자층, 실업자, 영세·종속적 자영업자, 사무 전문직 종사자 등 다양한 계급들에 존재하는 것들이며, 프레카리아트로 불리는 다양한 집단들이 생산관계나 소유관계의 면에서 동질적인 구조적 위치를 갖고 있다고 보기는 어렵다.[151]

오히려 프레카리아트라는 용어의 특별한 의의는 역설적이게도 그것이 엄밀한 학술적 개념으로 성립될 수 없다는 사실에서 찾을 수 있을 것 같다. 바로 그 의미의 모호성, 유동성, 확장성이 야말로 21세기 자본주의사회에서 정규 취업 노동의 바깥에 얼마 나 다양한 새로운 사회집단들이 생겨나고 있는가를 드러내고 있 는 것이다. 그러한 다양성에도 불구하고 프레카리아트라는 언어 는 그들에게 연대감과 동류의식을 부여하는 것이다. 그것은 마 치 데모스demos가 단수 명사면서도 어떠한 일반의지로도 전체화 될 수 없는 개인들의 집합을 뜻한다는 것, 또한 그러면서도 그 개 인들을 정치 공동체의 주권자로서 응집해주는 중심 상징으로 기 능한다는 것과 마찬가지다.

그러한 다양성과 동질성의 공존이야말로 21세기 자본주의 노동 세계에 대한 접근법이 왜 보편적 존엄과 권리의 개념에 기 초해야 하는지를 말해준다. 왜냐하면 우리는 기존의 정규 취업 노동 모델에 기초한 제도의 한계를 보완하기 위해서 다층화되고 다양화된 노동 세계에 대응하는 제도적 대안을 여러 조각들로 만들어 붙여야 하면서도, 그와 동시에 그러한 다양성을 품을 수 있는 기본권의 반석을 깔아줘야 하기 때문이다. 하청 노동자를 위한 대안, 특고 노동자를 위한 대안, N-잡러jober를 위한 대안, 취 준생을 위한 대안, 프리랜서를 위한 대안, 영세 자영업자를 위한 대안을 모자이크처럼 접합시켜서 가장 훌륭한 전체 그림을 만들 기 위해서는 맨 아래층에 모든 모자이크 조각들을 배치할 보편 적이고 기본적인 초석을 놓아야 한다.

21세기 프레카리아트의 불안정성과 불확실성이라는 것이 전 통적인 산업 노동자계급의 상태와 어떻게 다른지를 보기 위한 하 나의 예로 울리히 벡이 '일자리 유랑민Arbeitsnomade'이라고 부른 사회현상을 살펴보기로 하자. 여기서 벡이 주목한 것은 오늘날 자본주의사회에서 점점 더 많은 사람이 회사에 정식으로 고용된 사원이 아니라 불안정한 유사 자영업에 종사하거나, 아니면 다양한 직업과 교육과정을 오가면서 생계를 유지하고 있는 최근 경향이다. 오랫동안 안정된 자본주의사회의 이상이 정규직 완전고용 체제였다면 이제 고용, 노동, 복지, 생애 과정 등 여러 면에서 유동성, 불확실성, 예측 불가능성, 계획 불가능성을 특징으로 하는 제도들로 구성된 '리스크 레짐risk regime'이 등장했다는 것이다. [152]

철학자 앙드레 고르는 위와 같은 노동 세계의 변화로 인해서 오늘날 많은 사람의 삶이 온통 일자리를 끊임없이 새로 구하고 여러 일의 스케줄을 관리하는 일로 가득 차게 되었음을 강조했다. [153] 사람들은 이제 특정한 고용관계 안에서 고용주의 지시에 따라 일하는 것이 아니라 각자 알아서 고용주, 소비자, 시장 환경의 요구에 부응하게 자기 자신을 변화시키고 성과를 내도록 요구받고 있다. 이제 회사나 고용주가 '노동을 시키는' 것이 아니라 일하는 사람 스스로 시장 환경에 맞춰 '자기 자신을 생산la production de soi'하는 것에 의해 생존을 도모하는 사회가 되었다는 것이다.

'긱 경제'라고 불리는 새로운 형태의 경제활동은 오늘날 확대되고 있는 새로운 노동 형태에서 삶의 유연성과 불확실성이라는 양면을 집약적으로 보여준다. 긱 경제는 미국에서 1920년대에 재즈 공연 연주자를 그때그때 임시로 구해서 공연을 한 것을 '긱 Gig'이라고 불렀던 데 착안하여 생겨난 단어인데, 지금은 임시·일용직이나 파트타임 노동 혹은 프리랜서처럼 근로 고용관계가 아니면서 실제로는 종속적 계약관계인 경우 등을 느슨하게 포괄하는 용어로 사용되고 있다.

자본주의의 고용관계가 안정적이던 시기에는 근로 인구의 다수가 정규직으로 취직하여 생애 주 직장에 오랫동안 일하다가 노년에 퇴직하여 연금 생활을 했다면, 이제 점점 다양한 직업, 직무, 직장을 옮겨 다니기도 하고 동시에 여러 일을 하기도 한다. 일자리를 계속 옮기므로 한 직장에 충성하고 일체감을 느끼지 않으며 깊은 관계를 맺지도 않는데, 헤어질 때도 가능한 한 좋은 관계로 헤어져서 네트워크를 유지한다.

이러한 긱 경제가 사람들한테 주는 매력이 있다면, 한 직장에서 경직된 위계 구조를 따르며 똑같은 일만 하다가 퇴직하고 생을 마치는 '회사 인간'이 아니라는 점이다. 회사에서는 경직된 출퇴근 시간을 따라야 하고, 계속 고용되어 있기 위해 위계적 조직과 상사의 명령에 순종해야 하며, 그럼에도 불구하고 임금은 불충분하고 미래는 불안하다. 그와 반대로 긱 경제는 자율적이고, 다채롭고, 유연하고, 자기 주도적으로 일하면서 자아를 실현해 갈 수 있다고 약속한다. 하지만 그런 긍정적 스토리를 실현하기 위한 전제조건은 삶을 선택할 수 있는 충분한 자원과 기회가 존재해야 한다는 것이다. 그것이 없는 다수 사람에게 긱 경제의 시대는 불안정성, 불확실성, 미래에 대한 불안으로 특징지어진다.

긱 경제에 종사하는 사람들은 다양한 소득 원천으로 생활하고, 다양한 사업 파트너 또는 플랫폼 소유자와 계약을 맺으면서 개개인의 '포트폴리오'를 만들고 관리해가야 하는데, 그러한 인생 포트폴리오에는 두 개의 상반된 종류가 있는 것이다. 하나는 생계를 걱정하지 않아도 될 정도의 기본 자원을 가진 상태에서 자신이 할 일의 성격과 파트너를 '선택한 포트폴리오'라면, 다른 하나는 생활의 최소한의 필요를 충족시키기 위해서 '강요된 포트폴리오'대로 살아야 하는 경우다. 정규 취업 노동의 바깥은 선택된 자유인가, 강요된 불안정인가? 자기 자원을 가진 소수는 전자의 경우겠지만, 그렇지 못한 다수의 삶은 후자에 해당할 것이다.

'포스트휴먼' 시대가 오는가?

오늘날 많은 자본주의 나라에서 실업이나 다양한 형태의 불안정한 고용의 문제가 계속되는 하나의 원인으로 기술 진보가 꼽히고 있다. 로봇, 정보·통신 기술, AI 등의 혁명적 발전에 의해 인간 노동이 점점 불필요해진 시대가 되었거나, 그러한 시대가 조만간 도래할 것이라는 이야기들이다. 이런 기술결정론은 기술과 사회의 실제 역사에 부합하지 않을 뿐 아니라 인간 노동의 가치를 축소하려는 기업의 시도를 정당화하는 이데올로기로 작용할 수 있다.

19세기의 제1, 2차 산업혁명에 이은 또 한 번의 기술혁명에 의해 경제가 더 이상 인간 노동력을 필요로 하지 않은 시대가 올 것이라는 미래학적 주장은 이미 1950년대부터 계속 있어왔다. 기술혁신의 사회적 중요성을 누구보다 예민하게 감지했던 앨빈 토플러는 1980년에 출간된《제3의 물결》에서 그런 단순한 기술결정론을 이렇게 반박하고 있다.

"자동화가 처음 등장하기 시작한 1950년대 말과 1960년대 초에 여러 나라의 경제학자와 노조 지도자들은 대량 실업을 예견했었다. 그러나 고도 기술 국가에서는 고용이 오히려 확대되었다. … 분명한 것은 고용수준이 단순한 기술 발전의 반영은 아니라는 점이다. 자동화를 하느냐의 여부에 따라 고용이 늘고 줄고 하는 것은 아니다. 고용은 여러 가지 정책이 수렴되는 결과로 나타난다. 앞으로 고용 시장에 대한 압력은 크게 가중될 것이다. 그러나 그 원인이 컴퓨터 한 가지 때문이라고 생각하는 것은 잘못이다."[154]

최근의 포스트휴먼론은 오늘날 기술혁명과 그것의 산업적 응용의 질과 속도가 과거와 다르며, 머지않아 인간 노동력의 가치가 극도로 떨어지게 될 것이라는 경고를 내고 있다. AI와 디지털화에 의한 기술혁신은 단지 '틀에 박힌routine' 작업에서만 인간 노동을 대체하는 것이 아니라는 점이 강조된다. 운송·배달·물류 작업 같은 복잡한 신체 능력, 재판·진단·교육·금융 상담·작곡·연설 등의 고도 인지 능력 그리고 감정·소통·표현과 같은 정서적 능력까지도 인간 업무를 잠식할 수 있다는 것이다.[155]

하지만 기술 진보의 역사와 그것의 경제적, 사회적 결과를 오랫동안 연구해온 저명한 학자들은 기술과 고용·노동의 관계가 정치사회적 환경에 따라 크게 다르다는 점을 강조한다. 농업 사회에서 기계제 생산으로, 대량생산 체제로, 자동화 체제로, 정보화 체제로 거듭 이행할 때마다 '노동의 종말'을 두려워하는 분위기가 거셌지만 기술혁신은 노동을 대체하기만 하는 것이 아니라 노동을 보완하고 새로운 수요와 업무를 창출하기도 했다.[156] 기술 발전은 '숙련 편향적skill-biased' 영향을 미쳐서 교육 수준이 높은 계층에게 유리하게 작용하거나 또는 고숙련 및 저숙련 일자리를 동시에 늘이면서 비대졸 근로자의 중간 숙련 일자리를 축소시켜 양극화를 초래하기도 한다.[157] 저명한 독일의 역사학자 위르겐 코카Juergen Kocka는 현재 진행 중인 노동의 변화가 전통 사회에서 산업사회로 이행하던 제1, 2차 산업혁명기의 총체적인 사회적 격변보다 더 약하고 부분적이며, 그런 의미에서 그것은 노동의 종언이 아니라 또 한 번의 큰 변화 정도로 이해되어야 한다고 보고 있다.[158]

'노동의 종말'을 경고하는 쪽에서도 그것이 문자 그대로 실업률의 증가만을 의미하는 것은 아니라고 말하기도 한다. 일거리 자체는 계속 있을 것이지만 사람들이 익숙했던 많은 일자리와 업무가 사라지는 대신에 새로운 종류의 기술과 능력을 요구하는 일자리와 업무가 생겨날 것이며, 그에 따르는 새로운 종류의 사회관계와 소통 방식, 시간과 공간의 조직 방식이 요구된다는 것이다.[159] 이와 관련하여 새로운 첨단 기술혁명이 상류층에게는 더 많은 부와 자유, 유연성을 가져다주겠지만 더 많은 사람에게 실업, 빈곤, 불안정을 초래할 수 있다는 경고가 계속해서 나오고 있다. 한편으로 새롭게 등장한 지식 기반 산업사회에서 컴퓨터 과학자, 엔지니어, 프로그래머 등 첨단 정보 기술을 다루고 지식을 생산하는 전문직 엘리트의 위상과 부가 증대된다. 다른 한편으로 자동화에 따라 인간 노동력이 필요 없게 되거나 저숙련 단순 작업으로 재편되며, 더구나 세계화 환경에서 전 세계의 값싼 노동력이 동원될 수 있다. 이런 환경에서 고용 상태에 있는 노동자들 역시 저임금, 장시간 노동, 불안정한 고용 상태를 받아들여야 하며, 이에 따라 노동조합의 힘도 약화되어 노동자 권익 보호에 더 큰 한계가 생기는 악순환 구조가 작동한다.

미국의 경제학자이자 사회학자인 제러미 리프킨은 21세기가 도래하기 전에 일찍이 이렇게 예견했다. 즉 지금 인류의 "문명은 두 개의 세계, 즉 하나는 유토피아의 약속으로 가득 차 있고 또 다른 하나는 반유토피아의 위험으로 가득 차 있는 서로 다른 두 세계에 위험천만하게 걸쳐 있다." 이 가운데 어느 길로 가게 될지는 "정보화 시대의 생산성 향상분이 어떻게 분배되는가에 의해서 크게 좌우된다."[160] 여기서 중요한 점은 기술 진보가 언제 어디서나 같은 정도로 불평등 심화와 노동의 불안정으로 귀결되는 것이 아니라는 사실이다. 기술 진보는 유토피아와 디스토피아로 분열된 기괴한 사회로 귀결될 수도 있지만, 그와 반대로 취업 노동과 다중 활동을 결합시키고 직장 노동과 가사 노동의 성별 분업을 철폐하는 긍정적 의미의 유연성을 가능케 할 수도 한다.

지난 수십 년의 역사를 보면, 복지 자본주의 안정기 동안에 기술 진보는 생산성을 증대시키고 노동 착취적이지 않은 방식으로 자본 수익률에 기여하여 자본과 노동 모두에게 긍정적인 영향을 미쳤다. 그러나 기업들의 이윤율 위기가 가시화되기 시작한 1970년대 중후반부터 기업들은 포드주의 체제의 이윤 압박을 돌파하기 위한 대안으로 분자 및 유전자 기술, 정보·통신 기술, 극소전자 혁명과 그에 기초한 데이터 처리 기술 등의 신기술을 주목했다. 20세기 후반부터 진행되어온 기술 변화가 미친 영향은 노동자들에게 유리하지 않았다. 첨단 기술을 활용하는 포스트테일러주의 작업 조직에서는 인간과 기계가 공간적으로 분리되고, 노동시간이 촘촘히 분절되며, 임금 결정 및 고용계약 형태가 개별화되었다. 이처럼 재편된 노동 체제에서 잉여가치를 추출하게 됨에 따라 기업이 노동자들로부터 구속받지 않고 행동할 수 있는 능력이 크게 증대한 반면 노동자들의 대항력은 약화되었다.[161]

보다 최근에 첨단 기술의 발전이 노동에 미치는 영향을 확인할 수 있는 대표적인 두 사례가 디지털 플랫폼과 AI다. '플랫폼 노동'은 디지털 플랫폼을 매개로 하여 노동력의 판매와 구매 그리고 재화와 서비스의 거래가 이뤄지는 21세기의 새로운 경제활동 모델이다. 이 모델은 지난 십여 년간 세계적으로 빠르게 확대되었는데, 그중 특히 글로벌한 활동 범위를 갖는 선도적 사례를 몇 가지만 들자면 택시업체 우버Uber, 급성장했다가 몇 년 전에 문을 닫은 청소업체 홈조이Homejoy, 배달업체 딜리버루Deliveroo, 음식배달업체 트라이캐비어TryCavier, 장보기 대행업체 인스타카트Instacart 등을 들 수 있다.

우버는 차량을 구입하지도 직원을 고용하지도 않고 고객용 앱과 기사용 앱을 만들어 시작해서 순식간에 사업을 확장했다. 이러한 비즈니스 모델의 기술적 혁신성은 전통적인 회사나 공장처럼 방대한 관료제적 관리 조직을 필요로 하지 않는다는 점도 있지만, 무엇보다 기사들을 회사 직원으로 고용하는 것이 아니라 독립 계약자의 형태로 플랫폼으로 유인하는 방식이 중요하다. 이런 방식은 기업이 여러 법적 의무, 예를 들어 휴식 시간, 병가, 최저임금 보장, 퇴직금, 사회보장 분담금 등으로부터 완전히 면제될 수 있게 해준다. 나아가 차량과 연료, 차량 유지비, 고객을 위한 차량 내부 편의 설비까지 많은 경우 모두 기사가 자비로 부담하게 된다. 디지털 플랫폼 기술은 이런 식으로 비용과 위험을 노동을 제공하는 사람에게 전가함으로써 더 적은 비용을 들여 이윤을 획득할 수 있게 해준다는 의미에서 '계급적' 성격을 갖는다.

나아가 플랫폼 경제의 새로움은 노동자와 소비자들이 모두 '자발적으로' 기업의 이윤 창출에 참여하고, 나아가 기업의 이윤 창출을 위한 비용까지 스스로 지불하게 만드는 능력에 있다. 플랫폼 경제에서 노동자와 소비자 모두 각자의 이익을 추구하면서 자유롭게 선택할 수 있지만, 그와 같은 개인적·단기적 합리성들이 플랫폼 네트워크에서 조직되고 총합되면 플랫폼 소유자는 최소한의 자원 투입으로 순식간에 거대한 수익을 올릴 수 있게 된다.

한편 AI는 오늘날 가장 대표적으로 '포스트휴먼', '탈노동'의 시대가 도래할 것이라는 미래 시나리오를 빠르게 확산시키고 있는 신기술이다. 'AI 기술이 노동을 어떻게 변화시켰는가'라는 질문에 대해서 먼저 분명히 해야 할 점은, 인공지능은 결코 인간 노동이 부재한 기술이 아니라는 것이다. 이른바 딥러닝deep learning 기술에 대한 큰 오해는 AI 로봇이 스스로 계속 학습할 수 있으며 학습하기만 하면 인간을 대신하여 기능을 수행할 수 있으리라는 생각이다. 이와 관련하여 인공지능 관련 연구 문헌에 자주 등장하는 '아마존 미캐니컬 터크(AMT)Amazon Mechanical Turk'의 사례가 그 상징적 의미가 크다.

AMT는 세계 최대 플랫폼 기업 중 하나인 아마존에서 인공지능을 통해 세계 도처에 있는 노동자들을 작업 요청자와 연결해주는 크라우드소싱 서비스다. 여기서 미캐니컬 터크는 1700년대 후반에 헝가리인 공무원인 폰 켐펠렌Von Kempelen이라는 사람이 제작한 대형 체스 기계를 가리키는 이름으로, 그 기계에는 커다란 터키인 형상의 인형이 앉아 있어서 '터키인 기계'라는 명칭이 붙었다. 폰 켐펠렌은 유럽 각지를 돌면서 이 기계에 사람이 들어 있지 않다는 것을 확인시켜주고 나서 체스의 고수들에게 연이어 승리를 거두어서, 이 기계의 비밀을 풀려는 수많은 토론과 분석이 이어졌다고 한다. 그러나 실은 이 기계 안에 체스를 잘 두는 사람이 숨어서 복잡한 기계 조작에 의해 인간과 체스를 두고 있었다. 이와 마찬가지로 AMT와 같은 오늘날의 AI 서비스 역시 인간을 대신하는 마법을 부리는 것 같지만, 실제로는 무수한 인간 노동력의 착취로 작동하고 있다.[162]

사람들은 흔히 AI에 방대한 데이터를 넣어주면 인공지능이 스스로 학습하여 규칙을 발견한다고 알고 있지만, 실제로는 AI가 스스로 데이터를 찾아서 활용 가능한 정보로 만들 수 없기 때문에 인간이 데이터를 수집하고, 해석하고, 정제하여 AI에 공급해줘야 한다.[163] AI가 학습할 대상들에 표식을 달아주는 데이터 레이블링data labeling, 대상의 사회적 의미를 해석하고 윤리적 판단을 하여 유해한 내용을 분별해내는 콘텐츠 조정contents moderation 같은 작업들이 필수적이라는 것이다. 바로 이 작업들이 수많은 인간 노동력이 투입되어야 하는 지점들이다.

아마존, 구글, 페이스북, 마이크로소프트 등 거대 기술 기업들은 그와 같은 데이터 정제 작업을 잘게 쪼개서 외주 회사들을 통해 전 세계의 노동자들에게 일감을 주고 노동을 시키고 있다.

이러한 종류의 노동을 '크라우드 노동crowd work' 또는 '마이크로 노동micro work'이라고 부른다. 여기에 주로 고용되는 인력은 경제적으로 저발전된 나라에서 일자리를 찾는 고학력 노동자들, 잘사는 나라의 저소득층 노동자, 주부, 장애인 또는 가족 돌봄 때문에 출근할 수 없는 사람들, 구직이나 교육 중이어서 정규 노동을 할 수 없는 사람들과 같이 저임금 단순노동의 조건을 받아들여야 하는 상황에 있는 사람들이다. 기업들은 주로 이들을 정식 근로자가 아니라 독립 계약자처럼 대우해서 노동기본권 보호와 사회보장제도의 부담을 벗고 저임금 조건에 단기 계약을 맺는다.

이상 살펴본 바와 같이 첨단 기술이 결코 간단히 인간 노동을 대신하는 것이 아니라 인간 노동을 조직하는 방식을 변화시키는 데 영향을 주는 것이기 때문에, 더더욱 과학기술이 노동과 사회구조에 미치는 과정에 적극적으로 개입하는 것이 중요해진다. 인간 노동이 이제는 불필요해질 것이며 따라서 '노동 없는 사회'에 대비해야 한다는 식의 미래 서사가 대중 담론으로 널리 퍼진다는 것은, 현실에서 이러한 첨단 기술이 산업적으로 작동하기 위해서 저임금과 불안정한 고용 조건에서 사회보장제도의 적용도 받지 못한 채 일하고 있는 수많은 노동자들이 망각되게 만든다. 뿐만 아니라 기업들이 인간 노동자들을 고용했을 때의 여러 구속을 벗고 이윤을 창출하기 위해 자동화나 무인화를 가속화하는 것이 마치 피할 수 없는 운명인 듯이 간주하게 만들 수 있다. 그러한 이데올로기적 효과를 막기 위해서는 기술 변화가 산업 관계에 미치는 영향에 대한 정치경제학적 이해와 대응이 중요하다.

미래의 노동을 위한 관점

종합적인 사회학적 관점에서 노동 세계의 구조적 변화를 이론화하고 분석하려는 시도는 일찍이 1980년대부터 본격화되었다. 독일의 사회학자이자 정치학자인 클라우스 오페Claus Offe는 후기 자본주의 시대에도 '노동'은 사회학적 범주로서 여전히 중요할 것이지만, 그것은 과거 산업자본주의 시대와 같은 중심적 위상을 더 이상 갖지 못할 것이라는 점을 주목했다.[164] 노동시장이 사회 구성원의 노동력을 다양한 영역으로 배치하고 노동의 산물인 부를 나누는 '배분 원리allocation principle'로서 기능하는 데 한계가 커졌고, 따라서 향후 시장 원리에 의한 배분과 비시장 원리에 의한 배분을 어떻게 결합시킬 것인가라는 '배분 원리의 배분'이라는 문제가 현대사회의 핵심 과제가 될 것이라는 예측이었다.[165] 노동 세계가 정규직 취업 부문과 그 주변부의 비정규 부문 그리고 그 외부에 있는 실업 부문으로 다층화되고 있다는 이 초기적 통찰의 중요성은 그 이후 점점 더 커졌다.

자본주의 노동 세계의 그러한 장기적 변화가 진행됨에 따라 '정규직 완전고용 사회'라는 기존의 모델을 실현하기 위한 자원의 투입과 입법적 노력을 더욱 강하게 추진해야 할 것인가, 아니면 다층화되고 다변화된 노동 세계를 새로운 현실로 받아들이고 그에 조응하는 사고와 제도의 새로운 패러다임을 모색해야 할 것인가를 판단하는 것이 지금의 중요한 시대적 과제가 되었다. 지난 수십 년간 실업률 증가, 고용률 하락, 비정규직 노동자 증가, 빈번한 이직과 소득 단절, 취업 노동의 경계선에 있는 일의 형태의 증가와 같은 여러 겹의 구조 변동이 누적되어왔다. 그에 따라 노동시장 내부에서는 제도적 분절의 중심부와 주변부에 있는 노동자들에게 동등한 사회권을 보장하고, 노동시장 외부에서는 공공과 비영리 부문에서 공익적인 참여 활동을 촉진하는 방안을 '정책 혼합policy mix'으로 설계하는 과제가 중요해졌다.

그와 같은 시대적 상황에 대해 우리가 어떤 대응을 취해야 할 것인지를 판단하기 위해 생각해볼 수 있는 몇 가지 전략을 유형화시켜 고찰해보자. 독일의 사회학자 볼프강 봉스Wolfgang Bonß는 노동시장에서의 노동력 상품 매매를 통한 정규직 전일제 고용을 표준으로 삼는 전통적 취업 노동사회Erwerbsarbeitsgesellschaft를 지속하는 전략과, 그러한 모델의 패러다임 전환을 하는 전략이 각각 성공하는 경우와 실패하는 경우를 네 가지 이념형으로 유형화하고 각 유형의 특성과 장단점을 논했다. [166]

오른쪽 표의 좌측 상단부터 시계 반대 방향으로 돌아가면서 살펴보면, 먼저 전통적 모델의 긍정적 시나리오에 해당하는 (a) 유형은 현대 시장경제의 지배적 관점에서 이상적으로 간주하는 체제로서, 사회 구성원 모두 또는 최소한 다수가 노동시장을 통해 취업 노동에 종사하게 되고 거기서 받는 시장 임금으로 기본적인 필요를 충족시킬 수 있는 경우다. 그런데 지금 우리 문제의 출발점은 지난 수십 년간 이 모델이 작동하지 않아왔다는 데 있기 때문에, 만약 이 전략으로 문제를 해결하고자 한다면 그동안 이 모델의 구현을 어렵게 만든 구조적 조건들을 변화시킬 수 있음을 먼저 입증해야 할 것이다.

(b) 유형은 시장 원리가 지배적으로 관철되지만 다수 사회 구

정규직 사회의 지속과 전환의 네 가지 시나리오

	취업 노동사회의 지속	취업 노동사회의 전환
긍정적 유형	(a) 모든 사람이 취업 노동에 종사하면서 시장 임금에 의존해서 기본적인 필요를 충족시킬 수 있는 체제	(d) 취업 노동의 지배력이 약화되고 시민권에 입각하여 다양한 사회적 기여 활동에 동등한 위상이 부여되는 체제
부정적 유형	(b) 취업 노동이 다수를 포괄하지만 그중 일부만 안정된 부문에 속하고, 다수는 고용이나 소득이 불안정한 체제	(c) 취업 노동 부문이 구조적으로 일부 인구만을 포함하고, 그 밖의 다수는 실업자나 비경제활동인구로 남게 되는 체제

성원의 기본적인 필요가 충족되지 않고 있는 체제로서, 실업률은 낮지만 고용 안정성, 임금수준, 노동환경 등 측면에서 '나쁜 일자리'에 고용된 사람이 많은 경우가 여기 해당한다. 오늘날 자유주의 노동시장 체제를 가진 나라에서 점점 더 많은 사람이 주변부 노동시장으로 밀려날수록 이 이념형에 가까워지는 것이다. 또 다른 부정적 시나리오인 (c) 유형은 상당한 규모의 사회 구성원이 노동시장을 통해 취업하지 못하고 있는 경우로 영미권보다는 대륙 유럽에서 흔한 사례인데, 이런 경우 실업보험이나 실업부조 같은 복지제도로 노동시장 외부의 사회계층을 보호해야 하고 그렇지 못할 경우 한국의 경우처럼 빈곤층으로 떨어지게 된다.

마지막으로 (d) 유형은 노동력의 상품화에 기초한 취업 노동과 그 외부의 다양한 사회참여 활동이 제도적으로나 문화적으로나 동등한 위상을 부여받는 체제를 의미한다. 시민 활동의 영역에서 시민들이 공동체와 공공선을 위한 활동에 활발히 참여할 수 있도록 기본적인 필요가 사회적으로 보장된다. 또한 취업 노동 영역에서도 노동시간을 축소하여 시민 활동의 시간을 확보하는 동시에 일자리를 확대하고 나누는 효과를 기대할 수 있는 체제다. 이것은 전통적 취업 노동을 포기하여 일자리 창출이나 고용 보호를 간과한다는 것을 뜻하는 것이 아니다.

이 전략의 목표는 인간 노동력에 가격을 매겨 매매하는 노동시장의 지배력을 약화시켜서 노동시장 외부의 활동에 합당한 가치와 보상을 제공하고 이를 통해 노동시장 내부의 행위자들 역시 사회적으로 폄훼되는 외부 영역에 떨어지지 않기 위해 삶과 노동의 열악한 질을 감내하는 현재 상황을 변화시키려 하는 것이다. 여기서 우리는 다시 이 챕터의 맨 앞에서 읽은 베를린의 '행복한 실업자' 선언의 고발을 떠올리게 된다. 취업한 사람은 "직장의 노예처럼 일하면서도 실업자가 아니라는 것을 위안으로 삼으면서 살고 있고", 실업 상태에 있는 사람은 "단지 제대로 된 직장을 얻지 못했다는 이유만으로 사회적 낙인이 찍혀야 하는" 현실 말이다. 현대 노동 세계의 이 두 가지 현실은 너무 다르지만, 서로 긴밀히 연결되어 있다.

그러한 사회에서 노동시장의 주변부 또는 바깥으로 밀려난 사회집단들의 물질적 토대를 강화시키는 제도적 개혁은 단지 그들의 물질적 복지에만 기여하는 것이 아니라 전체 사회를 변화시킨다. 그것은 사람들의 정체성과 주체성에 영향을 미치며, 그러한 정신적 임파워먼트는 또다시 제도적 개혁의 동력으로 작용하게 되는 '피드백 루프'[167]가 형성된다. 변화된 정치 환경과 제도적 조건 위에서 이제까지 생존의 긴급함 때문에 무력했던 사람들이

고용주에 대한 종속성에서 어느 정도 해방되어 자기 목소리를 낼 수 있는 힘을 얻게 되고, 그처럼 집단적인 힘이 형성됨으로써 정치와 제도를 개선할 수 있는 주체 혹은 지지자 세력을 형성할 수 있다는 것이다.

그러므로 대안적인 정책과 실천의 궁극적인 목표는 단지 사람들에게 물질적 복지를 제공하는 것만이 아니라, 그러한 복지를 토대로 하여 자유롭게 사회적 활동들을 만개시킬 수 있는 공간을 여는 데 있다. 그런 의미에서 미래의 노동을 위한 대안 정치에서 경제적 재분배는 중요하지만 유일한 목표가 아니다. 새로운 패러다임의 궁극적인 목표는 임금노동사회를 넘어 사회권을 확장하고, 취업 노동의 패러다임을 다중 활동의 패러다임으로 전환하며, 복지국가의 수동적 수급자들이 공공선의 창출에 참여하는 주체적 시민이 될 수 있게 돕는 것이 되어야 한다. [168] 그런 의미에서 노동의 미래는 우리 사회의 정치, 복지, 문화와 시민사회에 넓게 연결되어 있다.

생태 위기를 극복하기 위한
녹색 전환

복합 위험의 시대, 복지의 새로운 접근

복지는 사람이 사회의 구성원으로 살아가면서 겪는 각종 사회적 위험으로부터 시민을 보호하는 안전장치다. 이로써 '잘 사는 상태well-being'을 지향한다. 복지국가는 국가가 개입해 각종 정책을 통해 이들 사회적 위험으로부터 국민의 삶의 불안을 해소함으로써 '잘 사는 상태'를 보장하는 국가라고 할 수 있다.

이렇듯 복지와 복지국가의 1차적 정당성은 무릇 사회적 위험으로부터 시민을 보호하기 위한 국가 차원의 대응에 있다. 복지국가와 그렇지 않은 국가, 복지국가 간의 질적 차이도 따라서 해당 국가가 '사회적 위험에 어떻게 대응하는가'로 구분된다.

복지국가 초기, 시민의 삶의 안전을 위협한 사회적 위험은 산업화 과정에서 파생된 노령, 질병, 실업, 산업재해 등이었다. 이들 위험은 시민을 빈곤에 빠뜨렸다. 영국 복지국가의 설계자인 윌리엄 베버리지William Beveridge가 퇴치하고자 한 핵심적 목표는 그래서 '궁핍의 해소'였다. 그는 궁핍으로부터 시민을 지키는 안전장치로 사회보험제도를 제시했다.

사회적 위험은 사회적으로 구성되고 규정된다. 시대에 따라 확장되고 변화한다. 경제사회구조의 변화에 따라 사회적 위험의 범주가 넓어지고 강조점이 달라지기도 하는 것이다. 예컨대 국제노동기구(ILO)에서 1952년 채택한 '사회보장의 최저 기준에 관한 협약'에서는 국가가 책임져야 할 사회적 위험의 범주를 '의료, 질병(휴양), 노령, 산업재해, 자녀 양육, 직업 능력의 상실, 임신과 분만, 부양자의 사망' 등 9가지를 꼽았다. 사회복지학계에서는 이를 신사회적 위험과 비교해 '구사회적 위험'이라고 부른다. 이 기구는 이들 위험에 대응하는 사회보장 급여를 각각 제시했다. 의료급여, 상병급여, 실업급여, 노령급여, 고용재해급여, 가족급여, 폐질급여, 모성급여, 유족급여가 그것이다.[169]

복지국가 연구자인 에스핑 안데르센Esping Anderson은 사회적 위험을 크게 셋으로 구분했다. 어릴 때부터 청장년을 거쳐 노인이 될 때까지 누구나 겪을 수 있는 질병과 실업, 노령 등 '생애 주기 위험', 사회계층 사이 부의 불균등한 분배를 뜻하는 '계급 위험' 그리고 세대를 넘어 상속되는 불이익 등 '세대 간 위험'이다. 그는 사회정책의 우선적 목표는 이런 사회적 위험에서 시민을 보호하는 데 있으며, 복지국가는 사회정책을 통해 사회적 위험에서 시민의 행복과 삶의 질을 보장하는 국가 체제라고 여겼다.[170]

제2차세계대전 이후 본격화한 고전적 복지국가는 1970년대 오일쇼크가 발생하기까지 고도성장에 힘입은 안정적인 노동시장과 인구 가족 구조를 기반으로 복지국가 황금기를 구가했다. 그러나 1970년대 중반 이후 경제사회구조가 급변하면서 고전적 복지국가는 새로운 사회적 위험의 도전을 받으며, 점차적으로 기능 부전 상태에 빠진다. 영국 사회정책학자 테일러 구비Taylor Gooby는 이를 '신사회적 위험'이라고 칭했다. 구체적으로는 '후기 산업사회로의 이행 과정에서 나타난 경제사회변동의 결과로 사람들의 생애 기간에 직면하는 위험들'이라고 규정했다. 후기 산업사회의 경제사회적 급변은 서비스 부문의 증가에 따른 생산성 하락과 경제성장의 둔화, 그로 인한 복지국가의 재정 능력의 감소, 인적 자본이 축적되지 못한 일부 계층에서의 장기 빈곤과 사회적 배제의 심화, 여성의 노동시장 진출의 증가, 저출생-고령화를 불러왔다. 이런 변화는 저숙련 여성의 일·가족 양립의 어려움, 노인 인구 증가로 인한 돌봄에 대한 경제적 부담의 증가, 실업과 장기 빈곤 등 '신사회적 위험'을 낳은 것이다.

신사회적 위험이 등장하면서 복지국가는 기존의 소득 보장에 더해 아동 돌봄이나 부모 휴가 등 다양한 형태의 사회 서비스 프로그램을 도입해 대응했다. 따라서 복지국가의 목표와 역할도 소득 보장을 넘어 기회의 확대, 대상 인구 집단의 경쟁력 강화, 가족 지원, 직업훈련 및 취업 알선 등으로 확장됐음은 물론이다.

영국 역사학자 아사 브리그스Asa Briggs는 복지국가는 '적어도at least' 세 가지 방향에서 의도적으로 행사하는 국가라고 규정짓는다. 그녀에게 복지국가는 1) 개인과 가족의 노동 또는 재산이 시장이 가지는 가치와 무관하게 개인과 가족의 최소한의 소득을 보장하고, 2) 개인과 가족이 특정한 생활상의 위험에 대처할 수 있도록 생활의 불안전을 줄이고, 3) 지위나 계급의 차별 없이 모든 국민들에게 일정 범위의 사회 서비스를 가능한 최고의 수준으로 제공하는 것을 보장하는 국가다. 이처럼 복지국가는 경제사회적 변화에 따라 사회적 위험의 범주가 확장하면서 그 목표와 역할도 지속해서 확장하는 하나의 유기체에 가깝다고 할 수 있다.

오늘날 인류는 기존의 복지국가가 직면했던 여러 사회적 위험과 질적으로 다른 새로운 대형 메가톤급 위험에 직면하고 있다. 이는 필연적으로 기존 복지국가의 변형, 즉 복지국가의 재구조화를 강력히 압박한다. 변화는 전대미문이다. 사회경제변동의 핵심적인 3대 요인이라고 흔히 일컫는 인구와 기술, 기후 등에서 각각 큰 격랑이 쓰나미처럼 몰려오고 있는 상황이다. 산업구조와 노동시장 등 경제사회적 변화는 물론, 고령화와 1인 가구의 증가 등 인구구조의 변화, 여기에 더해 기술혁신에 따른 디지털 쇼크가 만들어내는 경제사회 변화가 그것이다. 이런 대변동은 삶의 편의를 높여주지만, 불평등과 양극화를 확대하고 삶의 불안정을 드높이는 결과로도 나타난다.

가장 두려운 큰 변화는 생태 위기다. 생태 위기는 기후변화와 생물 다양성 상실을 말한다. 이중의 위기다. 지질학자들은 '인류세'라는 개념을 제시하며 이를 극적으로 표현한다. 인간이 산업혁명 이래 몇 세기 동안 벌인 활동으로 자연 생태계가 파괴돼 이제는 인류의 생존을 위협하는 새로운 지질시대가 왔다는 것이다. 이런 대격변에 따른 위험은 윌리엄 베버리지가 결코 상상할 수 없었고, 에스핑 안데르센도 생각해볼 수 없었던 메가톤급 위험이다.

'기후변화에 관한 정부 간 협의체(IPCC)'는 2021년 8월 '제6차 평가보고서 제1실무그룹 보고서'를 발표하면서 한층 더 과학적 논거를 바탕으로 이 위기와 관련한 진단을 내놓았다. 보고서는 "기후변화로 인해 폭염, 호우, 가뭄, 열대저기압 등이 이미 구체적 위험으로 발생"하고 있으며 "한국을 포함한 동북아시아 지역도 앞으로 이런 현상이 잦아질 것"이라고 경고했다.

기실 생태 위기에 대한 경고는 어제오늘의 일이 아니다. 1972년 로마클럽이 〈성장의 한계〉란 보고서로 이를 제기한 이래 지구촌은 국제기구를 만들어 지속해서 공동 대응을 모색했다. 문제는 한동안 담론과 논의가 북극곰의 생존이나 이상기상이나 해양오염 등 환경 담론의 틀 안에서만 주로 다뤄졌다는 것이다.

생태 위기는 전방위적 대형 위험이다. 호주나 미국 캘리포니아의 초대형 산불, 독일 등 유럽의 홍수, 치명적인 감염병의 대유행 등 잇따른 재난은 생태 위기가 다가오는 먼 미래의 위기가 아닌 '지금 여기'의 위기라는 것을 보여준다. 지구촌 그 누구의 삶도 이 위험에서 자유로울 수 없다는 것을 인류 구성원들의 숱한 고통과 희생을 강요하며 증명하고 있다. 생태 위기는 가시적으로 기상 재난 등 자연의 위기로 나타난다. 하지만 그 원인은 자연적인 것이 아니다. 바로 인간이 만든 것이다. 그래서 그 구체적인 피해는 지극히 '사회적인 것'이다.

우리가 살아가는 이 세상은 생물과 비생물이 그물망처럼 연결돼 있다. 이런 연결은 위기를 확산하는 배경이기도 하지만 다 함께 대응할 수 있는 연대와 공존의 틀이기도 하다. 생태 위기는 결코 환경문제로만 인식해서는 풀 수 없다. 기존의 복지국가로도 감당할 수 없다. 생태 위기에 맞서는 새 복지국가 시스템이 필요하다. 생태 위기에 조응해 새로이 재구조화하는 복지국가 뉴 비전을 필자는 '녹색 복지국가'라고 지칭한다.

이번 장에서는 이처럼 생태 위기 시대의 새 복지국가 비전으로서 녹색 복지국가 비전을 탐색한다. 한마디로 '왜 녹색 복지국가인가? 왜 녹색 복지국가이어야 하는가?'를 설파하고자 한다. 국내 복지국가 연구자들에게는 아직은 낯선 논의다. 하지만 어느 때보다 절실하다. 생태 위기는 개별 정책으로는 결코 대응할 수 없다.

녹색 복지국가 비전은 여러모로 새로운 도전이다. 우선, 저성장 또는 제로성장의 시대에 "더 높은 수준의 경제성장이 사회적, 개인적 웰빙의 조건이라는 근대적 상식에 도전"한다. 나아가 "재분배만 강조하는 것이 아니라 호혜를 지향하는 제3섹터의 보편적 복지 요구가 사회적 경제 및 생태계 보전과 결합하도록 하는 시도"이기도 하다.[171] 토니 피츠패트릭Tony Fitzpatrick 영국 노팅엄대 교수는 '생태 복지'란 개념을 제시한다.[172] 그는 생태 복지는 "생태적 가치의 내재적 본질을 보전하면서 인간 노동을 지속 가능하게 만드는 탈생산성주의와 사회민주주의의 결합"이라고 말한다. 국내에서는 홍성태 상지대 교수가 일찍이 이 개념을 제시했다. 그는 저서《생태 복지국가를 향하여》에서 "인간은 생태계와 무관하거나 그 바깥에 존재하는 것이 아니라 이 생태계를 이루는 하나의 요소일 뿐"이며 "자연은 사회 없이 존재할 수 있어도 사회는 자연 없이 존재할 수 없다"고 강조했다. "자연을 파괴하는 것이 인간을 파괴하는 것이며, 생태계를 지키는 것이 바로 우리를 지키는 것"이란 맥락에서 그는 "기존의 복지는 자연을 무시하고 물질의 만족을 추구했고, 이제 이런 상태를 전면적으로 반성해야 한다"고 촉구하기도 했다. 자연은 모든 사람의 건강과 생명에 영향을 미치는 가장 보편적이고 근원적인 공공재이기에 이를 무시하고 "모든 사회 구성원에게 인간다운 삶을 보장하는" 복지를 추구한다는 것 자체가 애초에 지속 가능하지 않다는 비판이다.

따라서 그에게서 생태 복지는 '생태와 조화를 이루는 복지 Ecowelfare'다. 그 기본 관점은 "건강한 자연은 그 자체로 가장 중요한 복지"이며, "생태 위기를 방치하고 복지의 수준을 높일 수 없다"는 인식이다. 실제 지구촌 곳곳에서 빈번히 발생하는 기상이변은 피해를 낳지만, 더 어려운 사람들에게 더 큰 피해를 일으킨다. 낡은 주택에 사는 사람, 해안이나 산사태 위험 지역에 사는 사람, 화훼 농민, 임업인, 양식 어민 그리고 노인과 임산부, 기초생활보장 수급자 등 사회경제적으로 어려운 사람들에게 더 큰 타격을 준다. 환경과 복지가 더 늦지 않게 긴밀히 만나야 할 이유다.

이렇듯 오늘날 복지국가와 사회정책은 베버리지나 안데르센이 포착한 사회적 위험에 더해 이제 생태 위기란 메가톤급 위험까지 포괄해 대응하지 않으면 안 된다. 이런 현실은 복지의 개념을 넘어 사회정책과 복지국가 개념의 전면적인 재구성을 요구한다.

이와 관련해 토니 피츠패트릭 교수는 저서 《복지국가의 녹색 역사》에서 주요한 질문을 던진다. 복지 개혁이 과거에 환경문제를 다루는 데 얼마나 효과적이었던가? 사회정책과 복지 개혁 정

치가 환경 윤리와 가치에 어느 정도 영향을 받고 있는가? 환경정
책과 사회정책 이슈는 과연 어떤 관계이어야 하는가?

이제 이들 질문에 대한 답을 내놓아야 할 때다. 그것은 복지
와 복지국가, 사회정책의 틀을 새로 짜는 일이다.

이 장에서 제시한 생태 위기 시대의 복지국가의 새 틀, '녹색
복지국가'는 '복지국가론'이란 기본 관점에 입각해 녹색의 담론을
포섭하는 접근이다. "복지국가의 역할과 한계를 인정함과 동시
에 생태적 고려를 연계하는 방식"으로 "인간의 웰빙과 이를 위해
필수적인 생태적 지속 가능성에 동시에 접근하는 녹색 가치와 사
회민주주의 융합적 사고"이자 시도다.[173]

녹색 복지국가는 하나의 목표이면서 또한 과정이다. 인간의
웰빙과 안정, 평등을 추구하는 복지국가와, 생태적 전환과 환경
보존을 중시하는 녹색 국가란 두 담론과 가치를 적극적으로 융
합하려는 접근법이다. 무엇보다 오늘날 우리 사회와 인류가 직
면하고 있는 복합 위기에 대응하기 위해서는 생태 위기 시대의
새로운 복지국가 비전인 녹색 복지국가로 복지국가 시스템이 재
구조화해야 한다는 것이다.

생태 위기, 인류의 가장 어두운 순간

기후위기가 불러오는 재앙들

녹색 복지국가는 복지국가의 새 비전이면서도 동시에 시대적 요
구다. 이런 요구를 강제하는 배경은 물론 당대의 가장 큰 위험인

'생태 위기'다. 생태 위기의 가장 극적인 모습은 코로나19 팬데믹이 불러온 죽음의 행렬이 아닐까 싶다. 지난해에 이어 올해까지 근 2년째, 지구상 곳곳에서 죽음이 이어지고 있다.

인도 갠지스강에 내다 버려진 시신들이 보여주는 참상은 인류의 뇌리에 오래도록 잊히지 못할 것이다. 더욱이 이런 죽음의 행렬은 선진국도 피하지 못했다. 관광객이라면 누구나 한번쯤 가고 싶은 미국 뉴욕의 모습을 생생히 기억할 것이다. 장례를 치르지 못한 시신이나 매장지의 모습은 '그곳이 정말 뉴욕인가?'라며 몇 번이나 눈을 의심케 하고도 남았다. 팬데믹은 인류가 처한 오늘의 위기가 과거와 질적으로 다르다는 것을 뚜렷하게 확인해주기에 충분했다.

이 비극의 시작은 2020년 1월 11일 중국 후베이성 우한시에서 첫 사망자가 나오면서부터였다. 그로부터 두 해가 바뀐 2022년 1월 9일 현재 전 세계 코로나19 확진자는 3억 500만여 명에 이른다. 누적 사망자는 548만여 명이다. 인류사에 이토록 짧은 시간에 전 지구 거의 모든 곳으로 퍼진 재앙이 있었던가? 이토록 짧은 시간에 지구촌 곳곳에서 거의 매일 10여 대의 여객기가 동시 추락하는 것과 같이 많은 희생자를 낳았던 비극이 인류사에 또 있었던가?

백신이 어느 때보다 빠르게 보급됐지만 변이 바이러스로 인해 지구촌은 여전히 코로나19 팬데믹에서 자유롭지 못하는 상황이다. 감염병 재난은 죽음을 넘어 지구촌 경제사회적 생활상에 여러 충격파를 던졌다. 수많은 기업과 자영업이 무너졌고, 이런 붕괴에 휩쓸려 일터를 잃고 삶의 벼랑으로 내몰린 피해자들 또한 부지기수다. 작금의 상황은 인류가 수백 년에 한 번 겪을만한 대형 위험과 위협이 한꺼번에 인류를 덮친 모습이다. 글로벌 경제 침체, 디지털 쇼크, 저출생-고령화 등의 대형 파도가 동시다발적으로 밀려오는 유례없는 복합 위기가 인류 공동체를 강타하고 있는 것이다.

WEF는 〈2021년 세계 위험 보고서The Global Risks Report 2021〉를 발표하면서 현재 인류가 직면한 가장 큰 위험을 코로나19 팬데믹과 함께 기후위기를 꼽았다. 가장 전방위적이고 중대한 위험이 바로 팬데믹과 기후위기라는 것이다. 인류가 지금 겪는 팬데믹도 따지고 보면 생태 위기와 무관하지 않다.

《탄소 사회의 종말》의 저자 조효제 성공회대 교수는 코로나19에 따른 팬데믹을 "기후변화와 깊이 연결된 현상"으로 본다. 그에 따르면 산림 벌채, 광산 개발, 댐 건설, 도로 개통, 신도시 건립, 축사 조성 등으로 야생동물의 서식지가 파괴됐고 이런 파괴가 생물 다양성을 줄여 코로나19 같은 병원체가 퍼지도록 했다는 것이다.

기후위기는 팬데믹을 비롯해 온갖 질병, 정신질환, 자살, 자해, 범죄, 전쟁, 작황, 아동 발달, 농어업, 경제 등 인간사 거의 모든 영역에 영향을 끼치는 "천의 얼굴을 한 현상"이다. 조 교수의 이런 주장에 전적으로 동의하지 않아도, 인간의 무차별적인 자연 파괴가 인류의 큰 위험으로 작용한다는 것에는 전문가들 사이에 이견이 없다.

기후위기는 기존의 뭇 위험과 매우 다른 특성을 지닌다. 그것은 자연과 인간 사회에 막대한 충격을 주는 것을 넘어 인류 전체를 절멸케 할 수 있다. 인류의 생존과 절멸을 가르는 문제이기에 여타 대형 위험들과도 질적으로 다르다. 최병두 대구대 명예교수는 "실상 오늘날 인간은 일상생활을 하는 도시나 지역을 훨씬 넘어서 육지 지표의 대부분, 나아가 심해에서 대기권, 심지어 우주 공간에 이르기까지 지구환경과 생태계 전체에 지대한 영향을 미치고 있다"고 말했다. 최 교수는 인간은 특히 20세기 중반 이후 지구에 "지질학적 규모의 지울 수 없는 흔적"을 남겼는데, 그 흔적은 "돌이킬 수 없는 결과"를 낳아 새로운 지질시대가 오게끔 했다고 말한다. 이름하여 '인류세 시대의 도래'다.

인류세는 노벨상 수상자인 대기화학자 파울 크뤼천Paul J. Crutzen이 2000년에 제안한 용어다. 현재의 지질연대인 홀로세Holocene世를 인류세로 대체하자며 꺼낸 개념이다. 인류가 자연환경을 훼손함으로써 지구 시스템의 대혼란과 더불어 인류의 생존 자체를 위협하는 심각한 반격을 유발한다는 담론이다. 이 담론 주창자들은 대체로 산업혁명을 인류세 시작점으로 본다. 1950년대 이후를 '(인류세의) 대가속화 시기'라고 한다. 이전과는 비교할 수 없을 정도로 급속하고 광범위하게 이뤄졌다는 뜻에서다. 대량생산·대량소비의 경제체제가 지구 자원의 소비량을 지속해서 높였고, 이에 따라 발생한 폐기물이 폭발적으로 늘면서 지구환경이 부담할 수 있는 '행성적 한계'를 벗어난 상황이라는 진단이다. 한마디로 오늘이 재난적이고 돌이킬 수 없는 지구적 생태 위기 상황이란 인식이다.

인류세의 구체적이고 대표적인 현상이 바로 기후변화다. 이는 화석연료에 의존하는 에너지 체제인 '탄소 자본주의'가 만들어낸 결과이자 위협이다. 인류를 붕괴시킬 수도 있는 중차대한 사회경제적 문제이기도 하다.

기후위기를 초래하는 지구 고온화의 주범은 화석연료에 따른 온실가스다. 2020년 한 해 팬데믹으로 인간 활동이 줄어 온실가스가 약간 감소했지만, 기후학자들은 이미 지구환경이 비상상황이라고 진단한다.

기온이 1도 올라간다는 것은 기상이변 빈도가 급증하는 것을 의미한다. 1.5도 오르면 식량 공급이 불안정해지고, 2도 이상 상승은 '찜질방 지구'를 떠올리면 된다. 이때는 사망률이 전 세계적으로 급증할 것으로 전문가들은 내다본다. 환경부가 2020년 7월 발표한 〈한국 기후변화 평가보고서 2020〉은 이런 지구적 현상을 한반도의 맥락에서 이해할 수 있게 한다. 보고서를 보면, 1880~2012년 지구의 평균 지표 온도는 0.8도 올랐지만, 1912~2017년 한국에서는 약 1.8도 올랐다. 한반도의 기온 상승 속도가 지구 전체보다 2배 이상 가파르다는 것을 알 수 있다. 이 대로라면 21세기 말에는 한반도의 연중 폭염 일수가 현재 10.1일에서 3.5배 늘어난 35.5일이 될 것으로 전망됐다.

기후변화는 "자연적 변화"이면서도 조효제 교수의 표현을 빌리면 "사회적, 경제적, 정치적 문제의 총집결 장소와 같은 현상"이다. 따라서 인류가 코로나19를 종식해도 기후변화가 지속하는 한 제2, 제3의 코로나19 역습은 언제든, 그것도 더 세고 더 빈번히 올 수 있다고 전문가들은 경고한다. 이렇듯 기후변화는 인류 전체의 생존 문제다. 그 피해는 이상기후에서 환경, 경제, 정치, 보건 등 전면에서 생겨난다. 이 재난의 희생자 또한 여타 재난과 마찬가지로 사회적 취약계층에 집중해서 발생하지만, 궁극에는 재난을 피할 수 있는 이는 없다는 면에서 '파국적 수렴'이다.

크리스탈리나 게오르기에바Kristalina Georgieva IMF 총재는 오늘의 위기를 "인류의 가장 어두운 순간"이라고 했다. 이 어두운 순간은 언제 끝날까? 기실 기후위기에 대한 경고는 코로나19 팬데믹 이전, 오래전부터 있었다. 대표적인 글로벌 기후위기 세대라고 할 수 있는 스웨덴의 그레타 툰베리Greta Thunberg가 2019년 유엔 총회에서 각국의 지도자들을 질타한 모습은 매우 상징적인 장면이었다. 앨 고어Al Gore 전 미국 부통령, 《글로벌 그린 뉴딜》의 저자인 제러미 리프킨 등 유명인사들이 줄기차게 제기해왔다.

이들의 서사는 대체로 기후위기로 인해 인류의 생존이 절체절명의 상황에 놓여 있다는 것이다. 그래서 기후위기는 다른 어떤 인류의 위협 가운데 가장 선차적으로 대응해야 할 위기라는 논지였다. 이 논지의 근거는 1차적으로 이상기후다. 지구온난화로 지구 해수면이 상승하고, 빙하가 녹고, 예상에도 없는 태풍과 가뭄이 전 세계적으로 벌어지는 현상으로 인해 대형 재난이 발생하는 상황이다.

글로벌 현상만이 아니다. 이상기후는 국내에서도 빈번히 확인된다. 2021년 1월 말 정부가 펴낸 〈2020년 이상기후 보고서〉를 보면, 2020년 한 해만 봐도 이상기후 기록은 차고 넘친다. 역사상 가장 따뜻했던 1월, 쌀쌀하고 강풍이 많았던 4월에 6월 폭염, 7월 선선, 8월 늦더위로 변동 폭이 컸던 여름철, 최장기간 장마와 비 등 이상기후가 잇따랐다.

이런 이상기후는 심각한 물적, 인적 피해를 유발한다. 기후위기는 이처럼 오늘날 인류의 안전을 위협하는 가공할 사회적 위험이다. 이쯤이면 기후위기와 관련해 수많은 질문이 떠오를 것이다. 핵심 질문은 '기후위기는 얼마나 긴급한 문제인가?'[174] 그리고 '왜 이런 일이 벌어졌는가?'다.

김병권 정의정책연구소장은 이들 질문과 관련해 우리 사회에서 기후위기에 대한 몇 가지 잘못된 시각이 있다고 말한다. 하나는 기후위기를 북극곰 살리기 문제로 보는 견해다. 기후위기는 특정 동물 보호나 환경문제를 넘어서는 문제라는 게 그의 지적이다. 또 하나는 기후위기가 당장이 아닌 미래세대를 위한 중장기 프로젝트라는 견해다. 김 소장에 따르면 획기적 대책이 세워지지 않으면 "이르면 2030년, 늦어도 2040년 안에 1.5도를 넘어갈 가능성이 매우 높아서 지금 이 순간 이미 기후위기를 겪고 있는 상황"[175]이다. 기후위기 위험은 당장 대응해야 할 위험이지, 먼 미래의 일로 나중에 대처하면 되는 위험이 아니라는 것이다.

1992년 브라질 리우에서 기후변화를 논의를 시작한 지 30년이 지난 지금, 기후위기에 대한 인류의 대응은 '탄소 중립'으로 모아졌다.[176] 이유진 녹색전환연구소 연구원에 따르면, 탄소 중립은 30년 안에 온실가스 순배출량을 제로로 만들겠다는 것으로 석유, 석탄, 가스를 사용하지 않는 경제사회로 전환한다는 것이다.

이 목표가 각국의 잇따른 선언이 나오면서 가시화하고 있는데, 2030년 탄소 배출 절반 감축이란 목표가 제시되면서 각국에서 코앞의 과제로 떠올라 있다. 기후위기는 이렇듯 내일의 문제가 아닌 오늘 당장 여기의 문제다. "기후위기를 막기 위한 행동은 30년 뒤가 아니라 지금 당장 해야 한다." 기후위기를 걱정하는 전문가들이 한결같은 목소리다.

경시할 수 없는 생태계 파괴

이들 목소리에 힘입어 기후위기에 관한 공론화도 빠르게 전개되고 있다. 하지만 기후위기만큼이나 중요하지만 상대적으로 경시돼온 또 하나의 '생태 위기' 이슈가 있다. 생태계 파괴, 곧 '생물 다양성 상실' 문제다. 이는 기후위기와 함께 오늘날 지구촌이 직면한 가공할 생태 위기의 두 축 가운데 하나임에도 기후위기와 비교할 때 충분히 공론화가 이뤄지지 못하고 있다.

지구는 "수많은 생명이 함께 짓는 거대한 그물망"이다. 인류는 이 그물망 중 가장 강력한 종이지만, 동시에 숱한 생물과 공존해 지속해서 존속할 수 있다는 게 그동안 과학이 밝혀낸 진실이다. 이런 맥락에서 유엔은 1982년 총회에서 제정한 '세계자연헌장World Charter for Nature'에서 "모든 형태의 생명은 유일하며, 인간에게 유용함 여부와 상관없이 존중돼야 한다"고 선언한 바 있다.

그러나 산업혁명 이래 인류는 뭇 생명과 공존하는 길이 아닌 경제성장의 길 위를 무한 질주했다. 국제무역, 소비, 인구의 폭발적 증가와 함께 곳곳에서 도시화가 진행됐고 이는 유례없는 성장에 따른 물질적 풍요와 복지(국가)를 선사했다. 하지만 풍요와 복지는 우리 삶을 지속시키는 자연을 훼손하는 대가를 치른 결과였다. 산림, 초지, 습지 등 중요한 생태계가 파괴되고 황폐화했다.

생태계 파괴는 1992년 유엔 지속가능발전정상회의(리우+20)에서 합의한 핵심 의제 중 하나로 제기됐다. 리우 회의가 마련한 '3대 협약' 중 하나가 '생물 다양성 협약'이었다. 나머지 두 협약은 '기후변화 협약'과 '사막화 방지 협약'이었다. 150개 정부가 서명한 이 협약(한국은 1994년 공식 가입)에서 세계 정상들은 당시 생물 다양성의 손실은 인류의 문화와 복지, 나아가 생존을 위협하는 요인으로 간주하고 이를 해결하자는 데 합의했다.

2020년 세계자연기금(WWF)이 펴낸 〈지구 생명 보고서 2020〉은 생태계 파괴 실상을 구체적으로 전한다. 이 기구가 야생 생물 개체군 2만 1000개를 분석한 결과, 1970년부터 2016년까지 관찰된 포유류·양서류·파충류·어류의 개체군 크기가 평균 68% 줄어든 것으로 나타났다. 1700년 이래 전 세계 습지 가운데 약 90%가 사라졌다. 생물 다양성 상실은 기후변화와 깊이 연계돼 있다. 기후변화로 바다가 뜨거워지면서 산호초가 폐사하고, 생물종의 지역 이탈 등 여러 악영향이 발생한 것이다. 농경지, 산림, 담수, 목초지, 관목지, 초원, 산악, 해양, 연안, 도시 지역 할 것 없이 지구촌 곳곳에서 생태계가 중병을 앓고 있다는 게 이 보고서의 요지다.

이 보고서가 전하는 핵심 메시지는 두 가지다. 하나는 인간의 건강과 자연의 건강이 긴밀히 연계됐다는 것이며, 다른 하나는 인간의 생명을 지탱하는 시스템인 자연이 심각하게 빠른 속도로 나빠져 결국 인간의 건강과 생존이 심각하게 위협받는 상황이란 것이다. 이를 불러온 원인은 성장과 이익을 위해선 생태계 파괴를 아랑곳하지 않은 인류의 무분별한 활동과 생활방식 때문이라고 보고서는 꼬집는다. 보고서는 특히 "코로나19 팬데믹은 자연이 인간에게 보내는 (경고) 메시지이자 동시에 구조(SOS) 신호"

라면서 "이 신호를 무시한다면 인류는 건강과 환경, 경제 전반에 막대한 피해를 보게 될 것"이라고 강조했다.

기후위기처럼 생물 다양성 상실에도 지구촌 차원의 대응이 전개됐다. 1993년부터 발표된 생물 다양성 협약에 따라 열린 협약 당사국 총회는 14차례 이어졌고, 2021년에도 10월 중국 쿤밍에서 15차 총회가 열려 생태계 복원을 강조한 '쿤밍 선언'이 채택됐다. 앞서 6월 10일 '유엔 생물다양성과학기구(IPBES)'와 IPCC가 역사상 최초로 〈생물 다양성과 기후변화에 관한 워크숍 보고서〉를 공동 발표했다. 그동안 별개로 활동한 두 기구가 두 의제를 연결해 공동으로 논의했다는 점에서 의미가 적잖았다.

기후변화와 생물 다양성 상실은 본질적으로 탄소라는 공통 요소로 굳게 잇대어 있다. 기후위기는 생물 서식지를 파괴하고 생태계를 교란한다. 이렇게 해서 생태계가 훼손되면 탄소를 흡수할 수 없어 기후위기가 악화한다. 그래서 이 두 위기는 "동전의 양면"이다.[177] 많은 이들이 탄소를 제거하는 일이 중요하다는 점에 동의하지만, 전 지구적 생태계를 보전하는 과제에 대해서도 관심이 매우 부족한 상황이다.

기후위기와 생태계 파괴라는 두 위기를 '생태 위기'란 틀에서 종합적으로 바라보고 대응해야 한다. "기후위기나 탄소 중립이란 좁은 렌즈로 보기보다 생태계 파괴로 논의를 확장해야 인류가 진정한 생태 위기를 극복할 수 있다"[178]는 것이다. 그렇게 해야 탄소 중립이나 에너지 전환이란 처방을 넘어 생태계 파괴라는 만성질환을 근본적으로 치료할 수 있다는 논지다.

이렇듯 "생물 다양성 상실은 인류의 보편적 웰빙 문제로 기후위기만큼 시급한 이슈"임을 분명히 인식할 필요가 있다. 지구촌과 우리 사회는 이렇듯 심화하는 불평등과 저성장 등 복지국가를 뒤흔드는 여러 도전이 겹쳐 기후위기와 생태계 파괴라는 이중의 생태 위기를 더해 거대한 '복합 위기'에 직면한 유례없는 시기를 지나고 있다.

반드시 가야 할 대전환의 길: 녹색 전환

기후위기는 인류의 '실존적 위험existential risk'이다. 실존적 위험은 닉 보스트롬Nick Bostrom 옥스퍼드대 철학과 교수가 주창한 개념인데, 그는 이를 "지구에서 기원한 지성적 생명체의 때 아닌 멸종을 위협하거나, 그 생명체의 바람직한 미래 발전을 위한 잠재성을 영구적이고 급격하게 파멸시킬 수 있는 리스크"라고 정의한다. "정상적인 삶의 양식이 뿌리째 흔들리는 상황", "발전의 잠재성이 사라지는 상황"을 의미하며, "심각한 문제들이 일시에 터져 나와 사회질서가 흔들리는 상황"을 가리킨다.

그러나 정책적 의미에서 어떤 리스크가 위험이 되려면 사람들이 그것을 위험으로 삼을 때 비로소 위험이 된다. 물론 사람들의 인식 여부와 상관없이 위험은 그 자체로 존재하며 결정적인 순간에 막대한 영향을 끼칠 것이다. 중요한 것은 이런 결과를 낳지 않도록 사전에 예방하느냐 여부다. 기후위기에 대한 우리의 대응은 1차적으로 그 위기를 "실존적 위험"으로 인식하느냐에 달려 있다. 이 물에 대한 답은 아직은 분명하지 않다.

하여 좀 더 근본적인 질문을 던질 필요가 있다. "우리가 왜 기후문제에 대해 신경을 써야 하고, 왜 그것에 대처해야 하는가?" 조효제 교수는 이와 관련해 "전환을 위한 관점 세우기"의 중요성을 강조한다. 관점이 바로 서지 않으면 핵심을 빠뜨리거나 대응도 엉뚱하기 십상이라는 논지다.

그렇다면 관점을 어떻게 세워야 하는가? 답은 '녹색 전환'이다. 녹색 전환은 "인간과 자연이 조화롭게 공존하는 시스템으로 지구를 총체적으로 생태 전환하는 것"을 일컫는다. 그것은 지구온난화의 주범인 온실가스를 줄이는 탄소 중립에서 에너지 관련 신기술 발전과 경제의 녹색화 등을 포괄한다. 학술적으로 정립된 것은 아니지만 "정치·경제·산업·문화·과학기술·교육 등 국가의 모든 정책 부문과 시민사회의 전 영역에서 녹색 가치가 주류화하는 사회로의 전환"할 때 기후위기가 해결될 수 있다는 생각을 담고 있다. 경제·산업·정치·복지 등 사회의 전방위적인 대전환으로 지구촌을 탄소 사회에서 탈탄소 사회로 바꾸겠다는 거대한 '생태 전환 프로젝트'라고 할 수 있다. 다수의 환경과학자는 녹색 전환은 선택이 아닌 필수라고 말한다. 인류가 "반드시 가야 할 길"이란 얘기다.[179]

기실 어떤 이념적 구상도 현실이란 통로를 통해 전개될 수밖에 없다. 이 전개에서 이념과 현실의 간극이 필연적으로 발생한다. 녹색 전환도 다르지 않을 것이다. 이념적으로는 "근본적 전환"을 강조하지만 그 실현 과정은 "우리가 경험하는 구체적인 현실과 조건" 속에서 전진과 퇴행을 반복하며 전개할 수밖에 없다. 어쩌면 녹색 전환은 모든 이념과 비전이 그렇듯 "결국 현실 정치

사회구조의 행위자, 제도 등의 관성에 영향을 받을 수밖에 없기 때문"[180]에 우여곡절의 "점증적 이행"의 과정일 수밖에 없을지도 모른다.

전환은 응전의 과정이다. 바꾸고자 하는 이상적 의지와 그렇지 않으려는 현실적 이해관계의 끊임없는 대립과 갈등의 과정일 것이다. 특히 기득권으로 얽힌 탄소 사회의 강력한 행위자들이 결합한 강고한 신자유주의적 탄소 자본주의 동맹 세력의 저항은 녹색 전환이 직면하는 가장 큰 도전일 것이다. 녹색 전환은 그래서 정치적으로는 탄소 자본주의 시스템 속 이해관계자들과의 지난한 싸움의 과정이기도 할 것이다. 다만 "너무 늦기 전에" 반드시 승리해야 할 싸움이다.

흔히 녹색 전환은 두 갈래의 전환을 뜻한다. 하나는 인식의 전환이고, 다른 하나는 사회경제체제의 전환이다. 전자는 "자연을 (공존의 터가 아닌) 지배의 대상, 성장의 수단으로만 인식해서는 더는 안 된다"는 인식의 전환을 말한다. 후자는 "지구 시스템을 위기에 처하도록 한 탄소 경제 시스템의 근본적인 변화"를 이뤄내는 사회경제체제의 전환을 뜻한다. [181] 이 점에서 아직 갈 길이 멀다. 특히 후자의 전환은 뚜렷할만한 변화가 보이지 않고 있다. 하지만 적어도 전자에서는 주목할만한 변화가 있다.

미국 퓨리서치센터가 2021년 북미와 유럽, 아시아, 태평양 지역 17개국에 거주하는 1만 6000명을 대상으로 조사한 결과, 일본을 제외한 대부분의 주요 국가에서 2015년 이래 기후변화가 개개인에게 피해를 줄 것이라는 우려가 크게 늘었다. 전체 응답자의 72%가 우려를 표했다. 한국의 경우 지난 2015년에 조사

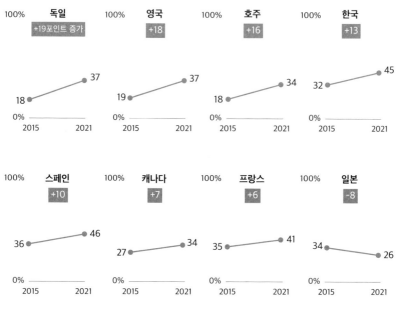

주요 경제국의 기후변화에 따른 개인적 영향에 대한 강한 우려율(%)

| 100% **독일** | 100% **영국** | 100% **호주** | 100% **한국** |
| +19포인트 증가 | +18 | +16 | +13 |

37 / 18 / 2015 / 2021
37 / 19 / 2015 / 2021
34 / 18 / 2015 / 2021
45 / 32 / 2015 / 2021

| 100% **스페인** | 100% **캐나다** | 100% **프랑스** | 100% **일본** |
| +10 | +7 | +6 | -8 |

46 / 36 / 2015 / 2021
34 / 27 / 2015 / 2021
41 / 35 / 2015 / 2021
26 / 34 / 2015 / 2021

출처: 퓨리서치센터(2021)

대상자의 32%가 '매우 우려한다'고 답했지만 2021년에는 45%로 높아졌다. '다소 걱정한다'고 답한 비율도 43%에 이르러 전체적으로는 88%가 기후변화를 우려했다. 조사 대상국 가운데 가장 높은 응답률을 보였다. 조사 대상 선진국의 대다수는 지구온난화로 인한 위협을 해결하기 위해 삶과 적어도 몇 가지 일의 방식을 기꺼이 바꿀 용의가 있다고 밝혔다.

오늘날 디지털 경제의 확산에 따른 산업구조와 노동시장의 변화, 저성장 또는 제로성장의 경제 그리고 인구구조의 변화 등의 숱한 경제사회적 변화도 '대전환'을 강제하는 요인이라고 많은 학자와 연구 기관은 일찍이 지목했다.

환경과 복지의 새로운 재구성: 녹색 복지

복지는 사회적 위험에 대한 조직적이고 집단적인 대응이다. 이 점에서 기후변화는 사회정책, 즉 복지의 문제이기도 하다. 단지 환경문제 영역만이 아니다. 조명래 전 환경부 장관은 기후변화를 비롯한 생태 위기는 환경정책의 틀을 이제 넘어서야 할 때라고 여러 차례 강조했다. 그것은 환경과 복지, 나아가서는 경제정책 등의 복합적 대응이 필요하다는 뜻이다. 복지의 시선에서 생태 위기는 삶의 질을 뒤흔드는 메가톤급 사회적 위험이다. 하여 사회보장 차원에서 역시 대응하지 않을 수 없다. 환경과 복지의 융합적 대응이나 재구성의 필요는 이런 맥락에서 나온다.

그러나 어떻게 융합하고, 어떻게 재구성해야 할지가 간단치 않다. 복지와 환경은 자본주의 경제에서 때로는 내적 충돌을 유발하며 대립한다. 복지는 성장을 기반으로 이뤄졌다. 성장은 환경 훼손을 그저 불가피하게 감내해야 하는 요소로 치부해온 터다. 더욱이 정치인과 기업인의 다수가 비록 환경 훼손이나 오염이 발생하더라도 경제성장은 늦추지 말아야 한다고 철석같이 믿고 있다. 따라서 환경 보존과 경제성장 그리고 복지가 복지국가란 틀 안에서 어떻게 조화롭게 구성될 수 있는가? 이는 오늘날 복지국가가 직면한 가장 중요하고도 새로운 질문이 아닐 수 없다. "경제성장보다는 복지와 노동, 특히 그중에서도 환경을 우선시하는 길은 사회생태계의 지속 가능성을 담보하는 가보지 않는 길"[182]이다.

하지만 이런 생각은 이미 꾸준히 있었다. 1983년 유엔은 세계환경발전위원회(WECD)를 창립했고, 이 위원회는 1987년 〈브룬틀란 보고서〉를 발간했다. '우리 공동의 미래Our Common Future'란 보고서가 그것이다. 이 보고서는 인류가 재앙을 피하고 책임 있는 생활양식으로 돌아가는 길은 장기적이고 환경적으로 지속 가능한 자원의 사용에 있다고 강조하며 '지속 가능한 발전'이란 개념을 제시했다. 이는 "미래 세대가 그들의 욕구를 충족시킬 수 있는 능력에 위협을 주지 않으면서 현세대의 욕구를 충족시키는 발전"을 뜻했다.

이 개념은 30여 년이 훌쩍 흘렀지만 여전히 시민권을 얻지 못하고 있다. 시민이 이를 아직 충분히 인식하지 못하고 있는데다, 성장과 발전 담론을 넘어서지 못하기 때문이다.[183] 생태와 복지 간의 교호적 논의가 다분히 이념적으로 치달아온 점도 배경으로 작용한다. 생태 위기가 구체적인 현실의 위기로 인식되고, 그에 대한 솔루션을 얻는 데는 수많은 의문과 질문에 답할 수 있어야 한다.

"기후변화, 돌이킬 수 없는가?", "경제성장과 환경 보존, 둘 다 가능할 수 없는가?", "생물 다양성, 얼마나 희생되어야 하는가?", "성장과 복지, 환경이 조화롭게 구성될 수 있을까?"[184]

이들 물음에 모두 답할 수 없을 것이다. 그렇다고 우리가 할 수 있는 최선의 대응마저 없는 것은 아니다. 할 수 있는 한 뭐든 다 해야 한다. 절박한 상황이기에, 너무 늦지 않게 대응해야 하는 상황이기에 그렇다. 필자는 문제 해결의 핵심은 환경과 복지들을 '어떻게 융합해 재구성할 것인가?'에 달려 있다고 본다.

　환경과 복지는 담론의 맥락이 분명 다르다. 복지는 자본주의 사회에서 생애 주기상 인간이 겪는 위험에 대한 보장에서 배태했다. 생태는 인간과 지구의 공존과 조화란 차원에서 그 범위가 훨씬 더 넓다. 자본주의사회에서 복지는 성장을 기반으로 제도화한 장치다. 환경과 생태는 성장에 대한 접근이 복지와는 달라 경제성장에 구속이 덜하거나 혹은 숫제 벗어나는 관점에서 접근이 가능하다.

　이처럼 두 개념은 공적 정책의 장에서도 서로 다른 길을 걸어왔다. 복지정책과 환경정책이란 이름으로 구분돼왔고, 둘 사이의 접점은 거의 없었다. 특히 생태주의적 접근은 때로는 자본주의 자체에 대한 전복적 질문을 던져, 이럴 때 구분은 한층 뚜렷했다. 왜냐하면 "생태주의에서 바라보는 자본주의는 본질적으로 불공평하고 불안정하며 낭비적"[185]이라고 여기기 때문이다. "생태주의는 인류의 삶의 방식을 근본적으로 바꿔내야 한다"고 보는 관점인 것이다. 이에 비해 복지는 일종의 자본주의와의 타협이다.

　생태주의적 지향은 자본주의뿐만 아니라 국가에 대해서도 비판의 날을 세운다. 자율과 연대, 상호 보완성의 가치를 중시하기에 생태주의는 중앙집권적 국가보다 공동체 사회를 더 지향한다. "평등과 정의를 구현하기 위한 소득재분배와 사회 서비스 제공은 필요하지만, 이는 반드시 중앙집권화된 국가에 의해 이뤄질 필요가 없다"[186]는 이유에서다. 그렇다고 이들이 복지국가가 정책적으로 대응하는 평등의 달성과 빈곤 철폐를 중요하게 여기고

있지 않다는 것은 아니다. 오히려 이를 관철하기 위해 이들은 노동시간 감소와 기본소득을 주창한다.[187]

물론 모든 생태론자가 기본소득에 적극 지지를 보인다고 말할 수는 없지만 친화성이 큰 것은 분명하다. 다만, 생태주의적 접근은 빈곤 철폐를 비롯한 복지를 달성하는 단위는 국가보다는 지역공동체이어야 한다고 본다. 또 이 접근은 복지국가의 주요한 자원 공급자인 국가와 시장 대신 개인과 지역이 사회보장, 교육, 보건·의료, 노인과 아동 돌봄 서비스의 전달 책임을 맡는 게 더 바람직하다는 견해에 서 있기도 하다. 예컨대, 국내의 대표적인 생태주의자로 평가받는 고 김종철 전 《녹색평론》 발행인도 이런 맥락에서 복지국가 담론에 관해 비판적이었다. 그는 복지국가는 곧 조세국가이며, 이런 시스템은 "경제성장 없이는 생각할 수 없는 시스템이며, 동시에 그 경제성장을 토대로 국민들에게 세금을 부과하고 그 세수稅收를 가지고 국부를 재분배하는 시스템"이라면서 "복지국가 자체는 좋은 것이라고 하더라도 그것이 과연 실현 가능한 프로젝트인가?"라고 반문했다. 그는 이어 "경제 전체가 정체 상태로 들어가거나 혹은 마이너스성장이 계속되는 상황으로 들어갈 때 세금을 걷는다는 게 쉬운 일일까?"라고 물으며 복지국가에 대한 근본적 회의를 표명했다. 그는 성장이 불가능한 시대, 즉 성장 시대가 종언했음을 고하면서 이런 시대는 "역설적으로 인류 사회가 비로소 정상적인 상태를 회복할 수 있는 길로 들어서게 됐음을 알리는 희망의 신호"[188]라고 말했다.

고 김종철 선생의 이런 질문과 비판은 국내 복지학계나 지성계에서 치열한 논쟁으로 이어지지 못했다. 그가 활발히 질문을 던질 무렵, 기후위기나 생태 위기는 아직도 주류 학계에서는 위기로 간주되지 못했으며, 국가가 아닌 공동체와 농업에서 찾는 그의 접근은 여전히 국가의 역할 확대를 신념화하고 있는 진보 학계의 주류에서는 현실에서 벗어난 이상론으로 여기는 풍조가 컸기 때문이다.

복지와 환경의 재구성에 관한 서구에서의 논의는 역사적으로 따로따로 각개 발전해온 환경정책과 사회정책 간에 호혜적 연계를 지향하는 방향으로 이뤄져왔다고 말할 수 있다. 흔히 복지국가는 근대산업화의 산물, 즉 탄소 자본주의 시스템의 산물이라고 말한다. 역사적으로 복지국가는 성장에 기대어 발전해왔으며, 그 목표 또한 "자본주의 시장경제에 의거한 산업적 또는 탈산업적 성장을 전제"로 해왔다. 따라서 "생태적 가치"의 강조는 "경제성장을 지향하는 자본주의 시장논리와 종종 배치될 수밖에 없었다."[189] 이 때문에 생태와 복지를 연계하려는 담론은 "경제성장이 사회적, 개인적 웰빙의 조건이란 근대적 상식에의 도전"이자 "보편적 복지가 생태계 보전과 결합되도록 하는 시도"였다. 다만 "현실적인 정책 단위(담론)이기보다는 하나의 이념형적 가능태"에 가까웠던 담론들이었다.

생태주의와 복지(또는 복지국가)를 대립이 아닌 상호 조화와 연계를 모색하는 이론적 논의와 시도는 국내에서도 여러 갈래로 제기돼왔다. 하지만 학계 전반은 물론, 특히 복지학계의 관심과 호응을 얻지 못한 가운데, 대체로 생태주의자들의 외로운 주장에 그친 경우가 다반사였다.

녹색 사회사상가 고 문순홍은 이 논의에서 빠뜨릴 수 없는 개

척자다.[190] 그녀는 2002년《한국에서의 녹색 정치, 녹색 국가》란 책을 펴내며 하나의 국가 비전으로 녹색 국가를 주창했다. 그녀가 뿌린 이 씨앗은 2010년 우리 사회에서 복지국가 논쟁이 일어났을 때 여러 논자들의 녹색 국가 또는 녹색 복지국가론, 생태 복지국가론 등 다양한 버전으로 나타났다.

정규호는 녹색 복지를 두고서 "복지적 관점과 생태적 관점을 접목시키려는 입장을 아우르는 포괄적 개념"이라고 밝히면서 이런 흐름을 "환경 친화적 인간 복지", 즉 녹색 복지라고 통칭하면서 그 갈래를 네 가지 유형으로 구분했다.[191]

다수의 연구가 환경 및 생태주의자들에 의해 전개한 것이어서 생태주의 이념을 중심에 놓고 사회복지를 재평가하고 생태적 가치를 투영하는 관점에 서 있다.[192] 사회정책 학자들 다수가 생태주의에 대한 관심이 거의 없었던 측면도 있을 것이다.

네 유형 가운데, 생태주의 이념형 중심의 녹색 복지 접근은 "생태학 혹은 생태주의 관점에서 기존 사회복지의 전통을 비판하면서 새로운 복지 패러다임으로 재편하고자 한 시도"라고 할 수 있다.[193] 이런 인식은 "기후변화 등의 생태 위기는 비복지 diswelfare의 부메랑이 되어 돌아온다"면서 "자유주의든 사회민주주의든 복지국가 모델 역시 그 형성과 변천 과정에서 이런 결과에 큰 책임이 있다"고 비판한다. 이 입장은 논자들마다 세부적인 차이가 있기는 하지만, 생태주의 관점에서 복지국가의 환경문제 소홀 및 발생의 문제를 인정한다는 점에서 동일하다.[194] 복지국가주의를 지양하는 대신 자율적이고 분권화된 복지체제를 지향하는 특성을 보인다. 다분히 이념형적 대안이란 점에서 현실 적용

녹색 복지의 접근 경향

접근 경향	내용
생태주의 이념형 중심의 녹색 복지 접근	기존 복지국가 패러다임 비판 생태 가치 기반의 복지 패러다임 전환 생태 공동체 및 지역 자립형 모델 대안 제시
생태주의 진영의 국가론적 접근 1-녹색 국가론	복지에 대한 녹색의 실질적 포섭
생태주의 진영의 국가론적 접근 2 -녹색 복지국가론	복지국가의 생태적 전환(녹색과 복지 구분 후 결합)
복지국가론의 녹색 포섭적 접근 -녹색 복지국가론	복지국가의 생태 이슈 포섭(복지 영역의 확장)

출처: 정규호(2011)

방법에 대한 구체성이 부족하다는 비판을 받고 있다.

생태주의 진영의 국가론적 접근으로서 '녹색 국가론'은 국가를 생태 위기 문제를 일으킨 원인으로 보지만 동시에 해결자로서의 가능성에도 주목한다. 복지국가에 대한 비판은 첫 번째 담론과 비슷하지만, 즉 녹색이 복지를 포섭하지만 기존 국가의 재구성과 성찰로 사회경제적 약자에 대해 복지주의나 생태주의 측면에서 적극 배려하는 것을 목표로 한다.[195]

녹색 복지국가론은 동명이형同名異形의 두 갈래가 있다. 하나는 생태주의 중심의 접근이고, 다른 하나는 복지 중심의 접근이다. 두 갈래 모두 녹색 국가론에 비해 복지의 중요성이 더 강조된다. 홍성태 교수의 '생태 복지국가론'도 여기에 속한다고 볼 수 있다. 필자가 주목하는 접근은 이 가운데 네 번째 접근이다. 복지국가의 프레임에서 생태 위기를 해결하고자 하는 접근이다.

이름하여 '복지국가의 녹색 포섭적 접근'이다.

《한국형 제3의 길을 통한 생태 복지국가의 탐색》의 저자인 한상진 울산대 교수는 복지국가와 생태 국가 혹은 녹색 국가의 차이점과 유사점을 논하면서, 복지국가는 노동계급·노동운동·사회민주주의 정당 등이 탄생에 큰 역할을 했는데, 생태 국가 탄생에는 계급·운동·정당의 역할이 별로 없다는 것을 들었다. 또 복지국가 건설에 가장 중요한 세력이었던 노동자, 노조 및 사회민주주의자들은 생태 국가에서는 오히려 걸림돌이 될 수 있다고 말한다. 왜냐하면 그들은 "물질적 삶의 기준, 일자리, 경제성장을 위협하는 어떤 기획에도 의심을 품기 때문"[196]이라는 이유에서다.

두 번째 차이는 성장에 대한 태도다. 복지국가는 자본주의 경제의 보완물로 파악돼왔다. 하지만 생태 국가는 유한한 생태계 내에서 성장은 영원히 지속할 수 없다며, 성장의 질적 변동에 더 관심을 갖는다. 세 번째 차이점은 복지국가는 일국의 영역이지만 생태 국가는 국제적 영역이라는 것이다. 복지가 개인과 기업으로부터 소득을 흡수하고 급여를 제공하는 식으로 작동하는 반면 생태 국가는 규제와 금지, 보조금, 협상된 협약 등의 혼합된 포트폴리오에 의해 작동된다는 측면에서 실행 방법에서도 차이를 보인다. 다섯 번째 차이는 복지국가는 민주주의와 연계가 높은데 생태 국가는 꼭 그렇지 않다는 점이다.

하지만 이런 차이에도 녹색 (복지)국가나 복지국가 담론은 똑같이 "새로운 사회적 삶의 영역에 대한" 국가의 역할을 확장한다는 점에서 다르지 않으며, 시장 및 자원 행동의 실패에 대한 반응으로 구성된다는 점에서 유사하다고 한 교수는 말한다. 그는 또한 "한국의 경우 복지국가가 미발달한 가운데 녹색 국가 논의가 각개 약진 방식으로 전개돼왔으나 복지국가의 한계를 예방하는 가운데 생태적 고려를 통해 새로운 복지의 모델을 구축할 필요가 크다"고 피력했다. 나아가 "한국형 제3의 길이 '복지에서 노동으로'가 아닌 복지와 노동의 동시적 추구에서 개념적으로 배태되었듯이 생태 복지국가 또한 '복지에서 생태로'라는 과도한 심층 생태주의의 논법보다는 인간의 웰빙과 이를 위해 필수적인 생태적 지속 가능성에 동시에 접근하는 녹색 가치와 사회민주주의의 융합적 사고가 요청된다"[197]고 강조했다.

이런 융합적 시도를 적극적으로 전개한 것들 중 홍성태 교수의 '생태 복지국가론'이 있다. 홍 교수는 생태 복지를 "생태계와 조화를 이루는 복지", "생태 파국을 향해 질주하는 생태 위기에 대한 적극적인 대응"이며 "근원적 복지"라고 말한다. 그는 "단순히 복지 확장이 아니라 복지의 전면적인 재구성"을 의미한다며, 두 가지 개혁을 특히 강조했다.

하나는 생태 분야에 재정을 크게 강화하는 재정 구조 개혁이고, 다른 하나는 "복지와 관련된 정부 조직의 생태적 전환을 요구하는 것"인 정부 조직 개혁이다. 정부 조직 개편의 중요성은 생태계의 한계를 무시하고 개발을 능사로 여기는 정부 조직들을 대대적으로 개혁하는 의미도 있지만, 이들 정부 조직들이 생태 복지의 요구를 억압하고 왜곡할 수 있다는 점에서도 필요하다는 인식에서다.[198]

생태 위기 시대의 새로운 복지국가 비전: 녹색 복지국가

복지국가는 학자들마다 정의가 제각각이다. 하지만 이는 "인간이 살면서 겪는 여러 사회적 위험에 맞서 다양한 사회정책을 통해 국민의 생활수준을 보장하는 데 적극적인 노력을 기울이는 국가"라는 데는 대체로 이견이 없을 것이다.

복지국가가 이전의 국가와 다른 점은 바로 국가의 역할이다. 인류 역사와 함께 존재해온 국가의 존재 양식은 과거와 비교해 근세 이후 뚜렷이 달라졌다. 국가가 "사회의 공동 이익 또는 집단별 이익에 맞게 사람들의 활동을 통일적으로 조직하고 지휘하는 포괄적 정치조직"으로 기능하게 된 것이다. 특히 이런 기능은 국민국가가 출현하면서 현실이 됐는데, 현대 국민국가의 진수가 바로 '케인스주의 복지국가'다.[199] 케인스주의 복지국가에서는 국가 규모와 조직이 엄청나게 확대됐고, 국가의 중심 기능 또한 복지 제공이었다. 케인스주의 복지국가는 국가의 존재 이유 또는 정당성이 국민의 안전과 복지를 보장하는 데 있음을 보여주었고, 국가의 기능과 역할 확대의 정당성이자 이유이기도 했다.[200]

20세기의 탁월한 국가 기획인 복지국가는 경제성장을 기반으로 이뤄졌다. 전후 복지국가 황금기는 고도성장을 배경으로 작용했다. 경제성장에 따른 임금노동자의 조세가 복지국가를 뒷받침하는 여러 사회보장제도를 운용하는 재정이기 때문이다. 이는 복지국가가 유지되기 위해서는 고용, 특히 완전고용이 아주 중요한 요소임을 말해준다. 지속적인 경제성장은 완전고용의 필요조건이며, 또한 지속적인 생산성의 필요조건이기도 하다. 복지국가의 이런 메커니즘은 경제성장 없이 복지국가를 지속해서 유지하기 어렵다는 인식을 심어줬고, 복지국가는 때로는 보호해야 할 취약계층의 희생을 개혁이란 이름으로 감내하면서 성장을 추구하기도 한 것도 이 때문이다. 이때의 성장은 물론 나라의 부를 가리키는 회계 시스템인 GDP의 증가를 가리키는 것이었다.

산업사회가 후기 산업사회로 바뀌면서 복지국가의 메커니즘에 균열이 발생했다. 후기 산업사회는 생산성이 높았던 제조업 비중이 줄고, 상대적으로 생산성이 낮은 서비스업의 비중이 증가하는 사회다. 이런 경제구조에서는 생산성의 둔화가 필연적이다. 생산성의 둔화는 성장의 속도를 낮추고, 노동자의 임금 상승을 압박해 고용을 흔들었다. 이는 곧 복지국가의 재원인 사회보험료나 사회보장세의 인상과 안정적 유지를 막아 복지국가의 재원 마련에 어려움을 주었다. 복지국가의 구조 조정 및 재편의 배경이다. 이런 메커니즘에 더해 의학 기술 발달 등에 힘입은 기대 수명의 연장과 고령화는 각종 복지급여 대상자를 증가시켰을 뿐만 아니라 의료비의 상승을 불러왔다. 이 역시 복지 재정을 압박했다.

복지국가는 이렇듯 경제사회적 환경 변화에 따른 다양한 안팎의 압력과 도전에 의해 그 지탱 가능성을 두고서 의구심을 받으며 부침을 거듭하며 변화해왔다.

이런 변화를 추동한 데는 복지국가 안팎의 요인이 컸다. 1970년대 오일쇼크와 같은 경제 위기는 변화의 큰 요인이다. 경제 침체는 복지국가를 뒤흔드는 강력한 압력이다. 산업구조 변화도 복지 자본주의를 변화시키는 강제요인이었다. 복지국가 자체의 내적 모순도 있었다. 관대한 제도가 성숙하면 필연적으로 복지국가를 압박하는 요인이 되는 것이다.

대전환 시대, 복지국가가 직면한 메카톤급 도전

21세기 오늘의 복지국가는 기존의 위기와는 전혀 다른 성질의 대형 복합 위기를 맞고 있다. 기후위기를 비롯한 생태 위기, 디지털 쇼크, 이에 따른 불평등 심화 등이 중층적으로 이뤄지는 '복합 위기' 상황을 맞이하고 있다.

우리 사회는 이를 '대전환의 시대'라고 칭한다. 대전환이란 "무언가 대격변, 대변동이 일어나고 있다"는 뜻이다. 동시에 "대전환을 하지 않으면 안 된다"는 절박감을 내포한다.

한국 복지국가가 맞닥뜨리고 있는 새 격변은 크게 세 가지다. 가장 피부로 체감하는 격변은 '디지털화'다. 팬데믹 이후 더욱 가속화하는 디지털화의 핵심 문제는 산업의 자동화와 이에 따른 노동시장의 변화가 노동자들의 지위를 극단적으로 불안정케 하는 점이다. 플랫폼 노동자의 출현이나 수많은 노동자의 일자리가 기계와 로봇 등에 의해 대체되면서 불안정한 노동이 증가한다. 이는 극심한 소득과 자산의 양극화로 이어진다. 디지털 쇼크다. 문제는 디지털 충격은 복지 사각지대를 줄이기보다 오히려 늘린다. 불평등은 커져만 간다.

디지털 기술 변화는 세계적인 추세다. 대한민국 또한 예외가 아니다. 세계 어느 나라보다 급변을 보인다. 현재 사각지대로 인해 우리의 사회 안전망은 매우 부실하다. 이런 상황은 한국 복지 체제를 더욱 기능 부전의 덫에 빠지도록 할 것이다.

경제 위기는 역사적으로 복지국가를 반복적으로 위기에 빠뜨렸다. 하지만 그때마다 복지국가는 위기를 넘어 다시 발전을 거듭했다. 지난 2008년 금융 위기에 이어 2020년 코로나19 팬데믹을 거치면서 세계경제는 저성장 경제구조가 고착화하는 양상이다. 복지국가가 직면한 대전환 시대의 또 다른 상징이다. 저성장 경제체제는 복지국가의 근본적 기반을 뒤흔든다. 전후 엄청난 고도성장을 구가한 나라 대한민국도 이미 저성장 체제로 진입했다는 게 전문가들의 판단이다.

요약하면, 디지털 경제의 급속한 진전과 서비스 경제의 확산, 2008년 금융 위기 이후 팬데믹에 이르기까지 이어지는 세계적인 경기 침체 등의 격변은 노동시장의 양극화를 낳았고, 이제는 중산층조차도 기본적인 삶의 불안정을 위협받는 상황에 이른다. 세계통화기금, 세계은행 등 시장 친화적인 국제기구가 소득분배 개선과 취약계층에 대한 사회적 보호 등 '포용적 성장'을 강조하는 이유도 이런 배경에서다.[201]

1인 가구의 급증도 사회보장제도와 직결되는 놓칠 수 없는 인구 변화다. 1인 가구 급증은 가족이 더는 보호망이 되기 어렵게 한다. 취약계층의 삶을 더욱 불안정의 덫으로 밀어 넣는 요인이다.

세계적인 현상인데, 한국의 경우에는 그 속도가 매우 가파르다. 통계청의 '장래 가구 특별 추계'를 보면, 전체 가구의 23.9%(415만 가구)를 차지하던 1인 가구 비중이 2020년 31.7%(664만 가구)로 늘어났다. 2047년에는 37.3%(832만 가구)에 이를 것으로 전망된다. 세대별로는 20대가 19.1%로 가장 많다. 이어 30대, 50대, 60대, 40대 순이다. 1인 가구의 60% 이상은 청년과 노인

세대다.

가장 큰 메카톤급 위협은 생태 위기다. 생태 위기는 "대격변과 대전환 시대의 가장 큰 상징"이다. 인류는 1972년 로마클럽이 제시한 〈성장의 한계〉가 던진 메시지를 깊이 반추해야 한다. 〈성장의 한계〉는 기존의 경제성장 방식은 지구 고온화를 비롯한 기후위기와 생태계를 파괴해 결국 인류 공동체의 지속 가능성을 위협할 것이란 메시지를 담았다. 그것은 성장만을 앞세우는 현 복지체제로는 지속 가능한 발전을 꾀할 수 없다는 자각이다.

기실 지구 고온화의 주범인 온실가스를 다량 배출해온 악당 국가는 근년의 중국을 빼면 대체로 서구 선진국이다. 선진 복지국가는 사회복지 지출이 높다. 윤홍식 교수에 따르면 복지 지출이 높다고 해서 1인당 온실가스 배출량이 낮은 것은 아니며, 기후위기에 적극 대응하는 것과 복지국가가 반드시 일치하는 것도 아닌 것으로 나타났다.[202] 현 복지국가와 기후위기의 상관성이 높지 않다는 것으로, 이는 기존의 복지국가 시스템으로 인류 공동체와 우리 사회를 안전하게 지키기 어려우며, 새로운 복지국가가 필요함을 시사한다. 윤 교수는 그래서 "그 복지국가를 넘어 현대적으로 다시 만든 '새로운 복지국가neo-welfare state'를 필요로 한다"고 말한다. 그가 말하는 '그 복지국가'는 탄소 자본주의의 산물이면서 동시에 기후위기의 주범인 현 복지체제를 가리킨다.

문제는 새로운 복지국가다. 이는 "기후위기를 발생시키는 경제에 의존하는 복지국가가 아니라 지구 생태를 복원하고 지킬 수 있는 경제와 함께하는 복지국가"이어야 한다.[203] 또 "태양열, 풍력 등 재생에너지로의 전면적인 전환"을 꾀한 녹색 전환의 길을 이끄는 복지국가이어야 한다. 바로 녹색 복지국가다.

녹색 복지국가의 가치

녹색 복지국가는 급변하는 경제사회질서 속에서 '국민들의 기초적인 삶을 보장하는 한편 소수의 성장보다는 모두의 번영을 이룩하고, 인류는 물론 지구촌에 삶의 터를 둔 뭇 생명이 함께 누리는 공존을 지향하는 국가'다. 기존 복지국가의 재구조화이되 그 방향이 생태 위기란 인류 생존의 근원적 위기를 타개하는 녹색 전환을 향해야 한다. 다시 말해 GDP 성장 중심의 탄소 자본주의의 지탱 불가능성이 아닌 지속 가능하고 지탱 가능한 탈탄소 사회의 길, 녹색의 길이다.

녹색 복지국가는 복지가 지향해온 기본적 가치를 토대로 한다는 점에서 기존의 복지국가와 본질적으로 다르지 않다. 복지국가는 이들 가치를 바탕으로 삼고, 그것을 국민의 기본권으로 보장하는 국가다.

복지국가가 추구해온 기본 가치는 인간의 존엄성이다. 인간의 존엄성은 "인간은 신분이나 직업, 경제 상태나 신체적 조건, 경도된 사상, 출신지역이나 민속, 피부색, 성별, 연령 등을 이유로 차별하거나 차별받거나 인간성이 부정되어서는 안 된다는 가치"다.[204] 복지는 인간의 존엄이란 가치의 구체적인 실천이며, 그 실천은 국가가 각종 사회보장제도를 통해 최소한의 생활을 보장할 때 현실화한다. 복지국가 초기의 목표는 '국민생활최저선 National Minimum 확보'였다. 국민생활최저선 확보를 보장하기 위해서는 최저 수준을 영위하지 못하는 국민이 국가가 최저선을 보장하도록 요구할 시민적 권리, 즉 사회권을 보장해야 한다. 오늘날에는 이 가치의 실현만으로는 충분치 않다. 생존과 생계를 넘어 "품위를 유지하며 살아가는 데 필요한 삶의 기준"[205], 즉 적정 기준의 보장으로 수준을 레벨업해야 할 필요가 있다. 이 점에서 녹색 복지국가는 기존 복지국가의 레벨업 버전이다.

녹색 복지국가는 복지가 지향해온 평등의 가치, 즉 "사회적 자원이 경제적 능력에 따라 배분되는 것이 아니라 필요한 정도에 따라 배분되는 것이 바람직하다"는 사회적 형평의 가치를 추구한다. 복지는 소모적인 비용이 아니다. 그 자체가 투자이며, 사회보장제도의 기반인 성장의 토대다. 사회 투자적인 가치를 지향한다. 이 점에서 녹색 복지국가는 다만 인간만을 향해 있지 않다. 예컨대, 복지국가의 기본 가치인 존엄성은 인간만이 아니라 지구상 모든 생명에게도 있다. 녹색 복지국가는 본디 생명 자체를 소중히 하는 생명 사상에 바탕을 둔다. 인간과 자연이 건강한 지구에서 조화롭게 더불어 살아가는 공존 사상에도 입각해 있다. 녹색 복지국가는 "자연과 인간의 공존에 기초한 새로운 삶의 방식으로서의 전환"이어야 하기 때문이다. 그것은 또한 "사회 기술적 변화로 추동되는 좁은 의미의 전이translation를 넘어"서는 개념[206]이다. "사회-자연 관계 전반에 걸친 인식적 구조적 변화로서의 전환transformation"을 의미한다. 녹색 복지국가 비전은 따라서 "지구 생태 환경의 거대한 전환을 위해 인간 사회의 근본적 재구성"을 추구한다고 할 수 있다.

녹색 복지국가는 기후위기에 대한 대응으로서 산업적 경제적 차원에서 제기되는 그린 뉴딜이나 녹색성장, 경제의 녹색화 등의 개념을 포괄한다. 기존 복지국가 체제에 대한 근본적인 문제 제기의 성격을 띠고 있다. "인간-자연 관계에 조응하는 생존의 정치, 인간종의 범위를 넘어서 더 포괄적인 다중 집합체의 공존 가능성을 모색하기 위한 프로젝트"인 녹색 전환의 길[207]인 것이다.

"인간의 생존을 존중하면서 자연과의 상생 관계 속에서 지키고자 하는 생태적 가치, 즉 생명 가치"를 바탕으로 사회보장제도를 재구성하는 새로운 복지체제가 녹색 복지국가다. 녹색 복지국가는 인류세 시대에 더는 선택 사항이 아니다. 속도는 느리더라도 반드시 가야 하고 끝내 도달해야 할 지점이다. 지구 역사상 이전에 단 한 번도 마주한 적 없는 메가톤급 대형 위험에 맞서는 생존 전략이기도 하다.

녹색 복지국가의 실현 전략: 국가의 녹색(복지)화

코로나19 팬데믹 이후 가장 뚜렷한 사회시스템의 변화를 꼽으라면 '국가의 귀환'이 아닐까 싶다. 한때 그 역할의 축소를 미덕으로 내세우던 주장은 어느새 힘을 잃었다. 국가는 어느 때보다 시민의 삶을 지키는 '구세주'를 자처하며 '통치의 권위체'란 본질을 유감없이 드러낸다. 국가와 정부가 감염병의 위험에 맞서 시장과 공동체를 지키는 보루로 다시 역사의 전면에 등장한 것이다.

기실 국가는 역사의 발전단계에 따라 다양한 얼굴로 변화했다. 고대 노예제와 중세 농노제 시대에 국가는 수탈과 억압의 폭력 기구, 그 자체였다. 근대 국민국가 시대와 산업혁명 이후, "사회의 공동 이익을 위해 사람들의 활동을 통일적으로 조직하고 지휘하는 포괄적인 정치사회조직"으로서 국가가 출현했다.

이런 성격을 지닌 국가의 진수가 복지국가였다. 제2차세계대전 후 영국과 유럽 등지에서 본격화한 복지국가는 규모와 조직을 대폭 확대하고, 역할의 중심을 무엇보다 시민의 안정된 삶을 위한 복지 제공에 두었다. 국가의 존재 이유와 정당성은 국민의 안전과 복지를 보장하는 데 있다는 인식의 전환에 따른 것이었다.

하지만 경제 위기에 이어 후기 산업사회가 도래하면서 복지국가의 토대인 완전고용이 흔들리는 틈을 타 1980년대 대처리즘Thatcherism과 레이거노믹스Reaganomics를 전위로 앞세운 신자유주의가 나타나 오랫동안 맹위를 떨쳤다. 신자유주의는 국가와 정부의 기능을 축소하고 공공 영역을 최소화하는 한편, 작은 정부와 규제 완화 그리고 민영화를 추구했다. 이 흐름은 2000년대 후반 잇따른 글로벌 부동산 및 금융 위기로 한때 종말을 고하는듯 했으나 끈질긴 복원력을 과시하며 지구촌을 더욱 지탱 불가능한 '위험사회'란 낭떠러지로 밀어붙였다. 이 위태로운 역사 위에 코로나19가 습격했고, 이는 역설적으로 국가를 소환한 것이다.

코로나19에 따른 위기를 맞닥뜨리면서 지구촌에는 "우수한 인력, 효율적 조직, 강력한 재정이 없는 미약한 정부가 이 시대의 총체적 위험에 대응할 수는 없다"[208]는 인식이 확산됐다. 최소 국가, 작은 정부로는 감염병의 위기는 물론 우리 시대가 직면하는 디지털 쇼크와 기후위기 등 가공할 복합 위협에 대응할 수 없다는 공감대가 넓어진 것이다. 하지만 이런 인식과 공감대는 어디까지나 인간 중심의 물질적 가치 생산 증진과 코로나19 이전으로의 회복을 위한 국가의 역할에만 머물고 있다는 인상을 지울 수 없다. 코로나19가 남긴 중요한 각성 가운데 하나인 자연이 건강해야 인간이 건강할 수 있다는 것, 인간 사회의 생명적 기반인 자연 생태계의 지탱 가능함을 위한 국가의 역할에 대한 고민은 충분히 담겨 있지 않다.

바야흐로 디지털 쇼크, 생태 위기, 악화하는 불평등 등이 복합적으로 불어닥친 대전환의 시대다. 이 시대는 개인, 기업, 지역 공동체만으로 맞설 수 없으며 국가 차원의 공적, 선제적, 적극적 대응이 요구된다. 국가의 대응은 이제 인간의 물질적 삶을 확대 재생산하는 것을 넘어서야 할 때다. 인간의 생명적 기반의 해체를 방어하고 회복하는 지점까지 나아가지 않으면 안 된다는 게 생태 위기 시대에 요청되는 국가의 역할이다. "물질적 부의 생산을 관리하는 성장 조절자에서 생명의 지속성을 관리하는 생태 조절자로 국가가 다시 태어나야 한다"[209]는 뜻이다. 바로 국가의 녹색(복지)화다.

녹색 복지국가가 기존의 복지국가와 결정적으로 다른 지점은 국가의 녹색(복지)화에 있다. 국가의 녹색(복지)화란, 국가의 역할을 인간 중심에서 인간과 인간의 호혜성을 복원하는 것은 물론 무엇보다 인간과 자연의 생명 의존적 관계를 지속할 수 있게 다스리는 방향으로 전환하는 것, 즉 생명 중심, 생태 중심으로 국가의 역할을 확대하는 것을 말한다. 기존의 보편적 복지국가가 목표로 한 인간의 존엄성 실현, 사회권의 보장, 형평성과 분배 정의 실현에 더해 인간과 자연의 호혜적 공존이란 가치를 병행 실현하는 것을 국가의 운영과 역할, 기능의 중심에 두는 것이기에 녹색 복지국가는 본질에서 보편적 복지국가와 동떨어져 있지 않다.

국가의 녹색(복지)화란, 국가의 기본적 역할인 축적과 정당화가 녹색인 생태사회적 가치로 재정의되고 재구성되어야 한다는 뜻이기도 하다. 녹색 축적은 그린 뉴딜, 녹색 경제, 녹색 소비 등을 제도화해 지속 가능한 생태 경제를 구축하는 길이며, 녹색 정당화는 국가 지배의 정당성이 인간의 존엄성을 보장하는 보편적 복지와 함께 인간 생명의 기반인 자연 생태계의 지속 가능성을 동시에 확보하는 길이다. 이 길은 응당 일부 생태주의자들처럼 국가의 존재를 거부하고 초월하기보다 "국가가 가지고 있는 법 제도적 자원과 역량 그리고 긴 역사를 통해 축적한 통치 기술과 기구들을 녹색 가치, 즉 생태사회적 가치를 실현하는 새로운 지배와 통치의 기구로 삼는 것"을 전제로 한다.

국가의 녹색(복지)화를 '어떻게 구체화할 수 있나?' 그 실현을 위해서는 정치와 거버넌스의 재구성이 이뤄져야 한다. 무엇보다 시민의 적극적 동의와 기업의 참여 없이는 실현 불가능한 게 국가의 녹색화란 사실을 직시할 필요가 있다.

어느 한 나라의 힘, 즉 일국적 차원으로도 실현할 수 없다. 지구촌 각국의 신뢰와 협력 없이 어떻게 국경을 초월한 생태 위기에 온전히 대처할 수 있겠는가. 수백만 명의 생명을 희생의 대가로 코로나19 팬데믹이 우리에게 준 교훈은 우리 각자의 건강과 웰빙이 지구 전체 및 자연의 건강과 웰빙과 긴밀히 연계돼 있으며, 국가 간의 협력과 연대만이 이런 자연과 인간의 건강을 위협하는 생태 위기에 대처할 수 있다는 인식일 것이다. 따라서 '우리 공동의 안전한 미래'는 이런 인식을 바탕으로 국가의 녹색(복지)화와 그 가치 실현을 지지하는 '대안 세력이 얼마나 출현하는가'에 달려 있을 것이다.

3부

새로운 복지국가,
모두가 행복하게
살아가려면?

전 국민이 누리는
사회보험[211]

왜 전 국민 사회보험인가?

포스트코로나 시대를 맞이하여 우리 사회에 예상되는 가장 큰 충격 중 하나는 디지털사회로의 빠른 진입과 불안전고용 내지 실업의 증대로 예상된다. 이에 따라 소득의 불안정과 격감의 충격이 개인의 생활에 야기하는 위기의 양상은 훨씬 더 빈번하고 심대할 것으로 예상되고 있다. 실제 2020년 코로나19에 의해 야기된 강도 높은 사회적 거리두기 정책의 결과 고용보험의 한계가 명확히 노정된 상황에서 '전 국민 고용보험'의 필요성이 사회적으로 부각되고 문재인 정부는 이의 실현을 약속하고 이에 대한 추진 계획을 공식적으로 발표한 바 있으며, 그 일환으로 집권 여당 주도로 〈고용보험법〉을 일부 개정하여 첫 단추를 꿰기도 했다.

그러나 비단 고용보험만의 문제가 아니다. 산업재해보상보험 역시 코로나19에 의해 그 기능의 결함이 드러났다. 고용보험과 마찬가지로 근로의 종속성이 명확한 경우만 가입하게 되어 있는 산재보험제도도 고용보험의 적용 대상 확대의 과정에서 함께 다뤄져야 한다는 주장이 힘을 얻고 있다.

그렇다면 다른 사회보험은 문제가 없는가 하는 질문을 던질 필요가 있다. 왜냐하면 기본적으로 우리나라 사회보험제도의 근간이 고용관계를 중심으로 확립되어 있기에 국민연금이나 국민건강보험제도의 가입 자격 부여와 이에 따른 보험료 납부의 기제가 매우 불안정한 측면이 있기 때문이다. 이는 두 제도에서 광범위한 사각지대가 존재하는 것으로 표출되고 있다. 따라서 고용보험의 가입 자격에 대한 기준을 고용 중심에서 소득 중심으로 전환한다면 차제에 전체 사회보험의 가입 자격 부여 체계를 함께 개혁할 필요가 있다. 코로나19가 바꿔 놓은 노동시장의 변화에서부터 이후 디지털 혁명의 속도가 더욱 빨라지고 AI 기술이 보편화되는 사회로 갈수록 현재처럼 고용관계를 중심으로 한 기존의 사회보험 체계의 지속 가능성은 더욱 떨어질 것이란 예상을 하는 것은 결코 과도한 우려라 할 수 없을 것이다.

따라서 차제에 일하는 사람이라면 모두가 가입하고, 사회적 위험이 발생했을 때 그 누구도 제외되지 않고 그 혜택을 볼 수 있도록 사회보험 체계를 근본적으로 바꿀 필요가 있다. 그런 의미에서 고용보험을 고용관계 중심에서 소득 중심으로 전환시키는 적용 원리와 기반을 4대 사회보험 전체로 확장시킴으로써 사각지대를 해소하고 전 국민에게 실업과 산업재해, 질병, 노후의 위험으로부터 안정된 생활을 보장하는 체제를 구축해야 한다.

4대 사회보험 사각지대 발생 구조와 제도적 한계

고용보험

고용보험의 경우 아래의 표에서처럼 2020년 현재 전체 취업자의 12.0%가 실질적 사각지대에 놓이고 31.8%가 법률적 사각지대에 놓인 가장 근본적인 원인은 고용보험이 근로자로서 '고용-피고용 관계'의 명확성과 한 사업장에서 주된 사업장을 갖게 되느냐 하는 '전속성', 이 두 가지를 고용보험 가입 범위의 결정 요소로 인정하는 기조 때문이었다.

그러나 2020년 코로나19 사태를 맞아 몇몇 업종과 비정규직,

고용보험 사각지대의 구성[212]

단위: 천 명(%)

비임금근로자	임금근로자				취업자
	고용보험 적용 제외	고용보험 미가입	공무원 등	고용보험 가입	
6,639(24.5)	1,970(7.3)	3,247(12.0)	1,436(5.3)	13,793(50.9)	27,085(100)
법적 사각지대(31.8)		실질적 사각지대			

주: 공무원 등은 공무원, 교원, 별정우체국 직원. 고용보험 적용 제외는 고용보험에 가입하지 않으면서 5인 미만 농림어업, 가사서비스업, 65세 이상, 주당 평소근로시간이 15시간 미만인 단시간 근로자(3개월 이상 근속한 근로자 제외), 특수 형태 근로에 종사하는 근로자임.
자료: 통계청, 「경제활동 인구조사 근로 형태별 부가 조사」 2020년 8월 부가 조사.

특수고용근로자, 자영업자 등에 실직이나 폐업이 집중됨에 따라 피고용관계와 전속성이 약한 대상까지도 고용보험을 확대해야 한다는 기조하에 정부는 전 국민 고용보험 체계를 확립하기 위한 계획을 발표하여 단계적인 추진을 시작했으며 이에 부응하여 〈고용보험법〉의 일부가 개정되었다.

정부의 발표에 따르면, 2020년 12월부터 예술인에 대해 적용을 확대하고 2021년 7월부터 산재보험 적용 직종 14개를 시작으로 적용 직종을 확대하는 한편 플랫폼 직종에 대한 일부 적용을 시작한 뒤 2022년 7월부터는 기타 특고 및 플랫폼 종사자의 나머지 직종에 대한 적용을 하는 것이 골자다. 이런 가운데 자영업자의 경우는 사회적 논의를 성공적으로 거친다는 것을 전제로 2023년 1월부터 적용을 할 수 있을 것이라는 내용의 추진 일정을 제시했다.[213]

그러나 이런 추진 로드맵으로 취업하고 있는 모든 이들이 포함될 것이라 전망할 수는 없다. 단적으로 정부의 추진 정책이 성숙한 단계에 이르는 2025년이 되어도 적용 대상자 목표가 2100만 명이 되지만, 2020년 현재 전체 취업자는 공무원 등 특수 직역을 제외하면 2550만 명이 되므로 여전히 사각지대가 있음을 보여주고 있으며, 자영업자에 대한 고용보험 적용에 대해서는 구체적인 방안이 없고 사회적 합의를 전제하여 방안을 찾는다는 모호한 입장을 구사하고 있다는 점이다.

이러한 한계는 정부가 소득에 기반한 고용보험 체계를 구축한다고 했지만, 사실은 현재의 보험료 부과 및 징수 체계를 근본적으로 개혁하지 않고 법률적으로 적용 범위를 확대하는 과정을 밟는 데에서 비롯된다. 따라서 현재의 고용보험 보험료 부과 체계를 마치 조세와 마찬가지로 '소득 활동을 하는 모든 이들에게 적용되는' 고용보험의 원칙을 철저히 유지하려면 어떤 방식이 필요한지를 근본적으로 모색할 필요가 있다.

이외에도 고용보험이 소득 활동을 하여 소득을 올리는 모든 이들, 그들이 설혹 고용주의 지위를 가지고 있다 해도 이번과 같은 팬데믹 상황에서 폐업과 소득 격감이 속출하는 상황을 염두에 둔다면, 비록 1인 사업자 및 전속성이 거의 없는 경우의 소득 활동자 모두를 포함시킨다 해도 이들이 실제 '실업'이라는 사회적 위험에 대해 실질적으로 보호 혜택을 보게 하기 위해서는 현재 고용보험이 갖고 있는 보장성의 문제 등도 함께 개선할 필요성도 동시에 제기된다 할 수 있다. 어렵게 고용보험 체계에 편입이 되었다 해도 이들에게 실익이 없고 부담만 있다고 할 때 가입 회피 사태가 일어날 것이고, 이는 실질적인 사각지대의 문제를 해결할 수 없기 때문이다.

산재보험

산재보험은 1964년부터 시작된 가장 오래된 사회보험 운영 경험을 갖고 있는 제도다. 그동안 적용 사업장과 업종을 꾸준히 늘려왔으나 고용주가 피고용자를 위해 보험료 전액을 부담한다는 전제하에 산재보험의 급여 대상자를 〈근로기준법〉에 근거한 근로자 개념으로 한정(법 제5조(정의) 2호)했기에 오랫동안 플랫폼 노동자 등 특수고용노동자 대부분을 근본적으로 제외시켜왔다.

물론 2007년 특수고용노동자를 포함하는 특례 규정(법 제

125조 특례 규정)을 만들고 이후 몇 차례 그 범주를 확대하는 개정을 행했기에 적용 제외 대상이 줄어들었다고 볼 수 있지만 여전히 실제 특수고용노동자를 포함하는 데에는 한계에 봉착하고 있다.[214]

그간 수차례의 법 개정에도 불구하고 여전히 특고 가운데 심각한 사각지대가 존재하고 있다. 왜냐면 첫째, 사실상 '한 사업체'에 전속된 경우만 인정하여 비전속형 특고가 원천적으로 배제되었다. 둘째, 서로 합의가 되면 '가입하지 않아도 되는opt-out'을 단서 조항으로 넣었다. 셋째, 업종별 접근을 택하여 여전히 원천적으로 배제된 업종을 갖는다.[215]

이렇듯 현재처럼 지속적으로 특고의 유형을 넓혀가는 것만으로는 산재보험의 사각지대가 발생하는 원인들을 문제를 근본적으로 해결할 수 없는 것은 자명하다. 여기에는 산재보험 자체가 갖고 있는 특수성이 추가로 존재한다. 첫째, 산재는 무과실책임주의에 의거하여 고용주가 보험료를 전액 부담하며 산재 발생률에 따라 산재보험료율이 변동하는 특성을 지님으로써 고용주의 부담 가중에 따른 회피 현상이 작동할 기제가 존재한다. 둘째, 산재는 산재로 인정을 받기 위한 엄정한 절차와 입증 과정이 있어 실제 신청 대비 산재로 공식 인정을 받아 산재보험상의 급여를 받기가 쉽지 않아[216] 여타의 사회보험들과는 그 성격이 다른 점이 있다. 셋째, 산재는 작업의 종류나 업종에 따라 산재 발생률이 다르며 특히나 특고의 유형에 따라 산재에 대한 위험의 체감도가 다른 측면이 존재한다.

첫 번째의 경우는 산재 발생의 억제를 위해 고용주의 작업 현장 개선을 위해 설정한 산재의 특성으로서 산재 발생률이 여전히 OECD 최고 수준에 달하는[217] 현재 노동 현장의 실상을 고려할 때 산재보험의 근본원리를 수정할 수는 없을 것이다. 두 번째의 경우는 산재보험제도의 개선 사항으로서, 현재 산재 피해자에게 입증의 책임을 상당 정도 부과하는 불합리를 개선하고, 근로복지공단의 산재 신청 및 이의 신청 절차를 대폭 개선하는 방법으로 일정 정도 보완할 수 있다. 세 번째의 경우는 좀 더 분석이 요망되는 부분이다. 이승윤 외의 플랫폼 노동자에 관한 연구에 따르면, 지역 기반 플랫폼 노동자의 대표인 배달기사의 경우는 산재 발생 위험이 높고 산재보험 가입의 욕구도 높은 데 비해 같은 지역 기반 플랫폼을 이용하는 가사 서비스 노동자는 중간 정도의 위험과 욕구를 가지고 있으며, 다른 기반인 온라인 기반 플랫폼을 활용하는 프리랜서의 경우는 산재 위험이나 보험 욕구가 낮은 것으로 나타난다.[218]

그러나 특수고용, 특히 플랫폼 노동자들이 갖는 고유의 특성도 산재보험으로의 포함 시 고려되어야 하는데, 가장 두드러진 점이 바로 고용의 전속성과 노무 제공의 가격 결정력이다. 앞서 이승윤 외의 연구에서도 파악된 것처럼 배달 플랫폼은 소비자-라이더-음식점-플랫폼의 4자 관계이며, 가사 서비스와 프리랜서 플랫폼은 소비자-매니저-플랫폼의 3자 관계로서 중개자의 기능을 넘어서 사용자의 위치에 누가 있는지가 불분명한데다가, 특히 프리랜서의 경우는 소비자와 프리랜서가 가격 협상을 직접 하는 것이 일반적이어서 더욱더 고용주에게 보험료를 부과하는 것에 어려움이 있을 수 있다.

이런 특수성을 고려할 때 산재보험에 포함시키는 방안에 대해서 다양한 의견이 대두될 수밖에 없었다, 특수 형태 근로 종사자의 경우를 임금근로자나 자영업자와 달리 제3의 고용 지위로 분리하여 제도를 설계할 필요가 있다는 주장,[219] 이들을 모두 산재에 포함시키되 제외 신청을 허용하자는 주장[220]이 대표적이다. 그러나 제도를 분리하면 할수록 집단의 특성별로 더욱 세분하여 별도의 제도가 설계될 수 있다거나, 그 경계선상의 모호함에 의해 여전히 또 다른 사각지대가 잔존할 수밖에 없다는 점에서 궁극적인 해결책이라고 보기 어려운 것이 사실이다.

국민연금

국민연금은 〈국민연금법〉 제6조에 의거하여 18세 이상 60세 미만인 자 중에서 공무원, 군인, 사립학교 교직원, 별정우체국 직원을 제외한 모든 이들이 가입 대상자가 된다. 일단은 특수 직역 연금 가입자를 제외하면 그 나머지 18~60세 사이의 모든 국민들이 국민연금의 가입 대상이 될 수 있는 것이다. 이들은 지역가입자, 사업장가입자, 임의가입자, 임의계속가입자 등 네 가지로 분류되어 편입된다.

그러나 각종 예외 조항이 존재하게 되는데, 우선은 근로자로 보지 않는 이들이 존재한다는 점이다. 〈국민연금법〉 제3조 1항 1호의 단서에 따라 근로자에서 제외되는 사람들이 존재한다. 법 시행령 제2조에 이를 구체화하고 있는데 일용근로자나 1개월 미만의 기한을 정하여 사용되는 근로자, 소재지가 일정하지 아니한 사업장에 종사하는 근로자, 법인의 이사 중 소득이 없는 사람,

1개월 동안의 소정 근로시간이 60시간 미만인 단기 근로자 등이 이에 해당한다. 다음으로 사업장가입자가 아니어서 지역가입자로 분류되는 자들 중에서 특수 직역 연금자의 배우자, 사업장가입자·지역가입자·임의계속가입자의 배우자, 노령연금 수급권자 및 퇴직연금 등 수급권자의 배우자, 퇴직연금 수급자, 18세 이상 27세 미만 자 중 학생이거나 군 복무 등의 이유로 소득이 없는 자, 〈기초생활보장법〉에 따른 생계급여 또는 의료급여 수급권자 등은 의무적인 가입 대상에서 제외하고 있다.

이상의 자들을 제외하곤 모두 국민연금에 가입하여 보험료를 납부하도록 되어 있음에도 추가적으로 여러 가지 예외를 인정하는데, 이를 모아보면 다음과 같다.

첫째, 사업장가입자가 되는 자들 중에서 본인이 원하지 아니하면 사업장가입자가 되지 아니 할 수 있다(〈국민연금법〉 제8조 2항). 둘째, 납부 예외자로서 병역의무 수행자, 재학생, 교정 시설 수용자, 행불자 외에도 사업 중단, 실직 또는 휴직 중인 자(법 제91조 1항) 및 질병이나 부상으로 3개월 이상 입원한 경우, 〈농어업재해대책법〉 등에 따른 보조나 지원 대상인 경우, 그리고 재해나 사고 등의 발생으로 연금보험료를 낼 경우 기초 생활 유지가 어렵다고 이전될 정도로 소득이 감소된 경우(시행령 제60조)가 이에 해당한다.

2018년도 통계를 바탕으로 할 때 370만여 명의 납부 예외자가 존재할 수 있었던 데에는 위와 같이 납부 예외의 경우를 다양하게 인정하고 있음에 기반했다고 볼 수 있다. 그러나 명시적으로 납부 예외자로 드러나는 사각지대 외에 실제 근로자로 보지

국민연금 사각지대의 구성[221]

	18~59세 총인구(3245.6만 명)				
비경제활동 인구 (895.0만 명)	경제활동 인구(2322.4만 명)				특수 직역 연금 (166.3 만 명)
	국민연금 가입자(2184.3만 명)				
	납부 예외자 (370.1만 명)	소득 신고자(1814.2만 명)			
		장기 체납자 (97.8 만 명)	보험료 납부자 (1716.4만 명)		
사각지대(1362.9만 명)			잠재수급자(1882.7만 명)		

자료: 2018년 국민연금 생생 통계

않거나 사업자에 고용되었음에도 불구하고 지역가입자가 되어 다양한 예외 조항으로 분류된 경우도 있을 개연성이 있다.

따라서 국민연금이 현행의 징수부과 체계에서 영세 자영업자나 저임금 불안정 특수 형태 근로자가 납부 예외자로 분류되어 사각지대를 형성한다고 판단하는 것은 충분하지 않으며, 애초부터 법이 인정하는 가입 자격의 예외 규정으로 인해 경제활동 인구 중 누락된 근로자나 소득 활동자들이 사각지대로 추가됨을 배제할 수 없는 상태다.

건강보험

건강보험의 경우 현재로서는 명시적 사각지대가 존재하지 않는다. 왜냐면 의료급여 수급권 가구 외의 모든 소득 활동자 또는 가구에 대해 적어도 직장가입자 또는 지역가입자로 분류되어 보험료가 부과되고 있기 때문이다. 그러나 6개월 이상의 장기 체납자로서 145만 세대가 존재하며 그중 절대다수가 소득 등급 무등급으로서 빈곤층이 되므로 실질적인 사각지대를 구성하고 있다.

또한 이러한 사각지대 외에도 건강보험에는 소득이 있는 이들 모두에게 보험료를 부과하지 못함에 따라 보험료 부과의 사각지대가 존재한다는 점을 유념할 필요가 있다. 즉 전 국민을 일자리 유무와 종사상 지위에 따라 분해해보면, 결국 임금근로자·고용주·비임금근로자로 일자리를 가진 이들이 분해되고, 일자리를 갖지 않았다 해도 이자·배당·연금 소득이 있는 이들과 소득이 없는 이들 등으로 다시 분류된 상태에서 어느 정도 인구가 그 유형에 속하고 있는지를 알 수 있다.

2018년을 기준으로 건강보험의 보험료 납부자는 직장가입자 1747.9만 명, 지역가입자 806.3만 명으로 모두 2554.2만 명인데 비해, 전체 국민 중 일자리가 파악된 자 3685.2만 명과 자산 소득이나 연금이 있는 204.0만 명을 합하면 전체 국민 중 소득을 올리고 있는 자들은 모두 3889.2만 명이 됨을 알 수 있다. 따라서 소득 기준으로 보면 상당한 인구가 건강보험 미가입 상태에서 보험 혜택을 보고 있는 한계도 존재한다.

또한 건강보험제도에서 가장 논란이 되는 부분이 직장가입자와 지역가입자의 보험료 부과 기준이 통일되어 있지 않다는 점이다. 이는 지역가입자의 소득 파악이 제대로 되지 않기 때문에 지역가입자의 경우는 소득 외에도 자동차와 주택의 자산 가치, 피부양자 수까지 고려하여 등급을 매겨 보험료를 부과하는 상태다. 이렇게 함에도 불구하고 직장가입자들은 보험료의 형평성에

전 국민의 일자리 유무, 종사상 지위 등에 따른 분류(2018년)[222]

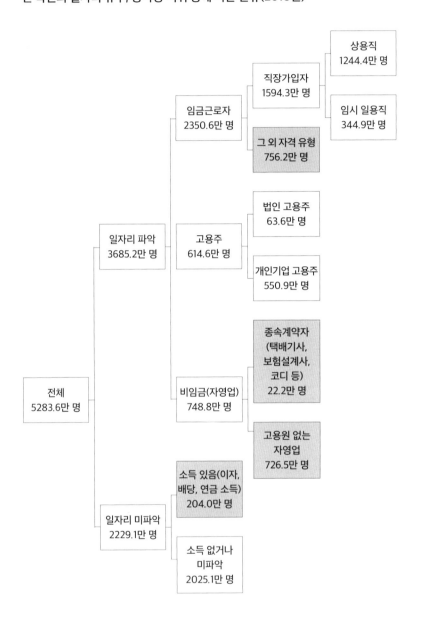

주) 음영 처리된 부분이 보험료의 사각지대가 될 가능성이 있는 곳이다.
출처: 손종국 외(2020)

대한 불만이 터져 나오고 있으며, 지역가입자는 소득 외에도 피부양자 수나 자산을 고려함으로써 소득이라는 지불능력에 비례하여 보험료가 부과되지 않는 것에 대한 이의 제기가 끊이지 않고 있다.

따라서 건강보험제도가 갖고 있는 수급 자격을 취득하기 위해 등장하고 있는 여러 가지 문제점들을 근본적으로 해결하기 위한 대응 방안을 모색할 필요가 제기된다고 하겠다.

사회보험의 재구조화 방안

기본 방향

앞 절에서 살펴본 대로 현재 사회보험이 적용을 배제하고 있는 일하는 계층과 각 제도가 내면적으로 가지고 있는 한계를 해결하기 위하여, 그리고 나아가 미래 포스트코로나 시대의 사회 변화 및 노동자 형태의 변화를 고려했을 때 가장 중요한 것은 현재의 '고용에 기반'한 사회보험 가입 체계를 '소득에 기반'한 가입 체계로 전면 전환하는 것이 핵심이다. 결국 이는 '소득 있는 곳에 사회보험료가 있다'는 기조와 가구에서 개인으로 부과 기반이 바뀌는 것을 의미한다. 이는 현재 고용보험에서만 이야기되고 있는 전국민고용보험제도를 '전국민사회보험제도' 형태로 확대 적용하는 것으로 이해할 수 있다. 어차피 다른 사회보험이 각기 갖고 있는 사각지대의 형태와 규모는 다를지라도 그 본질은 누가 고용주이며 누가 피고용인인지에 따라 보험료 부과를 하고 있는 데에서 오는 누락과 배제의 문제가 발생하는 것이기 때문에 만일 고용보험을 일하는 모든 이들이 수급권자가 되도록 한다면 그 원리와 기반을 그대로 다른 사회보험에 적용하지 않을 이유가 없다는 것이다.

이는 전 국민 고용보험 방식에 있어 밟을 수 있는 두 가지 경로, 즉 하나는 업종의 확대 방식, 다른 하나는 소득 기반으로의 전면적 전환 방식에 있어 후자를 선택하자는 것이기도 하다. 이는 결국 정부가 중심이 되어 소득이 있는 자라면 그가 임노동자이든, 플랫폼 노동자이든, 고용주이든, 자영업자이든 그 소득을 기반으로 보험료를 부과하고 이를 재원으로 하여 해당 사회적 위험으로부터 모든 일하는 자 및 그 부양자들, 결국은 전 국민 모두를 보호하고 그들이 안정된 생활을 영위할 수 있도록 하자는 것이다.

적용 원칙

전 국민 사회보험은 우선 고용보험, 산재보험, 국민연금, 건강보험 등 4대 사회보험에 대하여 공통적으로 다음과 같은 작동 방식을 적용토록 한다.

① 제1원칙(가입 대상) 가입 대상에 있어 종속성과 전속성은 고려되지 않는다.

근로를 통해 소득을 벌어들이는 이들의 경우, 기존 사회보험 체계에서 중요하게 인식되어온 특성은 종속성과 전속성이다. 즉, 종속성은 그가 계약에 의해 피고용관계에 놓여 있는 정도이

종속성과 전속성에 따른 분류

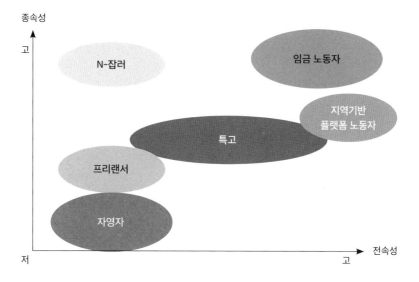

며, 전속성이란 한 사람의 고용주에게 노무를 제공하는 정도를 말한다. 따라서 고용보험이나 산재보험의 경우는 〈근로기준법〉에 의해 근로자로 규정되는 것을 전제로 가입 대상으로 함을 기본으로 했으므로 피고용자가 아니거나 여러 명에게 노무를 제공하는 경우는 원칙적으로 배제되고 말았다. 한편 보험료의 납부와 관련해서는 건강보험이나 국민연금의 경우까지도 영향력을 미쳐 고용주 부담분을 누구에게 귀속시킬 것이냐의 문제가 중요해지게 되는 것이다.

이 원칙을 고수하면 사회보험의 유형에 따라 몇 가지 고려해야 할 사항들이 발생한다.

고용보험이나 산재보험의 경우는 자영업자나 고용주를 의무가입으로 할 것이냐 하는 점이다. 만일 고용보험에 개인 고용주나 1인 고용주를 포함시킨다고 할 때, 이를 실업 및 폐업 보험의 의미로 바꿔 이들을 의무 가입으로 할 수 있다. 이들을 임의 가입으로 하는 한 전 국민 고용보험이 되기 어려운 것이 사실이다. 따라서 궁극적으로는 의무 가입으로 포함시키는 것이 바람직할 것이다.

산재보험의 경우 온라인 기반 플랫폼 종사자, 즉 프리랜서와 같은 근로자들은 산재의 위험도가 낮아 실효성이 없다고 판단할 수 있으나 산재는 보험료율이 차등적으로 적용됨으로써 이러한 부분을 반영할 수 있을 것이며, 아니면 보험료 부담 방식을 달리 적용함으로써 부담을 완화시킬 수도 있다.

아울러 건강보험에서는 그간 지역가입자의 경우 가구주 중심으로 피부양자가 좀 더 폭넓게 인정되었으나 만일 소득을 올리는 이들이 모두 건강보험료를 내게 된다면 지역가입자의 현행 부과 체계 및 보험료 산정 방식 모두가 변환되어야 한다.

② 제2원칙(보험료 부과 방식) 보험료 부과에 있어 전속성은 고려되지 않으며 종속성에 따라 차별적으로 보험료를 부과할 수 있다.

제1원칙에 의거하여 모든 소득자가 가입 대상이 된다고 할 때, 특히 현행 우리나라의 사회보험 보험료 부과 방식이 산재보험은 고용주가 전액을, 나머지 보험은 고용주와 피고용인이 2분의 1씩 그리고 고용주 자신은 전액 자기 부담 방식을 취하는 방식이므로 결국 전속성이 없는 경우에도 고용주는 노무를 제공받은 이들에게 지불하는 임금이나 노무 제공의 대가 크기에 상관없이 보험료의 2분의 1을 납부하는 방식으로 적용할 수밖에 없다.

다만 고용관계에 있지 않은 이들을 현행처럼 모두 전액 그들 부담으로 강제하는 경우 초기 이에 대한 납부 부담이 매우 커져서 제도의 수용 가능성이 낮으므로 보완적인 방식이 강구되어야 한다. 예를 들면, 초기에는 임의 방식으로 하되 제도의 수용성이 높아지는 경우 의무 가입 방식으로 전환하는 방식, 자영업자 등은 소득 등급별로 별도의 보험료를 책정하는 방식, 그리고 일정 소득수준 이하의 자영업자나 특고의 경우 국가의 보험료 지원을 행하는 방식 등 다각도의 방식을 고려해볼 수 있을 것이며 이에 대한 추후 연구가 필요하다.

③ 제3원칙(보험료 부과 대상 소득) 근로자의 경우 근로소득, 고용주는 영업소득에 보험료를 부과하는 것으로 하되, 예외적으로 기타 정기적인 소득을 추가할 수 있다.

산재보험은 영업장을 운영하는 영업주가 부담하지만, 다른 사회보험은 자신의 보험료는 근로자의 경우 근로소득을 기반으로, 고용주는 자신의 영업소득이나 보수에 부과한 것으로 한다. 다만 국민연금과 건강보험의 경우는 연금 소득과 금융 소득, 임대차 소득 등을 합산하여 부과하는 방식을 고려해볼 수 있다. 물론 연금 소득과는 달리 금융 소득이나 임대차 소득 등은 종합소득 신고의 방식 등을 통해 사후에 부과하거나 사전 부과 후 정산하는 방식 등이 고려될 수 있다.

④ 제4원칙(보험료 부과 및 징수 담당) 보험료 부과 및 징수는 한 기관에서 통합하여 행하되 국세청이 그 기능을 담당하여야 한다.

국세청이 보험료 부과와 징수를 담당하기 위해서는 먼저 국세청에 RTIReal Time Information 시스템을 도입하여 소득 파악의 주기를 거의 실시간으로 이뤄지도록 해야 한다. 이미 국세청은 근로장려세제 도입을 하면서 일용근로소득지급명세서 제출을 확대하여 소득 파악 기반을 획기적으로 개선한 성과를 올린 바 있으며 홈텍스 시스템을 도입하여 사업주의 종합소득 신고 및 자료 제출, 부가세 신고, 근로자의 연말정산 등에 활용도를 높이고 있다. 향후 더욱 개선될 IT 기술과 신용카드 거래의 활성화 등을 고려할 때 RTI 시스템이 구사될 수 있으므로 굳이 각 공단에서 국세청의 자료를 활용하여 부과하고 건보공단에서 통합 징수를 하는 현행 시스템을 존속하는 것은 오히려 효율성을 떨어뜨린다.

부과 및 징수 기능을 국세청에 이관하면 현재의 공단은 사회보험공단으로 일원화하여 사회보험청이 관할하며, 이 공단에서는 가입자를 위한 서비스 기능에 더욱 충실하도록 한다. 즉 고용보험에서는 적극적 노동시장정책에 해당하는 영역에 대해 그 전문성을 더욱 발휘하도록 하며, 산재보험은 산재의 판정이나 사후 서비스에 집중한다. 국민연금의 경우 기금의 운용과 노후 설계에 대한 지원 서비스를, 건강보험의 경우 질병 예방이나 의료 서비스의 질 평가, 의료 서비스 이용 컨설팅 등의 피보험자 지원 서비스가 강화되어야 한다.

이때 고용보험의 경우 현재와 같이 출산 및 양육에 대한 지원은 아예 별도의 부모 보험이나 국고 부담 사업으로 전환하는 것이 고려될 필요가 있다.

실행을 위한 핵심 고려 사항 및 대응 방안

전 국민 사회보험으로의 개편은 개별 제도가 가진 현재까지의 발전 경로와 고유의 경로 의존성이 있기 때문에 쉽게 이뤄질 수 있는 문제는 아니다. 가장 큰 문제점으로 근로자의 전속성을 따지지 않는 것에서부터 자영업자의 소득 파악, 보험료 회피, 기존 부과 체계와의 정합성, 부담 폭증의 문제, 소득의 범위, 기구 개편에 따른 문제 등등 다양한 부문에 걸쳐 때로는 제도별로 차별적, 때로는 모든 제도에 대해 공통적 문제를 유발할 것이다. 각 제도별로 실행 가능성을 점검할 수 있는 대표적인 문제들을 몇 가지 검토해보도록 한다.

1) 고용보험제도 및 산재보험

① N-잡러에의 적용

복수의 근로소득이 있는 플랫폼 노동자의 자격 부여와 보험료 부과 징수의 문제는 좀 더 구체적인 기준의 문제를 야기할 수 있다. 예컨대 고용보험에서 부과하는 일정 기간의 근로와 일정액 이상의 신고소득 기준을 어떻게 할 것인가의 문제가 등장할 수 있다. 그러나 지난 18개월 중 7개월 이상 월 신고소득 80만 원 이상으로 하고, 자발적 이직자의 경우 기준 금액을 좀 더 긴 기간과 높은 금액으로 설정하는 것을 고려할 수 있다. 현행 제도는 지난 18개월 중 180일 이상 보험료를 납부하는 기준을 적용하고 있다.

또한 부분 실업의 문제, 즉 여러 개의 소득 중 한두 가지 소득이 중단되었을 때 역시 실업으로 볼 것인가 하는 문제가 고용보험에서 등장할 수 있다. 그러나 실업 상태에 대한 기준은 명확하

대표적인 고려 사항과 문제 지점의 예시

고려 사항＼종류	고용보험	산재보험	건강보험	국민연금
근로자의 전속성	• 부분 실업	• 산재 발생에 따른 업주 책임주의		
자영업자의 소득 파악		• 근로자와의 형평성 문제		
보험료 미납으로 인한 회피			• 보험료 체납자의 부담 문제	• 납부 예외자의 부담 문제
기존 부과 체계와의 정합성			• 지역가입자의 부과 방식 대대적 변화의 문제	
부담 폭증의 문제	• 자영업자의 부담 일시적으로 폭증. 이를 정부가 지원할 때의 형평성 문제 • 특히 산재의 경우는 근로자의 경우 사용주가 부담하던 것을 근로 전속성이 낮은 직종은 자신이 모두 부담하는 데서 오는 문제			
소득의 범주와 기반			• 근로소득이나 영업이익 외의 소득에 대한 부과의 문제	
기구 개편의 문제	• 부과·징수 기능의 국세청 이관에 따른 기존 공단 기능 전환 문제			

므로 평소 여러 개의 근로소득에 대해 보험료를 부과한 N-잡러의 경우 실업 상태가 될 때 기존의 다양한 소득원에서 납부된 보험료가 근간이 되어 평소 소득의 일정 수준을 회복하게 될 것이다.

② 일시소득자의 수급 자격 판단

일시소득자(예술인, 프리랜서)의 수급 자격 판단도 고용보험에서는 문제가 될 수 있다. 그러나 이는 계약서가 있는 경우는 계약 기간을 고려하여 월 단위 소득 계산이 가능하며, 계약서가 없는 경우는 특례 적용이 필요한 부분이다.

③ 도덕적 해이 문제

고용보험의 경우 자영업자의 도덕적 해이가 문제가 될 수도 있다. 즉 폐업이나 창업이 비교적 용이한 자영업자의 경우 이를 반복하면서 실업급여의 수급을 반복적으로 활용할 수 있다는 점이다. 하지만 실업 상태는 근본적으로 자발적인 상태가 아니라는 점, 현행 제도도 일용 노동자, 단기 계약자를 보호하고 있으며 임금노동자는 지금도 일정 기간 일하면 사실상 무조건 급여를 지급하는 셈이라는 점을 고려하면 유독 자영업자를 폭넓게 포함하는 데에서 도덕적 해이 문제를 걸림돌로 생각할 이유는 없다.

특고와 플랫폼 노동자에게도 같은 문제를 제기할 수 있다. 그러나 기업이 이들을 고용하는 순간 이미 실업자 발생이 예견되는 상황이며 기업의 유연한 인력 활용을 위해서 사회가 부담을 지는 것으로 이해해야 한다.

보완적인 방안으로 기여 기간, 수급 대기 기간 등으로 안전장치를 설계에 반영하는 방법이 있을 수 있다. 즉 자영업자나 자발적 이직자는 좀 더 긴 기여 기간을 수급 조건으로 할 수 있으며 (예컨대, 지난 18개월 중 10개월/12개월), 대기 기간 1개월을 적용할 수 있다.

④ 고용주 부담분 부과 기반

고용주의 부담분을 영업이익에 부과할지 법인 순이익에 부과할지도 고려의 여지가 있다. 영업이익에 부과 시 적자 기업에 대한 미부과 문제도 발생한다. 그러나 영업이익보다는 법인세 부과 기준인 '순이익'에 부과하는 것이 바람직하며, 적자 기업 미부과 자체는 문제가 되지 않을 것이다. 오히려 문제는 일부 대기업의 기여금이 현재보다 크게 증가하게 되어 반발이 예상된다. 예를 들어, 삼성전자가 10조 원 이익을 내면 1000억 원을 부과하게 되는 것이다. 기업의 기여 방식에 대해서는 한국경영자총협회, 대한상공회의소 등과 논의를 거쳐 선택하게 하는 방안도 열어놓을 필요가 있다. 영업이익에 부과하는 것이 고용과의 연계를 끊는다는 점에서 바람직하기는 하지만 필수적인 요소는 아니다. 궁극적으로는 일부 선진 복지국가에서처럼 페이롤(급여 대상자 명단)pay-roll 방식의 기여 체계를 가져야 할 것이다.

⑤ 자영업자의 부담분 해소

자영업자의 고용주 부담은 제도 시행의 일정 기간 안에는 부과하지 않도록 하거나 기존의 지원제도를 더욱 확충할 필요가 있다. 고용보험의 경우 현재는 자영업자에게 0.25%를 부과하고 있으나 이를 임금노동자 총 부담분인 0.8%를 일시에 부담시키는 것은 상당한 부담으로 다가올 수 있다. 자영업자의 경우 새로운 부담이 추가되는 것으로 인식될 수 있으므로 당분간 부담금에 대한 전폭적인 지원이 필요하며 이때 현행 두루누리사업, 일자리 안정자금 등 기존 사업에서 가져올 여력은 충분하다 하겠다.

2) 국민연금

자격 조건에 있어 소득 발생 시 보험료가 자동 부과되도록 한다. 국민연금의 경우 소득 비례에 기초한 급여 형태이므로 소득 발생에 따라 국민연금보험료를 기본적으로 선先부과하고 후後정산하는 형태로 전환한다.

납부 예외자의 조건을 엄격히 관리하는 것이 필요하다. 납부 예외자와 장기 체납의 조건을 엄격히 관리하고, 이 중 빈곤계층일 경우는 각종 크레디트 제도의 확대와 보험료 지원 방식의 확대를 통해 실질적 사각지대를 최소화하도록 한다.

3) 건강보험

건강보험의 경우 핵심은 빈곤에 따른 장기 체납에 대한 보험료 지원을 강화하는 것이 된다. 나아가 의료급여자까지 건강보험에 편입시켜 보험료 지원을 확대하고 대신 소득 분위별 보험료 지원폭을 차등화하여 빈곤으로 인한 장기 체납자를 원천적으로 발생치 않게 한다.

그러나 건강보험의 경우 현재까지의 지역가입자 보험료 부과 방식을 소득 중심으로 일원화하고자 꾸준히 노력해왔던 것을 좀 더 근본적으로 해결할 수 있는 여지가 크다는 장점을 간과할 수 없다. 물론 이 경우 기존의 건보 재정의 규모를 고려할 때 새로운 부과 체계에 따른 재원 확보 여지가 어떻게 되느냐 하는 점에서는 매우 정교한 예측이 필요하며, 이에 따라 구체적인 보험료율이나 기반 소득의 범주 등이 세부적으로 고려되어야 할 것이다.

실행을 위한 전략

1) 관련된 조치 사항

먼저 법적 측면에서 볼 때 사회보험의 개별법에 대한 전면 개정이 필요하다. 또한 보험료 징수 및 부과 측면에서는 국세청 중심의 부과, 징수 체계로의 전환이 추진되고, 국세청의 자영업자 등 소득 파악률 제고 및 실시간 파악 시스템이 발동되어야 한다. 궁극적으로 사회보장세 형태로의 전환도 검토되어야 한다.

기구의 측면에서는 국세청에게 징수 및 부과 기능을 넘길 때 서비스 기능을 충실히 하기 위해 사회보험청의 설치도 검토해야 한다.

2) 이행 전략

이러한 개혁은 상당한 정도의 시간이 필요하며 사회적 합의를 위한 노력도 필수적이다. 이러한 점을 고려할 때 다음의 세 단계에 따른 접근이 필요하다.

1단계는 개별법의 개정을 통해 보험료 부과 방식을 바꾸고, 국세청의 기능 강화 및 보험료 부과, 징수권 부여하는 단계가 될 것이다. 2단계는 사회보험청의 설치와 사회보장기금으로의 전환 단계다. 3단계로 사회보장세를 통한 보험료 징수 방식의 효율화를 통해 완성된 단계로 가는 것이다.

모두를 위한
소득보장정책

소득보장제도와 한국의 성장 모델

한국의 공적 소득보장정책은 앞서 살펴보았듯이 상대적으로 안정적 고용과 괜찮은 임금을 보장받는 계층에게 집중되어 있는 '역진적 선별성'을 특징으로 한다. 정규직과 비정규직의 연금, 고용보험 등과 같은 핵심 사회보장제도의 적용률이 상이한 것은 잘 알려진 사실이다. 이명박 정부 시기부터 두리누리사업을 도입해 비정규직이나 불안정 고용 상태에 있는 노동자들이 사회보험에 가입할 수 있도록 지원을 늘렸지만, 둘 간의 격차는 좀처럼 줄어들지 않았다. 일반 조세를 통해 사회보험의 보편성을 확대할 수도 있고, 고용에 기초해 제도화된 사회보험을 소득 활동과 연동된 제도로 전환할 수도 있다. 하지만 조세를 투입하는 것은 재원과 사회적 동의를 구하기가 쉽지 않고, 사회보험의 패러다임

정규직과 비정규직의 중요 사회보장제도의 적용률[223]

주요 사회보장제도의 커버리지, %

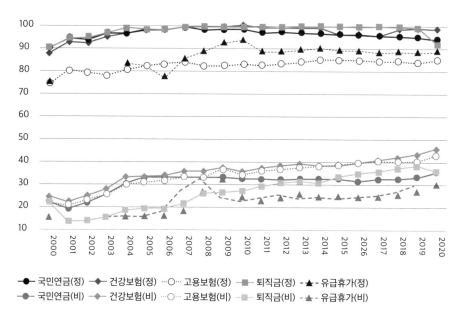

- ● 국민연금(정) ◆ 건강보험(정) ○ 고용보험(정) ■ 퇴직금(정) ▲ 유급휴가(정)
- ● 국민연금(비) ◆ 건강보험(비) ○ 고용보험(비) ■ 퇴직금(비) ▲ 유급휴가(비)

을 전환을 실현하는 일은 것은 생각처럼 쉽지 않아 보인다. 문재인 정부에서 전 국민 고용보험을 제도화한다고 공언했지만, 그 속도가 더딘 것도 이 때문이다. 노동자를 정의하는 문제부터 넘어야 할 산이 많고, 노동시장은 여전히 임금노동에 기초한 고용이 지배적이기 때문이다.

그렇다면 한국 소득보장정책의 과제는 현재 한국 사회가 직면한 공적 사회보장제도의 광범위한 사각지대를 줄이고 모든 국민에게 인간적이고 문화적인 기본 생활을 보장할 수 있는 소득보장제도를 도입하는 것이다. 이 장은 이러한 문제 인식에 기초해 코로나19 팬데믹 이후 한국 소득보장정책의 방향에 대한 개략적인 논의를 담았다.

이 책에서 제시하는 문제 인식과 정책 대안이 다른 연구와 상이한 점은 사회정책의 대안을 정치·경제와 무관한 독립적 영역으로 분리하지 않고 정치·경제와 연동된 제도라는 관점에서 접근했다는 점이다. 학술적으로 표현하면, 이러한 인식은 소득보장정책으로 대표되는 복지체제와 성장 전략(모델)으로 대표되는 생산 체제, 사회적 균열, 권력 구조 등을 담은 정치체제가 상호 보완적으로 연동되어 있어, 어느 한 체제의 개혁은 다른 체제의 전환을 전제로 할 때 지속 가능하다는 관점을 표현한 것이다.[224] 이러한 인식에 기초한다면 팬데믹 이후 한국 소득보장정책에 대한 제안 또한 정치·경제체제와 상호 보완적인 관계에서 고민하는 것은 자연스럽다고 할 수 있다. 그런데 이러한 관점을 실천하는 것은 생각처럼 쉽지는 않다.[225] 가장 먼저 드는 의문은 생산 체제와 소득보장정책의 무엇이 우선적인지를 검토하는 것이다. 기존의 선행 연구들은 대부분 생산 체제의 성격이 소득보장정책(정확하게는 복지체제)의 성격을 결정한다는 입장에 서 있다.[226]

성장과 복지를 균형적으로 분석했다는 최근 연구 또한 내용적으로 성장 방식이 복지체제의 성격을 규정한다는 전제하에 둘 간의 관계를 분석했다.[227] 그러나 역사적 사례를 검토해보면 성장 모델이 복지체제를 일방적으로 규정했다고 보기는 어렵다. 복지체제가 사회적 비용을 변화시켜 성장 모델의 전환을 이끌어내는 데 일조한 경우도 있기 때문이다. 스웨덴과 네덜란드가 대표적 사례다.[228] 그렇다면 우리의 제안은 두 가지 방향에서 검토할 필요가 있다. 하나는 성장 체제의 우위를 전제로 이에 기초해 소득보장정책을 제안하는 것이다. 다른 하나는 우리가 지향하는 소득보장정책을 전제로 성장 방식의 전환을 모색하는 것이다. 물론 둘 간의 연결고리는 수많은 정치한 장치들과 요인들이 관여하고 있지만, 이렇게 큰 틀에서 논의를 전개해볼 수 있을 것 같다.[229]

먼저 한국의 현재 성장 모델을 전환하는 것이 어렵다는 것을 전제로 성장 모델이 양산하는 불평등과 빈곤 문제에 대응하는 방식으로 소득보장제도를 구성하는 방법이다. 1부에서 검토한 것처럼 재벌 대기업이 주도하는 수출 중심의 성장 체제는 한국이 조립형 산업화를 시작한 1960년대 이래 무려 60년간이나 지속된 성장 모델이다. 1997년 IMF 외환 위기를 거치면서 성장 모델의 성격이 변화하기는 했지만, 재벌 대기업이 주도하는 핫또리 타미오服部民夫가 주장한 "기술 기능 축적 절약형"이라는 기본 성격은 그대로 유지되고 있다.[230] 이 성장 모델의 특징은 숙련 노동자를 자동화 기계로 우회하고, 부품·소재·장비를 외국에서 수입해 생산하며, 생산품의 중요한 시장이 국내가 아니라 해외에 있다는 점이다. 국내에서 좋은 일자리를 만드는 일과는 다소 동떨어진 성장 방식이라고 할 수 있다. 그래서 1997년 IMF 외환 위기 이후 한국 기업은 글로벌 기업으로 성장하고 국가는 선진국에 진입했음에도 불구하고 노동시장에서는 기업 규모와 고용 지위에 따른 격차가 유지·확대되고 있는 것이다. 이 성장 체제를 유지한다면 노동시장이 좋은 일자리와 나쁜 일자리로 분리되고 이에 따라 사회보험이 괜찮은 임금과 안정적 고용을 보장받는 계층에게 집중되는 소득보장제도의 역진적 선별성에서 벗어나는 것은 쉽지 않다.

그렇다면 소득보장정책은 사회보험의 대상에서 배제된, 상대적으로 불안정한 일자리와 낮은 임금을 받는 계층에게 안정적인 생활을 보장해주는 방향으로 확대될 필요가 있다. 2022년 3월 대선을 앞두고 여야의 유력 후보들 중 일부, 전직 기획재정부 관료들이 제안하는 최소소득보장제도나 부의소득세를 이런 문제 인식에 부합하는 제도라고 할 수 있다.[231] 다만 사회보험의 보편성을 확대하지 않고 선별적 소득보장제도를 확대하는 것은 소득보장제도의 이중 구조를 심화시킬 수 있고, 제한적인 선별적 소득보장제도의 확대만으로는 성장 방식이 야기하는 불평등과 빈곤 문제를 완화할 수 없다. 만약 이 문제를 완화하기 위해 선별적 급여를 관대하게 설계한다면 비용 문제 때문에 기존의 성장 체제를 유지할 수 없는 모순에 직면할 것이다.[232]

　　고품질 제조업 제품의 수출이 성장을 주도하는 독일의 성장 모형도 사회보장제도의 이중 구조화가 나타나고 있지만, 상대적으로 관대한 사회보험제도와 비교해 관대한 선별적 소득보장제도를 시행하지 못하고 있다.[233] 더욱이 독일은 한국처럼 숙련 노동을 자동화 기계가 대체하는 방식이 아니라 숙련 노동을 활용하는 성장 체제라는 점에서, 한국 노동시장의 중층적 분절은 독일보다 더 심각하다. 즉, 노동시장의 중층적 분절로 인해 발생하는 문제를 완화하기 위해서는 독일보다 더 많은 재원이 필요하다. 결국 현재 성장 방식을 그대로 두고 사회보험의 급여 수준을 높이고, 선별적 소득보장정책을 강화하는 전략은 부분적으로 복지 급여를 늘릴 수는 있겠지만, 불평등과 빈곤을 유의미하게 감소시킬 정도로 소득보장정책을 확대하기는 어려워 보인다.

다음 방향은 앞서 언급했던 방향과는 정반대로 소득보장정책을 보편적으로 개혁해 성장 모델을 전환하는 것이다. 쉽게 이야기하면 소득보장정책이 성장 모델을 전환시키는 큰 넛지Nudge 역할을 하게 만드는 것이다. 보편적 복지에 소요되는 재원은 기업의 비용 부담을 증가시키고, 이는 기업이 생산성 향상과 혁신을 위한 노력을 가속화시킬 수 있기 때문이다.[234] 첫 번째는 잘 알려져 있는 대로 사회보험의 대상을(일정 수준 이상의) 소득 활동을 하는 모든 취업자로 확대하는 것이다. 플랫폼 노동, 긱 노동, 고용상의 지위가 불분명한 노동자(종속적 자영업자) 등 불안정 고용 상태에 있는 노동자는 물론이고 자영업자를 포함해 일정한 수준 이상의 소득 활동을 하는 모든 취업자를 사회보험의 대상으로 포괄하는 '소득 기반 전 국민 사회보험'을 도입하는 것이다.

소득 기반 전 국민 사회보험을 도입할 때 세 가지가 중요한데, 하나는 급여 수준은 민간 보험에 의존하지 않고도 생활수준 유지가 가능한 수준으로 급여를 현실화하는 것이 필요하다. 두 번째는 기업의 기여금 부담을 임금 총액이 아닌 이윤 또는 매출을 기준으로 부과하는 것이다. 다만 단기적으로 이윤을 내지 못하는 기업이 상당수 존재할 수 있기 때문에, 이윤을 내지 못하는 기업은 현재와 같이 임금 총액에 기초해 사회보험을 부과하는 이원적 방식을 적용할 수 있다. 마지막으로 세 번째는 자영업자의 경우 아직까지 정확한 소득 파악이 어렵기 때문에 단기적으로 형평성 문제를 고려해 소득 파악이 일정 정도 정확하게 이뤄지기 전까지 임금노동자와 자영업자의 기여와 급여를 분리하는 일제양여一制兩輿 방식으로 제도를 운영할 필요가 있다.

하지만 소득 기반 전 국민 사회보험을 시행한다고 해도 소득 활동을 하는 모든 취업자를 전 국민 사회보험에 포괄하는 것은 불가능할 뿐만 아니라 소득 활동을 하지 않는 시민을 포괄하지 못하는 문제가 발생한다. 현행 제도에서는 국민기초생활보장제도와 같은 공공부조가 사회보험의 사각지대에 놓은 사람들을 보호하고 있지만, 엄격한 수급 조건으로 인해 소수의 빈곤층만이 대상자로 선정되고 있는 실정이다. 우리가 잘 알고 있듯이 국민기초생활보장제도에서도 배제된 광범위한 비수급 빈곤층이 존재하는 이유다. 설령 운 좋게 국민기초생활보장제도의 수급자가 된다고 해도(생계급여의) 급여 수준이 기준 중위 소득의 30%(1인 기준 대략 50만 원)에 불과해 '인간적이고 문화적인 생활수준'을 보장한다는 법의 제정 취지를 충족하지도 못하고 있는 것이 현실이다. 물론 소득 기반 전 국민 사회보험의 실행은 제도의 사각지대에 놓은 사람들을 최소화시켜 새로운 선별적 소득보장제도의 대상자는 현재보다 감소할 것이다.

여하튼 보편적 소득보장제도를 실현하기 위해서는 전 국민 사회보험의 사각지대에 놓인 시민을 대상으로 관대한 선별적 소득보장제도가 필요하다. '최소소득보장제도'와 '최소소득보장제도'에 근로 장려 세제(EITC)를 결합한 '부의소득세' 방식과 유사한 소득보장제도 중 하나를 도입할 수 있다. 두 제도 모두 급여 수준 중위 소득의 50%를 최저 급여로 설정한다는 점에서 현행 국민기초생활보장제도보다 관대한 급여를 제공한다. 다만 최저 소득보장제도는 관대한 급여가 노동 동기를 약화시킨다는 비판을 받을 수 있다. 왜냐하면 소득이 전혀 없는 경우와 중위 소득

선별적 소득보장제도²³⁵

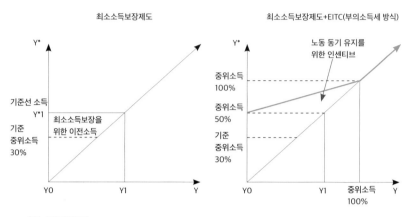

출처: 윤홍식(2021)

의 30% 수준의 소득이 있는 수급자 모두 최종 소득은 중위 소득의 50%가 되기 때문이다. 이러한 노동 동기 문제를 완화하기 위해서는 최저소득보장제도에 현행 EITC 방식의 인센티브를 더한 방식의 소득보장제도가 필요하다. 오세훈 서울시장을 통해 알려진 '안심소득'도 이와 유사한 제도다. 최저 급여를 중위 소득 50%에서 시작해 중위 소득 100%까지 추가 소득에 대해 50~60%의 소득공제를 제공해 노동 동기를 약화시키는 유인을 낮추는 방식이다. 최소소득보장제도보다는 추가적인 재원이 소요된다. 앞서 언급한 것과 같이 현행 생산 체제를 유지하면서 소득보장정책을 확대하는 방식과 상이한 점은 현행 생산 체제의 지속을 전제로 제도화되는 선별적 소득보장제도는 대다수 국민의 소득 보장을 책임지는 핵심적 역할을 수행하겠지만, 여기서는 (두 제도 중 어떤 제도를 선택하건) 선별적 소득보장제도는 보편적 소득보장제도를 보완하는 역할만 수행하게 된다는 점이다.

소득 기반 전 국민 사회보험을 실현하기 위해서는 넘어야 할 제도적 장벽들이 많이 있기 때문에 당분간 관대한 선별적 소득보장제도가 소득보장제도의 핵심적 역할을 담당하는 것은 불가피해 보인다. 기본소득도 보편적 소득보장제도를 시행하는 방안이 될 수 있고, 사회적 비용을 높여 성장 체제를 전환하는 역할을 할 수 있다.

대안적 분배 체계와 기본소득

한국의 기본소득 논자들은 중위 소득 30% 수준의 급여를 '완전 기본소득'이라고 부르는 것(최근에는 급여 수준을 중위 소득의 50%로 높였다)이 어떤 의미를 갖는지 성찰할 필요가 있다. 물론 기준 중위 소득의 30% 수준이 최종 목표로서 기본소득을 의미하는지는 불명확하다. 문제는 한국의 기본소득 논자들이 월 50만 원의 급여에 '완전'이라는 이름을 부여함으로써 완전기본소득을 마치 운동이 도달해야 할 최종 목적처럼 제시했다는 것이다. 그러나 완전기본소득은 판 파레이스van Parijs, 가이 스탠딩, 라벤토스 등이 기본소득을 도입해야 하는 가장 중요한 이유로 거론했던, 즉 전통 좌파가 중시했던 '평등'보다 더 중요하다고 주장하는 '실질적 자유'를 보장할 수 없다. 기준 중위 소득의 30%는 기초생활보장제도의 1인 가구의 생계급여에 불과하기 때문에 "자신이 하고 싶어 할 수 있는 것은 무엇이든 할 권리"[236]를 보장하는 수단이 될 수 없기 때문이다. 물론 제안자들은 완전기본소득의 도입과 함께 사회서비스도 확대[237]해 실제 생활비를 줄이면 월 50만 원만으로도 자신이 선택한 좋은 삶, 즉 실질적 자유를 누릴 수 있는 '조건'을 만들 수 있다고 생각했을지도 모른다. 하지만 이런 생각 또한 현금 급여와 선택의 자유라는 기본소득의 프레임에 비춰보면 정당한 논거가 될 수 없다.

　이처럼 기본소득 논자들이 공공부조의 생계급여(최저생계비)에 해당하는 급여에 '완전full'이라는 명칭을 부여한 것은 복지국가의 대안적 분배 체계로서 기본소득의 체제 변혁적 성격을 스스로 제거하는 전략적 오류를 범한 것이라고 생각된다. 그들이 이야기하듯 완전·부분·범주적 기본소득의 도입이 실질적 기본소득으로 나아가는 단계일 '수도' 있다는 데 동의한다. 그러나 그것은 실증의 문제이지, 이론의 문제가 아니다. 더욱이 완전·부분·범주적 기본소득이 실질적 기본소득으로 전환하기 위해서는 기본소득이 그리는 대안 사회에 대한 상, 즉 사회적 목표로 추구되는 이상적 분배 체계의 모델이 있어야 한다. 20세기 초 '역사적 복지국가'가 광범위한 노동자 대중과 좌파 정당으로부터 지지를 받을 수 있었던 이유는 사민주의가 자본주의를 묵인했기 때문이 아니다. 그들은 자본주의를 혁명적으로 전복하지 않는 민주적 복지국가를 통해 노동자의 삶을 개선하면서 최종 목적지인 사회주의에 다다를 수 있다는 분명한 믿음과 지향이 있었기 때문이다.[238] 사민주의의 태두라고 불리는 베른슈타인Eduard Bernstein은 자신의 주장(최종 목적지를 향하는 진보의 일련의 과정이 중요하다는 논거)을 마르크스와 엥겔스의 《The German Ideology(독일 이데올로기)》를 인용하면서 정당화했다.

"공산주의는 우리를 위해 만들어야 할 하나의 상태가 아니라, 현실이 적응해야 할 이상ideal이다. 우리는 공산주의를 현재 상태를 파괴하는 참된real 운동이라고 부른다. 이러한 운동의 조건은 현재 존재하는 전제의 결과이다."[239]

기본소득 운동도 마찬가지다. 운동의 지향점을 잃어버리는 순간 기본소득은 복지국가의 소득보장정책 중 하나가 되고, 복지국가의 소득보장정책이 된 기본소득은 더 나은 사회를 위한 출발점이 아니라 그 자체가 최종 목적지가 된다. 최종 종착지가 된 기본소득은 기본소득이 추구했던 개인이 원하는 자기만의 좋은 삶을 추구할 실질적 자유를 보장할 수 없다. 복지정책이 된 완전기본소득이 제도화되기 위해서는 다른 소득보장정책들과 비용 대비 효율성 경쟁에서 이겨야 한다. 그러나 실질적 자유를 보장할 수 없는 완전기본소득이 유급 노동과 연계된 소득보장정책보다 비용 대비 효율성이라는 신자유주의 프레임에서 더 좋은 정책이라는 것을 증명하기란 어려울 것이다. 결국 기본소득이 대안 담론으로써 지위를 잃지 않기 위해서는 완전기본소득을 넘어선 최종 목적지로서 또 다른 기본소득의 상이 필요하다. 이러한 이유로 완전기본소득FBI과 구분되는 기본소득 운동이 추구해야 할 대안적 분배 체계로서 '실질적 자유를 보장하는 기본소득RBI'라는 개념을 새롭게 정의할 필요가 있다.

판 파레이스가 급진적 제안이라고 한 실질적 자유를 보장하기 위한 기본소득은 "자신이 하고 싶어 할 수 있는 것은 무엇이든 할 권리"를 보장할 수 있는 수단으로, 생계를 위해 어쩔 수 없이 일을 하지 않아도 되는 수준이다. 물론 이러한 RBI가 어느 정도 수준의 급여인지를 제시한 문헌은 없다. 스위스에서 국민투표에 붙여진 기본소득을 이야기하지만, 국민투표에 붙여진 기본소득에는 급여 수준이 구체적으로 제시되어 있지 않았고 얼마를 지급할지는 의회가 결정하도록 위임되어 있었다.[240] 판 파레이스와 판데르보흐트는 "사람들이 지속 가능하다고 기대할 만큼 너무 높지 않은 수준이면서 동시에 사람들의 삶에 분명히 큰 차이를 만들어낼 수 있을 정도"라는 전제하에 GDP의 25% 수준에서 기본소득에 소요되는 예산의 총액을 제시했다.[241] 2019년 기준 한국의 명목 GDP 1919조 원의 25%이면 479.8조 원이 되고, 이를 주민등록상 인구수 5184만 9861명[242]으로 나누면 1인당 연간 지급되는 기본소득은 대략 925만 원, 월 급여는 77만 원이 된다. 물론 이 또한 단순히 조금 높은 완전기본소득인지 아니면 실질적 자유를 보장할 수 있는 기본소득인지는 여전히 불분명하다.

두 가지 쟁점

기본소득은 수많은 쟁점을 제기했다. 그중 두 가지만 개략해보자. 먼저 기본소득을 비판하는 논거 중 하나는 예산 제약이다. 특히 가계경제의 지출 원리를 국가경제의 지출 원리와 등치시키면서 기본소득을 비판하는 것[243]은 복지국가를 축소했던 신자유주의의 전형적 논리다. 신자유주의의 출발을 알렸던 마거릿 대처는 "정부는 돈이 부족할 경우 좋은 주부가 해야 할 일을 해야 합니다"라는 가계경제의 원칙을 국가경제에 적용했다. [244] 하지만 가계경제가 수입과 지출의 균형을 이뤄야 하는 것처럼 국가경제도 세수와 지출의 균형을 이뤄야 한다는 직관적으로 매우 큰 호소력을 갖는 주장은 '가구 오류household fallacy'로 불리며 수많은 비판을 받아왔다. 실제로 국가 재정의 역사를 보면 "위기는 펑펑 써대는 정부의 지출 잔치 때문에 일어난 것이" 아니다. [245] 금융자본과 대기업의 부채 위기를 막기 위해 국가가 엄청난 재정 적자를 감수하면서 부채를 확대한 것을 제외하면, 복지 지출과 같은 국가의 재정지출이 국가 부채의 위기가 된 전례는 없다. 18세기부터 20세기까지 복지 지출과 국가의 재정 위기 간의 관계를 실증적으로 분석한 연구에 따르면, 둘은 아무런 관계가 없었다. [246] 문제는 지난 40년 동안 이러한 명백한 사실이 정치적인 이유로 받아들여지지 않았던 것이다.

여기에 2010년부터 IMF, 세계은행 등 국제기구들의 정책 기조가 인플레이션 통제와 재정 건전성 유지라는 신자유주의 원칙에서 고용과 임금을 보장하는 방향으로 전환하고 있다는 사실을 고려해야 한다. [247] 더욱이 코로나19 팬데믹은 이러한 전환을 가속화하고 있기 때문에 복지국가는 신자유주의의 긴축정책에서 벗어나 역사적 복지국가가 그랬던 것처럼 확장적 재정정책을 적극적으로 실행할 수 있는 기회를 되찾을지도 모른다. 그렇다면 우리는 현대화폐론(MMT)자들이 주장하는 정도는 아니지만 일정 수준에서 예산 제약을 벗어날 수 있고, 이는 고용관계에 기초한 분배로는 해결할 수 없는 불평등과 빈곤 문제를 기본소득 원리를 통해 대응할 수 있는 재정적 역량을 (부분적으로) 확보할 수도 있을 것이다.

또 하나는 기본소득이 사회보험, 공공부조처럼 자본주의의 경기변동에 대응하는 자동 안정화 장치로써 역할을 수행할 수 있을지 불확실하다는 점이다. 2008년 금융 위기를 겪으면서 우리는 자동 안정화 장치로써 복지국가의 역할을 경험한 바가 있다.[248] 사회 지출이 큰 복지국가일수록 자동 안정화 기능은 더 컸다. 그런데 기본소득은 정해진 급여를 경기변동과 관계없이 지급하기 때문에 자본주의의 경기변동에 대응하기가 어렵다. 물론 기본소득의 급여 수준을 경기변동에 맞게 조정할 수도 있다. 그러나 코로나19 팬데믹 사태에서 보듯 경기 침체가 모두에게 동일한 피해를 주는 것이 아니기 때문에(사실상 대기업 정규직 노동자, 공무원 등의 소득은 거의 변화가 없었다), 단순히 기본소득의 수준을 조정하는 방식으로는 위기에 적절히 대응하기가 어렵다. 자본주의는 주기적으로 경제 위기에 직면한다는 점을 고려하면, 자동 안정화 기능이 취약한 기본소득을 복지국가를 대신하는 핵심 분배제도로 기획하기는 어려울 것이다. 결국 실현 가능한 범위는 복지국가의 전통적 사회보장제도를 훼손하지 않는 범위에서 기본소득 원리를 제한적으로 제도화하는 타협안을 만드는 것이다.

현물과 현금의 균형

기여에 따라 분배하는 것이 정의롭다는 매우 상식적인 생각에 동의하면, 분배가 반드시 고용관계에 기초한 복지국가의 원리에 따라서 실행될 필요는 없다. 20세기 들어서 인류가 이룩한 놀라운 생산성 향상에 가장 중요한 기여를 한 요인은 자본과 노동, 창의적인 아이디어를 가진 사람이 아니라 인류가 축적한 지식이라는 유산이었다.[249] 성장 이론으로 노벨경제학상을 수상한 로버트 솔로Robert Solow는 미국에서 1909년부터 1949년까지 생산성 성장의 87.5%는 노동과 자본과는 무관하다는 것을 처음으로 실증했다.[250] 사실이 이렇다면 87.5%의 몫을 분배받을 권리는 빈부, 계급, 노동능력 유무와 관계없이 우리 모두에게 있다. 더욱이 후대로 갈수록 유산의 몫은 더 커질 수밖에 없고, 이런 조건에서 고용관계를 중심으로 성과를 분배받는 방식은 점점 더 불합리한 분배 원리가 되어갈 것이다. 생산성 증가율과 임금 증가율의 탈동조화가 점점 심화되고 있는 상황도 이런 측면에서 설명할 수 있다. 결국 고용관계에 기초한 복지국가의 분배 원칙에 공유부common ownership에 기초한 기본소득의 분배 원칙을 부분적으로 결합하는 혼합된 분배 원칙의 제도화가 필요한 것이다. 복지국가의 틀 내에서 기본소득의 원리를 부분적으로 반영하는 제도 관용을 실현하는 것이다.

　구체적으로 몇 가지 시나리오를 통해 복지국가의 제도 관용이 어느 수준에서 가능할지를 사회 지출의 구조를 통해 살펴보자. 먼저 한국 복지국가를 보완하는 완전기본소득을 도입할 경우, 사회서비스 지출은 고정되어 있다는 전제로 한국은 다음 장 그림의 좌표에서 우측으로 크게 이동해 한국-A에 위치한다. 이렇게 되면 한국의 GDP 대비 사회 지출은 OECD의 평균인 20.1%를 넘어 2018년 기준으로 영국(21.6%)과 유사한 21.7% 정도가 된

GDP 대비 현금과 현물의 사회 지출 비율, 2015년 기준(%)[251]

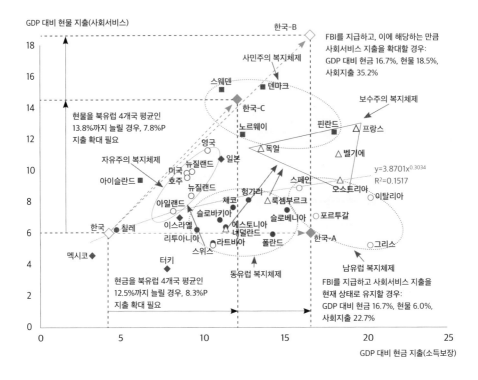

GDP 대비 현물 지출(사회서비스)

FBI를 지급하고, 이에 해당하는 만큼
사회서비스 지출을 확대할 경우:
GDP 대비 현금 16.7%, 현물 18.5%,
사회지출 35.2%

사민주의 복지체제

보수주의 복지체제

현물을 북유럽 4개국 평균인
13.8%까지 늘릴 경우, 7.8%P
지출 확대 필요

자유주의 복지체제

$y=3.8701x^{0.3034}$
$R^2=0.1517$

한국-B, 한국-C, 한국-A, 한국

스웨덴, 덴마크, 노르웨이, 핀란드, 프랑스, 벨기에, 오스트리아, 이탈리아, 영국, 독일, 스페인, 일본, 미국, 뉴질랜드, 호주, 아이슬란드, 뉴질랜드, 아일랜드, 헝가리, 체코, 룩셈부르크, 슬로바키아, 슬로베니아, 포르투갈, 이스라엘, 에스토니아, 네덜란드, 그리스, 칠레, 리투아니아, 라트비아, 폴란드, 스위스, 멕시코, 터키

현금을 북유럽 4개국 평균인
12.5%까지 늘릴 경우, 8.3%P
지출 확대 필요

동유럽 복지체제

남유럽 복지체제
FBI를 지급하고 사회서비스 지출을
현재 상태로 유지할 경우:
GDP 대비 현금 16.7%, 현물 6.0%,
사회지출 22.7%

GDP 대비 현금 지출(소득보장)

다. 하지만 영국보다 현금 지출 비중이 상당히 높은 복지체제가 되어 남유럽과 유사한 모습을 갖게 된다. 두 번째는 기본소득 논자들이 완전기본소득의 도입과 함께 사회서비스를 늘릴 것을 주장하기 때문에 기본소득과 유사한 수준으로 사회서비스 지출을 늘리면 한국의 좌표는 우측 상단에 위치한 한국-B에 위치하게 된다. GDP 사회 지출은 35.2%로, 현재 사회 지출 비중이 가장 높은 프랑스의 32.0%보다 높아 OECD에서 가장 높은 사회 지출을 하는 국가가 된다. 마지막으로 세 번째는 북유럽 4개국을 기준으로

이들 국가들의 평균적인 현금과 현물 지출 수준으로 확대할 경우 한국은 스웨덴, 덴마크, 노르웨이의 중간인 한국-C에 위치하게 된다. 이 경우 현금 지출은 대략 8.3%p 늘어나고, 이를 기본소득 형태로 모두 지급할 경우 국민 1인당 월 평균 25.6만 원을 지급할 수 있다. [252] 낮은 수준의 '부분'기본소득 정도가 가능하다.

추측하건데 한국 복지체제의 지출 구조를 남유럽과 유사한 구성으로 만드는 데 동의할 사람은 많지 않을 것이다. 그렇다고 스칸디나비아 복지체제를 넘어서 GDP 대비 사회 지출을 지금보다 24.2%p를 늘려야 한다고 주장하는 것도 현실적이지 않다. 결국 현실적으로는 한국-C 지점을 지향하는 것이 될 것이다. 더불어 기본소득이 복지국가의 분배 원리를 대체하는 대안적 분배 체계로 제도화되지 않고 복지국가를 보완하는 정책으로 자리하는 한 현금 지출 증가분 모두를 기본소득에 배정하는 것은 바람직하지 않다. 그렇다면 복지국가의 분배 원리와 충돌하지 않으면서 기본소득을 제도화하는 방식은 범주적 기본소득(보편적 사회수당)을 도입하는 것이 될 것이다. 범주적 기본소득은 부분기본소득과 함께 기본소득 논자들이 주장하는 것처럼 완전기본소득, 더 나아가 실질적 기본소득으로 나아가는 잠정적 단계가 될 수 있기 때문에 기본소득을 지지하는 논자들도 동의할 수 있는 대안이다. 예를 들어, 19~29세 청년 740만 명(2020년 7월 기준)에게 완전기본소득에 해당하는 월 50만 원의 기본소득을 지급할 경우 지출 규모는 49.9조 원으로 GDP의 2.60%에 해당하고, 이보다 낮은 30만 원 수준을 지급할 경우 29.9조 원으로 GDP의 1.56% 수준이다. 여전히 부담스러운 규모이지만, 감당하지 못할 규모는

인구학적 특성에 따른 보편적 사회수당 또는 범주적 기본소득의 도입[253]

구분	현재 지출 규모	월 10만 원	월 30만 원	월 50만 원
아동수당, 0~18세 (831만 3028명)	3.7조 원	10.0조 원 (+6.3조 원)	29.9조 원 (+26.2조 원)	49.9조 원 (+43.2조 원)
	0.19%	0.52% (+0.33%p)	1.56% (+1.37%p)	2.60% (+2.41%p)
청년수당, 19~29세 (740만 1179명)	-	8.2조 원	26.6조 원	44.4조 원
	-	0.46%	1.39%	2.31%
노인수당 (기초연금), 65세 이상 (832만 3396명)	13.2조 원 (월 26만~30만 원) 소득 하위 70%	-	30.0조 원 (+16.8조 원)	49.9조 원 (+36.7조 원)
	0.69%	-	1.56% (+0.87%p)	2.60% (+1.91%p)
GDP 대비 비율	0.88%	1.67%	4.60%	7.51%

주) 아동수당의 경우 현재 만 7세까지 월 10만 원씩 지급되는 아동수당을 차감할 경우 추가적으로 소요되는 예산은
+로 표시했다.

아니다. 이 정도 규모의 현금 지출의 확대라면 사회보험과 사회서
비스 확대를 병행하면서 범주적 기본소득을 제도화할 수도 있다.
여기에 단계적으로 아동수당을 0~18세 미성년 아동으로 확대하
고, 65세 이상 노인의 기초연금을 보편적으로 확대하는 방식은 복
지국가의 현대적 재구조화를 지지하는 사람들도 동의할 수 있는
기본소득의 제도화 방식이다.

이러한 방식을 취하게 되면 한국 복지체제의 지출 구조를 남
유럽처럼 만들지 않고, 현금과 현물이 균형적으로 구성되어 있
는 북유럽 복지체제와 유사한 모습으로 구성해갈 수도 있고, 복
지국가의 전통적 사회보장제도와 범주적 기본소득을 동시에 확

대하는 전략을 취할 수도 있다. 복지국가의 현대적 재구조화의 과정에서 범주적 기본소득에 대한 제도 관용이 발현될 수 있는 것이다. 정치적으로도 복지국가를 현대적으로 재구조화해야 한다고 주장하는 사람들은 청년에게 지급되는 현금 급여를 보편적 사회수당으로서 지지하면 되고, 기본소득 논자들은 청년기본소득이라고 생각하면 된다. 명칭에 대한 논란이 있겠지만, 명칭은 본질적인 문제가 아니라고 생각한다. 높은 수준의 실질적 기본소득이 아니라면, 기본소득의 분배 원리는 복지국가의 틀 내에서 고용관계를 통해서는 적절한 분배가 이뤄지지 않는 시민들에게 공유부 또는 인류의 유산이라는 원칙에 따라 분배하는 제도 관용의 실행이 가능하다. 범주적 기본소득이 실질적 기본소득으로 전환될지, 아니면 복지국가의 현대적 재구조화를 가속화시킬지는 생산 체제와 권력 자원의 관계 속에서 실증적으로 검증하면 되는 것이다.

기본소득과 복지국가의 타협

지금까지 소득보장정책을 한국의 독특한 성장 모델과 연동해서 살펴보았다. 크게 보면 기존의 성장 체제를 유지하는 것을 전제로 제도를 설계하는 경우와, 보편적 소득보장정책의 제도화를 통해 기존의 성장 체제를 전환하는 방식이다. 두 방향을 비교해 보면 전자는 성장 체제의 제약으로 인해 불평등과 빈곤을 유의미하게 완화할 수 있는 대안을 내오기 어렵다. 반면 두 번째 대안은 익숙하지는 않지만, 보편적 소득보장제도의 실현을 통해 성장 체제의 전환을 모색해볼 수 있다. 역사적 사례가 드물지만 불가능한 것은 아니다. 스웨덴이 대표적 사례이고 EU 출범 이후 여러 국가에서 사회정책과 성장 체제 간의 관계를 탐색할 수 있는 사례가 있기 때문이다. 보편적 소득보장제도의 도입을 통해 한국 사회가 직면한 불평등과 빈곤의 심화에 대응하는 것은 물론 불평등과 빈곤을 심화시키는 성장 전략 자체를 전환할 수도 있는 것이다.

마지막으로 복지국가의 분배 원리가 점점 더 많은 사람들을 사회보장제도로부터 배제하고 있는 현실에서 기본소득은 복지국가의 분배 원리를 대신할 매우 단순해 보이지만 강력한 대안으로 등장했다. 특히 2010년 학교 무상급식을 계기로 보편주의 복지정책에 대한 요구가 분출된 이래 불과 10년 만에 등장한 기본소득 논쟁은 보편주의를 시민권에 더 가까운 형태로 실현하는 새로운 원칙을 제시했다. 기본소득 논의가 전면화되기 전까지 복지국가 논의에서 보편주의는 실업, 질병, 노령 등 사회적 위험에 직면한 사람들이 기여 여부, 성별, 소득과 자산 수준 등과 관계없이 보편적으로 사회적 위험에 직면하기 이전 수준의 생활을 보장받는 권리로 이해되었다. 이러한 보편주의 분배 원리는 보편적 수당제도를 제외하면 대부분 유급 노동을 전제했다. 그러나 기본소득이 추구하는 보편주의 원리는 유급 노동은 물론 권리에 어떤 조건도 부여하지 않는 무조건적 권리로 보편주의를 재규정했다. 보편주의를 공유부에 입각한 모든 시민의 공동의 소유권에 기반한 권리로 전화시킨 것이다. 사회적 위험에 직면했는지 여부가 중요한 것이 아니라 그 사회의 구성원, 더 나아가 인간이라는 존재 자체가 공동소유의 권리를 갖는 존재가 되고, 그 권리로부터 합당한 몫을 사전에 분배받을 권리로 기본소득을 정식화한 것이다.

단순하면서도 역동적인 기본소득의 이러한 분배 원리는 대중의 관심을 증폭시켰고, 마침내 유력 대선주자가 기본소득의 도입을 주장하는 상황까지 나아갔다. 기본소득이 전문가들의 공상이 아니라 대선 주자에 의해 실현 가능한 정책으로 부상하자, 기본소득에 대한 비판이 거세게 일어났다. 하지만 기본소득 논쟁은 지지자와 반대자를 가릴 것 없이 다양한 형태의 기본소득 원리를 편이에 따라 취사선택하는 부조적 방식으로 논쟁이 전개되면서, 기본소득 논쟁은 한국 사회가 직면한 문제를 해결하는 대안을 찾는 과정이 아니라 서로의 역량을 소진시키는 소모적 논쟁으로 전개되었다.

분명한 사실은 우리가 직면한 문제, 특히 공적 사회보장제도의 광범위한 사각지대와 이와 연관된 불평등과 빈곤의 문제는 복지국가를 현대적으로 재구조화하는 것만으로는 대응하기가 어렵다는 것을 확인했다. 바로 이 지점에서 우리는 기본소득이 복지국가의 현대적 재구조화를 보완하는 역할을 할 수 있다는 사실을 확인했다. 상이한 분배 원리를 가진 기본소득을 복지국가의 현대적 재구조화 원리로 수용할 여지가 존재한다는 것이다. 그 형태는 보편적 사회수당(범주적 기본소득)이 가장 유력하다고 주장했다. 기본소득과 복지국가의 타협과 공존이 가능한 것이다.

기본소득과 복지국가의 타협은 잠정적 성격이 강하다. 기본소득을 주장하는 논자들의 주장처럼 완전·부분·범주적 기본소득이 실질적 기본소득으로 발전할 경우 복지국가는 기본소득에 제도 관용을 적용할 수 없기 때문이다. 사실 완전·부분·범주적 기본소득이 실질적 기본소득으로 진화할 수 있을지는 판단하기 어렵다. 다만 분명한 것은 만약 기본소득 논자들이 그 진화를 꿈꾼다면, 기본소득이 자본주의를 넘어서는 담대한 기획인지 여부와 함께 그 기본소득의 분배 체계를 뒷받침하는 생산 체제의 성격과 권력 자원의 형성에 대한 대안을 갖고 있어야 한다. 더불어 기본소득 논자들이 그 진화의 이상을 접지 않는다면, 기본소득은 완전·부분·범주적 기본소득을 넘어 실질적 기본소득이 실현되는 이상 사회의 모습을 놓치지 말아야 한다는 것도 분명히 할 필요가 있을 것 같다. 대안 체제의 상을 갖고 있지 않는 완전·부분·범주적 기본소득이 현실에서 실질적 기본소득으로 진화할 가능성은 없다. 마지막으로 기본소득은 많은 비판을 받고 있지만, 우리가 지난 40년간 신자유주의가 만들어낸 불평등과 빈곤 문제를 직시하게 했고 복지국가의 무력함을 깨우는 역할을 했다. 복지국가의 현대화론자인 우리는 경쟁 체제의 개혁 없는 분배 논의가 얼마나 무기력했는지를 지난 신자유주의 40년 동안 확인했기 때문에, 기본소득이 복지국가를 깨우는 훌륭한 대안 담론으로 성장하기를 기대한다. 사실 앞서 언급한 전 국민 사회보험, 최소소득보장제도, 부의소득세 논의가 이념을 가리지 않고 확산될 수 있었던 것도 기본소득을 배제하고는 상상할 수 없다. 기본소득의 공이다.

모든 국민에게
공공이 책임지는 사회서비스

간병 살인이 빈발하는 사회

2019년 9월 3일 서울 강동구 암사동 광나루한강공원 인근에서 심 모 씨가 숨진 채 발견되었다. 심 씨는 2019년 9월 1일 강서구 가양동의 한 아파트에서 기초생활보장 수급자인 심 씨의 모친과 형이 숨진 채 발견된 소위 '강서구 모자 살인사건'의 용의자로 추적을 받고 있었다. 심 씨의 형과 노모는 모두 기초생활보장 수급자로 노모는 치매, 형은 중증 장애인이었다. 2000년 9월부터 기초생활보장 수급자였다. 노모는 방문요양 서비스, 형은 장애인 활동지원도 받고 있었다. 그런데 2019년 들어 노모와 형이 모두 병세가 심해졌다. 모두 아예 거동이 힘들 정도가 되었다. 심 씨는 2019년 초부터 하던 일을 그만두고 집에 들어앉아 노모와 형을 돌보는 데 전념해야 했다. 노모와 형에게 지원되는 요양이나 활동지원 서비스가 지원 시간이 짧아 돌봄 공백을 감당할 수 없었다. 경찰에 따르면, 생활고와 신병을 비관한 나머지 심 씨가 형과 노모를 살해하고 죄책감에 극단적 선택을 한 것으로 추정했다. 소위 간병 살인의 문제다. 한국에는 간병 살인에 대한 정확한 통계마저 없는 상태에서 지난 10여 년간 간병 살인에 해당하는 154명의 사연을 분석한 탐사 취재와 책이 발간되기도 했다.[254]

사회적 돌봄의 부재로 인해 나타나는 사례는 비단 간병 살인에 국한되는 것은 아니다. 2020년 1월 17일 부산의 한 주택 건물에서 발생한 화재로 주택 내에 혼자 있던 거동 불가 장애인이 사망했다. 화재나 재난 시 장애인의 사망 사건은 종종 일어나는 일이다. 우리는 화재가 발생하면 승강기를 이용하지 말고 대피하라는 이야기를 일상적으로 들어왔다. 거동이 불편한 장애인의 이야기는 없다. 2020년 12월 서울 서초구 방배동에서는 60대의 김 씨가 숨진 지 6개월 만에 발견되었다. 김 씨의 30대 발달 장애인 아들 최 씨가 동작구에서 노숙 생활을 하다가 현장의 사회복지사와 이야기를 나누던 중 집의 상황에 대해 알게 되어 확인한 결과 김 씨는 오래전에 사망한 채로 발견된 것이다. 주거급여를 수급해왔던 것 이외에는 아무런 도움을 받지 못했고, 발달 장애인인 아들도 노숙 생활에 이르기까지 특별한 보호를 받지 못했다.

어느 장애인의 부모가 "우리 아이보다 하루만 더 살고 싶다"고 말한 것은 우리나라 누구나 알고 있는 이야기다. 종종 회자되는 이 말은 장애인에게 부모가 돌봄과 보호를 제공해야만 한다는 절박함에서 나온 표현이다. 부모가 아니면 우리 자식의 인권과 필요를 보호해줄 돌봄이 제공될 수 없으니 어떻게든 부모가 끝까지(?) 돌봐줘야 한다는 것이다. 국가가 제공하는 사회서비스의 실질적 효과를 느낄 수 없기에 나타나는 절박함이다. 돌봄은 본인과 가족의 몫이라는 인식이 우리나라에서는 아직도 팽배해 있다. 누군가에게 장애나 치매와 같은 일이 발생하면 나머지 가족 구성원이 어떻게든 돌보기 위해 일상을 포기해야 하는 경우가 많다. 이는 아동에 대해서도 노인에 대해서도 마찬가지다. 경제적으로 사회적으로 여유가 있는 가정이라면 어찌어찌 감당할 수 있을지 몰라도, 그렇지 않은 경우 가족 중 누군가(대개는 여성)는 돌봄을 위해 사회경제생활을 포기해야 한다. 때문에 돌봄의 문제는 젠더의 측면에서도 핵심적인 주제가 되고는 한다. 누군가(여성)의 희생으로 가족 내 돌봄이 이뤄지면서 가정의 경제적 수입이 지속되는 경우도 있겠지만, 상황이 어려운 경우에는 가족의 돌봄과 경제적 수입이 동시에 충족될 수 없다. 또 돌봄을 주로 맡게 되는 가족 구성원은 경제적·사회적 활동의 기회를 박탈당하고 자신도 역시 고립된 생활을 지속할 수밖에 없다. 어찌되었건 긴 시간의 돌봄을 가족 내에만 맡겨두는 경우 비극적인 상황이 발생할 가능성은 매우 높다.

　개별 가구의 돌봄 필요를 과거처럼 지역공동체에서 책임지고 해결하기에는 지역사회의 모습은 너무나 많이 달라져 있다. 양육이나 돌봄은 공동체적 요소가 관련되는데 우리나라에서 과거의 공동체적 기제는 이미 사라졌고, 돌봄은 개인과 가족의 부담 상황에 남아 있었다. 현재는 가구의 경제를 유지하기 위해서 한 명의 가구원이 아닌 복수의 가구원이 일을 해야만 한다. 뒤늦게야 사회적 돌봄이 사회문제의 의제 중 하나로 부각되었지만 서구 국가에 비해서 많이 늦고 취약하다. 사회구조가 변했는데도 가족이 돌보는 것이 정상이라는 '신화'가 우리나라에서 널리 퍼져 있다. 변화한 사회에서 가족이 돌봐야 한다는 것은 사람들에게 고통을 주기 일쑤다. 현대사회에서 돌봄의 문제, 그 공백이 일으키는 참사는 가족의 문제가 아니다. 이미 가족이 책임질 사안이 아니다. 사회적 돌봄 체계가 책임져야 한다. 결국 국가의 문제다.

사회서비스 국가책임의 필요성

복지국가의 핵심 요소로서 강력한 사회서비스 보장

"가족 중에 아프거나 돌봄이 필요한 사람이 생기면 가족 중에 누군가가 돌봐야 하고, 그러니까 가족이 함께 아프고 고생하는 것은 인지상정일 것이다. 어느 나라나 다 마찬가지다."

우리는 이렇게 생각하기도 한다. 하지만 사실은 나라마다 상당한 정도의 차이가 있다. 사회서비스나 사회적 돌봄이 국가정책으로 강력하게 추진된 경우 가족은 여전히 가장 가깝고 친밀한 공동체로 생활하지만, 필요한 돌봄을 모두 가족 내에서 책임지는 것이 아니다. 국가가 책임지고 기본적인 서비스를 제공한다. 복지국가의 모습이다.

복지국가를 이야기할 때, 대부분 소득 보장과 같은 거시적인 정책 그리고 경제적 지원을 우선적으로 생각하는 경우가 많다. 높은 연금 수준, 비용을 걱정하지 않는 의료를 생각한다. 하지만 꼭 그것만은 아니다. 소위 우리가 복지국가라고 이야기하는 유럽의 국가들은 국가에 의한 소득 보장이 튼튼하게 자리 잡고 있기도 하지만 돌봄이나 '대인적 사회서비스personal social service'가 발달해 있다. '장기요양long term care'은 대표적으로 서구 복지국가들의 중요한 구성 요소다. 얼핏 우리나라의 일반 국민들이 생각하는 것보다는 사회서비스 강국이라는 것이 유럽 복지국가의 특징이다.

인류 역사적으로 돌봄이나 사회서비스와 관련된 부분은 개인의 가족과 친족 공동체에게 맡겨져왔다. 전근대적 사회구조와 역할 분담이라고 할 수 있다. 근대산업화 이후에는 점차 친족 공동체의 역할은 줄어들었지만 여성의 부불노동不拂勞動에 의해 가족 내에서 돌봄이 이뤄졌다. 이후 돌봄 노동 역시 사회화되었고, 상당 부분은 시장화되었다. 가구당 노동력 공급의 증가가 불가피했고, 가구 내에서 여성의 돌봄은 보편적으로 이뤄지기 어려웠다. 돌봄은 소위 '신사회 위험(NSR)New Social Risk'의 대표적 영역이 되었다. 사회서비스가 가지는 필수적 성격 등에 의해 현대적인 복지국가는 이를 공공성의 영역으로 역할을 담당하기 시작했다. 사회서비스에서 탈가족화defamilialization와 탈상품화decommodification가 부각된 배경이다.

돌봄에서 탈가족화와 탈상품화의 정도는 각국의 복지국가 특징을 나타내는 주요한 기준이 되기도 한다. 탈가족화는 가족의 부담으로부터 얼마나 벗어나 있는가에 대한 것이고, 탈상품화는 돌봄을 위해 시장경제 의존에서 얼마나 벗어나 있는가를 나타낸다. 북유럽 복지국가의 경우는 아무래도 탈가족화와 탈상품화가 모두 높은 수준에 해당할 것이다. 시장경제에서의 구매 방식이 발달한 자유주의적 복지국가의 경우라면 탈가족화의 정도는 높으나 탈상품화의 정도는 낮을 것이다. 전근대적인 가족부양에 집중적으로 의존하는 국가라면 탈가족화의 정도가 낮을 것이다. 우리나라의 경우는 탈가족화의 정도가 다른 나라보다 높다고 하기는 어렵다. 또한 가족이 돌봄을 직접 제공하지 않는 경우에 소위 '돌봐주는 사람을 사서 맡기는' 양상이 많았기 때문에 탈상품화 정도도 낮은 편이다. 우리나라의 복지 수준(?)이 서구 복지국가에 비해 취약하다는 이야기를 많이 하는데, 다른 어느 영역보다도 사회서비스의 보장 수준이 절대 빈약하다는 점이 우리나라와 서구 복지국가의 가장 핵심적 차이다. 우리나라가 복지국가를 지향한다면 강력한 사회서비스 체계의 구축은 가장 시급한 과제의 하나가 될 것이다.

시설 중심적·시장 의존적 돌봄지원 편중성

돌봄을 비롯한 사회서비스는 소득 보장과 같은 현금성 지원 정책과 다른 속성을 가지고 있다. 그러면서도 사회서비스는 복지국가의 핵심적 요소 중 하나다. 사회서비스의 보장이 어떤 방식으로 구현되고 있는지는 국가별로 상이한 점도 있다.

해방 이후 상당 기간 동안 한국의 사회서비스는 생활시설을 중심으로 이뤄졌다. 전쟁과 그 후유증으로 인해 발생한 많은 고아, 장애인, 노인과 무의탁자 등을 생활시설에 입소시켜 기본적인 생활을 지원하는 방식이었다. 생활시설에 입소하여 의식주 전반을 지원받는 방식이므로 경제적으로나 사회적으로 극도로 어려운 여건의 사람들만이 사회서비스의 대상이 되었다. 생활시설은 대부분 민간에 의해 설립되었다. 운영비용은 초기에는 외부의 원조나 자체적인 민간 재원으로 운영되다가 국가의 능력이 어느 정도 안정화되면서 국가의 일반재정으로 운영비용이 지원되는 방식이었다. 현재도 대부분의 사회복지 생활시설은 민간이 설립하여 공공 재정을 받아 운영되는 방식이다. 1980년대 후반부터는 사회복지관을 필두로 하여 이용시설이 급증했다. 영구임대 아파트 단지와 같이 저소득층 밀집 지역을 중심으로 하여 지역사회종합사회복지관 및 노인복지관, 장애인복지관들이 설립되었으며, 이 대부분은 국공립으로 설립되었다. 운영은 민간에 위탁이 이뤄지는 것이 보통이었다. 운영비는 공공의 일반재원으로 충당된다. 이는 국공립의 사회복지시설 설립에서 일반적인 방식이 되었다. 생활시설은 일부의 유형(노인 의료복지시설 등)을 제외하곤 점점 더 줄어드는 추세이며, 1990년대 이후 이용시설의 설립이 크게 늘어 사회서비스 제공의 핵심 형태가 이용시설 중심으로 이전되는 방식이었다. 이용시설을 통한 사회서비스의 제공은 서비스의 대상자가 거주하는 장소는 별도의 주거지로 확보되어 있는 상태에서 이들에게 제공될 서비스가 이용시설이라는 인프라를 거점으로 프로그램화된다.

생활시설은 대부분이 민간이 설립한 것인데 비해, 이용시설은 대부분이 공공이 설립한 것이다. 하지만 운영은 대개 민간 비영리법인에 의해 이뤄진다. 공공이 설립한 시설도 민간 위탁이 일반적이다. 때문에 생활시설이나 이용시설과 같이 시설을 만들어 사회서비스를 제공하는 경우, 즉 공급 기관 지원의 방식에서는 구체적인 사회서비스 제공에 있어 공공의 역할이 제한적이다.

인프라 설립이나 운영 재원을 제공하지만 구체적인 서비스 대상자의 설정, 서비스의 양과 품질 결정과 관리, 서비스 제공 방식의 채택 등이 시설 공급 기관인 민간에 의해 이뤄져왔다. 정부에 의해 서비스 수급 자격의 규정이나 민간 운영 주체에 대한 관리 감독은 이뤄지지만 실제 사회서비스 제공의 구체적 부분은 민간인 시설 운영 주체에 위임된다. 지역사회 사회서비스 욕구에 책임을 지고 의무적으로 서비스를 제공하는 것이 아니라, 규정에 어긋나는 대상에게 서비스를 제공하지 않으면서(민간 자원 등을 추가로 동원하면서) 최선의 서비스 제공 노력을 기울인다는 것에 초점이 두어진다. 공공의 사회서비스 책임성은 추상적인 수준에서만 존재하고 실제 구체적인 현장에서는 민간의 노력을 관리 감독만 한다. 직접적인 책임의 뒤에 숨는 방식이다. 욕구보다 과소한 자원만이 편성되었고, 때문에 서비스 대상자는 통상 공공부조의 성격처럼 '빈곤'한 경우를 조건으로 하여 선정되고는 했다.

21세기 들어서면서 우리나라에서도 사회서비스 욕구가 본격적으로 증폭된다. 저출생-고령화의 양상, 돌봄 수요의 증폭, 국민의 복지에 대한 권리 의식 향상 등 사회서비스를 확충해야 할 필요성이 높아졌다. 사회서비스는 제공 인력과 인프라의 양성 및 구축이 필수적이므로 단기간 내에 사회서비스를 확충하기 어려웠다. 이러한 상황에서 한국에서 채택한 전략은 민간 시장의 창출이었다. 즉, 과거와 같이 공급자나 인프라를 지원하거나 만드는 것이 아니라, 바우처나 현금을 수요자에게 지원하는 것이다. 지원된 금액을 획득하기 위해 기존의 민간 비영리법인 외에 민간 영리적 영역까지도 사회서비스 분야에서 공급자로 창출되었다. 서비스에 대한 비용을 수요자에게 지원하면, 이 비용을 수입으로 삼는 민간 영리 영역이 서비스를 제공하게 하려는 것이었다. 인프라와 제공 인력의 창출을 민간 영리 시장에 맡긴 셈이다. 재가 장기요양, 장애인 활동지원, 보육 지원, 재활 서비스 및 바우처 지원 사업 등이 이런 유형에 해당한다. 이용자 지원 방식을 통해 사회서비스의 총량은 단기적으로 크게 늘어나는 성과를 거두었다. 그러나 한편으로는 영리적 시장 원리에 따라 좋은 품질의 사회서비스 제공자가 번창하거나 이용자 선택권의 극대화가 나타났다기보다는 오히려 정보 비대칭에 따른 혼란, 과당경쟁과 종사자 처우의 하락, 서비스 품질의 저하 등과 같이 부정적 양상이 심각하게 나타났다. 사회서비스 대신 현금을 지원하는 방식의 서비스 정책이 낳은 부작용이다.

2008년 시작되어 10년을 넘어선 노인장기요양보험제도의 운영 결과도 시설 중심적 돌봄 체계의 부작용을 그대로 답습하고 있다는 비판에서 자유롭지 않다. 우리나라는 장기요양에서 병상이 활용되는 경우가 많으며 특히 병원 병상의 이용이 지나치게 많은 편이다. 반대로 지역사회에서의 돌봄이나 요양이 매우 부족한 상황이다.

지역사회에서의 돌봄과 요양이 비중이 작고 병상에서의 돌봄과 요양이 과도하다는 문제는 비용적으로나 규범적으로도 바람직하지 않다. AIP(살던 지역에서의 노화)Aging in Place나 탈시설화가 우리나라에서 시급한 규범적 슬로건으로 받아들여지는 맥락이다.

사회서비스를 어떤 방식으로 제공할 것인가는 구체적인 정

주요 국가의 장기요양 시설 및 요양병원 병상[255]

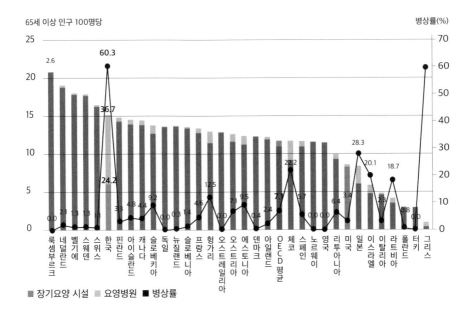

65세 이상 인구 100명당

병상률(%)

■ 장기요양 시설　▨ 요양병원　● 병상률

책 상황에서 고려해야 한다. 우리나라는 21세기 초에 바우처나 현금 지원 그리고 민간 공급자 육성의 방식을 주로 취해왔다. 현재 우리나라의 직접적인 사회서비스 공급 주체는 대부분 민간이다. 서비스 공급 주체로서 공공과 민간은 각각의 장단점을 가지고 있다. 그런데 우리나라는 보육시설이나 사회복지 서비스 공급 시설들이 국공립으로 설립되더라도 거의 모두를 민간에 위탁 운영시키고 있다. 이 민간 중에는 영리적 속성의 공급자도 적지 않다. 북유럽 국가들은 대개 공공이 사회서비스에서 핵심적인 공급 주체가 되거나 공공과 비영리 민간이 균형을 이루는 경우가 많다. 우리나라처럼 민간 그것도 영리 영역이 주된 사회서비스 공급자가 되는 경우가 오히려 유별난 상황이다. 이제는 민간 그것도 영리적 속성의 민간이 절대적인 서비스 공급자가 되고 있는 상황에서 지속적으로 현금 지원을 통해 사회서비스를 지원하는 방식을 늘리는 것이 좋은 정책 방향이라 하기는 어렵다. 시설 입소 중심, 민간 시장 중심의 사회서비스 체계를 바꿔야 한다.

코로나19의 상황에서 확진으로 치료를 받는 한 중증 장애인(48세)이 서울 지역의 한 요양병원에서 돌봄지원을 받지 못해 고통을 겪는 사례가 언론을 통해 보도[256]된 바 있다. 중증 근육 장애인이기 때문에 최소 한두 시간에 두세 차례는 몸의 자세를 변경해줘야 하고 평소에는 월 620시간의 활동지원 서비스를 이용했다. 그러나 확진 후 입원한 병원에서는 일상생활의 돌봄지원을 해주지 않고, 보건복지부에서 만든 장애인 확진자 지원 매뉴얼은 작동하지 않았다. 병원에 의료진 이외의 사람은 들어갈 수 없다는 이유도 문제가 되었고, 의료진은 장애인의 돌봄까지 지원할 수는 없다며 심지어는 안전을 위해 침대에 포박해야 한다는 의견을 내어놓기도 했다. 복지부의 매뉴얼에 따라 확진 장애인에 대해 활동지원이 이뤄질 수 있어야 하지만, 결국 활동지원 인력을 구할 수도 없었다. 활동지원 인력을 누구로 할 것인지를 결정하는 것이 통상 당사자의 선택권(?)이라는 미명하에 당사자가 구해야 한다. 실제 활동지원이 적절히 이뤄지는지에 대해서 공공은 잘 책임지지 않는 것이 관행처럼 굳어 있다. 코로나19 팬데믹 상황과 같이 민간 서비스 공급자가 서비스 공급을 기피하는 상황이나 수익이 발생하지 않는 상황에서는, 실제적인 서비스 보장으로 연결되지 못한다.

사회서비스 일자리 확충

우리나라는 서구 국가에 비해 제조업이 경제에서 차지하는 비중이 충분히 발달하기도 전에 서비스업의 비중 그리도 자영업의 비중이 높아졌다. 사회서비스 역시 영세 자영업의 형태로 주로 편성되었다. 사회서비스와 관련하여 요양보호사, 보육교사, 장애인활동지원사 등은 대개 영세한 민간 업체에 근무하면서 좋지 않은 일자리의 전형적 양상을 보여주고 있다.

사회서비스 일자리를 좋은 일자리, 최소한의 적정 임금수준과 고용 안정성이 확보된 일자리로 확보하는 것은 우리나라 전체 일자리 문제를 생각했을 때에도 중요한 과제가 된다. 때문에 문재인 정부 들어서 81만 개의 일자리 창출 계획을 발표하면서, 사회서비스 분야에서 좋은 일자리를 공공 일자리로 창출하겠다고 공언한 바 있다. 현재의 사회서비스 일자리가 최소한의 일자리로서 적절한 품질을 갖추지 못하고 있다는 판단에서 나온 정책이다. 장기요양기관 중 지자체 등 공공이 설립한 곳은 전체의 1% 미만이다. 정원 규모로도 겨우 3% 선이다. 압도적인 부분이 민간에서 설립 운영 중이며, 그나마 법인도 아닌 개인인 경우가 전체 장기요양기관 수의 80%, 인원 규모로 60% 이상을 차지하고 있다. 잦은 개·폐업, 영세 사업장 중심의 공급 체계, 낮은 수가로 인해 재가 장기요양 서비스 제공 인력은 열악한 처우에 시달리고 있다.

사회서비스 일자리를 소위 '괜찮은 일자리decent job'로 만드는 것은 우리나라 전체적인 고용구조에서도 중요한 과제다. 이는 현재와 같이 영세한 민간사업자 중심의 공급 체계로는 달성되기

OECD 주요 국가의 전체 고용 대비 공공 부문 일자리 비율[257]

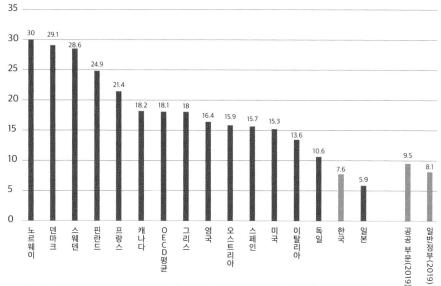

주: 공공 부문 규모에 대한 국제 비교 데이터는 ① 중앙정부, ② 일반정부(중앙정부+지방정부+사회보장기금),
③ 공공 부문(일반정부+공기업) 차원에서 인력, 예산, 채무 등을 다루고 있음. 표에서 제시된 국제 비교 데이터는
2015년 '일반정부' 기준이며, 추가로 제시된 한국의 '공공 부문'과 '일반정부'의 일자리 통계는 2019년 자료임.
자료: OECD(2019) Government at a Glance, 통계청(2021) 공공 부문 일자리 통계

어렵다. 때문에 정부에서도 '사회서비스원' 설립과 같은 정책을
추진하고 있기도 하다. 공공 부문의 사회서비스 일자리를 대폭
확충해나가야 한다.

　우리나라는 공공 부문의 일자리가 적은 편이다. 서구 국가들
은 공공 부문의 일자리가 우리나라보다 월등히 많다. 특히 공공
부문 일자리 중에는 사회서비스 분야에서의 일자리가 큰 비중을
차지하는 내용이다. 이는 고용구조의 측면에서도 가지는 함의가
크다. 돌봄과 같은 사회서비스 공급 구조는 앞으로도 그 규모가
커질 수밖에 없다. 우리나라에서는 이를 민간에서 창출하도록

하는 방식을 취해왔다. 특히 민간사업자를 양성하는 전략을 취한 것이다. 실제에서 돌봄 분야의 사회서비스는 영세한 자영업 형태를 벗어나지 못했고, 근로조건을 쥐어짜 수익을 창출해야 하는 수준이었다. 돌봄과 사회서비스 분야에 IT 기술의 활용 등 혁신성이 발휘될 여지는 있다. 하지만 기본적으로는 사회서비스업은 노동집약적인 형태이고, 때문에 우리나라에서 가지는 고용 창출에서의 의미가 크다.

사회서비스 보장을 위한 중요 과제

우리나라의 경험은 사회서비스의 압도적인 가족 의존성 그리고 사회적 대책에서도 입원·입소 중심이거나 시장과 민간에 대한 과도한 의존으로 집약될 수 있다. 이는 공급자 중심성으로 인해 필연적으로 돌봄과 사회서비스의 파편화·분절성을 야기해왔다. 따라서 우리나라의 돌봄과 사회서비스 정책은 앞으로 몇 가지 원칙을 견지해야 한다.

첫째는 권리성이다. 사회서비스는 국민들 모두에게 욕구가 나타나면 국가 사회로부터 보장받아야 할 생활상의 권리다.

둘째는 공공 책임성이다. 사회서비스가 국민에게 권리라면 공공, 특히 지방정부는 이 권리를 보장할 책임과 의무가 있다.

셋째, 통합성이다. 돌봄이나 사회서비스는 어느 한 부분만의 서비스 제공으로는 생활을 보장할 수 없다. 생활상의 사회서비스 욕구는 전체적으로 통합적으로 다뤄져야 한다.

넷째, 욕구 기반의 보편성이다. 사회서비스는 빈곤 여부에 따라, 소득 보장에 따라 부수적으로 제공되는 서비스로 취급되어서는 안 된다. 물론 빈곤층에게 자원이 우선 투입되거나 중산층 이상이 비용을 부담할 수도 있으나 사회서비스 자체는 해당 서비스의 욕구에 의해 보편적인 권리가 인정되어야 한다.

다섯째, 지역사회 중심성이다. 생활시설 입소에 따른 격리, 불필요한 사회적 입원 등을 피하고 지역사회 내에서 함께 거주할 수 있도록 서비스가 구성되어야 한다.

여섯째, 좋은 일자리 영역으로의 사회서비스다. 돌봄과 사회서비스 분야는 좋은 일자리 창출을 통해 좋은 서비스의 구현으로 연결될 수 있다.

이러한 원칙에 비춰 우리나라에서 당면한 정책적 과제 몇 가지를 추려보면 다음과 같다.

지방정부의 사회서비스 관리 책임

우리나라는 사회복지 분야의 발전이 더디고 잔여적residual이다 보니 관련되는 모든 공공의 혜택은 가난한 사람들에게만 주어지는 것으로 국한되고는 했다. 때문에 사회서비스 역시 소득 보장의 공공부조와 잘 분리되지 않고 결합되어 존재했던 것이 사실이다. 욕구 사정보다도 자산 조사의 결과가 우선적으로 작동하면서 재산이 없고 소득이 낮은 '가난한' 사람들이 사회서비스의 수급권도 가진다는 것이었다. 거주시설이든 이용시설이든 빈곤층만이 돌봄 등 사회서비스를 받을 수 있었다. 급식과 같은 경우에도 음식을 스스로 조리할 수 없는 상태의 사람들에게 제공하기

보다는 가난해서 식비가 모자라는 사람에게 제공하는 것이 최근까지도 보통의 방식이었다. 사회서비스에서 보편적 수급권, 즉 소득과 재산을 따지지 않고 해당 사회서비스의 필요성이 있는가를 기준으로 사회서비스가 제공되는 것은 최근에야 우리나라에서 부각된 이슈다.

사회서비스가 보편적으로 제공된다는 것은 '빈곤 여부가 아니라 서비스의 필요성에 따라 서비스를 지원'한다는 의미다. 우리나라에서는 바우처 사업이나 장기요양 등의 수요자 지원 방식을 도입하는 시점에 이르러서야 비로소 서비스의 필요성 판정이 실질적인 의미를 가지게 되었다. 다만, 이 경우 직접적인 서비스 공급이 아니라 바우처를 지원함으로 인해 영리적 민간 공급 일변도의 상황에서 사회서비스의 양과 질에 문제가 노출되었던 바 있다.

원론적으로 국민연금과 같은 사회보험은 보험료의 납부를 통해 급여의 수급권을 가진다. 공공부조는 자산 조사를 통해 일정 수준 이하의 빈곤 상황에 있는 경우 수급권을 가진다. 수당demograts은 통상 인구학적 요건에 의해 수급권을 가진다. 그렇다면 돌봄을 비롯한 사회서비스는 누구에게 제공되어야 할까? 사회서비스가 필요한 사람은 그 욕구에 대한 전문적 사정assessment에 기초해서 서비스가 제공되어야 한다. 사정은 간단할 수도 있고 복잡할 수도 있지만, 어찌 되었건 사회서비스라는 지원 활동을 받을 필요가 있는지에 대한 정보 수집과 판정이다. 아동에 대한 일반적 돌봄은 연령이라는 인구학적 특성을 통해 욕구가 확인될 수 있다. 하지만 발달 장애 등의 보다 더 개인적으로individualized 특별한 서비스 욕구는 그 필요성이 있는지에 대한 전문적 사정이 필요하다. 노령, 장애 등으로 인한 돌봄 필요성은 일상적 생활 기술의 제약성(ADL과 같은)을 사정하여 필요한 경우 사회서비스가 제공되어야 한다. 만약 공공의 개입이 전혀 없는 상태라면(사회서비스도 자유방임적 시장에만 맡겨진 상태라면) 서비스의 제공은 그저 필요로 하는 사람들이 시장 구매력을 가지고 있느냐를 기준으로 수요demands에 따라 서비스 제공 여부, 종류, 수준, 품질 등이 결정될 것이다. 하지만 사회서비스가 공적으로 욕구에 기반하여 제공된다면 필요성에 대한 욕구 사정이 객관적이고 전문적으로 이뤄져야 하며, 이것이 서비스의 수급권과 직결되어야 한다. 이를 위해서 서비스 자격 기준은 공공에 의해 공신력 있게 판정이 이뤄져야 한다. 지방정부 그것도 기초자치단체에 의해 이뤄지는 것이 가장 적절하다. 북유럽의 보편적인 사회서비스 제공이 공공 인력에 의한 서비스 판정에 기초하고 있는 것과 마찬가지다.

본격적인 사회서비스 증가에 맞춰 우리나라도 그 수급권의 판정과 사례 관리가 공공에 의해 책임성 있게 이뤄질 필요가 있다. 이는 기초지방자치단체의 고유한 책무라 할 수 있다. 서비스 수급권을 시·군·구가 직접 책임지는 체계가 구축되도록 시·군·구 단위에 권한과 책무를 부여하며, 이에 합당한 부서 조직과 공무원의 규모 그리고 그에 걸맞은 전문성의 확보 등이 이뤄져야 한다. 최근 우리나라의 지역사회 통합돌봄 선도 사업이나 서울시의 돌봄 SOS 등에서는 사회복지직 공무원과 보건 관련 공무원의 배치와 기초지방자치단체의 관련 조직 편제를 통해 전문성과 책임성 강화를 시도하고 있다. 이러한 시도는 극히 최근에야 시작된 것으로 아직 우리나라 전체 지방자치단체의 1/10 수준에서만 시범 사업 정도로 추진되고 있다. 때문에 아직 변화에 대한 국민의 체감은 요원한 상태다.

이해관계도 많이 얽혀 있다. 당장 공공의 경우에도 지방자치단체 중심으로의 지역사회 통합돌봄 체계를 구축하는 것에 대해 중앙정부의 일부 부처나 지방자치단체의 실무 조직, 기존의 중앙정부 통제를 받던 공단 조직들은 복잡한 이해관계를 나타낸다. 앞서 살펴보았던 지방정부 책임성 중심으로 공공의 직접 역할의 증가, 공공의 서비스 욕구 사정에 따른 서비스 제공 등이 이뤄지려면 기존 방식의 사회서비스 공급 및 관리 체계는 새롭게 재편되어야 한다. 기본적으로 기초지방자치단체는 민간 공급자나 법인에 대한 관리 감독이 아닌 직접적 책임 주체로 변화하여야 하고, 중앙정부의 전달 체계 통제권은 상당 부분 지방자치단체의 것으로 전환되어야 한다. 사회서비스 관련 공단, 중간 지원 조직, 서비스 제공 체계들은 중앙정부가 아닌 지방자치단체와의 협업 구조가 우선시되어야 한다.

사회서비스에 대한 기초지방자치단체의 역할과 책임을 현실화한다는 것은 지방분권의 논의와도 깊게 관련된다. 지방자치제가 시작된 지 수십 년이 지났음에도 우리나라의 지방자치단체는 사실상 자치단체로서의 고유 업무보다는 중앙정부의 하위 행정조직으로서 수행하는 위임된 사무의 수행에 치중된 역할을 보이고 있다. 중앙정부와 지방정부 간 사무의 분담과 재정의 분담이 명확하지 않다. 특히 재정에 대해서는 중앙정부가 기득권을 유지하려는 강력한 입장이 관철되고 있는 상황이다. 지방분권에 대해서는 그 구체적인 역할 분담의 구성이나 방식에 대해 여러 가지 의견들이 나타나곤 한다. 하지만 사회서비스에 대해서는 지방자치단체의 역할로 상정하고 이에 따른 인력과 재정의 권한이 기초지방자치단체에 부여되어야 한다는 점은 중요한 정책 방향이 될 것이다.

돌봄의 가치 재평가와 공공의 직접 고용

구체적인 측면에서 돌봄 필요성이 부각되는 경우는 영·유아, 아동, 노인, 장애인, 정신질환 및 만성질환자 등이 대표적이다. 그런데 아동에 대한 돌봄 서비스는 사교육 열풍과 묘하게 결합되어 시장화된다. 초등학생을 봐줄 수 없는 맞벌이 부부는 아이들을 학원 여러 개에 '돌린다'. 학원이라는 사교육 체제가 돌봄을 위해 동원되는 방식이다. 사교육 체제가 비정상적인 입시 경쟁이나 성적에 집착하는 흐름과 관련된다. 학부모는 이왕이면 돌봄 체계가 공부와 연계되기를 기대하곤 한다. 그리고(사)교육과 돌봄의 결합에서 돌봄의 부분은 가치 절하된다. 소위 성적을 올리거나 미래의 학업에 도움이 더 많이 되는 사교육이 돌봄에서도 더 좋은 것이라는 기대를 만들고 있다. 돌봄 자체를 위한 좋은 여건인지보다 경쟁에서 미래에 더 도움이 되는 사교육 내용인지가 우선시된다. 사교육의 품질과 전문성은 지나치게(?) 과대평가되어 비용 경쟁을 부추기고, 돌봄은 누구나 해줄 수 있는 것이라는 인식이다. 때문에 사교육과 결합된 돌봄 역시 불평등을 낳곤 한다. 신뢰할 수 있는 돌봄은 비용을 많이 들이는 '좋은' 사교육 체제에서 주어질 수 있다는 식이다. 이는 영·유아나 초등학생 돌봄에서 공공 돌봄의 경우에도 필요 이상의 교육 내용과 결합시키려는 방향을 낳기도 한다. 공공 돌봄 체계의 선호도가 떨어지는 문제를 낳는 원인이 되기도 한다. 이는 경쟁과 입시 위주의 사교육 팽배 현상에 의한 것이기도 하지만 그간 신뢰할 수 있는 공공의 아동 돌봄 체계가 취약했던 탓이기도 하다. 아동에 대한 사회적 돌봄이 취약하니 사교육 체제를 돌봄용으로 이용하고 이 과정에서 돌봄은 부수적이고 특별한 가치를 부여하지 않는 것으로 낮게 평가되는 것이다. 최근 코로나19로 인해 학교의 정상적인 교육 시간이 운영되지 못하면서 아동 돌봄의 공백 사태가 크게 사회문제로 부각되기도 했다.

다른 한편으로 노인에 대한 돌봄 서비스는 보건·의료와 돌봄 요양 부분이 섞여 있다. 물론 보건·의료와 돌봄은 본질적으로 서로 연계되기는 한다. 요양병원과 요양시설은 어떻게 구별되고 있을까? 요양시설은 장기요양보험제도에서의 등급 판정을 받아 입소하지만, 요양병원은 사실상 입원을 신청하면 특별한 상황이 아니라면 입원할 수 있다. 요양시설은 장기요양 등급 판정에 의한 것이므로 장기요양보험에 의한 비용 지원이 많고 상대적으로 자부담 비용은 적다. 요양병원은 스스로의 입원이기 때문에(물론 건강보험에 따른 비용 지원은 있지만) 자부담 비용의 부담이 더 크다. 그런데 우리나라 많은 사람들의 인식에서는 무언가 요양병원이 좀 더 좋은 여건을 제공하는 것처럼 생각하는 경향이 있다. 돌봄과 보건·의료 가운데 돌봄의 부분이 가치 절하되면서 가급적이면 좋은 의료적 지원이 있을 것 같은 '병원'을 더 비용을 많이 내면서도 선호한다. 시설보다는 병원에 모시는 것이 효도라는 생각이 들기도 한다. 때문에 요양병원에는 사실상 '의료적' 필요성이 별로 없는 사람들이 입원해 있기도 하다. 반대로 요양병원에서 의료적 서비스를 받아야 할 사람들이 비용 부담 때문에 요양시설에 입소해 있는 경우도 있다. 돌봄과 의료가 서로의 성격에 따라 구별되기보다는 비용이 더 많이 들어가고 좋은 쪽(의료) 그리고 비용이 조금 더 적게 들면서 좋지 않은 것(돌봄)으로 구별되는 양상이다.

돌봄 혹은 돌봄 노동의 가치 절하는 우리나라에서 두드러지게 나타나는 현상이다. 이는 돌봄을 비공식화하고 개인과 가족에게 기본적 책임을 전가해온 것과 무관하지 않다. 가족 내에서 비용을 지불하지 않고 담당하는 일로 여겨왔다. 돌봄의 사용 가치, 사회적 가치는 명확하다. 이 가치 절하를 막는 것은 교환가치의 측면에서 인위적으로 그 시장가격 상승을 도모하는 것이 아니라, 사회적 돌봄의 공공성을 확보하는 것에서 효과적으로 이뤄질 수 있다. 공공에 의해 신뢰성 있는 돌봄이 사회서비스로 보장되는 경험이 많아지면 그리고 그 활동에 대해 적절한 수준의 좋은 처우가 이뤄진다면 돌봄과 돌봄 노동에 대한 가치 절하를 막을 수 있다.

코로나19 팬데믹 상황에서 장애인의 확진 시 의료 절차에서 장애인의 인권침해가 나타난 여러 사례들에서 볼 수 있는 것은 의료 서비스는 필수이나 돌봄 서비스는 필수적이지 않은 것으로 간주된 점이다. 사회적 필수 인력이나 노동이라는 용어로 돌봄 서비스와 관련된 부분을 명시하기는 했지만, 실제 확진된 중증장애인의 치료 시 의료인이 아니라는 이유로 돌봄 서비스 제공자가 접촉할 수 없었다. 중증 장애인에게 필요한 의사소통과 신체 동작, 환경에의 적응 등 지원은 의료인에 의해 제공될 수 없었다. 공공성에 의한 돌봄의 가치 절하 방지는 돌봄 서비스의 필수성에 대해 명확히 규정하고 통제하는 것, 보건·의료와 돌봄이 함께 관련되고 있는 장기요양보험제도에서 돌봄지원의 수가를 명확하게 확대 편성하는 것 등으로 진행해갈 수 있다.

가치 절하된 돌봄은 결국 좋은 인력이 적절한 준비를 갖춰 돌봄을 제공하기 어려운 나쁜 일자리로 연결되고 이는 가끔 언론을 통해 나타나는 돌봄 사고의 직접적 원인이기도 하다. 보육시설이나 유치원에서의 아동 학대, 요양시설에서의 노인 학대 등은 나쁜 처우와 그에 따른 질 나쁜 돌봄 서비스 제공으로 연결되는 구조적 악순환의 결과라 할 것이다.

공공이 괜찮은 일자리의 창출 과정으로 사회서비스 인력의 고용에서 역할을 늘리면 현재의 민간(안정성과 처우가 열악한 일자리 수준)에 비해 비용은 다소 더 들어갈 수밖에 없다. 그러나 이는 전체적으로 사회서비스의 체질 개선, 일자리의 창출을 위한 사회적 투자다. 지역사회 통합돌봄, 사회서비스원과 같은 정책의 기본적 요소가 된다. 현재의 우리나라 사회서비스 공급 구조에서 '사업자(자영업자)를 창출'하는 방식보다는 '공공 부문 종사자를 확충'하는 방향으로 정책을 진행해갈 필요가 있다.

사회서비스는 인프라를 필요로 한다. 거주시설이 아니라 지역사회 내에서 서비스를 제공할 거점들이다. 이 인프라는 아동의 돌봄, 청소년의 활동지원, 노인과 장애인의 활동지원과 돌봄 등 다양한 영역에서 많은 수가 늘어나야 한다. 이 인프라들이 시회서비스를 생산하고 대상자에게 제공하는 거점이 된다. 사회서비스 인프라는 공공이 설립하는 것이 기본이 되어야 하고, 이 중 상당 부분은 공공이 운영하는(지금까지의 국공립 복지시설을 모두 민간 위탁해왔던 관행과는 달리하는) 방식을 취해야 한다. 여기에 공공부문 종사자가 고용되어 일하도록 해야 한다. 이 적절한 사회적 수요에 대해서는 기존에도 여러 가지 추계가 있지만, 수십만 단위의 사회서비스 일자리가 추가로 필요하다. 이 중 상당 부분을 공공의 '좋은 일자리'로 만드는 투자가 중요하다.

코로나19로 인해 우리나라에서 장애인이나 노인이 요양보호사나 활동지원인을 활용할 수 있는 자격 요건을 갖추고도 서비스 제공인을 확보하지 못하는 경우가 다수 발생한 바 있다. 민간 시장에 대한 의존, 바우처와 현금 지원 중심의 서비스 정책이 낳은 부작용이다. 때문에 복지부는 '코로나19 시대 지속 가능한 돌봄 체계 개선 방안'이나 '사회복지시설 대응 지침' 등을 통해 사회서비스원이나 지방자치단체에서의 긴급돌봄지원단 편성과 이용을 강조했으나 실제 자치단체나 사회서비스원은 대개 긴급 돌봄 서비스를 제공할만한 공공 인력을 확보하고 있지 못해 제대로 운영되지 못했다. 〈사회서비스원법〉이 얼마 전 통과되었으나 실제 공공 부문 종사자를 확충하여 서비스를 제공할 수 있는 획기적 투자가 관건이다. 현재와 같은 방어적 수준의 공공서비스 인력 고용 수준으로는 사회서비스원을 설립한 이유 자체가 무색하다.

탈시설화와 지역사회 통합돌봄

우리나라의 정신병원 장기 입원율은 세계에서 가장 높다. 우리나라는 OECD 회원국의 조현병 환자 평균 재원 기간의 6배를 넘기고 있다. 또한 우리나라의 사회복지 서비스는 시설, 특히 생활 시설 중심의 역사를 가지고 있어 노인, 장애인, 아동을 입소시켜 보호하는 비율도 높다.

거주시설 중심의 보호가 많은 것이 세계적으로 공통적인 상황은 아니다. 우리나라가 유독 시설에 입소시켜 돌보는 방식을 취하고 있다. 우리나라에서 보통 누군가가 극단적 어려움에 있다고 하면 "시설에 입소시켜 보호해야지"라는 이미지가 떠오르는 것이 바로 시설 중심적 관습의 발로라 할 수 있다. 거주시설 입소 중심의 돌봄과 서비스는 과거 우리나라가 한국전쟁 이후 피폐하고 국가적 능력이 없을 때의 '구제 방식'이었다. 현대적 상황에서는 어울리지 않는다. 코로나19 팬데믹 상황에서 집단적 거주시설의 폐해는 온 국민이 경험한 바다. 경우에 따라 거주형 시설이 필요할 수 있으나 사회서비스 제공의 기본적인 원칙은 본인이 원하는 한 살던 지역사회에서의 지속 거주다.

때문에 현재는 탈시설이 우리나라 사회복지에서 중요한 과제가 되고 있다. 정부에서도 2021년 8월 '탈시설 장애인 지역사회 자립 지원 로드맵'을 수립하고 2041년까지 모든 시설 입소 장애인의 지역사회 전환을 마무리한다는 계획을 발표했다. 그러나 이에 대해 2041년이라는 추진 기간이 너무나 길고, 실제 장애인이 지역사회에서 통합 생활을 영위할 수 있도록 하는 지원 체계가 취약하다며 비판이 일기도 했다. 탈시설에서는 지역사회에서 통합적으로 생활(혹은 자립 생활)하는 것이 가능하도록 하는 지원 체계가 마련되는 것이 핵심이다. 사회서비스의 보강, 지역사회 통합돌봄이 중요한 맥락이다.

우리나라의 지역사회 통합돌봄은 초고령사회에 접어드는 2025년까지 입원이나 입소를 필요한 경우로만 제한하고, 가급적 지역사회의 살던 곳에서 노인이나 장애인이 생활하면서도 필요한 돌봄을 받을 수 있도록 체계를 정비하겠다는 것이다. 서울시의 돌봄 SOS 프로그램 같은 경우는 시민들이 자신이나 가구원 중에 돌봄이 필요한 상황이 되었을 때, 기존의 파편적인 프로그램이나 민간 업체 활용에서 정보 부족이나 사각지대에 처할 가능성이 높아 어려움을 겪을 때 공공이 직접 지원하는 것이다. 지역사회 통합돌봄이나 돌봄 SOS 같은 최근의 돌봄지원 정책은 공공의 지방행정 체계, 즉 지방자치단체가 돌봄 서비스에 대한 종합적인 관리 및 공급 주체로 부각된다는 점이 특징적이다. 이는 전체적으로 적절한 정책 지향이다. 우리나라는 전체적으로 사회서비스에 대해 공공이 기획하고 책임을 지는 역할이 매우 제한적이었다. 서유럽 국가의 경우 지방정부 특히 기초지방정부의 경우 사회서비스 영역이 가장 핵심적인 역할 영역이라는 점과는 매우 대조적이다. 이에 대한 지적은 대개 우리나라의 사회서비스가 지방정부의 책임으로 재편되어야 한다는 연구들[258]에서 일반적으로 나타나고 있다.

그런데 방향의 전환이 쉬운 것은 아니다. 우리나라에서 반세기 이상 지속되어온 기존의 민간 중심적·시설 중심적 서비스 제공 방식이 나름대로 정착되면서 이해관계나 관행을 만들어 경로의존성을 강하게 유발하게 된다. 기존 사회서비스 공급 체계를 모두 부정할 수는 없으나 본격적인 사회서비스 보강의 시점에서 확충되는 서비스 체계는 과거 패러다임의 연장 방식으로는 곤란하다. 기초지방자치단체의 통제권을 중심으로 기존 이해관계의 해체가 필요할 수 있다. 탈시설을 적극적으로 추진하면서 이용시설 인프라 등 사회서비스 공급 체계에서 공공의 직접 역할 비중을 높여나가야 한다. 장기 입소 위주의 생활시설을 제외한 대부분의 인프라는 총량이 늘어나면서 공공성이 확대되어야 하므로(기존 인프라의 민간 위탁을 취소 내지 회수하는 것보다는) 신규 인프라의 확충과 확충되는 신규 인프라의 공공 운영, 이를 위한 공공 인력 확충이 기본 틀이 되어야 한다.

권리로서의 사회서비스 보장

새로운 복지국가에서는 지금까지와는 어떻게 다른 사회서비스 보강이 이뤄져야 하는 것일까? 결론에 갈음하여 몇 가지로 간단히 요약해보자.

첫째, 모든 국민은 사회서비스를 권리로 보장받는다. 이는 단지 헌법에 추상적으로 명시되는 내용으로서가 아니다. 구체적인 상황에서 가족에 의해서 보장되는 것이 아니라 책임의 주체가 국가가 된다는 의미다. 국가가 정해진 예산이나 여건의 범위에서 노력(직접 서비스 제공은 민간에게 위탁)한다는 의미가 아니다. 권리의 구현을 위해서는 책임과 의무의 주체가 명확해야 한다. 돌봄이 필요한 경우의 국민에 대해서는 국가가 직접 책임지고 보장해야 힌다는 구체적 의미다. 돌봄 필요성은 전문성에 기초하

사회서비스 보장 내용 비교

구분	현재	새로운 복지국가
원칙	서비스 공급자 여건에 따른 사회서비스 보장	수요자인 국민의 기본권으로서 사회서비스 보장
특성	• 가족-여성의 기본 책임과 국가의 잔여적 개입 • 민간 인프라 중심 및 공공 인프라 설립 후 민간 위탁 • 거주시설 중심 • 중앙정부의 지침에 의한 운영 • 영역별로 파편화된 서비스 수급권 기준 • 돌봄 서비스의 가치 절하 (가족-여성의 무급 노동으로 간주 혹은 이에 준하는 열악한 처우)	• 국가의 기본 책임과 공공-가족-민간의 서비스 공동생산 • 공공 인프라 설립 및 공공 직영의 비율 제고 • 지역사회 기반 서비스 중심 • 지방정부의 사회서비스 책임 • 지방정부의 통합적 서비스 수급 기준 • 공공 일자리를 통한 사회서비스 노동의 가치 제고
필요한 정책 과제	사회서비스 관련 장기요양 등 사회보험 재정과 (지방)정부 재정의 통합 기초지방자치단체의 돌봄 및 사회서비스 중심 업무와 전달 체계 통합 확립 지역사회 신규 서비스 개발과 제도적 급여화 사회서비스원 확충 등 공공서비스 공급 체계 전국화 확대 돌봄 서비스 수가 인상과 정규직(공공) 인력 확충 거주시설 기반에서 지역사회 이용 인프라와 주거 지원 기반으로 예산 투입 전환	

여 판정된다. 또한 이 권리는 빈곤 여부와 무관하게 작동하는 것이다.

돈 있는 사람은 알아서 시장에서 서비스를 구매하고, 가난한 사람에만 국가가 (저비용, 저품질의) 최소한 돌봄을 제공한다는 잔여적 사회서비스 모델은 부적절하다. 또한 당장의 투자와 비용을 아끼려는 잔여적 사회서비스 전략은 이미 한계에 부딪혀 지속 가능하지도 않다. 우리나라의 장기요양보험 재정은 과도한 병상 이용으로 재정 능력의 한계가 나타나고 있으며, 돌봄 공백에 의한 사건 사고, 시설 중심 돌봄 정책의 한계성 또한 명확하다. 모든 국민에게 보장되는 사회서비스를 구현하기 위한 노력은 당장의 투자를 필요로 하지만, 결국 사회 전체적으로 다른 영역에서의 사회적 비용을 절감하고 사회 통합을 증진할 것이다. 모든 국민이 돌봄과 같은 사회서비스를 권리로 보장받을 수 있도록 하는 실질적인 국가의 책임이 정착되어야 한다.

둘째, 사회서비스의 수급권 판정, 적절한 서비스의 제공 보장, 사례의 관리는 지방정부의 책임이 된다. 기초자치단체는 가장 핵심적인 고유의 업무로 돌봄 등 사회서비스의 수급권 판정과 공급 및 사례 관리의 책임성을 가져야 한다. 소위 읍·면·동사무소와 같은 가장 최일선의 공공 행정체계는 민원이나 행정 서류 발급 장소가 아니라 사회서비스 관련 현장이 되어야 한다. 민간은 계속 중요한 서비스 공급자로서의 역할을 수행하지만, 책임성은 기초지방자치단체에 있다. 이는 중앙정부-지방정부의 역할과 책임에 대한 전면적 재조정, 지방재정 분권을 포함하는 큰 변화가 필요한 것이다. 기초지방자치단체가 사회서비스 책임성을 담보할 수 있는 행·재정적 능력과 권한이 확보되어야 하기 때문이다. 지금까지 지방자치단체와는 아무 관련 없이 활동해온 사회보험공단이나 공사(LH 등)의 활동 역시 행·재정적 측면에서 지방자치단체와의 사회서비스 협업에서 통합되어야 한다. 이 과정에서의 책임과 주도성은 기초지방자치단체에게 있어야 한다.

셋째, 사회서비스 공공 인프라의 확충이다. 일부 유형의 거주 시설은 예외이겠으나 많은 부분에서 사회서비스를 제공할 수 있는 공공 인프라가 부족하다. 우리나라 공공 병원의 병상 수가 부족한 것이 코로나19 팬데믹 상황에서 약간의 환자 수만 늘어도 (서구 국가들 일반에 비해서 현저히 낮은 확진자 수를 나타내었음에도 불구하고) 사회적인 치료 역량에 문제를 초래하는 것을 경험한 바 있다. 사회서비스는 인력과 인프라에 의해 제공될 수 있다. 때문에 사회서비스를 보장받기 위해서는 그에 합당한 수준으로 공공 인프라가 확충되어야 한다. 국공립 보육시설, 초등학생 돌봄 인프라, 장애인 단기 보호시설, 국공립 요양시설 등 국가나 지방자치단체의 책임으로 설립된 공공 인프라 비율이 OECD 평균 수준이 되어야 한다.

넷째, 공공이 직접 서비스를 제공하는 공급자로서의 역할을 확충한다. 사회서비스의 관리 감독, 수급권 판정에 국한되는 것이 아니라 공공이 직접 서비스 공급의 역할을 수행해야 한다. 물론 이는 민간의 서비스 제공자 역할을 부정하는 것이 아니다. 향후 더 많은 사회서비스 공급 체계와 인력이 필요한데 이 확충에서 일정한 비중 이상을 공공이 직접 수행해야 한다는 의미다. 지나치게 시장 경쟁 방식에 경도되어 있는 현재의 사회서비스 공급 체계를 보완하기 위해서 공급자로서 공공의 비율을 높여야 한다. 기초지방자치단체의 보건이나 복지 담당 공무원 혹은 사회서비스원이나 공공서비스 제공 조직의 직접 고용 인력을 늘리고, 이들에 의해 서비스의 일정 비율이 공급될 수 있어야 한다. 공공이 직접 공급하는 사회서비스의 비율이 OECD 평균 수준이 되도록 로드맵이 구성되어야 한다. 이는 앞서 이야기한 공공 인프라 확충과 관련되어 신규로 공공 인프라를 만들고, 그중 상당한 비율을(그간 관행화되었던 무조건적 민간 위탁 운영이 아닌) 공공 조직이 공공 인력을 통해 직접 운영하는 방식을 통해 구현될 수 있다.

다섯째, 돌봄의 가치가 인정되고, 공공의 좋은 일자리로써 비중을 높인다. 사회서비스 일자리, 괜찮은 일자리로써 공공의 사회서비스 일자리를 창출한다. 현재 정부에서도 이러한 계획을 발표하고 있으나 실제의 추진 의지가 의심스러울 만큼 소극적이고 더디다. 이는 일자리 확충의 측면에서도 큰 의미가 있다. 또한 이를 통해 돌봄 노동의 사회화와 정당한 가치 부여를 촉진한다. 공공 인프라 확충과 공공 직접 운영의 비율을 높이면서 여기서 종사자들이 공공 인력으로 활동하게 되는 수가 크게 늘어난다면, 이들의 공공적 처우 수준을 통해 '좋은 일자리' 확충을 도모할 수 있다. 문재인 정부에서도 사회서비스 분야 공공 일자리 34만 개의 창출을 공언했던 바 있다. 그러나 실제에서는 소극적인 정책 추진으로 인해 '취약계층에 대한 재정 지원 일자리'와 사회서비스 공공 일자리가 잘 구별되지 않아 '좋지 않은 일거리'에 머무르고 있다는 비판이 비등하다. OECD 평균 수준을 감안한다면, 수십만 개 단위의 사회서비스 분야 공공 일자리가 필요하고 또 창출이 가능하다.

여섯째, 사회서비스는 대상자가 생활하고 있는 지역사회 거주에 기반하여 제공되도록 한다. 시설 입소에 의한 보호는 불가피한 경우로 제한되어야 한다. 지역사회 돌봄 서비스와 적절한 주거 지원의 결합을 통해 추진 가능하다. 최근에 부각되고 있는 '지원주택supported housiong' 확충을 통해 주거와 사회서비스 결합으로 기존의 입원, 입소를 대체할 수 있는 여지를 늘려야 한다.

이는 간단한 일은 아니다. 그간 민간(영리) 중심의 공급 체계,

공공의 공급자 관리 감독에 국한된 역할 수행, 중앙 부처 중심의 서비스 기획과 관리 체계 등을 기초지방자치단체의 핵심 역할로 재편해야 하는 것이다. 민간이 운영하는 시설에 대해 공공은 비용을 지원하던 방식에서 벗어나 공공 역시 직접적인 서비스의 공급자가 되면서 지역사회에서 서비스를 민간과 공동생산해야 한다. 거주시설 중심의 복지 서비스나 입원·입소를 유인하는 기존 서비스 체계는 지역사회 주거와 결합된 서비스 지원 체계로 바꿔가야 한다. 모든 국민에게 사회서비스 이용이 지역 주민으로서 생활권의 하나로 보장되려면 사회서비스와 관련된 기존의 이해관계를 상당 부분 해체해야 한다. 생각 이상의 진통이 따를 수도 있다. 그러나 모든 국민이 필요로 할 때 신뢰성 있는 돌봄과 사회서비스가 보장되도록 한다는 것은 소득 보장 이상으로 새로운 복지국가의 중요한 핵심이다.

노동자가 주도하는
일터 혁신[259]

미래학자들과 국제기구들의 연구를 보면 제4차 산업혁명의 도래가 생산 인구 감소라는 인구구조 변화와 맞물리며 경제와 노동시장에 주는 충격이 상당할 것으로 전망한다. 이를 극복하기 위한 정책 대응으로 대부분의 연구들에서 거의 예외 없이 성인 학습이 강조된다. 전통적 방식의 학령기 정규교육과 직업훈련만으로는 디지털 전환과 저출생-고령화에 적절히 대응하기 어려우며 노동의 역량을 강화하기 위해 성인 학습을 양적으로 확대하고 질적으로 제고하는 노력이 추가로 요구 된다는 것이다.

OECD를 비롯한 국제기구들은 일종의 '보편주의' 지적 전통을 가진다. 이에 국가 간 차이보다는 공통성을 강조하며 하나의 정책 패키지를 여러 회원국들에게 동일하게 제안하는 경향이 있다. 또 시장 개입의 속성이 강한 산업정책 및 일터 혁신과 같은 수요 정책보나 직접적인 시장 개입이 없는 인프라 구축과 인력 양성과 같은 공급 정책을 선호한다. 특정 산업을 육성하는 수직적 산업정책보다 연구 개발 등을 지원하는 수평적 산업정책을 선호하는 것도 마찬가지 이유다. OECD를 비롯한 여러 국제기구의 보고서들이 최근의 변화에 대응하는 중요한 정책 수단으로 평생 학습 또는 성인 학습과 같은 숙련 공급 정책을 일관되게 강조하는 것 역시 같은 맥락이다. 학령기를 넘어 성인기 전체의 역량 강화가 빠른 기술 변화에 대응할 수 있게 하고 줄어든 생산 인구로 인해 발생하는 생산성 손실을 극복할 수 있게 하기 때문이다.

하지만 숙련[260] 형성은 단순히 교육과 훈련 또는 학습의 참여만으로 환원될 수 없다. 숙련의 형성은 사회, 역사, 제도의 맥락 속에서 이뤄지고 해석되어지는 일종의 '숙련 체제'라고 볼 수 있기 때문이다. 숙련은 개인이 소유한 무언가인 동시에 개인을 둘러싼 일터, 사회, 정치 등 여러 제도들과 밀접한 관련을 가지는 무언가이기도 하다. 특히 숙련의 강화는 단순히 학력과 경력이 올라가는 것이 아니라 그 일을 하는 노동자가 얼마나 고숙련 직무에 배치되어 자신의 숙련을 활용할 기회를 가지는가가 함께 고려되어야 한다.

이는 숙련의 수요 측면이며 해당 국가의 산업적 특성뿐만 아니라 일터workplace의 작업 조직work organization, 직무 설계job design, 생산과정production process 등과 관련이 있다. 또 숙련의 수요와 공급은 경제와 사회 내 여러 이해관계자들의 갈등과 타협의 과정이자 결과다. 동시에 역사적, 제도적 구성물이기도 하다. 따라서 숙련의 형성과 배치, 활용은 국가별로 상당한 차이를 보일 수밖에 없다.

다만 최근에 논의되고 있는 디지털 전환과 인구구조 변화는 메가트렌드의 속성을 분명히 가지고 있기 때문에 일국의 특수성과 세계적 보편성 간의 긴장 관계 역시 적절히 반영할 필요가 있다.

한국 노동시장의 숙련 문제

더 많은 인적 자본 투자라는 정책 처방은 주류 경제학 입장에서는 모든 상황, 모든 국가에 적용되는 일종의 '전가의 보도'다. 특히 한국의 정책 형성 과정에서 공식·비공식적으로 중요한 역할을 하는 OECD의 정책 처방이 이러한 기조하에 있다. 이는 이들의 정책 처방이 '여러' 자본주의가 아닌 '하나의' 자본주의 모델을 가정하기 때문이다. '인적 자본 이론Human Capital Theory'의 숙련(혹은 역량)에 대한 접근은 결국 공급이 수요를 창출한다는 '세이의 법칙Say's law'의 연장선상에 있다. 노동시장에 숙련의 공급이 많아지면 숙련의 상대가격이 싸지고, 합리적인 경영자는 숙련의 수요를 늘이는 경영적 선택을 하게 된다. 이러한 선택을 하지 못한 기업은 시장의 힘에 의해 도태될 것이고, 경쟁적 시장은 결국 숙련의 공급이 숙련의 수요로 이어지게 한다. 따라서 국가가 할 일은 시장에 대한 개입을 최소화하고, 양질의 숙련을 충분히 공급하도록 교육·훈련 기관(사업주 포함)을 지원하고, 노동시장 참여자에게 충분한 정보를 제공하여 미스매치 문제가 해소되도록 하는 것이다. 이때 중요한 것은 어떠한 역량이 필요한지는 기술과 이를 생산과정에 반영하는 사업주가 결정한다. 따라서 국가는 사업주의 이해를 반영하는 인적 자본 투자가 노동시장과 교육과정에서 이뤄질 수 있도록 교육·훈련 기관과 전달 체계를 끊임없이 개선해나가야 한다.

지식 경제가 강조되고, 디지털 전환의 충격을 우려하며, 고령화로 생산 인구가 줄어드는 공포 속에서 인적 자본 이론이 옳다면 새로운 복지국가를 위한 혁신 역량 강화 전략 역시 이러한 공급 중심 정책 처방의 범주를 크게 벗어나기 어려울 것이다. 과거에 그러했던 것처럼 미래에도 교육·훈련 공급 기관의 역량을 강화하고, 국민들에게 더 많은 교육·훈련의 기회를 제공하며 더 좋은 교사와 강의 교재, 새로운 교수 학습 방법을 통해 사업주가 원하는 역량을 길러내어 미스매치를 해소하고 취업률과 임금을 올리는 정책 처방이 핵심 전략이 되어야 할 것이다.

하지만 이러한 정책 처방만으로 충분한지는 여러 국가들의 사례, 작금의 높은 청년 실업률 등을 볼 때 여전히 의문이다. 공급 정책과 전달 체계 개선은 결국 마찰적 실업의 해소에는 기여하지만 구조적 실업과 기업의 저스킬 저부가가치 생산 전략과 이로 인한 저스킬 노동의 고용 비중 확대라는 문제를 해결하기에는 한계가 있기 때문이다. 더 나아가 기업의 경제적 성공이 아니라 국민 개개인의 전 생애 차원에서 삶의 성공이 미스매치 해소에 집중하는 공급 중심 정책 처방만으로 달성 가능할 것인가?

그렇다고 해서 공급 중심 정책이 앞으로도 유효하지 않다거나 중요하지 않다는 것은 아니다. 디지털 전환과 생산 인구 고령화라는 다가올 미래를 가정한다면 다시 한 번 과거의 공급 중심 정책 모델을 개선하여 사용할 필요가 있다. 미래에는 디지털 전환으로 일자리와 과업이 재조정되고 이로 인해 발생한 새로운 숙련 수요에 대응하기 위해서는 양질의 숙련을 공급할 보다 개선된 서비스가 필요하다. 다만 새로운 숙련 공급은 과거와 같이 사업주의 요구를 더 많이 반영하기보다 국민 개개인 혹은 노동자의 요구를 더 많이 반영해야 할 것이다.

과거 장기근속을 담보로 노동과 자본 간 생산성과 임금을 교환하는 노사 관계가 현재에는 더 이상 유효하지 않다. 플랫폼 노동의 비중 확대와 점점 짧아지는 직장 근속, 여전한 노사 불신으로 인해 노동과 자본 간 공통의 이해를 추구하기는 점점 더 어려워지고 있다. 이에 국가는 사업주와 노동자 중 누구의 이해를 더 많이 반영하여 숙련 투자를 지원할 것이냐의 문제에 봉착한다. 변화한 노동시장 상황을 반영하여 국가는 노동자가 원하는 숙련 투자를 더욱 지원해야 한다는 것이 이 책의 입장이다. 사업주가 원하는 숙련에 대한 투자는 사업주가 직접 비용을 지불하면 된다. 국가는 노동자와 일반 국민 개개인이 성인 학습을 보편적으로 받을 수 있도록 그 선택을 지원해야 한다.

이러한 숙련 공급 정책은 이하에서 자세히 설명하겠지만 사업주가 원하는 컴피턴시competency 역량이 아니라 노동자와 국민 개개인의 '인간적 발전human development'을 위한 캐퍼빌러티capability 역량 강화를 목적으로 한다. 물론 노동자와 개인의 선택에 따라서 사업주와 노동자가 원하는 역량이 동일할 수 있다. 핵심은 성인 학습의 선택권을 개인에게 주고 국가는 그 선택을 지원한다는 것이다. 사업주가 가르치기를 원하는 것과 노동자가 배우기를 원하는 것이 서로 다를 경우 국가는 노동자를 지원해야 하며, 사업주가 가르치기를 원하는 것은 사업주의 비용으로 지원해야 한다.

그렇다면 한국 노동시장의 숙련 문제를 어떻게 규정할 수 있을까? 한국이 다른 국가와 다른 독특한 지점은 무엇일까? 여러 가지가 있겠지만 노동시장 진입 이전에 민간(사교육과 높은 대학 진학률)을 통해 축적한 상당히 높은 수준의 일반 스킬과 일터에서의 낮은 스킬 수요를 들 수 있다. 반가운 등의 연구[261]에 따르면, 노동시장 진입 이전에 상당히 높은 수준으로 축적된 인적 자본이 일터의 낮은 스킬 수요로 인해 빠른 속도로 감가상각됨을 실증한 바 있다. 반가운 등 연구자들은 이러한 상황을 한국 노동자의 숙련퇴화와 일터에서의 '저스킬 균형'으로 파악했다. 이 책에서는 해당 연구 결과 중 일부를 소개하고자 한다.

　학력과 역량이 고용률 및 임금과 어떠한 관계를 가질까? 언어능력은 언어적 지식이 아닌 개인의 핵심 정보처리 능력으로 일반 스킬과 관련이 크다. 한국을 제외한 다른 모든 OECD 국가들은 학력이 높고 역량이 높을수록 임금과 고용률이 높다. 이 경우 인적 자본 이론의 공급 중심 처방이 그래도 작동한다고 볼 수 있다. 더 높은 인적 자본 투자가 더 높은 학력과 역량으로 이어져 더 나은 노동시장 성과를 보장하기 때문이다. 하지만 한국의 경우만 유일하게 역량이 높다고 해서 고용률이 더 높지 않다. 반가운 등의 연구[262]에서는 여러 변수를 통제한 임금 함수도 추정해보았는데, 이 경우 한국은 임금에 있어서도 역량과 통계적으로 유의한 관계가 확인되지 않았다. 즉, 한국의 경우 노동시장에서 학력이라는 자격은 작동해도 노동자 개인이 보유한 역량은 제대로 보상받지 못하는 것이다.

　학력이 높을수록 언어능력으로 측정한 핵심 정보처리 능력

학력, 역량, 고용률, 임금의 관계²⁶³

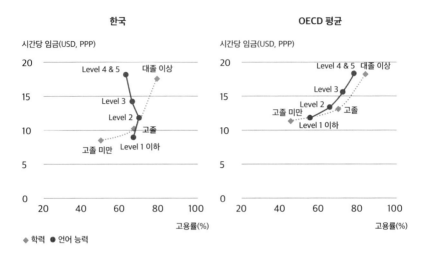

◆ 학력　● 언어 능력

도 높기 때문에 이러한 결과는 역량의 퇴화를 통해서 설명될 수 있다. 반가운 등의 연구²⁶⁴에 따르면 고학력 고역량으로 입사한 노동자가 노동시장에서 낮은 스킬 수요 혹은 일터에서 스킬 활용의 부족 상황에 직면하여 자신이 노동시장 진입 전에 축적한 인적 자본이 상당 정도 감가상각되어 고학력 저역량이 됨을 실증적으로 밝혔다. 이는 한국 일터에서 높은 수준의 숙련 공급이 낮은 수준의 숙련 수요로 인해 저숙련 균형으로 가는 과정이 일어나고 있다고 해당 연구는 주장한다. 인적 자본 이론의 예측과 달리 한국 노동시장에서는 스킬 공급이 스킬 수요를 추동하는 것이 아니라 높은 스킬 수준이더라도 낮은 스킬 수요로 인해 스킬 퇴화의 과정이 발생한다.

한국은 높은 대학 진학률과 사교육을 통해 노동시장 진입 이전에 상당한 수준의 일반 스킬을 축적하지만 노동시장 진입과 함께 축적된 인적 자본은 빠르게 감가상각되는 것이다. 즉, 일터에서 역량 활용 기회의 부족이 역량의 퇴화로 이어지는 것이다. 낮은 스킬 수요로 인해 일터에서는 추가적인 교육·훈련이 크게 필요치 않으며 이는 저스킬 균형을 더욱 촉진한다. 다른 국가의 노동시장과 달린 한국의 노동시장에서는 스킬 공급이 아닌 스킬 수요가 숙련의 양태를 지배한다. 따라서 한국의 노동시장에서 숙련 문제는 낮은 스킬 수요가 핵심이라고 볼 수 있다. 더 나아가 더 많은 스킬을 공급하는 공급 정책이 노동시장에 긍정적 성과를 보이지 않는 것도 중요한 특징이다.

요컨대, 한국은 일터에서 스킬 수요가 낮은 국가로 성인의 학습 수요를 제고하기 위해서는 무엇보다 스킬 수요 측면에서 고스킬 일터로 전환하는 노력이 동시에 요구된다. 그렇다면 한국은 어떠한 혁신 역량 강화 정책을 펼쳐야 할 것인가? 수요 정책의 핵심인 일터 혁신 정책은 어떠한 방향이 바람직할 것인가? 공급 정책은 어떠한 방향으로 개선이 필요할 것인가?

새로운 복지국가를 위한 혁신 역량 강화 전략

현재 한국의 직업 능력 개발 정책은 숙련의 공급에 초점을 두고 있으며, 개별화되지customized 못하고 공급자(교육·훈련 기관) 중심으로 훈련 과정을 제공하고 있다. 교육·훈련 과정의 공급 역시 사업주의 이해를 중심에 두고, 사업주가 단기적으로 원하는 특정 과업task 수행을 위한 컴퍼턴시 역량 개발에 초점을 두는 역량 기반 훈련(CBT)Competency Based Training 방식이다. 다만 이러한 국가와 공급 기관의 사업주 편향성이 현실에서 국가의 사업 수행 능력과 교육·훈련 공급 기관의 무능으로 제대로 달성되지 못해 미스매치 논의를 불러일으키고 있다. 미스매치 논의 자체가 교육·훈련 체제에서 사업주의 우위를 암묵적으로 지지하는 것이지만 미스매치 해소가 유일한 개혁의 방향인 양 많은 정책 입안자와 연구자들이 주장한다. 이는 숙련 공급을 둘러싼 행위자 간 이해관계 갈등에서 사업주 입장을 적극 반영한 것이다.

교육·훈련의 목표는 사업주와 노동자의 입장이 다를 수 있다. 사업주는 해당 직무의 과업을 잘 수행해내는 것이지만, 노동자의 입장은 일터에서 더 많은 자율과 재량을 누리며 내 인생 전체에서 역량이 강화되고 그 결과 더 나은 일자리로 이동하며 삶 전체의 고용 가능성과 삶의 질을 올리는 것이다.

현재의 직업 능력 개발은 기본적으로 CBT이며, 이는 직업을 여러 과업으로 쪼개어 특정 과업에서의 사업주가 원하는 목표 달성 여부를 교육·훈련의 성과로 본다. 하지만 국가가 지원하는 숙련 공급은 사업주의 이해만을 반영해서는 안 되며, 성인 일반의 이해를 반영하는 보편적 방식이어야 한다. 시민과 노동자 개개인의 이해에 초점을 두어 이들의 전 생애를 관통하는 캐퍼빌리티 역량 개발에 초점을 맞춰야 하는 것이다. 사업주의 이해와 관련한 미스매치 정보는 노동자에게 충실히 제공하되 관련한 교육·훈련을 받을지에 대한 선택은 개인이 하게 하는 것이다. 이를 위해서는 교육·훈련의 대상이 직업을 쪼갠 특정 과업이 아니라 여러 과업을 묶은 직업이어야 하고, 더 나아가 복수의 직업을 묶은

'포괄 직업broad occupation' 방식이어야 한다. 이때 직업의 묶음은 직업 상승이 전제되어야 한다. 상담 과정 역시 노동자의 전 생애 진로와 발전의 관점에서 이뤄져야 한다.

이는 기존의 미스매치 해소를 목적으로 하는 컴피턴시 역량 중심에서 인간적 발전을 교육·훈련의 목표로 하는 캐퍼빌러티 역량 중심으로 직업 능력 개발 혹은 성인 학습 시스템을 전환하는 것을 의미한다. 이때 과업과 관련된 현장 지식 교육을 반드시 기능적 훈련과 함께 실시하여 여러 과업들의 연결을 분명히 파악하고 그 속에서 자신이 하는 노동과정의 전체 맥락을 이해할 수 있게 해야 한다. 그래야만 외부 기관에서 배운 명시지明示知와 일터에서의 암묵지暗默知가 융합되는 과정을 통해 기술적 숙련이 심화된다. 이 과정에서 미래 역량으로 강조되는 스스로 학습하는 능력, 문제 해결 능력, 의사소통 능력, 창의력 등 소프트 스킬들도 길러진다. 무엇보다 일터에서 자율과 재량을 가지고 의사결정할 수 있는 역량도 생긴다.

한국 노동자는 스스로 학습 전략을 세우고 동기부여되어 학습을 자발적으로 수행해나가는 메타인지 수준이 매우 낮다. 또한 일터에서 스스로 생각하고 판단하여 문제 해결하는 활동 수준 역시 매우 낮다. 이는 학력 수준과 무관하게 그러하다.

요컨대 한국의 노동자는 자율과 재량을 가지고 업무를 처리할 수 있는 역량이 부족하다. 또 이를 뒷받침하는 조직 문화가 일터에 구축되어 있지 않다. 역량이 없는 권한 위임, 즉 자율과 재량은 불가능하며 마찬가지로 스스로 문제를 해결할 기회를 주지 않는 일터 환경에서는 스스로 학습하여 역량을 축적하고자 하는

한국 노동자의 '메타인지' 국제 비교[265]

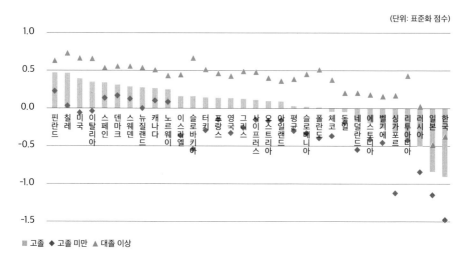

(단위: 표준화 점수)

■ 고졸　◆ 고졸 미만　▲ 대졸 이상

한국 노동자의 '일터에서 문제 해결 활동' 국제 비교[266]

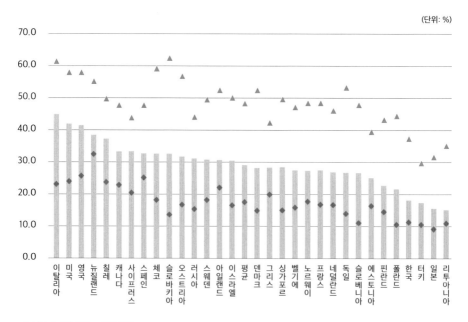

(단위: %)

■ 고졸　◆ 고졸 미만　▲ 대졸 이상

동기부여 역시 생기지 않는다. 이는 자율과 재량이 부족한 일터와 이를 수행할만한 역량이 부족한 노동자가 서로 영향을 미치며 나선형으로 저스킬 균형에 빠지는 상황을 설명한다.

교육·훈련 시스템에서 자율과 재량을 가지고 의사를 판단할 수 있는 역량을 길러주고(스킬 공급) 동시에 일터의 작업 조직, 직무 설계, 생산과정을 재편하고 조직 문화 차원에서도 수평적 의사결정이 가능하도록 하여(스킬 수요) 스킬의 공급과 수요가 선순환하도록 할 필요가 있다. 즉, 교육·훈련 과정을 '쪼개진 과업→하나의 직업'으로 하여 노동자가 전체 작업 과정에 대해 맥락적 지식을 가지게 하고, 동시에 수평적 조직 문화를 지향하고 권한을 위임하는 방식으로 자율과 재량의 일터 혁신을 추구하여야 한다. 여기에서 한 단계 더 나아가 '하나의 직업→포괄적 직업'으로 하는 교육·훈련 과정의 재설계가 필요하다. 교육·훈련의 목표는 노동자가 현재의 직무에 대해 상당한 역량을 가지고 재량적으로 판단할 수 있게 하는 능력을 길러줘야 할 뿐만 아니라 보다 나은 일자리로 직업 이동이 가능하게 하는 것이기도 하여야 한다. 이것이 곧 기존의 과업을 중심으로 한 컴피턴시 기반 역량 교육·훈련에서 포괄적 직업을 중심으로 한 캐퍼빌러티 기반 역량 교육·훈련으로의 전환의 핵심 아이디어다.

관련하여 새로운 제도를 도입하고 거버넌스를 구축하며 성과 목표를 새롭게 설정해야 할 것이다. 개별 노동자 입장에서는 단순한 취업을 넘어 더 나은 직업으로의 발전이 중요하다. 즉 '실업→일자리→좋은 일자리→더 좋은 일자리로의 전환'이 교육·훈련의 성과가 되어야 한다. 이를 위해 노벨경제학상 수상자인 아마티아 센의 '역량 개념'을 교육·훈련 공급 시스템에 적극 도입하여 인간적 발전 측면을 강조하는 일대 혁신이 필요하다. 단, 더 좋은 일자리는 반드시 더 많은 연봉과 안정성만을 의미하지는 않는다. 반가운 등의 연구[267]에서 강조하듯이 외재적 보상뿐만 아니라 내재적 동기부여도 중요한데, 보다 많은 자율과 의사결정 권한을 주는 일자리 역시 좋은 일자리다. 이와 더불어 개발된 역량이 잘 활용될 수 있는 일터 혁신 정책이 함께 해야 한다. 즉, 스킬의 공급뿐만 아니라 수요도 함께 확충하는 것이 정책적으로 무엇보다 중요하다.

이 책에서 강조하는 스킬 수요 제고 정책은 조직 문화와 일하는 방식에서 자율과 재량이 보다 강조되는 일터 혁신 지원이다. 특히 청년 세대에게는 한국 기업 특유의 위계적 조직 문화 속에서 자신의 능력을 스스로의 판단하에 마음껏 펼칠 기회가 절대적으로 부족하다. 이러한 상황에서는 스킬 축적의 동기 역시 제약된다. 이를 해소하기 위한 자율과 재량을 노동 관행으로 도입하는 일터 혁신 정책이 반드시 함께 추진되어야 한다. 위계적인 조직에서는 소수의 핵심 인력만 숙련이 필요하지만 자율과 재량의 조직에서는 스스로 의사결정하기 위해 모두의 역량 강화가 필요하다. 반가운 등의 연구[268]에서는 한국 노동자의 역량 활용을 제고하기 위한 개인, 조직, 사회 차원의 여러 요인들을 실증 분석한 바 있고, 특히 수평적인 조직 문화와 인사관리 관행을 강조한 바 있다.

이상 언급된 혁신 역량 강화 전략을 수행하기 위해 성인의 역량 개발과 활용 강화를 위한 종합적 거버넌스 구축이 필요하다. 성인기 역량 개발 정책(공급 정책)과 역량 활용 정책(수요 정책)은 상호 밀접한 관련을 가진다. 개발 정책에서 '포괄적 직업'을 강조한 것은 사실상 테일러주의적 노동이 아닌 생산과정의 맥락을 이해하고 스스로 의사결정할 수 있는 자율과 재량의 노동자가 되기 위한 역량 개발을 강조한 것이다. 한편, 수요 정책에서 '자율과 재량의 일터 혁신'을 강조한 것은 이러한 자율적 노동자가 제대로 일할 수 있는 작업 조직, 인사관리, 생산과정, 직무 설계를 지원하는 일터 혁신 정책이다. 자율과 재량의 일터에서는 역량 있는 노동자가 필요하고, 동시에 역량 있는 노동자가 되기 위해서는 자율과 재량의 일터가 필요하다. 따라서 새로운 역량 개발을 위한 교육·훈련 공급 시스템과 일터 혁신을 하나의 전달 체계로 통합하여 정책을 딜리버리delivery할 수 있는 종합적 거버넌스 구축이 필요하다.

정책의 성과 지표는 취업률, 취업 유지율을 넘어 더 나은 취업률 혹은 역량 향상 그 자체가 되어야 한다. 교육·훈련의 성과는 교육·훈련의 결과로 더 나은 인간이 되고, 더 나은 일자리로 이동하는 것이 되어야 하기 때문이다. 현재 국가가 주도하는 교육·훈련과 성인 학습에서 성과 관리 기준은 단기적 취업률이 주로 활용되는데, 이마저도 엄밀한 차원에서 이뤄지지 못하고 있다. 이참에 성과 관리 기준을 더 나은 직업으로의 상향 이동, 역량의 향상 혹은 질적 평가의 강화로 일대 전환할 필요가 있다. 과거 저비용의 '줄 세우기'식 양적 지표 관리 방식이 아니라 새로운 복지국가에서는 성과 관리에도 더 많은 국가의 지원과 노력이 필요하다.

녹색 복지국가 전략:
생태사회정책

새로운 정책 프레임: 생태사회정책의 전개

녹색 복지국가는 복지국가의 새로운 비전이다. 필연적으로 현 복지체제의 재구조화를 필요로 한다. 인간의 존엄성과 형평성, 사회연대의 가치를 추구해온 전통적 복지국가의 이상을 실현하면서도 동시에 자연과의 호혜적 공존을 지향하는 생태적 가치를 동시에 이뤄내는 생태 위기 시대의 복지국가 비전인 것이다.

문제는 이런 비전과 목표를 '어떻게 현실화할 것인가', 이를 실현하기 위해서는 구체적으로 '무엇을 해야 하는가'다. 녹색 복지국가 비전의 실현 과정은 응당 숱한 장벽을 넘어야 하는 험로일 것이다. 경제와 사회 등 현 복지 자본주의의 전방위적 체제 전환을 필요로 하기 때문이다. 실로 엄청난 도전이지만 반드시 가야 할 절박한 길이다. 녹색 복지국가 비전을 현실화할 "슬기롭고 다층적인 전략"[269]이 요구되는 이유다.

무릇 모든 비전이나 계획이 그러하듯이 녹색 복지국가 또한 '선언'으로 이뤄지지 않는다. 응당 기존의 경제사회정책의 틀로는 가능하지 않다. 그것은 구체적인 정책 실행과 대대적인 개혁을 통해 이뤄질 것이다. 핵심은 녹색 전환과 보편적 복지국가를 달성하기 위한 경제사회정책의 실행과 개혁이다.

먼저 녹색 복지국가 비전과 가치에 걸맞은 새로운 정책 프레임워크가 필요하다. 이런 프레임워크에 따른 실효성 있는 구체적인 경제사회정책이 실행돼야 한다. 보편적 복지국가와 녹색 전환이란 목표는 본질적으로 거대 위기에 대한 해결책으로 경제사회체제의 대전환을 꾀하는 대개혁 없이 가능하지 않기 때문이다.

대한민국은 산업화와 민주화를 거쳐 2021년 이제는 선진화까지 이뤘다는 게 해외의 평가다. 한국은 2017년 구매력 기준 1인당 GDP가 4만 1001달러를 기록했다. 일본의 4만 885달러를 넘어선 수치다. 2018년에는 일본과 이 격차를 더 벌었다. 게다가 노동자 평균임금의 노동생산성도 일본보다 더 높다. 한국은 또한 주요 7개국(G7)에 포함된 프랑스, 영국, 이탈리아, 캐나다를 능가하는 세계 5위의 제조업 대국이다.

하지만 이런 성취의 이면에 어두운 그림자가 많다. 노인 중 절반이 빈곤에 신음한다. 세계 최고의 자살률과 최저의 합계 출산율이 이 그림자를 상징적으로 보여준다. 특히 '어두운 노동'이 문제다. 비정규직 노동자가 2021년 사상 처음으로 800만 명 넘었다. 전체 임금노동자(2099만 명)의 38.4%에 이른다. 사정이 이렇지만 한국의 복지체제는 이들 비정규직이나 사회적 취약계층을 오롯이 보호하지 못한다. 복지 한국은 상대적으로 안정적 고용과 임금을 보장받는 사람들을 더 보호하는 복지의 역설을 드러내 보인다. 윤홍식 교수는 이를 두고서 '이상한 성공'이라고 지칭했다.

그렇다. 나라는 부유한데 나라 살림은 빈약하고, 나라 살림이 빈약하니 시민을 지켜줄 사회 안전망도 부실하다. 시민이 불안할 수밖에 없는 사회가 우리 사회인 이유다. 흠결투성이 복지로 더는 시민의 불안을 낮추거나 풀어주지 못한다는 것은 자명하다. 선진국, 대한민국이 정작 보호해야 할 시민의 삶을 지켜주지 못하는 역설이다.

겉모습만 보면 대한민국은 5대 사회보험을 갖추고 있는 '복지국가'다. 그러나 속살을 조금만 들여다보면 대한민국의 사회 안전망은 난파선이다. 대한민국 사회보험 대형 선박은 바닥 곳곳에 구멍이 뚫려 있다. 땜질로 버티지만, 폭풍우라도 닥치면 대한민국호의 많은 승객들이 위험할 수밖에 없다.

문제는 보호받아야 할 숱한 이들이 원천적으로 복지에서 배제돼 있는 점이다. 이름하여 복지 사각지대에 놓여 있는 사람들이다. 고용 상태가 불안정한 비정규직, 점증하는 플랫폼 노동자, 초단시간 노동자들, 영세 자영업자들 등이 복지제도의 혜택에서 벗어나 있다. 예컨대 노후 소득 보장 장치인 국민연금의 경우 정규직의 94.2%가 연금에 가입돼 있다. 하지만 비정규직은 35.5%만 가입자다.

녹색 복지국가의 1차적 임무는 기존 복지국가의 흠결을 탄탄히 고지는 이른바 복지국가 현대화에 있을 것이다. 차별직이고 배제적인 대한민국 복지 시스템을 내실 있게 바꾸는 일이다. 그리하여 시민 누구나 기본적이면서도 적정한 생활을 누릴 수 있도록 해야 한다. 녹색 복지국가는 곧 보편적 복지국가다. 시민의 삶의 질을 크게 드높이는 획기적인 사회정책 전개가 그 요체일 것이다.

하지만 이런 사회정책 전개만으로 생태 위기 시대의 거대 위기를 헤쳐나갈 수 없다. 생태계에 조응하는 사회정책이 전개돼야 한다. 즉 인간의 권리와 시민의 삶의 질을 신장하는 한편 인간과 자연과의 호혜적 공존이란 생태적 가치를 병행 견지하는 생태적 가치를 담은 사회정책이어야 한다. 지속 가능하고 지탱 가능한 지구를 위한 사회정책이어야 한다.

이름하여 '생태사회정책'이다. 녹색 복지국가 비전은 국가의 녹색(복지)화를 이룰 생태사회정책의 전개를 통해 비로소 바람직하고 지속 가능한 전환의 궤도 위에 오를 것이다. 이안 고프Iain Goff 영국 배스대 교수는 생태사회정책을 강조하는 대표적인 학자다.

그는 생태 위기 시대의 사회정책은 복지와 지속 가능성 모두를 강화하기 위한 정책이어야 한다고 말한다. 그가 말하는 생태사회정책은 안전한 기후와 더 나은 복지 사이의 시너지를 꾀하는 정책이다. 구체적으로는 가뭄, 홍수, 더위의 영향을 줄이는 것과 같은 기후 조절 정책과, 대기 오염 감소와 에너지 빈곤 감소를 실현하는 여러 친환경 정책, 나아가 녹색 일자리 기회 확대와 고용의 안전장치 강화 정책 등을 두루 포괄한다.

이런 생태사회정책을 전개하기 위해 이안 고프 교수는 더 큰 국가 차입, '녹색 양적 완화'를 포함한 재정 프레임워크의 급진적인 개혁이 필요하다고 제언했다. 그는 이런 개혁은 "새로운 성장 전략이기도 하다"면서 이를 두고서 '기후 스마트 포용 성장'이라고 지칭하기도 했다.

새로운 정책 프레임워크는 필연적으로 정책 패키지가 되지 않을 수 없다. 즉 정책 간의 융합적 전개가 반드시 필요하다. 생태 위기 시대, 이른바 "환경문제라는 것은 기존의 환경정책이란 좁은 틀만으로는 극복할 수 없다"는 문제 제기[270]도 이런 맥락에서 제기된다. 환경문제 해결은 이제 경제사회정책, 산업정책 등의 정책 융합을 통해 해결 지점을 모색하지 않을 수 없기 때문이다.

실제 생태 위기는 보건에서부터 환경, 경제, 정치 등 인간사 거의 모든 부문에 걸쳐 위험을 유발한다. "젠더, 인종, 계급, 지역 등의 차별 구조를 개별적으로 또는 교차적으로 악화, 재생산"[271]하며, 재난의 희생자도 사회적 취약계층에 우선적이고 집중적으로 발생시킨다. 니콜라스 스턴Nicholas Stern 런던정경대 교수가 "지구 고온화는 우리 시대의 가장 큰 시장의 실패 사례"라고 한 데는 이런 특성에서다.

생태 위기는 일국 차원의 정책만으로는 해결할 수 없다. 전 지구적 관점의 정책을 상상하고 국가 간의 연대와 협력을 이뤄내지 않으면 안 된다. 따라서 생태 위기 시대의 정책은 위기에 취약한 사회계층을 보호하는 한편, 지구촌과 공동체 전체의 지속 가능성이란 목표를 동시에 이뤄내는 것이어야 한다. 환경과 복지, 보건, 노동 등의 정책 매트릭스, 이른바 '생태적 사회정책' 전개가 녹색 복지국가 현실화를 위한 핵심이다.

보편적 기본 서비스와 그린 뉴딜

그렇다면, 구체적 생태사회정책 대안으로 어떤 것이 제시될 수 있는가? 문제는 이 물음의 답이다. 아직 미답의 영역이다.

보편적 기본 서비스

이안 고프 교수는 능동적이고 통합된 '생태적 사회정책'의 하나로 '보편적 기본 서비스(UBS)Univeral Basic Service'를 제시한다. 그가 말하는 UBS는 "모든 시민이 그들의 기본적 요구를 충족시키고 특정한 수준의 보장, 기회 및 참여를 달성할 수 있도록 하는 광범위한 무료 또는 보조 공공서비스"를 가리킨다.

보건·의료, 돌봄, 교육 등 인간 생활에 필수적인 서비스를 모두에게 보장하자는 것으로, '보편적 기본소득(UBI)Univeral Basic Income'에 비해 국내외에서 그리 널리 알려진 개념은 아니다. UBS는 주거, 교통, 통신, 관리, 운송, 인터넷 액세스 및 영양 공급과 같은 사람이 살아가는 데 필요한 여러 필수 서비스로 확장할 수 있다. 고프 교수는 이들 정책이 그린 뉴딜의 추진을 위한 '사회적 대응 정책'으로 기능할 것으로 내다본다.

UBS란 아이디어는 비교적 '신상품'이다. 런던대학 세계번영 연구소(IGP)Institute for Global Prosperity에서 지난 2017년 처음 제기했다. 당시 이 연구소는 〈미래를 위한 사회적 번영: 보편적 기본 서비스 제안〉 보고서를 펴냈다. 이어 고프 교수와 영국 신경제재단의 안나 쿠트 등이 이를 주창하면서 논의가 서서히 확산됐다. 기본소득에 비해서는 아직 큰 주목을 받지는 못한다.

국내에서는 김보영 영남대 교수가 고프와 쿠트 등의 논의[272]를 소개한 바 있다. 보편적 기본 서비스는 이름 그대로 '보편'과 '기본' 그리고 '서비스'란 세 가지 개념의 조합이다. [273] "공익을 위해 집합적으로 이뤄지는 활동"을 의미하는 '서비스'는 현금뿐 아니라 물질적인 현물good과도 구분된다. 이는 생산과 소비가 분리되지 않고 동시에 일어나는 속성을 지니고 있다. '기본'이란 말은 필수적이고 충분한 것을 뜻한다. 즉 서비스가 사람들의 욕구를 충족시킬 수 있을 정도여야 한다는 것이다. '보편'은 누구나 욕구에 기반을 두고 서비스를 갖게 된다는 것을 의미한다.

이런 맥락에서 보면, 영국이나 스웨덴 등에서 이미 시행해오고 있는 무상의료나 무상교육은 대표적인 보편적 기본 서비스다. 일찍이 이를 제기한 IGP의 보고서에서는 이 서비스의 영역으로 보건·의료, 교육, 민주주의와 사법 서비스에 주거shelter, 음식, 교통, 정보를 더해 제시했다. [274] 김보영 교수는 따라서 "대부분 발달된 민주주의국가가 그렇듯 민주주의와 사법 체계는 무상으로 제공되고 있기 때문에 (IGP 보고서는) 주거, 음식, 교통, 정보를 새롭게 제안했던 셈"[275]이라고 말했다. IGP 보고서는 나아가 공유된 욕구와 집합적 책임을 원칙으로 하되 물질적 서비스보다는 모든 시민들에게 보장되어야 할 활동에 더 초점을 맞춰 아동 돌봄과 노인, 장애인 등 성인 돌봄을 포함시켰다. [276]

다만 이런 보편적 기본 서비스의 적용을 둘러싸고 몇 가지 쟁점이 논의되고 있는데, 핵심은 바로 "어떤 서비스가 사용 시점에서 무료여야 하는가", 즉 "어디까지 보편적 기본 서비스로 보장되어야 하는가"나. 지불능력이 아니라 욕구에 의해 수급 자격이 가지게 된다는 점에서 이 욕구에 대한 판단이 서비스마다 다를 수 있기 때문이다. "전문적 판정, 거주지역, 연령, 개인의 신청 등 다양한 방식과 이들의 조합도 가능"하며, "모든 서비스가 반드시 모두에게 무료여야 한다는 것"도 아닌 것이다.[277]

이런 측면에서 보편적 기본 서비스는 생태 위기 시대의 생태적 가치나 '지속 가능한 개발 목표Sustainable Development Goal'와 같은 국제적 규범 등에 의해 그 범위가 확장되거나 특정 서비스가 우선적으로 강조될 수 있다.

김보영 교수에 따르면, 구체적인 정책 제안으로 들어가면 각 영역마다 그 내용과 수준은 다르다.[278] 예컨대 음식의 경우 무상 급식과 '식사 배달meals on wheels' 서비스의 확대를, 주거의 경우 임대료와 지방세 부과가 없는 '사회 주택social housing' 공급 확대가 제시될 수 있다. 교통의 경우, 기존의 노인에게만 적용하던 버스 무임승차 혜택을 모두에게 확대해 전 주민에게 직장과 교육, 의료와 사회참여에 대한 접근을 보장하는 것이 제안될 수도 있다.

교통의 경우에는 특히 사람들이 많이 걷도록 할 수 있는 방안이 가능한데, 이는 기후변화와 관련해 자동차 사용을 줄이도록 해 지속 가능한 환경에도 기여할 수 있을 것이다. 정보의 경우에도 "전화, 인터넷, TV 수신료 등을 포함하여 디지털 포용을 지향하고 직업 기회와 다른 서비스에 대한 접근, 사회참여를 촉진"할 수 있다고 한다.[279]

20대 대통령을 뽑는 선거에서 대선 후보들이 저마다 제기한 돌봄 서비스는 대표적인 기본 서비스의 영역이 될 수 있다. 생애 주기상 아동기의 교육과 안전은 인간의 기본적 욕구다. 노인에 대한 간병 등 돌봄 또한 기본 서비스 중 하나로 포함되어야 마땅할 것이다. 이처럼 아동과 노인 돌봄은 아이들과 노인들을 위험한 상황에 빠질 가능성을 낮추는 한편, 무엇보다도 그 가족들, 특히 돌봄을 상당히 책임지는 여성들이 더욱 능동적으로 사회참여를 할 수 있도록 해준다.

보편적 기본 서비스를 둘러싼 또 다른 쟁점은 기본소득과의 관계다. 논자마다 편차가 크다. 어떤 이는 둘을 대립적 관계로 인식한다. 하지만 특정 논자는 기본 서비스를 기본소득과 한 쌍을 이루는 대안으로 제시한다. 기본소득을 소득 보장의 대안으로 보면 기본 서비스는 기본소득의 한계를 메꾸어주는 대안이 될 수 있다는 인식에서다.[280]

고프 교수는 "작은 규모라도 상당한 조세를 동원해야 하는 기본 소득은 개인의 소득에만 집중해 공공의 집합적인 공급과 소비까지 위협할 수 있다"[281]고 지적하면서 "기본 서비스는 상대적으로 적은 재정적 수요를 통해 인간의 공통적인 욕구에 직접적으로 대응함으로써 더 효과적이고 윤리적이며 경제적으로도 우수하고, 연대성과 지속 가능성이 더욱 높다"고 주장한다.[282]

기본 서비스 주창자들은 기본 서비스는 형평성equity, 효율성efficiency, 연대성solidarity, 지속 가능성sustainability 등 4가지 차원에서 이해될 수 있다고 설명한다.[283] 특히 생태 위기 시대에 보다 생태 친화적인 방법으로 이를 조직함으로써 지속 가능성을 확보할 수 있는 방안이 될 수 있다고 본다. "일정한 수준의 충족을 지향하고 있기 때문에 한계가 없는 욕망의 충족을 지향하는 시장적 방식과 다르게 집합적 행동을 통해 사원과 위험을 공유하면서 민주적 방식으로 공급이 통제되기 때문에 시장적 방식보다도 더욱 환경 친화적 방식으로 지구적 한계 안에서 서비스가 이뤄질 수 있게 할 수 있다"[284]는 것이다. 이안 고프 교수는 한발 더 나간다. 그는 "기본 서비스가 전체적인 경제를 성장 중심에서 지구적 한계 안에서의 인간 복리 중심으로 전환하는 데 핵심적 역할을 할 수 있을 것"[285]이라고 강조한다.

문제는 한국에서 '어떻게 적용 가능할 것인가'다. 이와 관련해 김보영 교수는 무상의료와 무상교육이 정착돼 있는 영국과 달리 국내에서 이 논의가 상대적으로 적다면서, 그 배경에는 "(제시된 여러 서비스 가운데) 하나하나가 이상적 수준의 과제"이기 때문이라고 진단한다.

"무상의료는 물론이고, 고교까지 거의 무상교육이 된다고 하더라도 우리나라 사람 아무도 상당한 수준의 사적 교육 부담이 사라질 것이라고 기대하지는 않고, 반면 교통과 통신은 영국은 무료 서비스가 더 의미가 있겠지만 이미 다른 나라와 비교해 상대적으로 저렴한 대중교통 요금 체계와 인터넷 연결이 잘 되어 있는 우리나라는 그 의미가 다를 수밖에 없다"는 논지에서다. 그럼에도 김 교수는 척박한 국내의 사회 서비스 현실에 비춰볼 때 기본 서비스의 의미는 적지 않다고 강조한다.

보편적 기본 서비스에 대한 논의는 국내에서는 기본소득에 비해 사회적 주목도가 아주 낮다. 하지만 생태 위기 시대의 녹색 복지국가 비전을 실행하는 유효한 정책 수단의 하나로 적극 모색할 필요가 있다. 활발한 논의가 이뤄지길 기대해본다.

그린 뉴딜

한국판 뉴딜 종합 계획이 발표되고 어느새 1년이 훌쩍 지났다. 문재인 대통령이 지난 2020년 4월 22일 제5차 비상경제회의에서 뉴딜의 필요성을 처음 언급한 뒤 불과 80여 일 만에 한국판 뉴딜이 만들어져 발표됐다. 이 계획은 크게 디지털 뉴딜, 그린 뉴딜, 사회 안전망 강화 등 세 축으로 이뤄졌지만 핵심은 뉴딜이란 이름이 붙은 두 축이라고 하는 게 적절하다.

정부는 이 계획을 위해 국비 114조 원을 포함해 총 160조 원을 투입해 190만 개의 일자리를 창출한다는 야심에 찬 계획을 세웠으나 1년여가 지난 지금 이 계획이 얼마나 진척을 이뤘는지, 어떤 성과를 거뒀는지 의문이다. 한국판 뉴딜은 실제 정부의 야심에 견줘 지난 한 해를 반추해보면 뉴딜에 이름에 걸맞은 사회적 동력을 얻은 것으로 평가하기는 아직은 어려워 보인다.

한국판 뉴딜은 발표 직후부터 학계와 시민사회의 비판에 직면했다. 구체적인 프로세스 없는 선언적인 측면이 크다거나 사실상 디지털 뉴딜 중심의 성장형 산업정책에 불과하다는 비판이 그것이다. 발표된 한국판 뉴딜이 뉴딜이란 이름에 걸맞지 않다는 것인데, 특히 이 가운데 그린 뉴딜과 관련한 비판이 많았다.

하지만 작금의 경제사회적 현실과 생태 위기의 상황은 어느 때보다 뉴딜이 절실하다. 이때의 뉴딜은 우리 사회를 비롯해 지구촌에 몰아치는 가공할 각종 도전에 대응해 경제사회 전반의 큰 틀을 새롭게 짜는 복지국가의 재구조화를 통한 대전환을 말하는 것이다. 그것은 국가와 기업, 시민 간의 새로운 사회계약에 다름 아닐 것이다.

이 대전환을 능동적으로 이뤄내기 위해서는 정부의 역할이 가장 중요하다. 새로운 경제 및 사회의 규칙을 세우고 이해관계가 다른 주체들을 머리를 맞대고 숙의하도록 공론장을 형성케 하고, 이런 전환의 과정에서 소외되고 배제된 이들을 보듬도록 하는 안전망을 촘촘히 짜는 것 등이 정부가 할 중요한 역할이자 과제다.

디지털 뉴딜과 그린 뉴딜이란 두 축은 이런 대전환을 위한 핵심 축임에는 틀림없다. 이들 두 축 가운데 그린 뉴딜은 기후위기란 전 세계적인 비상사태에 직면해 세계적으로 추진 중인 탄소 중립을 구체화하기 위한 종합 패키지다.

글로벌 차원에서는 5억 800만 명 인구가 모여 사는 EU가 선도한다. 이어 14억 명의 인구를 보유한 중국이 녹색 경제의 시동을 본격화하고 있고, 인구 3억 2700만 명의 미국이 바이든 정부 출범 이후 이 대열에 합류했다. 미국의 미래학자 제러미 리프킨은 이들을 "방 안의 코끼리 세 마리"라고 부른다.

그는 이들 세 마리의 코끼리가 "최적의 방식을 공유하며 공통의 형식, 규칙, 기준, 인센티브 등을 마련하고 나머지 인류 전체를 이끌고 나가기 위해 서로 보조를 맞춰 행진하지 않는다면 20년 안에 탄소 제로 문명에 도달하기 위한 경주는 중도에 와해되고 말 것"[286]이라고 설파했다.

리프킨에 따르면 특히 중국은 일대일로 정책의 맥락에서 유라시아 대륙 전체를 21세기 스마트 디지털 인프라로 연결해 역사상 최대 규모의 통합적 상업 공간을 창출하는 것을 비전으로 삼고 있다. 중국 공산당은 이미 2012년 생태학적 문명이라는 용어를 당헌의 핵심으로 규정하고 당의 주요 사업은 물론, 거버넌스와 세계관에서 특별한 변화를 알렸다. [287]

이들 세 마리의 코끼리와 별도로 영국의 발걸음도 주목할만하다. 영국은 2050년까지 온실가스(GHG) 배출량 제로 목표를 달성하기로 약속한 최초의 OECD 소속 국가였다. 이후 EU와 일본, 한국 그리고 미국이 뒤를 이어 2050년까지 넷 제로를 목표로 삼는다고 밝혔다.

정의로운 전환과 노동시간 단축

정의로운 전환[288]

생태 위기의 초점은 초기에는 지구 온도와 해수면 상승에 모아졌다. 근년 들어서는 사람과 사회로 옮겨진 듯하다. 어떤 위기든 지구촌에 발을 딛고 사는 사람과 사회의 문제로 귀결될 수밖에 없기에 필연적인 시각 이동이다.

그렇다고 이 위기가 노동 등 특정 분야의 구성원에 국한해 더 무게를 지니고 있지는 않다. 생태 위기는 탄소 자본주의와 산업 문명 전반의 문제이기 때문이다. 이윤을 절대 가치로 추구하며, 경제적 효율성을 합리성이란 이름으로 인식해온 그래서 자연과 인간을 이분법적으로 구분해 자연을 착취의 대상으로 봐온 세계관의 문제이기에 더욱 그렇다. 생태주의 인식이 단순히 환경 보존이나 보호 차원이나 인문학적 교양의 차원도 아닌, 자본주의와 산업 문명 차원에서 숙고해야 하는 이유는 바로 여기에 있다.

그러나 이 위기가 구체적인 현실로 다가올 때는 모든 구성원의 문제란 일반론적인 접근만으로는 곤란하다. 위기의 영향과 이에 대한 대응 과정에서 그 영향이 매우 차별적이고 불평등하게 나타나기 때문이다. 생태 위기와 관련해 누가 책임자며, 누가 부담하며, 누가 피해 당사자인지를 상황에 따라 명확히 구분 짓고 판단하는 것은 그래서 중요하다.

기후위기는 전환의 과정을 동반한다. 이 과정에 나타나는 책임과 이익, 부담 등은 정의와 형평성이란 원칙에 의해 이뤄져야 한다. 다시 말해 사회 전체 각 이해관계 당사자에게 적절하고 합리적으로 배분되어야 하며 사회적 약자, 노동자, 중·소상공인, 지역사회에 전가되지 않아야 한다. 더불어 그 대응 과정에서 발생하는 불평등에 대한 대책도 마련돼야 한다. 최근 기후위기를 둘러싼 담론과 관련해 정의로운 전환 담론이 활발히 거론되는 이유다.

김종진 한국노동사회연구소 연구위원에 따르면, 노동운동이 이 의제에 관심을 보인 역사는 꽤 오래전부터다. 1970년대 미국의 노동운동가 토니 마조치가 처음 원형을 제시했고, 캐나다 활동가들이 지금의 정의로운 전환이란 개념으로 발전시켰다. 국제노동조합총연맹(ITUC)이 이를 중심 가치로 수용하면서 세계로 확산된 데 이어 마침내 2015년 파리기후변화협약 및 살레지아 선언 등과 같은 국제 협정과 선언에 이 용어와 원칙이 반영됐다. 현재 이 개념은 단지 노동조합의 전략에만 국한되지 않는다. 폭넓은 기후 정의 운동의 전략으로 확장되고 있다.[289]

한국 정부는 2021년 7월, "산업구조 변화에 대응한 공정한 노동 전환 지원 방안"을 발표하면서 이 개념에 주목했다. 2020년에 발표한 '탄소 중립 전략'에 공정한 전환 부분이 포함된 이래 이를 본격 제시한 셈이다.

정의로운 전환을 주창하는 담론은 다양하게 표출하며 경합하고 있다. 피해를 최소화하자는 현상 유지 접근에서 제도권 안에서 규칙과 제도를 정비해서 공정을 추구하자는 개혁 관리적 접근, 경제와 시장 구조를 바꾸자는 구조 개혁적 접근, 기존 사회질서를 바꾸자는 변혁적 접근 등에 이르기까지 스펙트럼이 다양하다.[290]

한국 정부의 '공정한 전환' 정책은 "뒤늦게라도 산업 전환 문제를 인정하고 모색하는 것은 다행이지만, '노동 전환 대책'에만 집중하는"[291] 현상 유지 접근이라는 노동계의 비판이 나온다. 피해자 중심주의의 협소한 관점이란 지적이다. 〈탄소중립법〉에는 "탄소 중립 사회로 이행하는 과정에서 직·간접적인 피해를 입을 수 있는 지역이나 산업의 노동자, 중·소상공인 등을 보호하며 이행 과정에서 발생하는 것을 사회적으로 분담하고 취약계층 피해를 최소화하는 정책 방향"이라고 규정하고 있다.

정의로운 전환의 원칙을 잘 이행하는 대표적인 나라로 흔히 독일이 거론된다. 독일은 400억 원의 정의로운 전환 예산을 책정하고 그 절반을 지역 인프라 구축에 할당했다. 노동자 구제와 보상이란 좁은 틀이 아닌, 지역경제의 새로운 기회라는 혁신의 관점에서 지역개발계획으로 접근한다.

국내 전문가들은 독일 사례를 벤치마킹하되 우리 사회에 그대로 옮길 수는 없다면서, 한국은 어느 정도 수준으로 어떻게 정의로운 전환을 추진해야 할지는 이해관계 당사자와 주체들의 사회적 대화로 결정해야 할 것이라고 권고한다.

한빛나라 기후사회연구소장에 따르면, 정의로운 전환을 할 때 가장 중요한 고려 사항은 이해당사자가 누구냐를 파악하는 것이다. 예컨대 석탄발전 부문을 두고서 생각할 때 보통은 5대 발전 공기업의 석탄발전 노동자 1만 3000명을 떠올린다. 하지만 실제 심각한 쪽은 지역의 협력 업체 노동자들, 지역에서 식당과 임대업 등을 운영하는 소상공인들 그리고 하청 업체 노동자와 지역 주민이다. 2034년까지 현재 총 58곳 가운데 28곳의 석탄발전소를 폐쇄하는 데 이 중 24곳은 LNG발전소로 전환하고 문을 닫는 보령 12호기의 경우에도 발전소 정규직 노동자는 인근에 새로 건설되는 서천화력발전소로 전환 배치된다.

이렇듯 정의로운 전환은 우리 사회의 구체적인 맥락에서 살펴보되, 노동자란 협의의 틀이 아닌 공동체 구성원 전체의 인권이란 큰 틀에서 절차적 정의는 물론 불평등을 완화하는 분배적 정의와 회복적 정의가 관철되는 보다 넓은 스펙트럼에서 솔루션을 제시해야 한다는 게 전문가들의 중론이다. 이를 위해서는 사회적 대화의 활성화와 함께 대화의 참여 주체 외연도 확장될 필요가 있다. 정의로운 전환 추진은 법제도, 정책, 산업과 지역, 사업장 수준에서 검토될 수 있는데, 무엇보다 노사정은 물론 지역사회 구성원이 함께 참여하는 사회적 대화와 플랫폼 운영이 필수적이다. 아쉽게도 노동계를 비롯해 국내외 정의로운 전환을 둘러싼 사회적 대화 논의는 아직 활발하지 못하다.

김종진 연구위원에 따르면, 정의로운 전환을 뒷받침하기 위해서는 〈고용안정기본법〉, 〈고용보험법〉, 〈직업능력개발법〉, 〈근로

복지기본법〉, 〈노사관계발전지원법〉 등의 개정이 필요하다. 이를 통해 업종과 지역 차원에서 대응 조치와 이행 프로그램, 지원 관리 (전환포럼, 위원회, 훈련센터 등) 등이 마련돼야 한다.

향후 기후 환경 변화가 미칠 일자리 영향 및 녹색 일자리로의 전환 과정에서 필요한 제도적 검토 과제 또한 많다. 기술·숙련 형성 및 교육·훈련 휴가제와 같은 적극적 노동시장 정책 추진, 취약 집단의 소득 지원과 사회적 보호 및 괜찮은 일자리로의 전환 프로그램, 산업과 지역에서 녹색 작업장을 위한 노사 간 공동 프로젝트 등이 그것이다.

특히 지역에서는 정의로운 전환 지원을 위한 노사공동근로복지기금을 추진하고, 약 30조 원의 대기업 사내근로복지기금 일부를 활용하는 사회연대 전략을 고민해봄직하다는 게 김 연구위원의 제언이다. 최근 EU는 2027년까지 약 140조 원 규모의 '정의로운 전환 기금'을 통해 전환에 따른 노동자와 지역사회에 대한 투자를 추진하고 있다. 정의로운 전환은 녹색 복지국가 건설의 실질적인 전략의 하나다.

노동시간 단축

노동시간 단축은 전통적인 사회정책이다. 서구에서는 생태사회정책의 하나로 일찍이 모색됐다. 기실 짧은 노동시간은 장시간 노동과 저임금에 시달린 노동자들의 기나긴 싸움의 성과이자 노동운동의 역사다. OECD의 통계를 보면, 1950년 미국 노동자들의 연평균 1인당 실제 노동시간은 1990시간이었는데 2000년 1832시간으로 낮춰졌고 2020년에는 다시 1767시간으로 줄었다. 1886년 당시 미국 노동자들의 노동시간은 하루 15~17시간이었다. '세계 노동자의 날(5월 1일)'은 장시간 노동에 시달리던 미국 노동자들이 떨쳐 일어나 총파업을 벌인 날을 기념해 제정됐다. 독일과 프랑스도 1950년 무려 2428시간, 2351시간에서 2020년에는 1332시간과 1402시간으로 각각 줄었다. 영국도 연평균 노동시간이 1950년 2184시간에서 2000년 1566시간으로 줄었고 2020년에는 1367시간으로 줄었다. 이렇게 짧아진 노동시간은 그 자체로 중대한 진보다.

노동시간 감소 또는 단축의 의미는 장시간 노동의 개선만을 뜻하지 않는다. 일과 삶의 균형, 일자리 나누기, 소득재분배 등을 위한 정책 수단으로써 의미가 다양하고, 최근에는 기후위기를 해결하는 주요 방안으로 주목받고 있다.

기후생태학자들은 온실가스 배출의 주범이 근본적으로 브레이크 없는 생산 활동이라 보고, 노동시간을 줄이면 온실가스 배출도 줄 것이라고 여긴다. 이는 덜 일하는 것이 덜 배출하고 덜 오염시킨다는 간명한 상식에 기반을 둔다.

적게 일하면 일할수록 그만큼 생산과정이 줄어드니 '탄소 발자국' 또한 적어지는 법이다. 이 과정에서 일자리는 줄기보다 오히려 일정 범위 안에서 늘 수 있다. 늘어난 여유 시간만큼 생산이나 소비가 줄고 요리나 정원 가꾸기, 자가용 수리 등 자기 계발이나 자급자족을 위한 활동은 더 는다. 삶이 더 풍요로워질 수 있다는 것이다.

유럽의 진보주의자들은 이에 노동시간 단축이 노동자들에게 더 많은 자유 시간을 줄 뿐만 아니라 일자리와 부를 분배하고 온실가스 배출을 줄이는 효과까지 있다고 주장한다.

2007년 미국 경제학자 2명이 미국이 유럽(15개국)의 평균 노동시간을 도입하면 에너지 소비량은 18% 줄일 수 있고, 미국의 노동시간을 유럽에 적용하면 유럽의 에너지 소비량은 25% 증가한다는 연구 결과를 내놓은 바 있다.[292] 노동시간을 1% 늘릴 때마다 온실가스 배출량이 0.65~0.6% 증가한다고 추산한 미국 연구진의 연구 결과도 노동시간 단축과 기후변화 완화의 상관관계를 잘 보여준다. 보스턴대학 연구진은 지난 2007년에서 2013년까지 미국의 50개 주의 탄소 배출과 노동시간의 관련성을 연구한 결과, 둘 사이에 밀접하게 관련이 있음을 밝혀냈다. 연구진은 국가 차원에서 두 항목 사이의 연관성을 밝힌 연구는 처음이라고 강조했는데, 특히 긴 노동시간은 화석연료 배출은 물론, 화석연료의 대량소비 그리고 강한 생태 발자국을 남긴다는 사실을 밝혀냈다. 이 연구는 노동시간 단축은 탄소 배출량을 줄이는 데 기여하는 것에 그치지 않고, 탄소 소비를 줄이면서 동시에 일자리 나누기 정책과 결합하면 고용을 유지하거나 늘리는 그야말로 일석삼조 이상의 정책 효과를 거둘 수 있음을 보여준다.

스웨덴의 연구진도 노동시간이 1% 단축되면 가정에서 배출하는 온실가스가 최대 0.8% 감소한다는 연구 결과를 내놓았다. 그들은 스웨덴 가정의 시간 사용 및 소비 패턴을 분석하여 소득 및 여가 시간의 변화를 살폈는데, 작업 시간이 1% 감소하면 에너지 사용과 온실가스 배출량이 각각 약 0.7%와 0.8% 감소할 수 있다는 것을 밝혀냈다. 이런 결과는 주로 소득 감소와 소비 감소의 영향 때문이다. 2040년에 주당 30시간으로 노동시간을 줄이면 에너지 수요의 증가 속도가 현저하게 느려질 것이고, 이는 기후 목표치에 도달하는 것을 더 쉽게 만들 것이다.

물론 반론도 있다. 때로는 거세다. 자유주의경제학자들과 경제 단체들은 "노동시간 단축은 사회경제적 자살행위"로 본다. 이 표현은 프랑스 기후변화협의회(CCC)의 급진적인 노동시간 단축에 대해 프랑스경제인연합회(MEDEF)의 대표 파트릭 마르탱이 2020년 6월 한 말이다.

기후위기 해결을 위한 사회정책 수단으로써 노동시간 단축의 효용은 한국의 현실과 맥락에서는 많은 사회적 논의가 필요하다. 특히 적용을 위해서는 넘어야 할 장벽도 많다. 많은 나라에서도 그렇지만 특히 한국에서는 노동시간은 곧 '임금 시간'이다. 노동시간 단축은 곧 임금 감소를 뜻한다. 생활 기반을 소득에 전적으로 의존하고 있는 노동자로서는 이런 임금 감소를 감내하기란 쉽지 않다.

이 때문에 노동시간 단축은 고용주가 아니라 노동자 스스로 반대할 가능성도 다분하다. 실제 정부에 의해 노동시간 감축 조처가 이뤄질 때 정작 영세기업 노동자들이나 하청 업체 노동자들이 선뜻 수용하지 못한 데는 이런 배경 때문이다. 따라서 노동시간 단축을 기후위기의 사회정책 수단이 되도록 하려면 그 구체적인 적용에서 임금 보전 등의 조처가 선행되어야 가능할 것이다. 이에 대한 노사정의 사회적 합의와 지원책이 필요하다.

소비의 재구성

녹색 복지국가는 궁극에는 소비의 재구성 없이는 가능하지 않다. 이안 고프 교수는 이런 맥락에서 사회 정책의 새로운 목표로 소득과 부의 재분배뿐만 아니라 소비의 재구성을 제안한다.

그는 UBS를 통해 공공 소비의 비율을 높이는 것이 이 전략의 필수적인 구성 요소라고 본다. 그 일례로 스포츠형 다목적 차량(SUV)을 든다. SUV는 2010년 이래 선진 각국에서 급증하고 있다. 그런데 SUV는 이산화탄소(CO_2) 배출의 대표적 주범이다. 만약 미국의 4천만 SUV가 일반 자동차용으로 바뀐다면 CO_2 배출의 상당량을 줄일 수 있다.

영국 일간지 《가디언Guardian》에 따르면, 미국의 경우 SUV 차량은 소형 승용차에 비해 CO_2를 평균 14% 더 배출한다. 2018년 한 해 동안 미국에서 판매된 SUV 전체가 한 해 동안 배출한 CO_2 양은 이들 차량이 소형 승용차였을 경우보다 350만 톤이 더 많다고 한다.

고프 교수의 조사에 따르면, 2018년에 미국에서 팔린 SUV를 15년 동안 운행할 경우 배출되는 CO_2 양은 4억 2950만 톤이다. 중국에서 이 양은 4억 8200만 톤, EU에서는 1억 2900만 톤에 달하는 CO_2를 더 배출하게 된다. SUV로 인해 추가로 발생하는 CO_2 양을 합산하면, 영국의 모든 CO_2 발생원에서 한 해 동안 배출하는 양의 3배가 넘는다.

이 때문에 유럽에서는 SUV 이용을 비판하는 움직임이 일어나고 있다. 독일에서는 자동차가 기후에 미치는 악영향에 대해

항의하는 시위가 열렸고, 영국에서는 SUV 광고도 담배 광고처럼 악영향을 표시해야 한다는 요구가 있다. SUV에서 배출되는 엄청난 양의 유독가스가 담배와 마찬가지로 폐와 뇌에 손상을 일으키기 때문이다.

그러나 미국에서는 아직 이런 움직임이 없다. 제너럴모터스, 피아트크라이슬러, 포드 모두 SUV 생산을 늘리고 있고, 2021년에는 미국에서 판매되는 차량 중 절반이 SUV이며 계속 증가하고 있다.

고프 교수는 "이렇듯 우리가 소비를 바꾸면 많은 기적을 만들어낼 수 있다"고 강조한다. 이런 소비의 변화는 스위스, 싱가포르 등지에서 각각 주택 개발 제한이나 자동차 면허 수 제한 등의 형태로 나타나고 있다.

2050년까지 순탄소가 '0'에 도달하려면 오늘날 특히 탄소 배출을 많이 하는 선진국 소비자들의 엄청난 소비에 변화가 있지 않으면 가능하지 않다. 이를 위해서는 도덕적 정언명령만으로 가능하지 않다. 최소한 소득 보장과 함께 무엇보다도 살아가면서 필수적인 주택, 교통, 에너지 등의 보편적 공공서비스 보장을 기반으로 해야 소비의 재구성이 실질적으로 가능할 것이기 때문이다. 낭비를 끝내고, 기본적인 필요를 충족시키고, 불평등을 줄이는 소비 방식의 재구성이 있지 않고서는 에너지 전환을 비롯한 다양한 기후위기 대응책만으로 위기를 극복할 수는 없다는 사실을 인식할 필요가 있다. 막연한 도덕적 강제가 아닌 일상에서 이를 가능케 하는 다양하고 디테일한 방안의 개발이 이를 촉진케 할 것이다.

복지 재정 확충과 탄소세

복지국가는 복지 재정 없이 가능하지 않다. 선진 복지국가는 전체 조세수입의 65% 안팎을 공공 사회복지 지출에 쓴다. 나라마다 절대 규모에 차이가 나지만 프랑스는 GDP 대비 45%를 조세로 거둬 공공 사회 지출에 GDP 대비 30% 이상을 쓴다. 미국처럼 GDP 대비 25%대를 조세로 징수하고 사회 지출에 GDP 대비 18%대를 쓰는 나라도 있다. 그렇지만 OECD 평균을 보면 대체로 GDP 대비 20%를 복지에 쓴다. 이처럼 복지는 응당 재원의 뒷받침 속에서야 가능하다. 그 재원은 물론 세금이다.

현대 복지국가는 대체로 다섯 가지 세목으로 세금을 거둔다. 소득세, 법인세, 소비세, 재산세 그리고 사회보험료다.[293] 이런 세목이 등장한 것은 20세기 들어서였다. 특히 소비세의 경우 1953년에 프랑스에서 첫선을 보였다. 복지국가는 실상 조세국가다. 그래서 복지국가의 발전기는 근대적인 조세체계가 형성된 시기와 맞닿아 있다. 일부 부자들이 세금을 내던 시기에서 국민 누구나 세금을 내는 이름하여 '국민 개세 시대'가 이뤄진 것도 미국의 경우 1945년 이후의 일이었다. 케인스주의적 복지국가 융성기는 1945년부터 오일쇼크가 나타나는 1970년대 중반까지다. 대체로 4대 보험이 갖춰졌고, 보편적인 아동수당이 도입됐고, 기초연금에 더해 소득 비례 연금이 도입된 것도 이 시기다. 이 시대는 경제성장이 어느 때보다 호황을 이뤄 재원을 마련하는 데 어려움이 없었다. 복지 자본주의 황금기다.

그러나 1980년대 이후 신사유주의 시기에는 공급 중시 경제학과 통화주의가 경제 및 재정정책의 골간을 이루면서 감세로 경제의 활력을 되찾자는 기조가 나타났다. 미국 레이건 정부의 경우, 1980년 70%였던 최고 한계 소득 세율이 1988년 28%까지 떨어진 것이 이 시기의 특성을 상징한다.[294] 이런 기조는 복지국가의 조세정책의 기본 방향을 '낮은 세율, 넓은 세원'으로 틀을 지었다. 물론 복지 재원에는 국가에서 거두는 조세수입만 전부가 아니다. 기업이 종업원을 위해 쓰는 각종 복리비도 넓게는 복지 재원이다. 사업장, 특히 규모에 따라 매우 다양한데 점심 식대, 출퇴근 버스 제공, 사택 제공 주거비, 의료비, 자녀 교육비, 기업연금 등 기업 복지는 아주 다양하다. 시민사회에서 자발적으로 거둬 공급되는 기부금이나 가족과 친지들 간에 제공되는 사적 부조도 있지만, 복지 재원의 중심은 어디까지나 국가의 조세수입이 가장 크고 중요한 기반이다.

현 복지체제가 녹색 복지국가로 이행하려면 역시 막대한 재원이 필요하다. 복지 지출을 늘리기 위한 좋은 방법은 경제력을 키워 일하는 사람이 늘어나도록 하는 것이다. 일하는 사람이 늘어나기 위해서는 청년과 여성, 노인 등에게 좋은 일자리가 많아야 한다. 그렇기 위해서는 청년의 주거가 안정되고 취업 지원이 더 많이 이뤄져야 하며, 여성을 위해서는 커뮤니티케어community care 같은 돌봄 서비스가 촘촘하고 보편적으로 이뤄져야 한다. 이렇게 하기 위해서는 또한 재원이 필요하다. 정부가 재원을 만드는 방법은 돈을 빌리는 것, 즉 국공채 발행이나 지출 구조 조정이 있지만 핵심은 결국 증세다.

증세를 하려면 우리 국민이 감당할 수 있어야 한다. 우리나라 국민 부담률은 2019년 통계로 보면 OECD 평균에 비해 7% 정도 낮다. 세목별로 보면 법인세와 재산세는 OECD 평균보다 높고, 반면 소득세와 소비세는 각각 3%와 4% 낮다. 세금은 시민이 수용해야 하니 시나브로 올리는 게 현실적이다. 따라서 정부는 복지 재정 확충을 위해 정권을 떠나 사회적 합의를 통해 목표를 세우고 조금씩 증세를 하는 게 바람직하다. 예컨대 1977년 10%의 세율로 도입된 이래 현재까지 그대로 유지하고 있는 부가가치세는 인상 여력이 있으니 조금씩 올려 재정 확충을 꾀할 필요가 있다. 문제는 소득세다. 한국의 소득세 규모는 OECD 평균의 60% 정도로 규모가 작다. 면세자 규모는 2019년 기준 36.5%에 이른다. 이렇게 면세자 비중이 많은 나라는 선진국에서는 거의 없다. 소득공제를 감안하면 한국의 실효세율은 더 낮다. 실효세율로 보면 고소득자가 저소득자에 비해 세금 혜택이 더 크다. 소득공제제도를 손봐 실효세율을 공정하고 합리적으로 고치고 소득세도 차차 적절한 수준으로 올려 재정 확충을 꾀할 필요가 있다.

한국은 사회보험 중심의 복지국가다. 선진국과 비교하면 사회보험료 비중은 상대적으로 작다. 하지만 급속한 고령화에 따라 국민연금과 건강보험료는 빠르게 높아질 전망이다. 여기에 고용보험 확대가 대폭 이뤄지면 부담은 더 늘어날 것이다. 그럼에도 사회보험료는 조금씩 인상하는 게 불가피하다.

법인세와 재산세는 OECD 평균에 비해 다소 높다. 다만 부동산에 매기는 세금인 재산세의 경우 뭉뚱그려 OECD 평균과 비교하는 것은 석설치 않다. 비교 가능한 세부 항목별로 따지는 게 옳다. 이렇게 볼 때, 우리나라는 보유세율은 낮고 거래세율이 높다. OECD 평균 보유세와 거래세 비중을 보면 평균 1.1%와 0.5%이다. 대한민국은 각각 0.8%와 1.9%다. 실효세율로 따지면 우리나라의 보유세율은 2018년 기준 0.16%로 뚝 떨어진다.[295] 재산세는 특히 한국의 자산 불평등의 주범인 부동산 양극화와 긴밀히 관계된다. 세수 확충으로만 접근할 수 없는 세금이란 것이다. 자산 불평등 완화 등 형평성과 세수 등을 종합적으로 고려해야 한다.

법인세는 OECD 평균에 비해 세수는 높다. 하지만 실효세율을 따지면 그렇지 않다. 법인세의 경우에도 상당히 많은 감면제도가 있다. 법인세는 인상보다 이 감면을 점차 줄여 세수 확충을 꾀하는 것이 필요하다.

기실 이런 세제 개혁 논의는 복지국가 진영에서 오래전부터 재기해온 묵은 이슈다. 그러나 민주화 이후만 따져볼 때 역대 정부들은 대부분 '증세 없는 복지'란 구호 아래 복지 재정 확충을 이뤄내는 데 큰 기여를 하지 못했다. 박근혜 정부 때 세제 개혁 개편이 이뤄지면서 증세 효과가 일부 있었을 뿐이다.

녹색 복지국가로의 전환은 기존의 복지 재정 확충 방안에 더해 새로운 틀의 조세개혁 방안의 모색을 요구한다. 예컨대 산업구조 조정 과정에서 세수 증가는커녕 급격한 감소가 일어날 수 있다. 화석에너지산업에 부과하던 세금이 탄소 중립 정책으로 인해 화석연료 소비가 제로로 수렴함에 따라 세수도 줄어든다는 전망[296]이 그것이다. 이유진 연구원에 따르면 내연기관 차량 생산·판매 금지 시점이 국가기후환경회의가 권고한 대로 2035~2040년으로 확정되면 유류에 부과해 거둬들이던 세수가 대폭 줄게 된다. 탄소 중립 시대에 에너지 소비 변화가 조세와 국가 재정에 부정적 영향을 줄 수 있는 것이다. 어떤 부문에 얼마만큼 세수가 어떻게 줄어들 것인지에 대한 구체적 분석이 검토되어야 한다. 이에 대한 연구는 지금 일천하다.

온실가스 감축이란 목표를 가장 효율적으로 달성할 수 있는 수단은 흔히 '탄소가격제'란 이름으로 통칭된다. 여기에는 여러 유형이 있으나 대표적인 것이 탄소세와 배출권 거래제다. 탄소세는 온실가스 배출원에 대해 온실가스 배출량에 따라 세금을 매기는 제도다. 배출권 거래제는 온실가스 배출 사업장을 대상으로 배출 허용량을 설정해 배출권을 할당하고, 잉여분 또는 부족분의 배출권에 대해서는 사업장 간 자유로운 거래를 허용하는 제도다.[297]

1990년 핀란드에서 처음 도입된 탄소세는 일종의 종량세다. 쓴 만큼 세금을 내야 하니 탄소 에너지 사용량을 줄이는 데 기여할 것으로 기대된다. 2020년 5월 세계은행의 발표에 따르면 현재는 스위스, 스웨덴 등 25개국에서 도입해 운용 중이다. 스웨덴이 가장 높은 세율을 보이고, 우크라이나와 폴란드가 세율이 낮다. 네덜란드는 올해부터 탄소세를 부과했고, 호주는 2012년 도입했다가 시행 2년 만에 폐지했다. 호주 내 광산, 에너지, 유통 기업에 대한 세금 부담을 지우며 결과적으로 최종 에너지 소비자의 부담이 늘면서 폐지하게 된 것이다.

우리나라는 2012년 1월 〈온실가스 배출권의 할당 및 거래에 관한 법률〉을 도입한 이래 2015년 1월부터 배출권 거래제를 시행하고 있다. 그러나 교통 에너지 환경세 등 다양한 에너지 관런 세금을 도입하고 있지만 탄소세는 도입하지 않고 있다. 정의당 소속 심상정 의원이 지난 19대 국회에서 대표 발의한 '탄소세 법안', 박원석 의원의 '기후정의세 법안' 등의 탄소세 관련 법안이 발의됐지만 임기 만료로 모두 폐기됐다. 21대 국회에서는 기본소득당의 용혜인 의원이 탄소세 법안을 발의했다. 용 의원은 특히 '탄소세의 배당에 관한 법률안'을 발의하면서 탄소세와 기본소득의 개념을 연계해 눈길을 끌었다.

국가의 경계를 넘어 글로벌 차원에서 통상과 무역에 큰 영향을 끼칠 세금으로 우리가 주목해야 할 것은 '탄소국경세'다. 온실가스 배출량이 많은 국가에서 배출량이 적은 국가로 상품 서비스가 수출될 때 적용되는 무역 관세 중 하나다. 현재 탄소국경세는 시행되지 않으나 EU과 미국을 중심으로 시행 가능성이 가시화하고 있다. 탄소국경세는 자국보다 탄소 배출 규제가 약한 국가로부터 수입한 제품에 대해 관세를 부과하는 제도로 탄소세와는 확연히 다르다. 2018년 12월 '그린 딜'을 발표한 EU은 2023년부터 탄소국경세를 도입할 계획이다. 미국의 바이든 정부도 도입을 공약한 바 있다.

우리나라의 향후 세제 개혁 방안은 기존의 복지 재정 확충 방안에 더해 탄소세 도입 등 세제 개혁 방안까지 고려해야 할 것이다. 물론 이런 세제 개혁은 불평등과 기후위기 등의 위협으로부터 시민의 안정적인 삶을 보호하는 녹색 복지국가를 건설하겠다는 뚜렷하고도 구체적인 목표를 위한 것이다. 이름하여 '녹색 세제 개혁'이다.

기후보호부 신설 등 녹색 거버넌스

"사회 전반의 변화와 구조의 혁신을 이루기 위해서는 다양한 행위 주체가 정책 결정 과정에 참여하고 녹색 가치가 의사결정의 주요 기준이 되어야 하며 그 결과, 제도의 변화를 이뤄내야 한다. 이를 위해서는 거버넌스 차원의 접근이 필요할 뿐 아니라 거버넌스 기구의 녹색화와 녹색 거버넌스의 주류화가 필요하다."

윤순진 서울대 교수의 말이다. 윤 교수는 "녹색 가치를 중심에 두고 정책을 결정하고 이행함으로써 제도와 구조를 녹색화하는 국가"를 '녹색 국가'라고 부르고 이는 경제의 녹색화, 사회의 녹색화, 크게는 국가의 녹색화를 이루는 것인데 이를 진행할 기구로써 녹색 거버넌스의 중요성을 강조한다. 그러면서 그는 스스로 대통령직속 탄소중립위원회의 초대 위원장을 맡았다. 지난해 5월 출범한 이 위원회는 2050년 넷 제로, 즉 탄소 중립을 추진하는 과정에서 부처 간 업무를 조율하고 민간과의 소통을 담당하는 컨트롤타워다. 국무총리와 윤 교수가 공동 위원장이며 18개 부처 장관, 기후에너지산업 노동 분야 전문가, 시민사회 청년 등 각계를 대표하는 민간 위원 77명을 포함해 97명이 위원으로 구성돼 있다.

윤 위원장은 이 기구의 출범식에서 기쁜 표정보다 비장한 표정을 지으며 "우리 모두에게 꽃잎이 깔린 영광의 자리가 아니라 가시 돋친 고난의 자리가 아닐까"라고 말했다. 이 위원회의 주요 목표는 탄소 중립 이행 계획을 수립하는 것이다. 폭넓은 의견 수렴과 공론화 과정을 거쳐 최종 시나리오를 내놓기는 했지만, 안팎의 회의와 환경단체의 거센 비판에 직면했다.

"거버넌스 기구가 있다고 해서 녹색 거버넌스가 실현되었다고 단정할 수는 없다."

이 말은 윤 위원장 본인의 말이다. '녹색 전환을 위한 거버넌스'란 글에서 그가 쓴 이 말은 탄소중립위원회에도 고스란히 적용된다.

윤 위원장 또한 위원회의 한계를 모르는 바 아닐 것이다. 그간 우리 현대사에서 녹색 거버넌스 기구는 김대중 정부의 대통령 자문 지속가능발전위원회, 이명박 정부가 새로 출범한 지난 2009년 설립된 녹색성장위원회 그리고 미세먼지가 사회적 이슈가 되면서 2018년 8월 제정한 〈미세 먼지 저감 및 관리에 관한 특별법(미세먼지법)〉에 의해 총리 소속으로 2019년 2월 설치된 미세먼지특별대책위원회, 그해 4월 야당의 제안을 수락해 출범한 대통령 직속 '미세 먼지 해결을 위한 국가기후환경회의'(반기문 위원장) 등이 있었다. 탄소중립위원회는 기존의 녹색성장위원회, 국가기후환경회의, 미세먼지특위 등 3개 위원회를 통합한 것이다.

환경단체를 비롯해 시민사회는 그간의 각종 위원회는 정부의 책임을 떠넘기거나 면피 수단으로 이용된 현실을 경험한 만큼, 이번에도 기대 대신 우려를 표명했다. 실제 역대 정부는 이런 거버넌스를 출범시키는 한편, 석탄발전소 등 화석연료 산업을 꾸준히 늘리는 모순적 태도를 보였다. 녹색성장위원회가 출범한 이래 국내 석탄발전소는 무려 20기 이상 건설됐다. 한국은 현재 전 세계에서 단위면적당 석탄발전소 밀집도가 가장 높은 국가다.[298]

2050년 탄소 중립을 선언한 문재인 정부에서도 국내의 신규 석탄발전 건설은 계속되고 베트남과 인도네시아에 새로운 석탄발전 투자를 결정하는 태도가 여전히 나타난다. 기후위기의 골든타임인 향후 10년간의 감축 목표와 구체적인 실행 계획을 내놓지 않아 그 의지를 의심받고 있다. 이 때문에 시민사회 및 환경단체에서는 역할의 한계가 분명한 자문 및 심의 기구보다 실효성 있는 행정기관이 필요하다고 주장한다.

부총리급의 '기후보호부'란 정부 부처의 신설이나 현 사회관계장관회의와 같은 정부 내의 정책 결정 컨트롤타워인 '기후관계장관회의'가 필요하고, 그 위원장을 신설되는 기후보호부 장관이나 국무총리 또는 대통령이 직접 주재하는 안을 모색할 필요가 있다는 것이다.

기후위기는 전방위적 이슈이기에 노사정을 비롯한 이해관계자와 시민의 적극적 참여와 공론이 필요하다. 국가기후환경회의에는 일반 시민 대표 7명을 위촉해 국민이 정책 결정에 참여할 수 있도록 했다. 이름하여 '국민정책참여단'인데, 매우 바람직하나 문제는 이 조직이 실제로 얼마나 운용돼 국민의 수용성과 정책 효과성을 확보하느냐다. 이 점에서 시민의 의사가 정책 결정 과정에 참여할 수 있는 좀 더 폭넓은 공론화가 필요하다. 프랑스의 기후시민의회는 하나의 참고 사례다. 이 기구는 성별, 지역, 나이 등 인구 대표성을 반영한 무작위 추첨으로 선발된 150명의 시민들로 구성됐다. 에마뉘엘 마크롱 프랑스 대통령이 정부의 유류세 인상 조치에 항의해 시작된 '노란 조끼 시위'에 대응하기 위해 우리 돈으로 72억 원의 예산을 배정해 시민 스스로 공론을 통해 기후위기에 대한 대응책을 제안하도록 한 시민 참여 거버넌스다. 2019년 10월 설립해 9개월간의 활동 끝에 2021년 1월 460쪽짜리 보고서를 내놓았다. 여기에 149개의 다양한 제안을 담았다. 탄소 배출량이 많은 수입 상품에 대한 '탄소국경세' 도입, 대중교통 이용을 장려하기 위해 기차표 부가가치세율 현 10%에서 5.5% 인하, 고속도로 통행 속도 시간당 130㎞에서 시간당 100㎞로 제한 등 정부 정책에서 육류 소비나 음식물 쓰레기 배출 줄이기, 출퇴근 및 통학 시 자전거·카풀 이용 등 시민들이 직접 실천할 수 있는 제안도 포함됐다.[299]

특히 시민의회는 헌법 1조에 기후변화 대응을 국가 의무로 명시하도록 제안했는데, 이 제안에 따라 프랑스 하원은 2021년 3월 16일 헌법 전문과 조문에 "인권, 자유 및 원칙의 양립은 환경과 인류 공동 유산의 보존을 위태롭게 해서는 안 된다"와 "국가는 생물 다양성과 환경 보존을 보장하며 기후변화에 맞서 싸운다"는 조항을 추가하는 방안을 가결했다. 찬성 391명, 반대 47명으로 압도적 지지 속에 통과된 것이다. 프랑스 하원은 이어 기차를 타고 2시간 30분 안에 갈 수 있는 거리의 항공기 운항을 금지 조처했다. 이 법안도 찬성 322표, 반대 77표(기권 145표)로 통과됐다. 당초 기후시민의회가 제안한 기초로 4시간 이내 금지를 한층 더 강화한 조처다.

마크롱 정부에 비판적인 이 기구를 두고 "정치적 포퓰리즘"이라는 비난이 나오기도 했지만, 프랑스 기후행동네트워크가 2020년 6월 프랑스 시민 1000명 대상으로 조사한 결과, 열에 일곱은 기후시민의회 제안을 들어봤고 이 조직의 활동을 지지하는 것으로 답해 기후시민의회에 대한 시민의 호응이 큰 것으로 나타났다.

기후시민의회는 영국에서도 출범했는데, 108명의 시민의원들이 무작위로 추첨 선발돼 영국이 탄소 중립이란 과제를 어떻게 실현할 것인지를 논의해 역시 556쪽의 보고서에 50여 개의 대응 방안을 제안했다. 이들 제안에는 탄소 배출량이 많은 항공기를 자주 이용하는 승객에게 세금을 부과하거나 지역사회 선순환 구조 마련, 환경오염 방지를 위해 지역 생산품·농산물 소비를 장려하자는 등의 제안이 담겼다. 이런 움직임은 기후 대응을 고민하는 여러 각국에도 영향을 미쳐 확산할 것으로 전망된다.

물론 이런 시민 참여형 거버넌스는 한국에서도 적용되고 있다. 전문가들은 탄소 중립을 비롯한 녹색 전환을 실현하기 위해서는 시민의 참여와 지지가 중요한 만큼 탄소 중립 등 관련 "계획을 수립할 때부터 대안 제시 단계까지 정부 및 의회와 시민이 쌍방 소통할 수 있는 장을 마련해야 한다"[300]고 권고한다. 정부가 "일방적으로 결정하고 시민들에게 따르라고 하거나 시민을 단순히 캠페인 대상자로 여기지 말라"는 것이다.

프랑스나 영국 등의 경우에서 보듯, 이 거버넌스의 실질적 성과는 무엇보다 정부가 진정으로 이 거버넌스를 숙의 민주주의나 참여 민주주의의 도구로 여기고 이 기구가 마련한 안을 제대로 수용하느냐 여부에 달려 있다. 실제 프랑스의 마크롱 정부는 기후시민의회의 제안을 취사선택해 대폭 축소해 받아들여 시민들이 공론을 통해 만들어낸 안의 절반 이상이 폐기되고 마는 상황이 나타났다. "정부는 우리가 해결책을 제공하기를 원했지만 그들은 단지 그들이 원하는 것만을 골랐습니다"라고 당시 기후시민의회에 참여한 34세의 긴축가이자 도시계획가인 한 시민이 말했다. 마크롱 대통령은 시민에게 기후 관련 법률의 권한을 주겠다고 공언했지만 결국은 탄소 산업에 굴복했을 뿐 아니라 자신의 정치적 위기를 벗어나는 데 활용했을 뿐이었다.

프랑스 언론들은 그럼에도 이번 기후시민의회를 실패한 실험이라고 쉽게 단정 짓지 않는다. 전국에서 모인 150명의 기후시민의회에 참여한 시민들(학생, 농민, 교사, 은퇴한 철도 근로자, 전문직 종사자, 실업자) 그리고 프랑스 해외 영토의 거주자들은 일곱 차례 3일간의 주말 기간을 기후위기에 대한 학습을 했고 규제와 금융, 프랑스의 주요 탄소 배출원 등에 대해 공부하고 국회의원, 생태학자, 업계 지도자들을 만나 주택, 교통, 패션, 플라스틱, 식품과 같은 문제들에 대해 숙고하는 시간을 가졌다. 기후시민의회 활동 과정은 "기후 위기의 긴급성을 이해하는 것도 인상적인 과정"이었다고 참가자들은 술회했다. 이런 참여 민주주의 또는 직접민주주의의 경험은 코로나19 백신 접종 과정에서도 적용됐다. 마르세유 등 몇몇 지방정부들은 코로나19 바이러스의 영향 평가에서부터 병든 도시의 회복 방안에 이르기까지 지역 주민들이 목소리를 낼 수 있는 거버넌스를 고민하고 있다. 기후시민의회에 참여한 한 시민의 말은 매우 시사적이다.

"저는 정치에 관심이 없었고 환멸을 느꼈지만, 기후 문제에 대한 지식이 제 마음을 바꾸게 만들었습니다, 그것은 보편적인 주제이고 공공 의제입니다."

기후시민의회의 참여로 기후위기를 자신의 삶과 직결되는 의제로 인식하게 됐다는 시민의 술회만으로 기후시민의회의 실험은 결코 실패한 실험이 아니며, 참여 민주주의의 새로운 실험으로 충분한 의미를 띠고 있지 않을까 싶다.

생태 민주주의와 녹색 정치

기후위기 전문가들은 기후위기 등 생태 위기에 대한 해법은 결국 민주주의와 정치의 문제라고 말한다. 여기서 민주주의는 흠결 가득한 현 민주주의가 아니다. '생태 민주주의'와 '녹색 정치'를 가리킨다.

생태 민주주의는 "인간 중심의 민주주의를 넘어 현세대는 물론 미래 세대, 비인간 존재의 권리와 복지를 위해 이들과 대리인들이 정치과정에 참여하고 숙의하는 정치적 과정과 체제"[301]를 말한다. 이를 이뤄내는 국가는 다름 아닌 생태 민주주의국가라고 칭할 수 있다.

생태 민주주의국가의 현 존재는 없다. "세계 대부분의 국가는 개발주의, 성장주의를 추구하는데 권위주의 정권이냐, 민주주의 정권이냐에 따라 개발독재국가, 민주적 발전 국가로 나눠질 뿐 생태 민주주의국가는 없다고 해도 과언이 아니다."[302] 구도완 환경사회연구소장의 말이다.

생태 민주주의의 궁극적 목표는 녹색 전환이다. 1차적으로는 녹색 복지국가나 녹색(복지)으로의 이행을 뜻한다. 말처럼 이 과정은 매우 고통스럽고 지난한 길일 것이다. 구 소장 표현대로라면 실체가 아직 없으니 가능한지도 알 수 없다.

그러나 기후위기 시대, 인류가 가야 할 길이다. 프랑스의 노란 조끼 시위가 보여주는 것처럼 기후위기 시대의 다양한 생태사회정책이나 경제정책은 기존의 이해관계자들의 새로운 갈등을 유발할 가능성이 크다. 홍덕화 에너지기후정책연구소 연구기획위원은《프레시안》에 쓴 칼럼[303]에서, 그래서 "전환의 정치"가 필요하다고 말한다. 그의 말로 표현하자면 "기후변화 대응과 에너지 저감과 미세 먼지 저감을 위해 환경비용을 내부화하는 것이 불가피하다면, 외면할 게 아니라 통합적 시각에서 에너지 전환을 위한 사회적 비용 부담을 재조정하는 길을 택하는 게 낫다." 누가, 얼마나 더, 어떤 방식으로 부담할 것인지를 논의해야 그리고 정의로운 전환을 도출해내야 장기적으로는 공동의 비전이 뿌리를 내릴 수 있다는 것이다. 전환의 가장 중요한 토대는 국가나 사회 구성원의 비전 공유다.

전환 정치든, 녹색 정치든 어떤 수식어를 선호하든 본질적으로 전환의 책임도, 과제도, 실현도 정치에 있다. 그것은 인류와 자연이 공존하고, 인간과 인간 이외의 뭇 생물의 생명과 권리와 안전을 소중히 하고 이를 보호하기 위한 복지가 이뤄지도록 하는 정치이어야 할 것이다. 이를 작동 가능케 하는 거버넌스와 정책 결정 과정일 것이다.

기실 독일을 비롯한 유럽 일부 국가에서는 기후위기의 정치가 이미 현실화하고 있다. 독일이 대표적인 나라다. 독일은 이미 기후변화 대응 법안을 놓고 소리 없는 전쟁을 벌이고 있다. 독일은 2021년 5월 12일 내각회의에서 석탄, 오일, 가스 시대의 마침표를 찍는 '기후변화 대응법 수정안'을 안건으로 상정해 통과시켰다. 독일은 2045년까지 탄소 중립을 이루겠다는 목표를 세워

놓고 있다. 이 법안은 기업과 시민 등 여러 사회 구성원들에게 새로운 길에 나설 것을 강제하는 의미를 띤다. 특히 산업계, 에너지 기업들은 물론 소비자들도 엄청난 과제가 주어진 것이다. 《슈피겔Spiegel》은 "사회 주체들의 사회적 대립 없이 기후변화 대응은 제대로 이뤄질 수 있을까"라고 질문을 던진 뒤 "정부가 지속 가능한 시대로 재정적 관리가 가능한 전환을 이뤄내지 못한다면 경제뿐만 아니라 민주주의도 회복 불가능한 피해를 입게 될 것"이라면서 "기후 전환에 따른 부담을 누가 부담하게 될지의 물음은 향후 몇 년간 정치적 분배 투쟁에서 핵심적인 역할을 할 것"이라고 전망했다.

전문가들은 이를 위해서 산업과 에너지 등의 여러 분야에 대한 매우 과학적인 접근이 필요한데, 특히 세 분야가 시민의 삶에 큰 영향을 끼칠 것이라고 분석했다. 바로 '건물과 에너지, 교통'이다. 문제는 이와 관련한 전환의 과정에서 사회적 약자인 저소득층이 부담을 더 지우는 방식의 정책 결정이 이뤄져서는 안 된다. 예컨대 탄소세나 기후 부담금 등이 시행될 때 부유층과 빈곤층의 사회적 격차를 더 늘어나도록 해서는 안 된다는 것이다. 녹색당의 약진도 주목할만하다. 2021년 9월 총선 이래 녹색당은 명실 공히 주류 정당으로 등극할 가능성이 크다. 주류 정당으로서 녹색 정치가 어떻게 펼쳐지고 이에 대한 시민의 반응도 여러모로 눈여겨볼 만할 것이다.

한국에서는 아직 이렇다 할 녹색 정치가 없다. 기후위기 시대의 녹색 전환의 정치는 갈 길이 너무나 멀다. 하지만 기후위기에 대한 시민의 관심이 커지고, 특히 청소년 세대의 호응이 커지고 있는 터라 우리 사회에서도 전환의 정치, 녹색 정치가 정치 전면에서 등장할 날이 그리 멀지 않을 것이다. 이를 위해서는 명실 공히 정당 명부식 비례대표제 확대와 결선투표 도입 등 선거 및 정치제도 개혁이 선행될 필요가 있다. 기후시민의회 같은 숙의 및 참여 민주주의에 대한 시민의 경험은 녹색 정치를 활성화하는 좋은 자양분이 될 것이다. 기후위기 방책은 경제 및 사회정책의 획기적이고 전향적 전환 없이는 가능하지 않고, 이는 곧 정책 결정의 영역이다. 이 정책 결정 과정이 민주적이고 합리적이어야 함은 물론이며, 이는 각 나라의 정치체제와 성격에 의해 구속되지 않을 수 없다.

절실한 사회적 합의의 길

녹색 복지국가를 향한 핵심 과제는 탄소 중립, 곧 에너지 전환이다. 이 하나만 놓고 보더라도 얼마나 많은 갈등 사안들이 있는가? 전력 부문의 탈탄소화는 재생에너지의 확대 문제에만 그치지 않는다. 전력망 운영의 효율화 등에서 재생에너지 집약 기술 등 기술혁신, 탄소 배출비용을 반영한 가격정책과 시장제도 개편, 전기요금의 문제 등 하나하나가 갈등 요소다. 그러나 이 모든 게 풀려야 탄소 중립과 에너지 전환이 가능하다. 이를 위해서는 '어떻게 주민들과 이해관계 당사자 사이에 대화를 이끌어내고 합의 또는 협의를 해나갈 것인가?'가 더 없이 중요하다.

사회적 대화와 합의는 녹색 복지국가의 다른 과제에서 요구된다. 정의로운 전환 등 여러 이행 전략의 실현 과정에서도 마찬가지다. 특히 탄소세를 비롯한 증세를 포함한 세제개혁 과정이나 기후위기 관련 부담을 어떻게 나눌 것인지 문제에서는 첨예한 갈등이 예상되며, 이 과정은 거의 말 그대로 '죽음의 계곡'일 것이다. 합의는 고사하고 협의조차 어려운 상황도 속출할 것이다. 그럼에도 대화와 합의(또는 협의)의 길은 결코 포기되어서는 안 된다.

생태 위기 극복에는 이렇듯 사회적 대화와 합의(또는 협의)의 길이 너무나 중요하다. '사회적 대화와 합의의 길을 어떻게 여는가?'는 녹색 복지국가의 처음이자 마지막이다. 열린 대화와 합의(또는 협의)의 고난을 견뎌내지 않고서는 녹색 복지국가의 길 또한 쉽게 나타나지 않을 것이다.

새로운 복지국가를
위한 정치

복지정치의 조건 변화와 전략적 과제

21세기에 들어와 전 세계적으로 자본주의 체제의 구조 변동과 기술 진보의 가속화, 계급 구조와 고령화 등 인구학적 구성의 변화가 진행되면서 복지정책이 나아갈 방향을 둘러싼 정치 경쟁의 조건과 양상도 크게 변했다. 한국에서 2000년대 이후 복지정치는 한편으로 한국 자본주의 고도화에 따라 서구 사회의 최근 동향과 공통된 측면을 가지면서도, 다른 한편으로는 과거 독재 치하에서 오랫동안 기업과 성장 중심의 발전 전략이 지배했던 역사적 유산에 따르는 한국적 특수성을 여전히 갖고 있다.

세계 역사에서 복지정치라는 것이 탄생한 것은 19세기 하반기부터 20세기 전반기까지 제2차 산업혁명의 생산기술 진보와 그에 연동된 산업자본주의 체제의 정립이라는 역사적 조건과 긴밀히 연결되어 있다. 이 시기 동안에 자본의 급속한 집중·집적 과정에서 제조업 부문의 대규모 공장노동자 집단의 노동 및 주거 공간이 집중되었고, 대체로 동질적인 성격의 노동에 종사한 이들은 노동계급으로서 집단 정체성을 발전시킬 수 있는 사회적 조건을 갖고 있었다.

제2차세계대전 종전 후 1970년대 중반까지 '복지 자본주의 황금기' 동안에 발전된 자본주의사회에서 다수의 노동자는 제조업 부문 공장에서 집단적으로 노동하고 있었다. 이들은 '컨베이어 벨트'가 상징하는 대량생산 기계에 종속되어 있었고 위계적인 관리 통제 체제하에 통합되어 있었지만, 계급 정체성을 형성하고 집단적으로 생산과정에 대한 통제력을 행사할 수 있는 물질적 조건이 존재했다. 노동의 공간이 대규모로 집중되어 있었고, 노동자들이 물리적 설비에 결합되어 있었으며, 노동 공간에 인접한 집단 거주지역에서 노동자들의 공동의 생활공동체를 형성하는 경향이 있었다.

현대 복지국가와 복지정치는 1880년대에서 1930년대에 이르는 시기에 그 토대가 만들어졌다. 이때 사회보험, 공공부조, 사회서비스를 주축으로 하는 복지국가의 제도적 기둥들이 세워졌고 독일의 사민당, 영국의 노동당 등 전국적 규모의 노동자 정당들이 설립되어 선거정치에서 급성장했다. 세계는 1920~1940년대에 파시즘과 전쟁을 겪었고 그 과정에서 많은 나라의 노동자 조직과 복지제도들이 심대한 훼손을 당했지만, 1950년대 전후戰後 복구 기간 및 특히 1960~1970년대에 복지국가가 재건되었을 뿐 아니라 한 단계 더 도약한 전성기에 도딜했다.

이상과 같은 복지국가, 복지정치, 복지정책의 발전사는 물론 어느 곳에서도 단선적이고 순탄하지 않았으며 또한 지역과 나라에 따라 정치경제적, 문화적 조건이 달라서 그에 상응하는 복지 체제 원리의 차이가 생기기도 했다. 그러한 복잡성과 다양성에도 불구하고 대략 1880년대에서 1970년대까지 약 100년 동안 복지정치는 큰 틀에서 공통된 역사적 조건과 특성이 있었다. 경제적 기초로는 제조업 중심의 산업자본주의 생산 체제, 1930년대 이후에는 대량생산과 대량소비의 순환 관계로 작동하는 포디즘적 거시경제 시스템이 있었다. 정치적, 제도적 측면에서는 집단적으로 노동하고 중앙 집중적으로 조직된 제조업 공장노동자들이 이 시기 복지정치의 핵심 기반이었고, 그에 따라 사회보험 중심의 복지제도 체제로 다수의 노동계급에 대한 사회보장을 상당한 정도 실현할 수가 있었다.

21세기에 접어든 지 20여 년이 지난 오늘날에는 바로 이러한 100년의 복지국가 전통과 복지정치 기반이 많은 부분 약화되거나 해체됨에 따라, 지금 우리는 과거와 다른 정치 전략과 제도 설계가 요구되는 시대 상황에 직면해 있다. 변화의 핵심을 크게 세 가지 측면에서 정리해볼 수 있다. 첫째는 사회 구성원들의 계급 구성의 변화다. 둘째는 노동의 성격과 노동시장의 구조, 노사 간의 세력 관계의 변화다. 셋째는 정당 체계의 변화와 좌파 정당의 전략적 무능이다.

첫째, 계급 구성의 측면에서 후기 자본주의 시대로 오면서 몇 가지 측면의 구조적 변화가 발생했다. 우선 자본주의 변화와 더불어 계속해서 다양한 새로운 계급이 생겨났다. 대표적인 변화를 꼽아본다면, 한편으로 교육 수준이 높고 주로 전문·관리직에 종사하면서 지식·정보·과학기술을 다루는 신중간계급의 비중이 증가했다. 다른 한편으로는 서비스 산업 부문이 성장했는데, 여기서 새로운 미숙련·저임금 노동자층이 대규모로 형성되었다. 이 과정에서 노동계급 자체의 비중이 축소된 것은 아니지만 전통적인 복지정치의 기반이었던 제조업 공장노동자의 비중은 현저히 낮아졌다.

계급 구조의 복잡성 자체도 커졌다. 자본 대 노동이라는 단순 대립 구도가 정치적으로 성립되지 않음은 물론, 노동계급 내에서도 블루칼라와 화이트칼라, 제조업과 서비스업, 정규직과 비정규직, 대기업 종사자와 중소기업 종사자, 노조원과 비노조원 등 여러 차원의 균열이 있고, 신중간계급 내에도 한편에는 주로 지식·정보를 다루고 진보 성향이 강한 문화적 신중간계급이 있는가 하면, 다른 쪽에는 과학기술 부문에 종사하는 테크노크라트 신중간계급이 있다. 말하자면 오늘날 자본주의사회는 몇개의 동질적인 계급이 큰 덩어리로 뭉쳐 있는 것이 아니라, 경제적 상황과 이념·정치 성향이 다른 많은 계급 분파들이 복잡하게 교차되어 있는 형국이기 때문에 이들을 큰 틀로 통합할 수 있는 정치 전략, 담론 전략, 정책 프로그램이 요구되고 있다.

둘째, 산업화 초기의 대단지 제조업 공장노동 중심의 자본주의 시대와 대단히 다른 노동의 성격과 노동시장의 구조가 21세기 복지정치의 또 하나의 중요한 역사적 조건이다. 노동의 시공간적 파편화와 유동화는 개인들이 어느 정도 지속되고 내적으로 일관된 징체성을 형성하는 데에 큰 도전이 생겨나게 하고, 개인들 간의 사회적인 결속을 어렵게 만들고 있다.[304] 이제 사람들은 오랫동안 같은 곳에서 같은 일을 하면서 동료들과 집단의식을 갖게 되는 것이 아니라 여러 직장, 직업, 직종을 옮겨 다니는 경향이 많아졌다.

또한 노동시장의 제도적 분절이 심화되어 노동계급의 단결이 어려워졌음은 말할 것도 없고, 더 나아가 노동시장 내에 상이한 구조적 위치에 놓여 있는 노동자들 간에 집단화된 이해관계의 충돌이 점점 더 빈번해진다. 비정규직의 정규직 전환에 대해 기존의 정규직 사원 노조가 강력히 반발하는 등의 사건은 이러한 구조적 조건 위에서 일어나는 것이다. 그런데 그런 사건에서 사측은 오히려 갈등의 현장에서 빠져 있는 것을 종종 보게 된다. 사측의 권력이 그만큼 크기 때문에 을과 을의 싸움만 계속되는 것이다. 노사 관계에서 노동의 힘의 약화는 구조적 기반이 있다.

세계적으로 실업률이 높아지거나 고용의 안정성이 약화되면서 실업자나 구직자만 문제가 되는 것이 아니라 취업 상태에 있는 피고용자들의 협상력도 약화된다. 노동력의 대체 가능성이 높아져서 취업 노동자의 가치가 떨어지기 때문이다.[305] 이런 조건에서 많은 나라에서 평균적인 임금수준이 하락했고 노동조합 조직률이 많은 나라에서 꾸준히 하락했다. 미국·영국 같은 자유주의 제도 레짐의 나라들에서 특별히 하락의 폭이 컸지만, 독일을 비롯한 유럽 여러 나라에서도 조직률이 적잖게 하락했다. 이처럼 노동자들의 단결의 어려움과 노동자 개개인의 고용·소득의 악화는 서로를 강화하는 악순환의 고리를 형성한다.

셋째, 이상과 같은 계급, 노동, 노사 관계의 변화가 필연적으로 복지정치를 약화시킬 수밖에 없는 조건이 되는 것은 아니다. 왜냐하면 지난 반세기 동안의 여러 사회경제적, 문화적 변화 속에서 오히려 정치적 입지를 비약적으로 강화하는 데 성공한 정치 집단들도 있기 때문이다. 말하자면 단지 자본의 힘 때문에, 기술 변화 때문에, 새로운 세대 유권자들의 문화 때문에 어쩔 수 없는 것이 아니라, 그러한 변화에 발맞춰 변화하고 새 시대를 선도할 수 없었던 복지정치 주체들의 전략적 실패, 인식의 한계, 감성의 한계, 상상력의 한계가 또 한편의 문제일 수 있다는 얘기다.

1980년대 이후에 꾸준히 진행되어온 여러 차원의 근본적 변화들에 대해 전통적인 노동자 정당, 진보정당들은 많은 경우 성공적으로 대응하지 못했고, 그 결과로 정치적 지지 기반의 심대한 축소를 경험해야 했다. 영국의 사회학자 콜린 크라우치는 '포스트민주주의postdemocracy'라는 개념으로 이런 상황을 해석했다. 오늘날 훨씬 더 다양화된 계급 구성에 좌파 정치가 대응하지 못한 것이 우익 포퓰리즘 성공의 주요 원인이었다는 것이다. 포퓰리스트들은 다양한 계급 집단의 각기 다른 문제 상황과 이해관계를 정책적으로 대변하고 조정하려고 노력하는 대신에, 복잡한 현실에 대한 단순한 해석과 해법을 선동적으로 제공함으로써 마치 뚜렷한 대안을 갖고 있지 못한 기존 정치 세력들에 대한 '대안'인 것처럼 가장했다.[306]

경제학자 조지프 스티글리츠 역시 신자유주의 세계화의 패자가 된 집단들을 좌파 정치가 대변해주지 않은 것이 과격 우익 세력들이 밀고 들어올 수 있는 정치적 공간을 만들었다고 보았다. 중도좌파 정당들은 시장의 합리성이라는 주장에 종종 현혹

되어 신자유주의 세계화에 적극적으로 대항하지 않았으며, 이 과정에서 밀려나고 무너지는 계층들을 대변해주지 않았다. 그처럼 기존의 중도 좌우 정당이 모두 노동계급과 하층민들을 방어해주지 않는 상황이 지속되는 가운데, 미국의 도널드 트럼프나 프랑스의 마린 르 펜 같은 우익 선동가들과 그들의 정치운동이 "진공을 메우려고 몰려들었다"는 것이다. [307]

이러한 상황 전개의 결과로, 한때 '민주적 계급투쟁'[308]을 가능케 했던 계급정당 간의 경쟁 체제[309]는 오늘날 많은 나라에서 크게 약화되었고, 종교·이민·난민·이주자 등 이슈가 전통적인 경제·복지·외교 이슈와 복잡하게 얽힌 불안정한 정치 상황이 확산되고 있는 중이다.

그렇다면 이런 역사적 조건에서 향후 진보적 정치 세력이 달성해야 할 중점 목표 그리고 거기에 이르기 위한 전략적 대안은 무엇인가? 여기에 관해 물론 우리는 대단히 많은 쟁점과 고민거리를 논해야 하겠지만 이 자리에서는 그중 세 가지에 집중하기로 한다. 범위를 점차 넓혀가면서 논하자면 그중 첫째는 노동정치의 개념 확대, 둘째는 계급 간 연대의 정치 전략, 셋째는 노동·복지정치와 정체성 정치의 결합이 그것이다. 이 중 어느 것도 현실의 상황이 간단치 않으며, 원론적인 당위보다 구체적인 장애와 난점들이 훨씬 더 위중하다. 그럼에도 불구하고 이 과제들이 왜 현시대의 복지정치에 그토록 큰 전략적 중요성을 갖고 있는지를 위에 서술한 역사적, 구조적 맥락에서 분명히 하는 것이 필요하다.

첫째, 노동 세계의 구조적 변화에도 불구하고, 아니 어떤 의미에서는 바로 그 이유 때문에 노동정치의 개념이 경제활동 영역의 의제들에서 더 나아가 사회정책적 의제 영역으로까지 확대되는 것이 노동계급의 단결과 권익을 위해 대단히 중요해졌다. 독일의 정치학자인 클라우스 오페, 롤프 하인체, 칼 힌릭스 등은 변화된 자본주의 환경에서도 노동정치와 노동조합은 여전히 '모든 노동자의 이익'을 결집해내는 데에서 중요한 역할을 한다고 주장하면서, 다만 그 역할을 성공적으로 수행해내기 위해서는 노동시장 중심부의 구성원인 조직된 정규직 임금노동자들과 더불어 노동시장의 '주변', '외부' 그리고 '비노동' 영역을 포괄하는 폭넓은 정치적 시야를 가져야만 한다는 점을 강조한 바 있다.

즉 ① 노동시장 내의 중심부와 주변부, ② 노동시장에 진입한 노동계층과 진입하지 못한 실업 계층, ③ 수입을 위한 취업 노동 영역과 다양한 사회참여 활동 영역 간의 균열을 통합하려는 노력을 통해서만 노동계급이 하나의 계급으로서 단결하여 자본의 권력에 대항할 수 있다는 것이다.[310] 조직된 노동이 이러한 넓은 시야의 노동정치를 도외시한다면, 향후 자본은 소수의 조직노동과 담합하에 노동시장 중심부를 점점 더 좁혀갈 것이고 그 과정에서 중심부 노동자들 역시 가장 약한 부위부터 차례로 노동시장 주변부의 비정규직이나 노동시장 바깥의 실업자 집단으로 밀려나게 될 가능성이 있다.

둘째, 정당정치의 전략이라는 측면에서는 분화된 계급 구조의 다양한 위치에 놓여 있는 유권자 계층들의 처지와 요구, 이해관계를 접합할 수 있는 폭넓은 계급 간 연대의 정치 전략이 과거 어느 때보다 중요해졌다. '51%'의 득표 또는 연정 구성에 성공해야만 집권할 수 있는 민주주의 정치체제에서 법과 제도, 공공정책을 변화시키고자 한다면 '다수의 지지'를 획득하는 것은 선택이 아니라 필수 사항이다. 그런데 복지국가 초기의 산업자본주의 시대와 달리 이제 계급 구성이 매우 분화되고 복잡해졌고 유권자들이 종사하는 노동의 성격도 점점 새롭고 다양화되고 있기 때문에 이들의 이해 관심을 효과적으로 연결할 수 있는 콘텐츠와 전략이 중요하다.

그런데 마치 과거에는 제조업 노동자가 절대 다수여서 복지정치가 간단했는데 오늘날에는 계급 구성과 노동 세계가 복잡해져서 어렵다는 식의 구조결정론적 관점은 역사와 현실을 과도하게 단순화하는 것이다. 에스핑-안데르센은 1920~1930년대 북유럽 복지국가 형성의 성공에 가장 결정적이었던 것이 노동자들의 계급 형성보다 노동-농민-중간층의 계급 동맹이었다고 해석한 바 있다.[311] 말하자면 복지국가의 토대 정립 시기 때부터 복지정치의 성공을 위해서는 다양한 계급 이익을 접합시키는 과제가 그 무엇보다 중요했다는 것이다. 그런 의미에서 본다면 오늘날 계급 간 연대의 정치 전략이라는 것은 과거 복지정치에 불필요했던 전혀 새로운 숙제라기보다는, 새로운 시대에 걸맞은 새로운 내용을 만들어내는 과제로 이해하는 것이 보다 합당할 것이다.

셋째, 노동계급의 단결을 위한 노동 연대의 정치, 노동정치와 사회정책을 연결하는 계급 연대의 정치에서 더 나아가 노동·사회정책과 정체성의 정치를 잇는 정치적 해법을 찾아내는 것이 오늘날 복지정치의 중대하고도 난해한 과제다. 낸시 프레이저는 20세기 후반 이후 서구에서 진보 정치 세력들이 정체성의 정치에 경도되어 자본과 시장의 지배력 확대를 용인하는 '진보 신자유주의'의 편향을 갖게 되었다고 비판했고,[312] 토마 피케티는 그러한 경향이 정당들의 전략적 문제만이 아니라 그가 '브라만 좌파'라고 부른 고학력 진보 성향 유권자 기반과 연계된 것임을 직시했다.[313]

이러한 비판은 오늘날 복지정치에서 중요한 함의를 갖고 있지만, 다른 한편으로 그것은 암묵적으로 젠더, 생태, 소수자 인권 등 '탈물질주의 가치의 정치'[314]가 이미 1970년대부터 대부분의 발전된 민주주의 사회에서 얼마나 중요하고 불가역적인 정치 의제가 되어왔는지에 대한 인식의 부족을 드러내는 또 다른 '구좌파적' 편향일 수 있다. 그러므로 전통적인 복지정치의 입장에서도 물질적 이슈만이 아니라 젠더, 지역, 대중문화와 같은 비계급적 이슈와 의제들에 대해서도 관심과 이해를 크게 혁신하지 않고서는 지금의 정치 환경에서 다수 유권자의 공감과 지지를 얻는 것은 불가능할 것이다.

그처럼 탈물질주의적 가치의 의제들을 경제·노동·복지 등 물질적 의제와 접목시키는 것이 실현하기 힘들 만큼 완전히 새로운 도전이라고 생각했다면, 그것은 복지정치의 역사를 깊이 이해하지 못한 것이다. 현대사에서 노동운동과 복지국가가 탄생하여 급속히 발전한 19세기에 이미 인권·문화·젠더·정체성의 문제는 정치와 사회운동의 중요한 부분을 차지하고 있었고, 노동계급의 정치는 그러한 의제들과 대결하는 것을 통해서가 아니라 적극적으로 연대하면서 성장했다.[315] 역사적인 조건의 측면에서도 유럽 각국 인구의 민족적 구성은 20세기 초반에 제2차세계대전 이후보다 훨씬 다양했으며, 대규모의 인구 이동에 의해서 국민국가 내의 민족직, 인종적 동질성이 높아진 것은 제2차세계대선 이후

에 벌어진 일이다. [316]

그렇다면 21세기 현재 복지정치에서 노동과 복지, 젠더, 생태, 정체성의 정치가 연대한다는 것은 전혀 새로운 역사적 상황과 씨름하는 문제라기보다는 19세기와 20세기에 이미 언제나 있었던 넓은 사회적 연대를 21세기의 새로운 역사적 조건 위에서 갱신한다는 의미로 이해되어야 할 것이다.

한국의 계급 구조와 노동정치의 조건

이제 앞에서 살펴본 세계적인 추이를 배경으로 해서, 오늘날 한국에서 복지정치의 객관적 조건과 전략적 과제에 관한 이야기로 넘어가보기로 하자. 복지정치의 목적은 노동자·농민과 중산층을 포함하여 다양한 계급의 물질적 필요를 두루 충족시키는 데 있으므로, 먼저 한국 자본주의의 발전과 구조 변동의 과정에서 사회 구성원들의 계급 구성이 어떤 형태로 변했는지를 검토해봐야 한다. 이 같은 계급 분석은 1980~1990년대 진보 정치의 정세 분석과 전략 논의에서 가장 기본적이고 중요한 부분이었는데, 최근에는 정치 전략 논의가 유권자 여론조사로 축소되고 있는 면이 있다.

지난 수십 년간 한국 사회계급 구조 변화의 핵심을 요약하자면, 농민·자영업자 비중의 감소와 노동계급의 양적 확대, 최근 노동계급 내에서 생산직 노동자 비중의 감소와 서비스 노동자의 점진적 증가 그리고 2000년대 이후까지 신중간계급 비중의 지속적

중가로 집약된다.

조돈문의 분석[317]에 따르면, 한국에서 노동자계급의 비중은 1949년에 불과 12.5%에 불과하던 것이 1970년에는 30.5%까지 상승하며 1990년에 와서는 42.3%에 달하게 되었다. 조돈문은 1990년대에 한국 사회계급 구조가 상당한 정도 공고화된 것으로 해석했다. 실제로 백승호의 연구[318]에 따르면, 2000년대 이후 노동계급 전체의 비중은 대체로 일정하게 유지된 것으로 나타난다. 조돈문과 동일한 방식의 측정은 아니지만, 백승호의 분석에서 생산직 노동자와 하위 서비스직 노동자를 합한 노동계급의 상대적 비중은 1999년에 45.25%였고 2010년에도 43.56%로 거의 변동이 없었다. 즉 21세기 한국에서 노동계급은 전체 계급 구조 내에서 절반 가까이를 차지하는 최대 계급이다.

그런데 이 과정에서 또한 전문·관리직의 신중간계급이 아주 최근까지도 계속해서 증가하는 추세가 동시에 진행되었다. 그래서 조돈문의 분석 결과를 토대로 재계산했을 때, 노동계급과 신중간계급을 합산한 계급 동맹 블록의 규모는 1949년에 16.0%에 지나지 않았지만 1980년에는 43.4%로, 2003년에는 65.0%까지 확대된다. 백승호의 분석에서 2000년대 이후에도 사회문화 전문직, 기술 전문가, 관리직 등의 중간계급이 계속 증가하는 양상을 발견할 수 있다. 2000년과 2010년을 비교해보자면 사회문화 전문직은 8.63%에서 10.33%로, 기술 전문가는 2.38%에서 6.42%로, 관리직은 4.47%에서 6.95%로 증가했다. 이들을 생산직 및 서비스직 노동계급과 합산하여 노동-신중간계급 최대 동맹의 규모를 추출해보면 76.8%에 달한다.

이러한 계급 구조의 변화 추이는 현 단계 한국 복지정치의 물질적 토대의 측면에서 몇 가지 함의를 내포하고 있다. 무엇보다 21세기 한국 사회는 노동자가 인구의 절반에 달하며, 신중간계급까지 포함하면 인구의 3명 중 2명 이상이 고도화된 자본주의 부문에서 일하고 있는 사람들인 나라다. 이 부문 종사자들은 현대적 복지국가의 지지층이 될 수 있는 잠재성을 가진 거대한 사회집단으로서, 2000년대 이후로 복지 확대를 지지하는 계층이 과거보다 확대된 데에는 이러한 계급 구성 변화가 무관하지 않을 것이다.

그와 더불어 이들 노동계급과 신중간계급의 내적 이질성과 다양성 증가가 복지정치에서 고려해야 할 또 하나의 중요한 조건이다. 한편으로 고학력의 전문·관리직 종사자들의 규모가 2010년대까지 계속해서 증가하는 추세인 데 비해, 다른 한편으로는 다양한 업종에서 저임금 서비스직 노동자의 규모가 꾸준히 커지고 있다. 이것이 의미하는 바는 현실의 복지정치에서 상이한 계급 이익의 접합이 쉽지 않다는 사실이다. 우리가 추상적으로는 모든 일하는 사람이 다 함께 행복한 사회를 추구할 수 있고, 수사적으로는 '1% 대 99%'의 대조, '20 대 80 사회'의 현실을 비판할 수 있지만 현실의 균열 구조는 그렇게 단순히 나뉘어져 있지 않다. 상위 1%, 2%, 5%가 사회 전체의 부의 얼마나 많은 부분을 갖고 있는지를 보면, 사회가 이런 단순한 정의와 불의의 대립으로 나뉘어져 있는 것처럼 보인다. 하지만 현실에서는 99%, 80%가 유사한 삶의 조건과 이해관계를 갖고 있지 않다. 복지정치는 이처럼 다원화된 계급 구조에 섬세하게 응답해야 하는 것이다.

다음으로, 위와 같은 자본주의 발전단계와 계급 구조의 조건에서 한국의 노동정치의 현 상태와 발전 가능성은 어떠한지를 보도록 하자. 한국에서 이처럼 계급 구조가 고도화된 자본주의의 특성으로 빠르게 접근해왔음에도 불구하고, 소수 대기업만이 글로벌 선도 기업으로 성장하는 가운데 노동계급은 새로운 시대를 주도하는 역량을 발전시키지 못했을 뿐 아니라 자본의 지배력에 대항해 권익을 지킬 조직적 자원조차 갖추지 못하고 있는 것이 오늘의 현실이다.

한국 경제의 특징 중 하나는 선도적인 대기업들이 세계의 경제적, 기술적 최첨단의 트렌드를 좇아서 '추격'[319]과 '추월'[320]을 계속해왔다는 점이다. 그런 만큼 앞서 서술한 21세기 세계 자본주의의 최근 변화들이 이미 한국 기업과 대중의 일상에 깊숙이 들어와 있는 것이 당연하다. 한국 기업들은 1980~1990년대 고도성장기에 이어 2000년대에도 제조업 주도로 세계시장 점유율을 높여왔다. 2007~2011년의 긴 세계경제 위기 속에서 전 세계의 성장률이 정체했음에도 불구하고 한국 기업들은 다른 나라에 비해서는 대체로 회복 탄력성이 뛰어났고, 특히 제조업 분야 선도 기업들의 영업이익률은 2014년 이후 다시 상승 국면으로 반전되기도 했다.[321]

하지만 이와 같은 한국 기업들의 성공을 긍정적으로만 볼 수 없는 이유는, 그들의 성공이 한국 사회의 전반적인 기술 수준을 높이고 한국인들의 평균적인 소득수준과 구매력을 높이는 등의 발전에 기여한 바가 있다 할지라도, 그와 동시에 또한 2000년대 내내 국제적 표준에 비춰 너무나 열악한 수준에 있는 불평등과 노동 인권 문제에 이 기업들이 상당한 책임을 갖고 있기 때문이다.

그래서 오늘날 자본주의 한국 사회는 명확한 명암 대비의 이중성을 그 특징으로 한다. 총량과 평균으로 따지면 한국은 지금 경제 선진국 중에 경제성장률이 가장 높은 축에 속하고 수출액이 사상 최고이며 1인당 구매력과 소득수준이 일본을 넘어설 정도가 되었지만, 분배적 측면과 삶의 질로 따지면 한국은 불평등과 자살률, 출산율, 고령화 속도, 청년 고용률 등 많은 지표에서 최악의 나라 중 하나다. 그런 두 얼굴의 한국 사회에서 노동의 현실은, 대기업들이 과시하는 화려한 기술력에 대조되는 어두운 모습이다.

한국 자본주의는 네이버와 카카오, D.N.A. 융합 산업과 메타버스 부문처럼 빠르게 진행되고 있는 자본주의 발전의 측면과 더불어, 노동 현장에서 권위주의 시대 병영적 노동 통제와 같은 야만적 유산들이 공존하고 있는 체제다. 삼성, 현대, 엘지, 에스케이 같은 글로벌 대기업과 그들이 주도하는 고도 기술의 이면에 너무나 후진적인 상태로 버려져 있는 노동 인권의 현장들이 있는 것이다. 노동자들의 몸에 개인용 정보 단말기(PDA)와 센서를 부착시키고 순간순간 작업량과 불량률을 체크하는 최첨단 전자 감시 시스템은 노동자들을 기업의 동등한 파트너로 전혀 인정하지 않는 신분 사회의 질서와 하나의 총체를 이루며 결합되어 있다.

이상과 같은 노동 현실을 노동자들 자신이 주체적으로 개선하기 위해 필수적인 것이 바로 노동자들의 조직적 자원과 집단화된 협상력이다. 노동자들 개개인이 사회경제적 기본권과 노동 현장에서의 참여권을 보장받을 수 없다면, 단결된 행동을 할 수 있는 능력으로 권리를 쟁취하고 방어해야 하기 때문이다. 그런데 이 측면에서도 우리나라 노동자들은 극소수의 대기업 정규직 노조 조합원들을 제외한다면 대부분 대단히 취약한 상태에 놓여 있다.

한국에서는 산업화 과정에서 방대한 노동자층이 형성되었지만 노동 권익과 공공복지 없이 경제성장이 지속되었다. 1960년대에 본격적인 경제성장이 개시된 이후 1980년대까지 세계사에 전례 없을 정도로 빠르고 성공적인 산업화가 이뤄졌고 그 과정에서 대규모 노동자층이 형성되었지만, 엄혹한 군부독재하에 노동자들의 자주적인 조직화와 정당 건설, 노동자들을 위한 노동·복지제도가 발전할 수가 없었다. 그러한 역사적 조건에서 1990년대 이후 탈산업화, 자동화, 정보화, 세계화 등의 변화가 급속히 진행되어 계급 구조의 다원화, 노동의 파편화와 유동화가 전개되었기 때문에 노동계급의 집단적, 조직적 행동의 가능성은 더욱 작아지게 되었다.

이런 역사적 맥락에서 한국의 노동정치는 여전히 매우 협소한 조직적 기반을 갖고 있다. 정치 민주화가 이뤄진 1987년부터 1989년까지 노동조합의 수가 잠시 급증했지만 1990년대부터 노조 조직률이 감소하여 2010년대에는 고작 10~15% 수준에 머물러 있다. 더구나 이 짧은 시기 동안 노동조합을 설립하고 방어할 수 있었던 노동자들은 대기업의 정규직 노동자들이 다수였기 때문에, 이 시기에 수립되어 지금까지 지속되고 있는 이른바 '87년 노동 체제'에서 정규직 노조 소속 여부는 한국 노동시장 내부 분절의 대표적인 하나의 축이 되어 있다.

한국에서 노동조합 조직률은 일반적으로 10%를 약간 상회하는 수준으로 알려져 있지만, 이 수치는 법적으로 노동조합 조직 대상자를 모수로 하는 것이기 때문에 조직 비대상자까지 모두 포함하면 그보다도 훨씬 낮은 비율만이 노동조합에 속해 있다. 한국행정연구원의 '사회 통합 실태 조사' 2018년 조사 결과에서 노조 또는 직업 조합에 현재 소속되어 활동하고 있다는 응답자는 1.8%에 불과했고, 활동은 하지 않지만 소속은 되어 있다는 응답자까지 합쳐도 5.3%에 불과했다.

이처럼 한국에서는 조직된 노동의 규모가 전체 경제활동인구 또는 노동계급 내에서 아주 작은 일부에 불과하기 때문에 노동조합 조직원의 이해관계가 나머지 대다수 노동자 및 경제 인구의 이해관계와 자연스럽게 일치하게 될 가능성은 희박하다 할 수 있다. 그렇기 때문에 만약 노동조합이, 특히 대기업의 정규직 노동조합이 사회적 인정과 신뢰를 받고자 한다면 지금보다 훨씬 더 적극적으로 폭넓은 연대의 노동정치를 벌여야 하는 상황이다.

앞서 언급한 클라우스 오페 등의 이론으로 표현하자면 노동시장 중심부의 조직된 노동계층, 주변부의 비정규직 등 취약계층, 노동시장 외부의 실업자와 구직자 계층이 큰 연대의 틀로 통합될 수 있는 방향으로의 변화가 어떤 내용으로 어디서부터 시작될 수 있을까? 이 질문에 대한 대답을 모색하는 일은 노동운동과 노동조합에서부터 시작될 수 있지만, 그와 동시에 보다 넓은 시민사회의 여러 지점에서 함께 이뤄질 수도 있다.

한국 시민사회의 확장과 구조 변동

한국에서 노동정치의 객관적 조건에 여러 어려움이 지속되고 있지만 1987년 민주화 이후에, 특히 2010년대 이후 지난 십여 년 동안에 한국 시민사회와 사회운동 그리고 시민들의 인식에서 주목할만한 긍정적 변화들이 여러 면에서 계속되어왔다는 사실이 마찬가지로 중요하다. 복잡한 계급 구조, 갈라진 노동시장의 여러 사회계층이 큰 복지정치의 틀로 서로 연대하기 위해서는 그 모든 다양한 세력들이 서로 연합하여 행동하는 '시민사회'라는 폭넓은 장場을 시야에 두어야만 한다.

1987년 이후 민주주의 정치체제하에서 시민사회에 일어난 일차적인 변화는 시민사회단체의 양적 팽창이었다. 시민사회의 연간 신규 설립 단체 수는 민주화 직후인 1990년대에 크게 늘었지만, 사람들에게 많이 알려져 있지 않은 더 중요한 사실은 시민사회의 양적 확대가 민주화 직후에 폭발적으로 일어났다가 시든 것이 아니라 그 반대로 2000년대와 2010년대까지 큰 폭으로 계속되어왔다는 것이다. 공석기·임현진의 분석[322]에 의하면, 1980년대에 설립된 시민사회단체의 수는 538개에 불과했는데 1990년대에는 1662개로 3배 이상 늘었고, 2000년대의 십 년 동안에는 무려 5902개에 이르렀다. 2010년대의 경우 행정안전부 통계를 보면 2012년도에 등록된 비영리단체의 수가 1만 889개였는데 2019년에는 1만 4699개로 증가했다.

한국에서 민주화 이후 시민사회 변화를 논할 때 종종 접하게 되는 인식은 1990년대에서 2000년대 중반 정도까지는 참여연대,

경실련, 여성연합, 환경연합 등 몇몇 대형 단체들이 의제를 발굴 선점하고 정부의 정책 콘텐츠를 제공하는 등의 방식으로 커다란 정치사회적 영향력을 행사할 수 있었지만 이제는 시민사회의 힘이 약화되었다는 식의 진단이다.

개별 단체의 영향력을 따진다면 정부 역량과 정당정치가 미발전되어 있던 민주화 직후의 1990년대에 일부 대형 시민단체가 유리한 위치에 있었던 게 당연하다. 하지만 시민사회 전체의 규모와 밀도를 본다면, 2020년 한국 시민사회의 양과 질은 1990년대와 비교도 할 수 없을 정도로 커지고 깊어졌다. 한국 사회에는 비록 노조 조직률은 매우 낮지만 점점 더 많은 공익 활동 단체, 사회운동 단체, 주민 공동체, 협동조합, 사회적 기업들이 생겨나고 있다. 특히 2010년대에는 지역에 기반을 둔 시민사회단체의 수가 증가하는 추세가 두드러지며, 지방정치의 활성화 및 지방자치단체의 역할 강화와 맞물려서 지역 수준의 민관 협력 거버넌스의 확대가 활발했다.

한편 시민들의 집단행동을 통한 정치 참여 행동이 빈번하게 일어날 뿐만 아니라 그에 대한 사회적 인정과 관심이 높여져서, 사회운동 연구자들이 '사회운동사회social movement society'의 도래라고 개념화한 변화가 한국에서도 일어나고 있음을 관찰할 수 있다.[323] 사회운동사회란 집회·시위, 서명운동, 1인 시위 등 사회운동 캠페인의 빈도, 참여자의 규모와 다양성, 그러한 사회운동을 정당한 의사 표현 방식으로 간주하는 사회적 인정, 정부·정당 등 사회의 공식 부문과의 협력적 관계 등 여러 측면에서 사회운동이 점차 사회체제의 일부로 자리 잡은 사회를 의미한다.

2000년대 한국에서는 여러 면에서 그런 방향으로의 변화가 일어났다. 경찰청 통계에 따르면 집회·시위 횟수는 1990년대 초반부터 2010년대 후반까지 거의 대부분의 해에 연간 1만 건 내외의 일정한 수준을 유지해왔는데, 그중 불법·폭력 건수는 1990년대 중반만 해도 1995년에 809건, 1996년에 811건, 1997년에 664건 등 상당히 높았지만 1990년대 후반부터 연간 100회 내외로 급감한 후부터 점점 감소했다. 그리하여 박근혜 전 대통령의 탄핵을 촉구하는 사상 최대 규모의 '촛불집회'가 일어난 해이자 또한 문재인 대통령 집권 후에 과격한 반정부 태극기집회가 매주 개최된 해이기도 한 2017년에도 연간 불법·폭력 시위 건수는 12건에 불과했다.

세계적인 범위에서 보았을 때에도 이제 한국인들이 시민사회의 비영리 조직 및 시민적 행동주의에 참여하는 정도는 다른 선진적 민주주의 사회들에 비해 부족하기만 하지 않다. 한국 사람들은 데모도 많이 하고 한 번 끓어오르면 대규모 집회로 번지고는 하지만 일상 시기에 시민들의 시민사회 활동과 단체 참여는 미약하다는 식의 평가를 우리는 종종 들었지만, 그것은 민주화 직후에 한국 시민사회가 이제 막 도약을 시작하고 있던 시기까지만 타당한 얘기다. 2000년대에 수차례에 걸친 대규모의 평화적 촛불집회를 가능케 한 토대였던 성숙하고 두터운 시민사회는 이제 국제적 기준에 비춰 크게 뒤처지지 않는다.

세계가치조사World Values Survey 결과의 추이를 보면, 한국에서는 1980년대 초반에 시민사회의 참여도가 무시해도 좋을 만큼 미약한 수준이었지만 민주화 이후 크게 증가하여 교육과 문화, 환경

부문에서 일본보다 훨씬 높아졌다. 뿐만 아니라 많은 서구 나라들은 2000년대를 경과하면서 시민사회의 참여도가 크게 하락한 데 반해, 한국에서 모든 부문에서 꾸준히 유지되거나 증가해서 서구 나라들과 차이를 상당히 좁혔다. 일례로 주성수 교수가 세계가치조사 결과를 분석한 바에 의하면, 한국에서 환경단체의 회원인 사람은 1982년에 2.7%에 불과했으나 2012년에는 8.4%까지 증가해서 일본의 3.3%을 훨씬 넘어서고 핀란드의 9.3%, 스웨덴의 10.9%와 크게 차이나지 않는 수준에 이르렀다. 또한 교육·문화·예술 단체의 회원인 사람은 1982년에 4.2%였으나 2012년에 22.4%에 달하여 일본(12.0%)은 물론 미국(23.6%), 스웨덴(21.9%), 핀란드(18.6%)와 어깨를 나란히 하는 수준이 되었다.[324]

가장 최근의 세계가치조사인 'Wave 7 (2017~2020)'의 결과를 분석해보면, 정치적 행동과 사회적인 행동주의에 참여하는 정도의 측면에서 오늘날 한국은 국제 비교 관점에서 전혀 뒤쳐지지 않는다. 이웃나라인 일본과 비교하면, 일본인들은 청원 서명처럼 비교적 온건한 활동에 많이 참여하는 데 반해, 한국인들은 집회·시위 참여, 온라인상의 정치 행동 조직 등 다른 모든 적극적 행동에서 일본보다 높은 비율의 시민이 참여하고 있었다. 특히 온라인상으로 정치 활동들과 사건들, 저항들을 조직하는 활동은 미국, 독일, 호주 등 서구 나라들을 포함해도 한국인의 참여도가 가장 높게 나타났다.[325]

사회운동의 측면에서도 2010년대에는 주목할만한 새로운 흐름들이 생겨났다. 그 대표적인 사례는 다양한 비정규 노동운동, 청년운동, 페미니즘운동, 기후 행동 등의 부문이다. 이 각각의 흐름들은 현실에서 서로 완전히 구분되지 않고 중첩된다. 예를 들어 2010년대의 성공적인 비정규 노동자운동 중에는 청년유니온, 알바노조 등 청년운동의 성격을 겸하고 있는 것들이 포함된다. 또한 활동가들은 하나의 운동 부문에서 다른 부문으로 짧은 시간 내에 이동하기도 하며, 2개 이상의 운동 부문에서 동시에 활동하기도 한다. 예를 들어 페미니즘 그룹에 속해 있던 활동가들이 생태주의 관점을 접하여 기후 행동 부문으로 이동한 뒤에 양쪽에 다중 멤버십을 갖고 두 부문을 연결하는 다리 역할을 하는 등의 사례가 많이 있다. 그러므로 이 운동들의 가장 특징적인 면을 묶어서 '청년 주체 사회운동의 새로운 흐름'이라고 통칭할만하다.

이와 같은 신생 사회운동들은 문제 당사자의 경험과 목소리, 개개인들의 자기 동기에 기초한 동원. 수평적이고 개방적인 소통 구조, 관료제적 효율성의 거부, 명망가 중심의 엘리트주의적 운동의 거부 그리고 제도적 권력을 가진 대형 운동 단체들 및 정치 세력들과의 비판적 거리 등을 중요시하는 경향이 있다. 이러한 2010년대의 새로운 흐름들은 종종 기존의 진보와 보수의 구분 방식을 깨뜨리며, 민주화 이후 한국 사회운동의 주류에 순응하지 않는다. 따라서 이들이 미래에 한국 정치와 사회운동에 얼마나 중대한 변화를 일으킬지 주목할 가치가 있다.

한국에도 계급정치의 시대가 오는가?

이제까지 우리는 2000년대 한국에 노동계급과 신중간계급의 광범위한 복지정치 기반이 형성된 구조적 조건 위에서 비록 노동정치의 조직적 토대는 여전히 좁은 상태이지만 더 넓은 시민사회의 조직과 활동, 사회적 인정이 급속히 성장한 상태에 있음을 보았다. 이제 마지막으로 그렇다면 시민 개개인의 정치적 선호와 투표 선택, 자본주의와 불평등에 대한 인식, 복지정책과 복지국가 강화에 대한 태도가 최근에 와서 어떤 변화를 보이고 있는지를 살펴보도록 하자.

한국정치에서는 오랫동안 노동계급이 노동자를 위한 정당에 투표하고 상류층이 상류층을 위한 정당에 투표하는 '계급 투표'의 양상이 매우 약했을 뿐 아니라, 심지어 저소득층일수록 보수정당에 투표하고 상·중산층의 다수가 진보적 정당과 정책을 지지하는 '계급 배반 투표' 현상이 나타나기까지 했다.[326] 그러나 2010년대 들어서 고령층을 제외한 50대 이하 연령대의 유권자들에게서 소득, 자산, 학력 등 여러 측면의 계급 계층 변수가 정치적 선호와 선택에 영향을 미치는 계급정치 양상이 등장하고 있다.

한국에서 정치 균열과 유권자 배열의 변화는 단순화시켜서 크게 4단계로 나눠볼 수 있다. 첫 번째로 민주화 이전까지는 제한적인 선거정치 환경에서 도시 유권자와 농촌 유권자 간의 균열이 커서 여촌야도與村野都, 즉 촌에서는 보수 여당을 찍고 도시에서는 재야 정당을 찍는 양상이 강했다. 1960년 4·19혁명, 1980년 서울의 봄과 광주민주화항쟁 등이 모두 도시민이 중심이 된 민주화항쟁들이었다. 두 번째로 1987년 민주화 이후에는 출신지역에 따른 유권자 균열이 한동안 대단히 강하게 나타나서, 지역 간 연합으로 다수를 형성할 수 있을 때에만 집권이 가능할 정도였다.[327]

그 다음 단계로 2002년 노무현 대통령 당선을 기점으로 하여 출신지역주의가 약화되면서 새로이 등장한 세 번째 정치 균열의 축은 세대, 이념, 가치였다. 이 세 가지는 동일한 것은 아니었지만 종종 그리고 상당한 정도로 서로 연관되어 있었다. 말하자면 젊은 세대일수록 진보적인 이념과 개방적, 개인주의적, 탈권위주의적 가치 지향을 갖는 경향이 있었고, 이러한 세대적 차이가 정당과 후보를 선택하는 데에 적잖은 영향을 미쳤다. 더구나 참여정부 후반기인 2000년대 중반 정도부터는 고령층의 다수가 강경 우익으로 전환됨에 따라 이후 세대 간의 정치 성향 대립이 커졌다.[328]

마지막으로 네 번째 단계로 계급이 새로운 정치 균열의 축으로 부상할 것인지는 아직까지 분명하지 않기 때문에 확정적으로 얘기할 수 없다. 그럼에도 불구하고 복지정치에 강력한 함의를 갖는 여러 새로운 경향이 나타나고 있음을 주목해야 한다. 이미 2010년대 초반부터 연령 변수를 통제하면 저소득층일수록 진보 성향이 강한 계급성이 약하게 나타나기 시작했다. 다시 말해 저소득층일수록 보수 투표를 하는 것처럼 보이는 것은 이념적 보수성이 강한 노인 세대 내에 저소득층이 압도적으로 많기 때문인데, 이런 연령 효과를 제거하고 보면 그보다 젊은 세대들의 경우 2000년대 들어서면 계급 성향이 나타나기 시작한다는 것이다.[329]

2000년대의 여러 선거에서 유권자들의 투표 선택을 분석한 연구 결과들은 복지정치의 측면에서 매우 주목할만한 사실을 보고하고 있는데, 그것은 바로 '주택과 자산'이라는 변수, 즉 자가自家 보유 여부와 보유 자산assets의 규모가 정치 성향과 투표에 강한 영향을 미치기 시작했다는 것이다. 김도균과 최종호의 연구[330]에 의하면, 2007년 대통령 선거에서는 자가 보유 여부와 보수 후보 투표 사이에 통계적으로 유의미한 상관관계가 있었으며, 2012년 과 2017년의 대선에서는 자가 보유가 지지 정당과 이념 성향을 매개로 하여 투표 결정에 영향을 미쳤다. 또한 강원택 교수의 분석에서는 2017년 대선에서 동산·부동산을 포함한 보유 자산 규모가 후보 선택에 분명한 영향을 미친 것으로 나타났다.[331]

주택이나 자산만큼 분명하고 일관되진 않지만 경제, 노동, 복지 이슈에 대한 태도의 측면에서도 계급 계층에 따른 차이가 과거에 비해서는 더 뚜렷하게 나타나고 있는 것으로 보인다. 2017년 대선 투표에 대한 강원택과 성예진의 연구[332]에 따르면, 고령층은 여전히 안보 이슈에 가장 민감하게 영향을 받았지만 20대와 30대 유권자는 정부의 경제 개입, 비정규직 정책, 복지정책, 공기업 민영화, 고소득자 증세 등 경제·노동·복지·조세 이슈에 따라서 진보와 보수의 성향이 가장 분명히 나뉘는 경향을 나타냈다. 복지정치의 핵심 이슈들이 '정치적' 이슈로 들어오고 있는 것이다.

이상과 같은 변화들은 어떤 관점에서 보면 한국 사회가 계급으로 갈라지고 있는 안타까운 현실로 보일 수도 있지만, 다른 관점에서 보면 유권자들이 더 이상 출신지역에 따른 편견, 북풍 공작, 지역 유지의 매수 등 비합리적 동기에 의해 투표하지 않고 정당들의 합리적 정책 경쟁을 요구하고 있는 바람직한 방향의 변화라고 볼 수 있다. 특히 복지정치의 관점에서 보면 유권자들에게 복지를 확대해야 하는 이유, 복지국가를 통해 얻을 수 있는 사회적, 개인적 이익을 설득하고 지지를 획득할 수 있는 유권자 기반이 형성되고 있다는 것으로 해석할 수 있다. 제대로 된 복지정치의 대결을 이제 시작할 수 있는 시대적 조건이 무르익어가고 있다는 것이다.

한국 복지정치의 전략

앞에서 우리는 오늘날 많은 민주적 자본주의사회에서 복지정치의 조건과 정당 체계의 지형 변화를 살펴본 뒤에 한국에서 복지정치의 토대가 되는 계급 구조, 시민사회, 선거정치의 최근 동향을 검토했다. 그 핵심 내용을 요약하면서, 그것의 전략적 함의를 곱씹어보자.

유럽과 미국 등 많은 선진 자본주의사회에서는 그동안 신중간계급, 서비스 노동자 등 새로운 계급 집단이 성장했을 뿐 아니라 전통적인 고용관계의 전형에서 벗어나는 다양한 유형들이 생겨나서 복지정치의 조건을 크게 변화시켰다. 이러한 구조적 변화들로 인해 19세기 후반 이래 제조업 부문의 조직된 산업 노동자층을 핵심 지지층으로 삼아온 사회민주주의 복지정치의 토대가 약화된 반면, 파편화된 계급 관계 속에 있는 대중의 불안을 정치적으로 동원하는 데 성공한 우익 포퓰리즘 세력이 2000년대 들어서 약진하는 양상을 보인다.

그럼에도 불구하고 진보 정치 세력이 심화되는 불평등과 불안정에 대한 대중의 불만에 적극 호응하는 전략으로 새로운 가능성을 발견하고 있기도 하다. 즉 19~20세기형 진보 정치는 구시대적인 것이 되었지만, 21세기의 다양한 계급 계층이 겪고 있는 불평등과 불안정성의 현실들을 "정치적-헤게모니적 접합"[333]으로 규합해낼 책임과 기회가 있다는 것이다.

한국의 경우 고도화된 자본주의사회로서 위와 같은 21세기 자본주의사회들의 일반적 경향성을 상당한 정도 공유하고 있으면서도 오랜 권위주의 지배의 유산과 남북한 분단 체제 등 특수한 조건을 함께 갖고 있다. 계급 구조의 면에서는 고속 산업화 과정에서 제조업 노동자의 규모가 빠르게 성장했고, 2000년대에 와서는 고등교육을 받은 신중간계급과 서비스 노동자의 규모가 성장하여 제조업 및 서비스 노동자와 신중간계급이 전체 인구의 다수를 차지하는 구조가 되었다. 그러나 권위주의 통치기였던 산업화 단계에는 노동계급의 조직적, 정치적 자원을 공고히 할 수 없었던데다 민주화 이후에는 다변화된 계급 구조의 복잡한 이해관계를 접합해내야 하는 과제까지 함께 해결해야 했다는 점을 복지정치 전략에서 심각하게 고려해야 한다.

일찍이 에스핑-안데르센은 "복지정치의 성공과 실패를 가르는 중요한 열쇠는 객관적 계급 구조class structure와 노동자들의 계급 형성class formation만이 아니라, 무엇보다 그것을 토대로 한 계급 동맹class coalition"이라고 한 바 있는데,[334] 이러한 폭넓은 동맹의 과제는 특히 오늘날 이미 다변화되어 있는 계급 구조 위에서 복지정치의 초기적 발전을 하고 있는 한국의 경우에 특별한 중요성을 갖는다. 그러한 계급 동맹으로의 접합은 현실의 조건에서 결코 쉽지 않다. 우선 제조업과 서비스 노동자, 사무·전문직과 관리직, 영세 자영업자, 농어민 그리고 실업자, 잠재 경제활동인구, 추가 취업 희망자 등 매우 이질적인 계급 분파들 내에서 진보적 복지정치의 잠재 지지층을 끌어내고 이들의 각기 다른 삶의 조건과 이해관계, 정치적 욕구를 묶어내는 정치적 리더십을 발휘한다는 것은 참으로 쉽지 않다.

더구나 노동계급 내에서도 종사 기업 규모, 정규·비정규, 노조 존재 여부 등에 따른 노동시장 분절로 계급 내 불평등이 매우 심한 상태라는 점까지 고려하면, 복지정치의 잠재 지지층 내의 갈등과 불신이라는 문제가 사소하지 않다. 그러나 이 모든 난관에도 불구하고 현 단계 한국 복지정치의 대원칙에 관해 말한다면, 가장 중요한 점은 이처럼 다양한 분파 중에 어느 하나 또는 일부의 이해 관심만을 대변하는 것은 사회운동으로서는 가치 있고 타당한 일이지만 정치 전략으로서는 실패가 예정된 접근법이라는 것이다. 정치적 접합과 다계급 동맹에 성공하는 복지정치만이 현실에서 유효할 수 있다.

한 가지 더 고려해야 할 중요한 점은, 오늘날 한국에서 연대와 접합의 정치는 더 이상 물질적 보장과 분배의 문제에만 국한될 수 없다는 사실이다. 2010년대 한국 시민사회와 사회운동의 가장 중요한 사건은 기후 행동, 페미니즘, 차별에 대한 반대 등의 이슈에서 열정적인 참여자 집단이 형성되었다는 것이다. 불과 최근 몇 년 사이에 이른바 '영영 페미 세대', '넷 페미 세대' 등으로 불리는 새로운 페미니즘 운동의 주체들이 대규모로 형성되었다. 이들 젊은 여성들에게 젠더 불평등과 성적 지배, 차별과 폭력의 문제에 무감한 그 어떤 정치사회 세력도 지지와 참여를 기대하기 힘들 것이다. 마찬가지로 2018년부터 'FFF(미래를 위한 금요일)Fridays for Future 운동'이 세계적으로 확산되면서 한국에서도 청년층과 청소년들을 중심으로 기후위기에 대응하는 조직과 운동, 항의 행동이 급증하고 있다. 이런 현실에서 미래의 복지정치는 젠더, 기후, 차별의 이슈 등과 접속하는 '무지개 연합'(인종적·민족적·문화적 배경이 다른 소수파들이 합쳐서 만든 조직-편집자 주)의 한 구성원으로 자리매김할 수 있어야 한다.

이상과 같은 목표와 당위를 실현하는 데에서 지금 한국의 노동과 시민사회, 정당정치는 어떤 조건을 갖고 있는가? 민주화 이후 노동정치는 1980년대 후반에 일시적으로 노조 조직률을 높이고 사측과의 투쟁으로 임금과 고용 보호 등 여러 성취를 했지만, 1990년대 이후로 노조 조직률이 10%를 크게 넘지 못하는 수준으로 하락한데다 노동계급의 내적 분절 문제가 심화되고 있어서 전체 노동계급을 규합해낼 수 있는 대표성과 지도력에 한계를 보이고 있다. 그럼에도 불구하고 1987년 노동자 대투쟁에서 출발한 앞 세대 노조들과 달리, 최근 2010년대에는 비정규직 노조들이 꾸준히 결성되고 있고 기존 노조 외부에 유니온 형태의 조직들도 많이 생겨나고 있어서 이처럼 다채로워지고 있는 조직노동의 생태계에서 새로운 역동성이 생겨날 수 있다.

한편 시민사회 전체의 현황을 거시적 수준에서 본다면, 2000년대 내내 시민사회단체의 수가 급증했고 시민들의 참여 활동 비율 역시 선진국 수준으로 증가했다. 하지만 지역에서 활동하는 소규모 단체들이 다수인데다 탈중심적으로 분산된 생태계를 이루고 있기 때문에 정치에 대한 영향력이 미약한 상태다. 이들 가운데 상대적으로 성공적이었던 세력들은 지자체와의 거버넌스에 적극적으로 참여할 수 있었지만, 중앙 정치 차원에서 그 힘은 아직까지도 미미할 뿐더러 그들에게 적대적인 지자체의 정책 노선을 견제할 수 있을만한 힘을 보여준 적이 없다. 말하자면 조직 노동은 지금 소수의 응집력을 어떻게 밖으로 확장하여 연대의 네트워크를 구축할 것인지가 숙제라면, 시민사회는 분산된 수많은 힘을 어떻게 결집하여 복지정치의 독립적 세력으로 세울 수 있을 것인지가 숙제로 남아 있다.

끝으로 정당 및 선거정치의 영역에서 복지정치의 미래에 가장 의미 있는 최근 변화는, 2010년대 들어 유권자의 정치 성향과 투표 선택에서 계급정치 양상이 조금씩 색깔을 드러내고 있다는 점이다. 한국 선거정치에서는 1990년대에는 출신지역이, 2000년대에는 연령과 가치 변수가 크게 작용했으나 2010년대부터는 주관적 이념 성향과 계층의식 그리고 무엇보다 자가 보유 여부와 자산 규모가 변수로 부상하고 있다. 제조업과 서비스 노동계급이 인구의 절반 가까이 되는데다 신중간계급 중 진보적 성향을 가진 세력이 작지 않은 조건에서 이들의 요구와 이익을 접합해낼 수 있다면 복지정치는 거대한 지지 세력을 가질 수 있을 것이다. 그러나 현재의 양당정치 구도에서는 이처럼 계급성을 띠어가는 유권자들을 규합해낼 정치 세력의 입지가 대단히 좁다는 점이 궁극적인 한계다. 이 문제의 해결은 정치제도의 개혁과 정치 엘리트의 대대적 교체 등 모종의 결정적 진환점을 요구한다.

요약하면, 지금 한국 복지정치는 구조적 수준에서 여러 장애물과 더불어 긍정적인 객관적 조건들을 함께 갖고 있으나, 그러한 잠재력들을 정치적으로 접합하고 결집해낼 수 있는 리더십과 구체적 프로그램이 노동과 시민사회, 정당정치의 모든 영역에서 절실하게 요구되고 있는 상황이다. 2022년의 대통령 선거와 권력 이동을 앞두고 새로운 복지정치의 주체 형성과 개혁 프로그램의 구체화가 실현될 수 있을 것인지 여부가 향후 수년간 한국 복지국가와 사회정책에 작지 않은 결과를 남길 것이다.[335]

새로운 복지국가에서
국민의 삶

현재의 고통스러운 삶

우리나라는 복지국가의 형성이 지체되었고, 사회의 변화에 부응하는 복지체제를 갖추지 못했다. 때문에 우리 국민은 생활에서 많은 고통을 겪고 있다. 새로운 복지국가를 만들어야 하는 이유는 기본적으로 국민의 삶이 나아지고 지속 가능해야 하기 때문이다.

부모님에게 얹혀사는 30대 A씨

A씨는 아침부터 일어나 컴퓨터 앞에 앉았다. 구인구직 관련의 새로운 소식이 없는지 살펴본다. 아르바이트를 하러 나갈 오후까지는 집에서 머물러야 하는데 여간 고역이 아니다. 서른 살을 넘긴 딸이 집에서 있다는 것에 대해 눈치가 보여 견디기 힘들다. 대학을 막 졸업하고 곧장 취업이 되지 않아 이런저런 모색을 하던

몇 년 전에 집에서 함께 사시던 할머니가 고령 질환으로 앓아눕자 자연스럽게 자신에게 간병과 돌봄의 역할이 주어졌다. 할머니는 장기요양보험의 대상자가 돼 그나마 요양보호사가 몇 시간 간병을 한다. 그렇지만 종일 보살펴주는 것도 아니었다. 더욱이 몇 달이 멀다 하고 요양보호사가 바뀌고, 여차하면 요양업체가 문을 닫아 요양보호사를 새로 구해야 하기도 했다. 가족 중 누군가는 할머니에게 붙어 있어야 했기에 부모 모두 일을 해야 하는 상황에서 이는 A씨의 몫이 되었다. 할머니를 돌보는 것은 시간이 지나면서 가족들 간에 다툼이 벌어지는 이유가 되고는 했다.

A씨는 방송 관련 일을 하고 싶다는 생각을 가지고 있었다. 하지만 대학에서는 전혀 관련이 없는 것을 전공한 탓에 취업을 하기는 어려웠다. 처음에는 돈을 벌어 관련된 공부를 더 해볼 요량으로 정식 취업보다도 시간제 일자리나 아르바이트를 했다. 그런데 언제부터인가 정규직의 일자리를 구하기 어려운 탈락자가 되었다는 느낌을 받는다. 이제는 꼭 좋아하는 분야가 아니더라도 '어엿한 직장'이 생기기만 하면 좋겠다는 생각이다. 그리고 독립해서 생활해보고 싶다. 하지만 현실적으로 어려울 것 같다는 생각이 점점 커진다. 대기업에 정규직 취업을 했던 적이 없어서인지 실업급여라는 것도 받아본 적이 없다. 청년수당 등 정부나 지방자치단체의 지원제도가 있다는 이야기를 들어보기는 했지만 A씨에게는 해당이 되지 않았다. 가족들이 심하게 타박을 주거나 하지는 않지만, 대학 마치고 얼른 번듯한 기업에 취업을 했어야 하지 않느냐는 이야기를 가족이나 친척들에게서 듣고는 한다.

할머니가 돌아가신 후 최근 2년간은 자신이 집에서 천덕꾸러기가 되어간다는 억울함을 느낀다. 사귀던 남자친구가 있고 둘이서는 결혼 이야기까지 했던 적도 있지만, 양가 어른을 만나거나 더 진전을 이루지는 못했다. 예전 친구들 중 누군가는 집에서 운영하는 회사에서 일한다는 소리를 듣기도 하고, 또 누군가는 집을 장만했다는 부러운 이야기를 듣기도 한다. 하지만 A씨에게는 특별한 방법이 없어 딴 세상 이야기로 들린다.

가장 마음이 무거운 점은 미래가 보이지 않는다는 것이다. 언제까지 부모와 함께 살아야 하는지 또 그럴 수 있는지도 모르겠다. 자신에게는 모아둔 돈이 따로 있을 턱이 없고 경제적으로 넉넉한 집도 아닌 탓에 부모에게 목돈을 요구할 수도 없어서 독립해서 나가 살기 위한 전세금이나 보증금을 구하는 것은 난망하다. 어영부영 눈치를 보며 부모에게 얹혀사는 것이 지금의 A씨에게는 세상의 전부 같다. 그 후에는 어떻게 해야 할지도 모르겠다.

주 80시간 일하는 라이더 B씨

B씨는 열심히 일한다. 어쩌다 일주일에 하루 쉴 때도 있지만 대개는 쉬는 날 없이 주 7일 일한다. 주 40시간 근무, 주 52시간 근무 제한이라는 말은 B씨와 아무 상관이 없다. 일하는 시간은 일주일에 80시간을 훌쩍 넘는다. 100시간에 달할 때도 있다. B씨는 배달 업무를 한다. B씨가 일하는 곳에서는 라이더들의 등급제가 있다. 지난번에 사고가 나서 쉬었더니 등급이 떨어져서 일의 배정 시간대가 나빠지고 수입이 크게 줄었다.

B씨는 코로나19가 창궐한 후로 해오던 식당을 닫았다. 그전에는 작은 회사를 다녔지만 회사 사정이 여의치 않아 자의 반 타

의 반으로 그만두어야 했고, 휴대전화 판매대리점을 열었지만 신통치 못했다. 먹는장사를 해야 한다는 이야기를 들었고, 다들 자영업이 어렵다고 하지만 길목을 잘 잡으면 식당을 해볼만하다고 해서 나름 이것저것 알아보고 문을 열었다. 역시 만만치 않았다. 게다가 코로나19 사태까지 터지고 나니 어찌 해볼 도리가 없었다. 40대인 나이인데 할 일이 없고 막막했다. 아직 초등학교에 입학한 지 얼마 안 되는 둘째가 있고 돈 들어갈 일은 너무나 많다. 식당 문을 닫아야 할 때마다 중간중간 대리운전도 해보았지만 돈이 될 리 만무했다. 부모에게 물려받았던 집과 약간의 돈 그리고 길지 않지만 다녔던 직장을 그만두면서 받은 퇴직금 등은 몇 년 사이에 야금야금 축나버렸다. 장사 밑천을 만드느라 집은 전세로 돌렸는데, 이제는 전세금마저 치솟으니 속만 타들어간다. 부모님이 일찍 돌아가셔서 한스럽지만, 한편으로는 살아계셨다면 부양도 제대로 못할 텐데 얼마나 죄송스러웠을까 상상도 해본다. 물려주신 작은 집마저도 자신이 날려버린 것 같아서 부모에게도 그리고 아이들에게도 미안하다.

유명한 배달 앱 회사들이 광고도 많이 하고, 라이더가 되면 일한 만큼 벌 수 있다고 이야기도 들었다. 식당을 하면서 오토바이로 직접 배달을 다녔던 경험도 있어서 해볼만하다고 생각했다. 무엇보다 자금 없이도 해볼 수 있었다. 일한 만큼 벌 수 있다는 말은 어느 정도는 맞았다. 하지만 필요한 수입을 얻기 위해서 너무 많이 일해야 한다. 한번 사고가 나니 그 피해를 오롯이 혼자 감당해야 했다. 몸도 아프지만 급격히 줄어든 수입 때문에 막막했다.

B씨가 다치면서 아내도 텔레마케터로 일하기 시작했다. 그

나마 운이 좋아서 일자리를 구했다고 생각하고 있다. B씨와 아내 두 사람 모두 정신없이 일한다. 이 때문에 중학생인 첫째는 학원을 계속 돌고, 가장 미안한 것은 둘째다. 어린 나이의 초등학교 저학년인데도 따로 봐줄 수가 없다. 코로나19로 온라인 수업이 이뤄지고 있는데, 애가 이것을 제대로 접속해서 수업을 받기가 어렵다. B씨의 아내가 어떻게든 온라인 공부 환경을 만들어주려고 노력하지만 당장 생계를 위해 출근을 해야만 하니 제대로 둘째를 도와주는 것은 거의 불가능하다. 출석도 잘 못하는 경우가 생기고는 한다. 다른 집은 엄마가 애들 온라인 수업이나 온라인 수업 이후로 부쩍 늘어난 알림장과 숙제를 옆에 붙어서 봐준다는 이야기를 들었는데 먹고살기 힘든 세상에 무슨 재주로 그렇게들 해주는지 신기하다. 코로나19 상황이 터지고 부모 모두가 일을 해야 하니 아이들을 제대로 돌볼 수가 없다. 애가 학교(수업)에 결석한다는 것은 생각해보지도 않은 일이었는데, 온라인 수업이 일반화되면서 B씨 부부에게도 자주 나타나는 일이 되어버렸다.

B씨 부부는 자녀들이 그저 남들처럼 열심히 일하며 성실하게 살고 억울하지만 않았으면 좋겠다. 그런데 그게 쉬울 것 같지 않다. 비싼 과외나 스펙 관리를 하면서도 누군가에게는 공정하지 않다고 말하는 이들도 있는데, 우리 애들에게는 그런 공을 들일 수 없으니 기회 자체도 없다. 하지만 당장은 생계를 이어가고, 아이들이 큰 문제없이 하루하루 시간을 보내는 것 자체가 도전이고 시련이다. 가끔 일하다가도 전화가 오면 가슴이 덜컥 내려앉는다. 애들에게 무슨 일이 생겼을까 하는 걱정이다.

애들이 크면서 부모를 창피해할 것이라는 생각이 든다. B씨는 부부 모두 열심히 일하고 성실하게 살고 있는데, 오늘도 힘들고 미래는 더 걱정스러워 속상하다. 애들에게 열심히 공부하라는 이야기를 할 수도 없다. 그래서 될 일이 아니라고 어른들이 이미 생각하고 있기 때문이다. 노후 준비도 막막하지만, 당장은 어린 두 아이가 위태위태하게 보내는 하루 시간이 미안하기만 하다.

낡은 집에서 남편 수발하는 C씨

C씨의 집은 낡았다. 내 집이지만 50년이 넘었다. 남편은 아예 누워 있어야 하는 처지다. 남편보다는 좀 낫지만 자신 또한 몸이 불편하다. 거동이 힘든 그들에게는 낡고 좁은 집이 위험한 곳이다. 언제 쓰러질지 몰라 불안하다. 안방에서 화장실과 부엌으로 이어지는 몇 걸음도 불안한 나머지 연결해놓은 줄을 잡고 다닌다. 그래도 이 집에서 딸, 아들 하나씩을 키우며 살아왔다. 정이 들기도 했지만 너무 낡고 몸이 불편해 짜증도 많이 나지만 그래도 이 집이 C씨 부부에게는 세상의 전부다. 남편은 젊었을 때 남에게 손 벌리지 않고 열심히 일했고, C씨도 어려운 살림 꾸리면서 딸과 아들 하나씩을 성실하게 키웠다. 그러면서 마련해 살고 있는 것이 작은 도시의 이 집이다. 조금씩 모아온 돈으로 아들딸을 결혼시키며 분가시켰다.

아들이 결혼한 지 얼마 안 되어 C씨가 병을 얻었다. 아들네가 집으로 들어왔다. 고령인 노부모를 모시기 위해서였다. 다니던 일도 그만두고 좁은 집에서 거동이 불편한 시어머니와 시아버지를 모시기 위해 함께 지내는 며느리에게 미안했다. 몇 년간 며느리의 고생 끝에 C씨의 몸은 예전 같지는 않아도 조금 나아졌다.

주변에서는 요즘에 드문 효부라는 이야기도 했다. C씨가 자기 건사는 할 수 있게 되자 다시 아들네를 나가 살도록 했다. 그리고 손자도 보았다. 그런데 얼마 안 있어 C씨의 남편이 뇌졸중으로 쓰러져버렸다. 나이가 들면서 새벽에 근근이 폐지를 수집하는 일을 하는 것 이외에는 아무것도 하지 못하는 남편이었지만 남편이 쓰러지자 정말 힘들어졌다. 겨우 자기 몸을 건사하는 수준이었던 C씨가 남편까지 돌보기는 어려웠다. 다시 아들네가 근처에 세를 얻어 살며 며느리가 시부모 수발을 했다. 그런데 이번에는 예전 같지 않았다. 얼마 지나지 않아 아들과 며느리의 다툼이 심해졌고 언제부터인가 며느리가 오지 않았다. 무뚝뚝한 아들이 뜨문뜨문 찾아오고는 하지만 무슨 일이 있는지를 이야기도 하지 않는다. 며느리가 집을 나가버렸거나 이혼한 것 같다고 생각하지만 물어보지는 못한다.

C씨는 얼마 전까지 폐지를 주워 모았다. 이제는 몸도 힘들고 상태가 더 안 좋아진 남편 곁을 비울 수가 없어 집 밖을 아예 나가지 않는다. 남편 수발도 버겁다. 하지만 자식들이 있는데다가 무엇보다도 집을 가지고 있기 때문에 애초에 국민기초생활보장제도의 도움을 받을 수 있는 기준을 넘어선다고 했다. 낡은 집 하나 가지고 있는 것이 왜 문제가 되는지 모르겠지만 1억이 조금 넘는 이 집 때문에 도움을 받을 수 없다고 한다. 집을 판다는 것은 생각도 못해본데다가 어렵기도 하고, 이사를 해서 그 다음에 어디서 살아야 하는지도 막막하다. 엄두가 나지 않는다. 무엇보다도 이 집은 지키고 있다가 그나마 손자에게 줘야 덜 미안할 것 같다. 생활비도 그렇지만 가장 큰 문제는 남편의 수발이다. 그리

고 점점 C씨 스스로도 걱정이다. 장기요양을 받으면 도움을 조금 받을 수 있다고 해서 어렵사리 물어물어 신청을 했고 남편은 요양 등급 판정을 받았다. 하지만 알고 보니 요양보호사의 도움을 받으려면 자부담 비용이라는 것이 있었고 매달 수십만 원씩을 도저히 감당할 수 없어서 이용을 포기했다. 그랬더니 예전에 도움을 받았던 도시락이나 자원봉사자 방문과 같은 서비스들도 중단되어버렸다. 장기요양보험의 이용자로 등급 판정을 받고 나면 다른 서비스는 중단된다고 했다. 하소연해보았지만 국가의 제도가 그렇다고 하니 어쩔 수가 없다.

C씨는 밤이면 남편과 우는 일이 잦아졌다. 열심히 살았는데 억울하고 서럽다. 나이 들어 아픈 것이 왜 집안을 풍비박산 내는지 속상하다. 아들이 잘 살지 못하는 것도 C씨 부부의 탓인 것 같다. 믿고 의논할 사람도 없다. 바깥세상은 어떤 것인지 모르겠다. 이 낡은 집에서의 위태로운 하루가 세상의 전부다.

새로운 복지국가에서의 세 사례

앞에서 살펴본 A씨, B씨, C씨의 삶은 새로운 복지국가에서라면 구체적으로 어떻게 달라질 수 있을까?

독립생활을 꾸려가는 A씨

A씨는 아침부터 일어나 컴퓨터 앞에 앉았다. 방송과 관련한 온라인 교육이 있는 시간이다. 하고 싶었던 일을 배우는 것이라 온

라인 교육이지만 그래도 흥미가 있다. 오후에는 실습 교육을 겸한 인턴 프로그램이 있어서 참여해야 하니 조금은 서둘러 시간을 써야 한다.

이럴 바에는 대학 진학할 때, 애초에 이 분야의 전공을 했다면 더 좋았을 것 같다는 생각도 든다. 하지만 그때는 자신이 하고 싶었던 일을 정확히 알지 못했다. 친구들 중 일부는 고등학교를 마치고 일부러 1년간 유예기간을 가지고 진로 탐색이나 여행을 하면서 견문을 넓히고는 했는데 그게 이런 이유 때문이라는 생각이 이제와 들기도 한다. A씨는 곧장 대학 진학을 선택했다. 대학에 진학하려 할 때, 고등학교 때의 성적이나 수학능력에 대한 자료는 꼭 그해에 진학을 하지 않아도 유효하다. 진학생들이 좀 더 선호하는 대학이 있기도 하지만, 특정 대학으로만 경쟁이 심하게 몰리는 것은 아니기 때문에 보통은 거주지에서 멀지 않은 곳에 있는 대학을 선택하는 경우가 많다. 인문학 전공을 택한 A씨도 집에서 멀지 않은 대학을 다녔다. 대학을 마칠 때쯤 A씨는 자신이 방송 일에 관심이 있다는 생각을 했다. 하지만 작은 기업에 취업을 해서 몇 년 다녔다. 급여는 대기업이 조금 더 높았지만 근무 여건의 유연성이나 자기 계발에는 작은 기업이 더 나았다. 복지는 개별 기업이 아니라 국가가 책임지는 것이고 대기업이 급여 이외의 복지 여건이 더 좋을 것은 없다. 때문에 많은 또래들이 A씨와 같이 작은 기업을 선택한다.

A씨는 직장 생활을 하면서도 방송 일을 해보고 싶다는 욕심이 끊이지 않아 결국 회사를 그만두고 방송 일에 대해 배우기로 결정했다. 이전 직장의 경력 유무나 종류를 가리지 않고 전직을

위한 교육과정에 대해서는 국가가 지원을 하고 최소한의 생계를 보장하기 때문에 크게 무리가 되지는 않았다. 새로 일하려는 분야가 문화·예술 분야이기 때문에 추가적인 지원도 약간 있다. A씨는 그래도 이전의 대학 전공이나 몇 년의 사회생활 경험이 자신의 다음 진로에 도움이 되었다고 생각하고 있다.

주변 또래들도 특정한 곳에 취업하려는 경쟁이 과도하지 않다. 사회적인 위험은 국가가 보장하고 있기 때문에 더 많은 일과 집중적 활동으로 소득을 더 높이자는 선택과 여가와 여유를 즐기자는 선택 사이에 균형이 만들어지고 있다. 보편적 복지국가 체계가 자리 잡히지 않았던 이전 세대까지는 모두가 안정적인 직장과 처우를 얻기 위해 비슷한 진로를 선택하며 과도한 경쟁을 했다고 들었는데, 국가의 보편적 복지로 인해 어느 정도의 안전망이 갖춰지고 나자 이제는 서열화보다는 다양한 개인의 선택이 우선시되고 있다.

금요일 저녁에 A씨는 부모 집을 간다. 보통 주말을 즐기는 또래들도 많지만 A씨는 다른 약속이 없다면 주말에 부모에게 가는 것이 일상화되어 있다. 대학 다닐 때까지는 부모와 함께 생활했다. 그런데 어릴 때부터 A씨와 함께 생활했던 할머니가 건강이 안 좋아지면서 요양 보호를 받아야 했다. 사회보험과 조세로 운영되는 국가의 요양 보호 프로그램 중에 A씨 가족은 할머니에 대해 재가 요양 프로그램을 선택했다. 비용은 기본적으로 국가가 부담하는 것이다. 요양보호사가 방문해서 필요한 요양 서비스를 제공한다. 할머니의 일상생활 기능 정도를 볼 때 집의 구조가 불편한 점이 있어서 전반적인 주택 개조가 필요했다. 재가 요양을 선택한 경우 필요한 정도를 지방정부가 확인하여 주택 개조를 지원한다. 주택을 개조하게 되었을 때 직장 생활을 시작하던 A씨는 거주를 독립하기로 했다. 성인의 주거 독립 시에는 독립하는 성인의 재산과 소득이 많지 않다면 주거급여가 제공된다. A씨는 원룸과 공동 부엌 방식의 작은 거처를 계약했다. 직장을 그만둔 뒤로는 월세를 주거급여로 충당하고 있다. 예전에는 많은 전세보증금이 필요했다고 들었지만, 이제는 월세 중심의 임대료가 보편화되었고 임대료 지원제도가 확충되면서 청년들이 혼자 독립해서 도전하기에 좋은 여건이다. 부모 집을 개조하는 공사를 할 때 독립해서 나온 것이지만, 몸이 불편한 할머니와 부모를 자주 뵙고 싶은 까닭에 주말에는 부모 집으로 가는 것이 일상이 되었다. 딸과 손녀를 늘 반가워하시기 때문에 오히려 함께 살 때보다 독립생활을 하면서 서로 더 애틋해진 점도 있었다. 얼마 전 할머니가 돌아가신 후에도 주말에는 부모 집으로 가는 것은 계속 마찬가지다.

아직 결혼을 하지 않았지만 사귀는 애인이 있다. 무선통신망 수리 일을 하는 공무원이다. 영화를 감상하는 동아리에서 만난 사이다. 구체적으로 결혼 이야기를 나누지는 않았지만 A씨는 이 남자와 결혼을 하고 싶다는 생각을 하고 있다. A씨나 애인 각자에 대해 국가의 사회보장체계가 작동하고 있고 특히 신혼부부는 공공임대주택 입주가 용이하다. 지금까지처럼 둘이 성실하게 생활한다면 결혼해서 함께 즐거운 인생을 보낼 수 있을 것 같다. 한 때는 결혼해서 집을 얻고 아이를 낳아 키우는 것이 엄청난 돈과 희생이 들어가는 것이었다고 들었다. 특히 여성에게는 심했다고 한다. 하지만 지금은 출산과 양육의 가치가 사회적으로 인정받고, 여기서 발생하는 위험이나 돌봄 부담에 대해 기본적으로 국가의 지원 프로그램들이 작동한다. 결혼의 선택에서 '인생의 중단'을 생각할 필요는 없고 좋아하는 배우자의 선택과 가족의 사랑 자체가 중요하다. A씨는 결혼해서 아이들도 낳아 키우고 싶다는 생각이 많다. 아직 구체적으로 이야기를 해보지 않았지만 조만간 애인과 이야기를 나눠봐야겠다고 생각하고 있고 프러포즈 계획을 혼자 상상하고는 한다.

자녀들과 행복을 설계하는 B씨

B씨는 열심히 일한다. 주 5일의 40시간을 일하고 거기에 더해 온라인과 오프라인으로 병행되는 돌봄 매니저와 상담 과정 교육과 현장 인턴 활동에 참여하고 있다. 물론 주 40시간 근무가 매주 꽉 차는 것은 아니지만 평균적으로 주 50시간에 달하는 일과 학습을 병행하고 있다. 새로운 복지국가 체제가 안정된 이후 선진국 평균 수준의 근로시간을 가진 우리나라에서 이렇게 많은 시간을 일하는 사람은 많지 않다. B씨는 스스로 욕심이 있는 편이라고 생각하고 있다.

B씨는 몇 년 전까지 유통업계에서 차량 운전 일을 했었다. 그런데 불행히도 사고가 났었고 몇 달간 입원을 해야 했다. 치료비용과 일을 하지 못하는 기간에 대한 소득은 전 국민에게 적용되는 사회보험으로 보장이 되었다. 그런데 사고 이후로 운전을 하는 것에 대한 트라우마가 생겼다. 정신과 진료를 포함하여 후유증에 대해 회복하기 위한 국가 지원의 프로그램에 참여했다. 직

업을 바꾸는 것이 더 낫다는 판단에 따라 요양보호사로 일하기로 하고 관련 교육을 이수하고 일자리를 구했다. 준공무원 신분으로 방문요양 서비스를 제공하는 요양보호사가 되었다. 급여수준은 예전에 운전 일을 할 때와 비슷하다. 원래 사람을 직접 상대하고 교류하는 일을 좋아하는 편이라 요양보호사 일을 선택한 것이 잘한 일이라고 생각하고 있다. 예전에는 요양보호사 일이 낮은 급여에 사회적 인식이 좋지 않아 40대 남자의 직장으로는 인정받지도 못한 시절이 있었다는데 잘 이해가 가지 않는다. 처우가 유별나게 좋은 것은 아니지만 준공무원으로서 일반적 일자리와 비슷한 수준의 임금을 받고 있다. B씨의 임금은 요양보험에 대한 사회보험 재정과 돌봄 서비스 수혜자가 소득에 따라 일부 부담하는 자부담 비용 그리고 국가의 재정을 통해 지급된다. 월급제에 기반하고 있다. 예전에는 요양보호사가 요양 보호 활동을 수행하는 시간만큼만 급여가 주어져서 힘든 서비스 대상자, 이동 시간이나 스케줄 면에서 효율적이지 많은 대상자는 서비스를 받지 못했다고 한다. 요양 보호 업체가 대부분 소규모 영리 업체라서 돈이 되지 않는 대상은 기피했다고 한다. 하지만 돌봄 서비스의 공공성과 책임성이 강화되면서 지금은 서비스 대상자를 연결하고 관리하는 책임은 지방정부가 가지고 있다. B씨는 지역사회서비스원에 속해 있고 일선 요양보호사에게 업무를 배정하는 것은 사회서비스원이 담당한다. 사회서비스원은 지방정부의 공공 기관이다.

　B씨의 아내는 마을버스 운전을 하고 있다. 친환경 대중교통이 사회적으로 정착되면서 마을버스도 전기차로 교체되었다. 아

내는 결혼 초에는 자기 선택으로 직장 일을 하지 않았다. 하지만 둘째 아이까지 유치원과 학교에 다니기 시작하자 아내가 사회 활동을 접은 자신의 선택을 이제는 바꿔야겠다며 일을 준비했다. 아내도 오랜 운전 경력이 있었기 때문에 약간의 교육과 준비 과정을 거쳐 지역의 조합에서 운영하는 마을버스 운전을 시작하게 되었다. B씨는 사실 트라우마로 운전을 못하는 자신을 돌이켜보며 아내의 일을 응원하고 있다. 가족이 나들이라도 할라치면 그 운전도 당연히 아내의 몫이다.

초등학생인 둘째나 중학생인 첫째 모두 학교와 공공의 돌봄 프로그램을 통해 안전하고 유익한 시간을 보내기 때문에 아이들의 방과 후 시간에 대해 걱정할 필요는 없다. 감염병 방역이나 비상시에 온라인으로 공공 교육 프로그램이 이뤄질 때라면, 교육 접근성이 떨어지는 경우가 없도록 인근의 소규모 돌봄센터 공간을 활용하거나 가정방문 형식의 공공 지원 체계가 만들어져 있다. B씨 부부가 일하면서 아이들 걱정을 하지 않아도 되는 이유다.

부모들 대부분은 자녀들이 미래에 좋아하는 일을 찾아 적성에 맞는 일을 하기를 원한다. 부모가 해주는 일은 아이들이 자신의 적성과 재능을 잘 찾도록 대화를 많이 나누고 격려해주는 것이 최선이라고 생각하고 있다. 꼭 남들보다 좋은 성적을 받고 경쟁에서 이겨야 할 필요는 없다. 보편적 복지국가 체제가 정착되면서 학교와 국가의 교육 내용에서만이 아니라 사회 전반적인 인식에서도 다양성에 대한 가치 부여가 완전히 정착되었다. 기본 생계가 보장되고 위험에 대해서는 국가가 책임지는 체계가 되고 나니 개인의 선택과 행복이 가장 중요한 화두가 되었다. B씨 부부는 적당한 때에 1년 정도 온 가족의 '안식년'을 만들어서 해외로 예술과 관련된 세계 여행을 다녀오려는 계획을 가지고 있다. 이 돈을 모으기 위해 지금 일을 열심히 하는 것이 필요하다. 새로운 복지국가의 국민에게 돈이란 위험에 대비하기 위한 것보다도 현재의 행복을 위한 활동에 쓰는 것이라 여겨진다. 일과 학교를 중단하는 것에 대한 약간의 두려움도 있지만, 크게 걱정은 하지 않는다. 많은 청소년들이 학교를 다니는 중에 미래 모색을 위해 상급 학교 진학을 늦추고는 한다. 일을 중단하는 것이 일할 수 있는 기회를 영원히 막는 것도 아니다. 일의 복귀나 전환에 대해서 국가의 지원을 믿을 수 있다. 온 가족이 1년간 멈춤을 선택할 수 있는 이유다.

B씨 부부는 자녀들에게 자랑스러운 부모가 되고 싶다. B씨 부부는 스스로도 성실하게 일하고 있다고 생각하고 있고, 공적 연금 납부와 같은 사회보장 기여도 빠지지 않고 있다. B씨 부부는 살고 있는 지역사회의 기후시민회의의 일원이다. 최근에는 혹한과 혹서 그리고 수면 상승으로 인한 지역사회의 피해에 대해 논의하고 지원하기 위한 논의를 하고 있다. 회의에 열심히 참석하는 것에는 삶을 개선하기 위한 의미도 있지만, 자녀들에게 책임 있는 사회 구성원의 모습을 부여주고 싶은 욕심도 있다. B씨는 지속 가능한 환경과 생태계를 위해 불필요한 소비를 줄이는 것, 국가의 사회보장이 잘 유지될 수 있도록 시민의 참여 의무를 다하는 것, 가장 중요하게 자녀들을 사랑하고 자녀들이 지금 행복한 시간을 가지도록 돕는 것이 어른으로서 자신이 해야 할 일이라고 생각하고 있다.

공공임대주택에서 사회적 돌봄을 받는 C씨

C씨는 집을 팔았다. 몇 십 년을 살았던 집을 판 것이라서 조금 아쉽기도 하다. 남편과 함께 살면서 장만하고 아들딸을 낳아 기르던 집이라서 젊은 시절의 추억이 많다. 하지만 지어진 지 50년이 더 된 낡은 집이라 불편한 부분도 있고, 노인의 안전에 위험이 크다. 주민센터에서 사회복지사와 주거복지 전문가가 함께 나와 주택을 개조해서 계속 생활할 것인지, 공공임대주택으로 이사해서 거주할 것인지를 의논했다. C씨 부부는 공공임대주택으로의 입주를 결정했다.

아주 예전에 C씨가 건강이 안 좋아져서 잠시 아들 내외가 수발을 들었던 적이 있다. 그때만 해도 국가의 돌봄 서비스 체계가 정비되지 않아서 며느리가 고생을 많이 했었고, C씨가 좀 회복된 후에도 그때 다니던 직장을 그만두었던 며느리에게 미안한 마음을 계속 가지고 있었다. C씨의 남편이 뇌졸중으로 쓰러져 병원에 입원했을 때에는 복지국가가 정비되어 있었다. 국가의 복지체계가 좋아지면서 며느리는 다른 일을 할 수 있는 지원을 받았고 다시 일을 시작한 상태였다. C씨 남편은 병원에서 입원해 치료를 받았지만 고령이고 심한 상태였기 때문에 몸을 예전처럼 쓸 수는 없다고 했다. 병원에서 퇴원하게 될 무렵에 주민센터에서 C씨 부부를 병원으로 찾아왔다. C씨 남편에 대해서 장기요양 서비스를 비롯해 받을 수 있는 돌봄지원 서비스에 대해서 설명을 해주었고 병원에서 퇴원하여 생활할 계획을 함께 마련했다. C씨 부부는 누구나 그렇듯이 국민연금으로 최소한의 생활비를 받을 수 있지만, 과거에 연금 가입 기간이 짧아 금액이 충분하지 않았다. 모자라는 생활비용은 국민기초생활보장제도를 통해 지원받을 수 있다. 예전에는 부양의무자 기준이라는 것이 있어 자식이 있으면 지원을 못 받고 또 집을 가지고 있는 경우에는 국가의 지원을 못 받았다고 하는데, 지금은 그렇지 않다. 부양의무자 기준이라는 것도 없어졌고, 집이 생계를 위한 거주 공간으로 인정될 때는 제약이 되는 재산 환산 조건이 완화되었다. C씨도 고령으로 건강이 좋지 않은데, C씨의 남편마저 거동이 불편하기 때문에 이들에게는 장기요양보험제도에 따라 요양보호사가 돌봄 서비스를 지원한다고 했다. 그리고 공공임대주택 중에 돌봄이 필요한 노인들이 월세를 내며 입주해서 사는 서비스형 임대주택에 입주가 가능하다고 했다. 주택 개조를 지원받아 원래 집에서 살면서 요양 서비스를 받을지, 아니면 인근의 서비스형 임대주택에 입주할지는 C씨 부부의 선택이다. 아파트의 저층에는 노인복지관이나 요양 서비스를 제공하는 편의시설들이 입주해 있다. 보증금이나 월세 그리고 몸이 불편하니 받아야 하는 요양 서비스의 자부담 비용은 C씨가 국가로부터 받는 연금이나 기초생활보장제도의 지원 금액 범위 내에 있다. 비용 때문에 요양 서비스를 받지 못하는 일은 없다. 이 임대주택이 지금 사는 곳으로부터 멀리 떨어진 곳이 아니라 현재 살고 있는 집 바로 근처에 있다.

　예전에는 많은 노인들과 가족들이 시설이나 병원에 너무 많이 입원·입소했었다고 한다. 그 비용이 자녀들이나 가족들이 부담하기도 만만치 않고, 국가의 입장에서도 24시간에 대해 건강보험이나 요양보험에서 제공해야 하는 비용이 무척 컸다. 그래서 복지국가 체계가 정비되면서부터는 꼭 입원해야 할 필요가 없다면 필요한 지원을 받으면서 입소하지 않고도 지역사회에서 살수 있도록 지역사회의 돌봄 서비스와 주거 지원에 대해 제도를 정비하고 국가가 선제적으로 투자를 했다. 그런데 결과적으로는 입원·입소가 줄어서 사회 전체적으로도 비용이 줄어들었다.

C씨 부부는 살고 있었던 주택이 너무 구조가 오래되고 수리해봐야 불편함이 많을 것이라고 생각했다. 집을 팔고 공공임대주택으로 입주하면 그 금액은 C씨 부부가 원하면 국가가 책임지는 방법으로 예치가 되고, C씨 부부가 필요할 때 사용할 수 있다고 했다. 국가에서 전문가들이 나와 의논하고 계획을 함께 세워주니 믿을 수가 있어서 좋다. 찾아오는 요양보호사도 국가가 관리하는 때문인지 전문적이고 친절하다.

자녀들은 수발해야 한다는 부담 없이 C씨 부부를 자주 찾아온다. C씨 부부의 거동이 불편해졌지만 관계가 나빠지거나 마음에 부담이 생기지 않는다. C씨는 돌아가신 자신의 부모 생각이 났다. 그때는 늙으신 부모님의 거동이 불편해지니 가족들이 모두 힘들었고, 경제적 부담으로 혹은 수발 때문에 형제간에 혹은 부부가 많이 다투기도 했다. 갇혀 있다시피 하면서 나빠진 분위기로 많이 우시기도 했던 부모님은 얼마나 속상했을까 하는 생각이 든다. 그때도 지금과 같았다면 온 가족의 생활이 많이 달라질 수 있었을 것 같다.

오늘 밤에는 새 집으로 이사 가기로 결정한 축하를 위해 아들딸 내외들과 손자까지 모여 가족의 기념 파티를 열기로 했다. C씨가 몸이 불편해지면서 나가보지도 못했던 노인복지관 프로그램도 이제 새 집에서는 같은 건물에 있다고 하니 좀 나가보려고 한다.

주석

1부 대격변 시대, 시민은 정말 안전한가?

대물림되는 불평등과 격차

1 ARMY: Adorable Representative M. C for Youth, 방탄소년단 팬클럽의 이름이다.

2 "전 세계 공대생이 취직하고 싶은 기업 1위는 구글…삼성전자 9위", 《연합뉴스》, 2020. 10. 4. https://www.yna.co.kr/view/AKR20201002000900003

3 "2020년 봉준호, 기생충 해…아카데미 눈 뜨게 해", 《오마이뉴스》, 2020. 12. 11. http://star.ohmynews.com/NWS_Web/OhmyStar/at_pg.aspx?CNTN_CD=A0002701449

4 "미 타임 올해의 연예인에 방탄소년단", 《한겨레》, 2020. 12. 11. http://www.hani.co.kr/arti/international/international_general/973808.html

5 "김연아 피겨 금 같은 감동…세계를 홀린 클래식 코리아", 《조선일보》, 2015. 10. 22. https://www.chosun.com/site/data/html_dir/2015/10/22/2015102200520.html

6 "러시아 마린스키발레단 동양인 첫 수석무용수 김기민", 《월간조선》, 2015년 6월호. http://monthly.chosun.com/client/news/viw.asp?ctcd=L&nNewsNumb=201506100006&page=4

7 "UNCTAD, 한국 지위 '개도국→선진국' 변경…57년 역사상 처음", 《한겨레》, 2021. 7. 4. https://www.hani.co.kr/arti/politics/diplomacy/1002004.html

8 수입 기준으로는 세계 9위다.

9 OECD(2020a).

10 국립정신건강센터(2020)

11 OECD(2020b)

12 OECD(2017)

13 팔마 지수는 가처분소득 기준 상위 10%에 해당하는 사람의 총수입을 하위 40%에 해당하는 사람의 총수입으로 나눈 값이다.

14 여유진(2017a)

15 우진의 연구는 섀플리 값(Shapley-Value) 분해 방법을 통해 각 소득 원천별 기여도를 분석하고 있는데, 평균 섀플리 값 분해 방법과 영점 섀플리 값 분해 방법에 따라 각 소득 원천의 기여도는 다소 다른 양상을 보인다. 자세한 내용은 이우진(2018) 참조.

16 이우진(2018: 29-59)

17 마경희 외(2020)

'초격차-단절-공포'의 미래

18 이 용어는 헌팅턴(P. Huntington)에 의하여 시작되었으며, 포메란츠(K. Pomerantz) 의 〈The Great Divergence: China, Europe, and the Making of the Modern World Economy〉(2000)에서 본격적으로 사용되었다.

19 이 용어는 WEF의 창시자 중 하나인 클라우스 슈바프가 2015년 처음 사용하고, 2016년

1월 다보스에서 열린 WEF에서 언급되기 시작했으나 아직도 정확히 공통으로 개념화된 정의가 존재한다고 볼 수 없는 가운데 최근에 그 사용 빈도가 줄어드는 경향을 보이고 있다.

20 Frey, C. B. & A. Michael(2013)

21 McKinsey & Company(2016)

22 PIIE(2018)

23 iti Research & KB증권(2019)

24 NASA 홈페이지, https://climate.nasa.gov/evidence/

25 IPCC(2013)

26 세계은행(2018)

27 이삼식 외(2019)

28 통계청(2020)

29 통계청(2015)

30 국립외교원(2014)

31 대외경제정책연구원(2017)

32 여기서 초격차란 상위 층과 하위 층의 격차 정도가 더욱 극심한 상태가 됨을 표현하는 것으로써, 현재의 불평등 정도가 더 심화된 것을 의미한다.

33 지그문트 바우만(2009)

자본주의의 변화와 불평등

34 토플러(1989); 토플러·토플러(2006); 리프킨(1996, 2001); 슈바프(2017, 2018)

35 Bell(1973); Gorz(1982, 1985); Offe(1985); Lash and Urry(1987)

36 Castells(1996); Hardt and Negri(2004); Jessop(2005); Shiller(1999)

37 Bowles and Gintis(1990, 1993)

38 피케티(2014)

39 스티글리츠(2020)

40 브와예(1991: 59, 71); 아글리에타(1994: 33~41)

41 히르쉬(1995: 52~53)

42 하일브로너·밀버그(2010: 354~370)

43 Gordon(2000)

44 피케티(2014)

45 브와예(1991); 히르쉬(1995)

46 뒤메닐·레비(2006: 41~61)

47 글린(2007); 스티글리츠(2020); 피케티(2014); 하일브로너·밀버그(2010)

48 하비(2007: 60~61)

49 하비(2007: 104~106, 인용은 36~37)

50 Taddei(2002)

51 Hayek(1963)

52 뒤메닐·레비(2006: 13, 14)

53 스티글리츠(2020)

54 칼레츠키(2011)

55 투즈(2019); Gamble(2019); Schmidt and Thatcher(2013)

56 스티글리츠(2020: 130)

57 스티글리츠(2020: 132, 171)

58 Torgersen(1987)

59 Ball(1983); Harloe(1995)

60 Malpass and Murie(1987, 1999)

61 Schwartz and Seabrooke(2009)

62 Forrest(2008)

63 Somerville(2005: 109)

64 Doling & Ronald(2010); Forrest(2008); Norris and Fahey(2011); Van Gent(2010)

65 Martin(2002)

66 Schwartz & Seabrooke(2009: 2~3)

67 Castles(1996); Kemeny(2005)

68 Kemeny(1980, 1992, 1995, 2005)

69 Stamsø(2010)

70 Moriguchi and Saez(2008); Piketty and Saez(2006); Saez(2006)

71 Gamble and Prabhakar(2006); Prabhakar(2009)

72 Jessop(2005)

73 무디(1999); 하비(1997)

74 서르닉(2020: 44~47)

성공의 덫에 걸린 한국 복지국가

75 에릭 홉스봄(1998: 63)

76 EIU(2020)

77 윤홍식(2019b)

78 Esping-Andersen(1990)

79 하상락(1997: 89); 윤홍식(2019b: 261)

80 윤홍식(2019b: 278)

81 조 스터드웰(2016)

82 핫또리 타미오(2007)

83 이병천(2020); 서익진(2003: 69~97)

84 윤홍식(2019c)

85 요코타 노부코(2020)

86 김종태(2018)

87 "코로나 고용 한파…작년 취업자 외환 위기 이후 최대 감소", 《한겨레》, 2021. 1. 14. 3면.

88 윤홍식(2019c)

89 윤홍식(2019a)

90 European Union Statistics on Income and Living Conditions(EU-SILC, 2012); Household, Income and Labour Dynamics in Australia(HILDA, 2012); 한국노동패널

조사(KLPS, 2009); Survey of Labour and Income Dynamics(SLID, 2010) for Canada; OECD(2015); 전병유(2016: 171)

91 이정우(2003: 213~243)

92 윤홍식·강병구·전병유·남찬섭·강신욱·김교성·정준호·이영수(2018)

93 이진순(2014: 183~217)

94 오민준(2020)

95 최기춘·이현복(2016: 30~42)

96 윤홍식(2019a)

97 윤홍식(2021b)

98 Masahiko Aoki(2010)

99 윤홍식(2019c)

100 Masahiko Aoki(2010: 87~88)

101 이병천(2003: 17~65)

102 조형제(2016)

103 윤홍식(2021)

104 이제민(2017)

105 OECD(2016)

106 윤홍식(2019a); 이제민(2017)

107 Masahiko Aoki(2010)

108 장귀연(2013: 12~40)

109 조형제(2016)

110 O'Donnell, G.(1989)

2부 대전환 시대, 우리는 무엇을 바꿔야 하나?

왜 정치·경제와 함께 복지를 봐야 할까?

111 미야지마 히로시(2020); 송찬섭(2002); 정향지(1993)

112 문용식(2000)

113 박이택(2010: 175~207)

114 차남희·윤현수(2004: 21~46); 정진상(2003: 353~375)

115 Studwell(2016)

116 윤홍식(2019a)

117 김유선(2020: 139)

118 "Arrested development: The model of development through industrialisation is on its way out", 《The Economist》, October 4th 2014 edition, 2014. https://www.economist.com/special-report/2014/10/02/arrested-development; Rodrik, D(2016: 1~33)

119 The Economist(2014)

120 요코타 노부코(2020)

121 김연명(2002: 109~142)

122 Esping-Andersen(1990)

123 최태욱(2013: 276~304)

124 Swank, D(2002)

125 Alesina, A., Glaeser, E., and Sacerdote, B.(2001)

126 Alesina, A., Glaeser, E., and Sacerdote, B.(2001)

127 아담 쉐보르스키 외((2001)

가족 지원에서 개인 지원으로

128 Trägårdh, L.(1997)

129 Zaremba(1987)

130 Beck, U. and Beck-Gernsheim, E.(2002)

131 Kim, & Gray(2008: 1465~1482)

132 Pateman(2004)

133 Sainsbury, D.(1999).

134 Sainsbury, D.(1999)의 연구에서는 영국, 호주 등 자유주의 복지국가로 분류되는 국가들
    도 각각 93%, 95%로 높은 값을 보이기도 했다.

135 Daatland, S. O. & Lowenstein, A.(2005).; Chen, F. & Shen, K. & Ruan, H.(2021)

136 Daatland, S. O. & Lowenstein, A.(2005)

다양한 종류의 일하는 사람들을 위해

137 아마미야(2017)

138 Beck(1999)

139 Standing(2014, 2017)

140 Beck(2000a)

141 Conze(1972); Kocka(2016)

142 Bowles(1985); Bowles and Gintis(1988)

143 Gordon, Edwards, and Reich(1982); Piore and Sabel(1984)

144 히르쉬(1995: 62~64)

145 글린(2007: 171)

146 Burawoy(1985)

147 De Sario(2007); Doerr(2010)

148 Cassegård(2014)

149 Standing(2015)

150 Standing(2014: 13~16); Standing(2017: 7~12)

151 Wright(2016)

152 Beck(1999)

153 Gorz(2017)

154 토플러(1989: 239~240)

155 서스킨드(2020: 111-130)

156 Acemoglu and Restrepo(2018); Autor(2015)

157 Acemoglu(2002, 2020)

158 Kocka(2016)

159 서스킨드(2020: 141, 152)

160 리프킨(1996: 33, 290)

161 히르쉬(1995: 62~64)

162 케슬러(2019: 155)

163 하대청(2020)

164 Offe(1985)

165 Berger and Offe(1984)

166 Bonß(2000: 374~450)

167 Gorz(2000: 111)

168 Beck(2000b: 61)

생태 위기를 극복하기 위한 녹색 전환

169 윤홍식 외(2019). 최근 국제노동기구는 포용적 성장을 새로운 전략으로 사회적 보호 최
저선을 권고하고 있다.

170 Esping-Andersen(1999)

171 한상진(2018)

172 Fitzpatrick(2003)

173 한상진(2018)

174 김병권(2021)

175 김병권(2021)

176 이유진(2021)

177 조효제(2019)

178 조효제(2019)

179 환경부(2020)

180 구도완(2020)

181 김수진 고려사이버대학 강사

182 조효제(2019)

183 한상진(2018)

184 베른트 마이어(2012)

185 베른트 마이어(2012); 한상진(2018)

186 윤홍식 외(2019)

187 윤홍식 외(2019)

188 이상헌(2011)

189 김종철(2019)

190 한상진(2019)

191 그녀는 지난 1992년, 거의 30여 년 전 당시 불교사회교육원(불교환경교육원의 전신)에서
생태학교를 열어 생태주의와 생태 사상을 설파했으며《생태 위기와 녹색의 대안》(1992),
《환경 논의의 쟁점들》(1994),《지속 가능한 사회를 위한 생태 전략》(1995) 등의 저서를
펴내 서구의 생태 사상을 국내에 소개하는 한편, 한국 사회에 자생적인 생태 이론의 지평

을 열었다. 안타깝게도 그녀는 투병 생활 끝에 너무나 일찍이 생을 마감했다.

192 정규호(2011)
193 정규호(2011)
194 이준상·김만호(2004)
195 한면희(2007)
196 정규호(2011)
197 한상진(2018)
198 한상진(2019)
199 홍성태 교수는 생태 복지를 이루기 위한 한국의 가장 선차적인 과제로 토건 국가의 개혁을 꼽는다. "복지에 써야 할 막대한 재정을 토건 사업에 소모해서 복지의 축소와 왜곡을 초래한다"는 점에서 그렇다. 더불어 "토건 국가라는 구조와 그것을 가동하는 주체를 개혁해야 한다"고 말한다. 결국 토건 국가형 재정 구조와 토건 국가형 정부 조직을 뜯어 고치자는 얘기다. "토건 국가를 개혁하고 생태 복지국가를 향해 성큼 나아가는 게 진정한 선진화"라는 게 그의 논지다.
200 조명래(2002)
201 정원오(2010)
202 김연명(2020)
203 윤홍식(2021)
204 윤홍식(2021)
205 박광준(2002)
206 김연명(2020)
207 환경부(2019)
208 최병두(2020)
209 신진욱(2020)
210 조명래(2002)

3부 새로운 복지국가, 모두가 행복하게 살아가려면?

전 국민이 누리는 사회보험

211 이 글은 "이태수, '사회보험 재구조화 방안', 《코로나 이후 시대 사회보장정책의 방향과 과제》, 한국보건사회연구원, 2020, 137~172쪽."을 수정·보완한 것이다.
212 장지연(2021), 포용국가포럼 발제문에서 재인용.
213 정부 관계부처 합동(2020)
214 박은정(2018)
215 박찬임 외(2016)
216 업무상 질병 인정률의 추이는 2016년까지 50%대를 넘지 못하다가 2017년 52.9%, 2018년 63.0%로 증가 추이를 보이고 있으나 여전히 높지 않은 수준이다.
217 한국의 산업재해율은 2018년까지 23년 동안 2번을 제외하고 항상 1위였다.
218 이승윤 외(2020: 122)
219 황덕순 외(2016); 김종진(2019)

220 김근주·정영훈(2018)

221 국민연금공단 내부 자료(2020)

222 손동국 외(2020)

모두를 위한 사회보장정책

223 김유선(2000~2020)

224 Hall, P. and Soskice, D. (2001)

225 정치와 관련된 부분은 다른 장에서 다루기 때문에 여기서는 주로 소득보장정책과 생산
체제 간의 관계에 대해 다룬다.

226 Avlijaš, S., Hassel, A., and Palier, B. eds. (2021)

227 Hassel, A. and Palier, B., eds. (2021)

228 Thelen, K. (2014)

229 윤홍식(2021a)

230 핫또리 타미오(2007)

231 김낙회·변양호·이석준·임종룡·최상목(2021)

232 윤홍식(2021)

233 Hassel and Palier, eds. (2021)

234 마크 라부아(2016); Lavoie, M. and Stockhammer, E. (2013: 13~39)

235 윤홍식(2021)

236 van Parijs(1995: 77)

237 김교성 외(2018: 196)

238 Bernstein(?: 327~337)

239 Marx and Engels(1846: 55~56)

240 Standing(2017: 291)

241 van Parijs and Vanderborght(2017: 35~36)

242 통계청(2020a)

243 양재진(2020b:110~111)

244 "The Government should do what any good housewife would do if money was short."
는 1949년 2월 28일 마거릿 대처가 보수당 하원 후보 지명 연설에서 했던 말이다.
Colegrave(2019)

245 Blyth(2013: 44~45)

246 Lindert(2004)

247 Ostry, Loungani, and Berg(2019)

248 Dolls, Fuest, and Peichl(2009: 15)

249 Alperovitz and Daly(2008)

250 Solow(1957: 320)

251 다음 자료를 바탕으로 작성된 그래프다.
OECD, "Social expenditure-Aggregated data", 2019. https://stats.oecd.org/Index.
aspx?datasetcode=SOCX_AGG#(접속일 2020. 8. 5.)

252 2019년 기준 한국의 GDP는 1919조 원이고, 인구는 5185만 명으로 추산된다. 통계청

(2020)

253　2020년 기초연금 예산 13.2조 원이며, 연령별 인구는 '연령별 인구통계'를 참고했다. 통계청(2020)

모든 국민에게 공공이 책임지는 사회서비스

254　2018년 서울신문에서는 간병 살인에 대해 8회에 걸친 기획 탐사 취재 결과를 기사로 연재했고, 그 내용을 정리 및 보완하여 《간병 살인, 154인의 고백》을 출간했다. 책에서는 '노노 간병'의 실태, 다중 간병인과 간병을 도맡고 있는 가족들의 어려움, 간병 살인 가해자의 심리와 고통 등의 내용을 소개하고 있다. 이에 따르면 아픈 가족을 돌보는 간병인 10명 중 3인이 간병의 어려움 때문에 환자를 죽이거나 같이 죽으려고 생각한 적이 있는 것으로 나타났고, 특히 간병 기간이 7년 이상 길어지거나 간병 시간이 하루 평균 8시간을 넘어갈 때 한계에 부딪혔다고 느끼면서 부정적인 생각이 심화된 것으로 나타나고 있다.

255　OECD(2019b); 김진석(2020)에서 재인용.

256　"코로나 확진 '사지마비 장애인', 기저귀 찬 채 5일째 요양병원에 방치", 《비마이너》, 2021. 8. 6.

257　OECD(2019a)

258　이태수 외(2018); 김보영(2018); 김진석 외(2019)

노동자가 주도하는 일터 혁신

259　본 글은 '반가운 외(2021), 《AI 시대, 한국의 노동자는 어떠한 역량이 필요할까?》'의 제4장을 이 책의 목적에 맞게 요약 정리하되, 일부 내용을 추가하고 보완했다.

260　본 장에서는 숙련을 역량, 인적 자본, 스킬과 혼용하여 사용한다. 이를 명확히 구분하는 것은 학문 분과에 따라 개념 정의에서 상당한 차이가 있고, 어떤 학문 분과의 경우에는 이를 명확히 구분하지 않기도 하기 때문에 매우 도전적인 작업이다. 이 책에서는 각각의 용어를 혼용하여 사용하되 문맥에 맞춰 적절한 의미로 해석할 필요가 있다. 다만 이 책에서의 숙련 개념은 제조업 현장의 '손끝 기술' 혹은 숙달(dexterity)과 같이 좁게 해석되기보다 지식까지 포함하는 광의로 해석한다. 더 나아가 숙련은 개인이 보유한 무언가를 넘어 개인을 둘러싼 무언가로 보는 제도주의적 관점 역시 취한다. 숙련 개념의 다의적 속성에 대해서는 반가운 외(2017)를 참조할 수 있다. 다만, 역량의 경우 컴피턴시 역량과 캐퍼빌러티 역량을 구분했다.

261　반가운 외(2017)

262　반가운 외(2017)

263　반가운 외(2017) 재인용

264　반가운 외(2017)

265　반가운 외(2019)의 표를 그림으로 재구성.

266　반가운 외(2019)의 표를 그림으로 재구성.

267　반가운 외(2020)

268　반가운 외(2020)

녹색 복지국가 전략: 생태사회정책

269 구도완(2020)

270 조명래(2002)

271 조효제(2021)

272 고프와 쿠트(2019)

273 Coote, Kasliwal, and Percy(2019); 김보영(2021)

274 김보영(2021)

275 Portes, Reed, and Percy(2017)

276 Coote, Kasliwal, and Percy(2019); 김보영(2021)

277 Coote(2021)

278 Coote, Kasliwal, and Percy(2019); Portes, Reed, and Percy(2017)

279 김보영(2021)

280 서정희(2017)

281 Gough(2019)

282 김보영(2021)

283 Coote(2021); Coote, Kasliwal, and Percy(2019); Gough(2019), 김보영(2021)

284 Coote(2021)

285 Gough(2019)

286 제러미 리프킨(2020)

287 제러미 리프킨(2020)

288 이 글은 김종진 한국노동사회연구소 연구위원의 도움을 받아 그의 글과 필자의 견해를 덧붙여 재구성한 것임을 밝힌다.

289 기후정의포럼(2021)

290 사회적 대화(2021)

291 금속노조(2021)

292 David Rosnik & Mark Weisbrot(2007)

293 안병영 외(2018)

294 안병영 외(2018)

295 윤영훈(2021)

296 이유진(2021)

297 국회예산정책처(2021)

298 "탄소중립위원회, 기후위기 면죄부 전략 우려", 《환경일보》, 2021. 5. 29. http://www. hkbs.co.kr/news/articleView.html?idxno=633898

299 서혜빈, "'헌법 1조, 국가는 기후변화와 맞서 싸운다' 바꿔가는 시민들", 《한겨레》, 2021. 4. 5.

300 이유진(2021)

301 구도완(2021)

302 구도완(2021)

303 홍덕화, "'노란 조끼'의 도전, '전환의 정치'가 필요하다", 《프레시안》, 2018년 11월 24일 자. https://www.pressian.com/pages/articles/218683#0DKU

새로운 복지국가를 위한 정치

304 세넷(2002)

305 Bowles(1985); Bowles and Gintis(1993)

306 Crouch(2004)

307 스티글리츠(2020: 133)

308 Korpi(1983)

309 Lipset and Rokkan(1967)

310 Heinze, Hinrichs, Offe, and Olk(1984)

311 Esping-Andersen(1985)

312 프레이저(2017)

313 피케티(2014, 2020)

314 Dalton(2008); Inglehart(1990)

315 Calhoun(1993)

316 주트(2008)

317 조돈문(1994, 2005)

318 백승호(2018)

319 이근(2008); 이근 외(2013)

320 김시우 외(2020)

321 남종석(2020)

322 공석기·임현진(2016)

323 Meyer and Tarrow(1998); Neidhardt and Rucht(1993)

324 주성수(2017: 360)

325 Shin(2021)

326 강원택(2003, 2013); 김영순·여유진(2011)

327 김만흠(1995); 조성대(2008)

328 강원택(2017); 김욱(2007); 어수영(2007)

329 전병유·신진욱(2015)

330 김도균·최종호(2018)

331 강원택(2017: 5)

332 강원택·성예진(2018)

333 Lauclaus and Mouffe(1985)

334 Esping-Andersen(1985)

335 이 챕터의 일부는 다음 연구에 기초했다.
신진욱, "21세기 한국 사회의 균열 구조와 계급정치의 사회적 조건", 〈상생과 연대를 위한 사회개혁 비전 수립 정책 연구〉. 공공상생연대기금, 2021.

참고 문헌

단행본

강원택, 《한국의 선거정치. 이념, 지역, 세대와 미디어》, 푸른길, 2003.

공석기·임현진, 《한국 시민사회를 그리다》, 진인진, 2016.

김낙회·변양호·이석준·임종룡·최상목, 《경제정책 어젠다 2022》, 21세기북스., 2021.

김욱, "16대 대선에서 세대, 이념 그리고 가치의 영향력", 어수영 편저, 《한국의 선거 V》, 오름, 2006, 75~107쪽.

김종철, 《근대문명에서 생태문명으로》, 녹색평론사, 2019.

김종태, 《선진국의 탄생》, 돌베개, 2018.

낸시 프레이저, "진보 신자유주의 대 반동 포퓰리즘: 홉슨의 선택", 지그문트 바우만 외, 《거대한 후퇴》, 박지영 외 역, 살림, 2017, 79~94쪽.

닉 서르닉, 《플랫폼 자본주의》, 심성보 역, 킹콩북, 2020.

대니얼 서스킨드, 《노동의 시대는 끝났다》, 김정아 역, 와이즈베리, 2020.

데이비드 하비, 《신자유주의: 간략한 역사》, 한울, 2007.

데이비드 하비, 《포스트모더니티의 조건()》, 구동회 외 역, 한울, 2009.

로버트 브와예, 《조절이론: 위기에 도전하는 경제학》, 정신동 역, 학민사, 1991.

로버트 하일브로너·윌리엄 밀버그, 《자본주의 어디서 와서 어디로 가는가》, 홍기빈 역, 미지북스, 2010.

리처드 세넷, 《신자유주의와 인간성 파괴》, 조용 역, 문예출판사, 2002.

마이클 샌델, 《공정하다는 착각》, 함규진 역, 와이즈베리, 2020.

마크 라부아, 《포스트 케인스학파 경제학 입문》, 김정훈 역, 후마니타스, 2016.

문순홍, 《정치생태학과 녹색 국가》, 아르케, 2006.

문용식, 《조선 후기 진정과 환곡 운영》, 경인문화사, 2000.

미셸 아글리에타, 《자본주의 조절 이론》, 성낙선 외 역, 한길사, 1994.

미야지마 히로시, 《한중일 비교 통사》, 박은영 역, 너머북스, 2020.

바람과물연구소 편, 《한국에서의 녹색 정치, 녹색 국가》, 당대, 2002.

박이택, "17, 18세기 환곡에 대한 제도론적 접근", 이헌창 편, 《조선 후기 재정과 시장》, 서울대학교출판문화원, 2010, 175~207쪽.

박찬임·황덕순·김기선, 《일자리 형태의 다양화 추세와 산재보험》, 한국노동연구원, 2016.

반가운·김영빈·김주리·안우진, 《한국의 스킬 지도》, 한국직업능력개발원, 2019.

베른트 마이어, 《경제성장과 환경 보존, 둘 다 가능할 수는 없는가》, 김홍옥 역, 길, 2012.

새라 케슬러, 《직장이 없는 시대가 온다》, 김고명 역, 더퀘스트, 2019.

서익진, "한국 산업화의 발전 양식: 축적과 조절의 관점에서", 이병천 편, 《개발 독재와 박정희 시대》, 창비, 2003, 69~97쪽.

송찬섭, 《조선 후기 환곡제 개혁 연구》, 서울대학교출판부, 2002.

신진욱, "한국 민주주의의 유산과 복지정치 전략", 윤홍식 외, 《우리는 복지국가로 간다》, 사회평론, 2020.

아나톨 칼레츠키, 《자본주의 4.0》, 위선주 역, 컬처앤스토리, 2011.

아담 쉐보르스키 외, 《지속 가능한 민주주의》, 김태임·지은주 역, 한울아카데미, 2001.

아마미야 가린, 《살게 해줘!》, 김미정 역, 미지북스, 2017.

안병영 외, 《복지국가와 사회복지정책》, 다산출판사, 2018.

안토니 기든스, 《포스트 모더니티》, 이윤희 역, 민영사, 1991.

애덤 투즈, 《붕괴》, 우진하 역, 아카넷, 2019.

앤드류 글린·정상준, 《고삐 풀린 자본주의 1980년 이후》, 김수행 역, 필맥, 2008.

앨빈 토플러, 《제3의 물결》, 이규행 역, 한국경제신문사, 1989.

앨빈 토플러·하이디 토플러, 《부의 미래》, 김종웅 역, 청림출판, 2006.

어수영, "세대와 투표 양태", 어수영 편저, 《한국의 선거 V》, 오름, 2006, 227~268쪽.

에릭 홉스봄, 《혁명의 시대》, 정도영·차명수 역, 한길사, 1998.

요코타 노부코, 《한국 노동시장의 해부》, 그린비, 2020.

요하힘 히르쉬, "포드주의와 포스트포드주의", 김호기·김영범·김정훈 편역, 《포스트포드주의
    와 신보수주의의 미래》, 한울아카데미, 1995, 45~74쪽.

윤홍식 외, 《사회복지정책론》, 사회평론아카데미, 2019.

윤홍식, 《이상한 성공》, 한겨레출판사, 2021b.

윤홍식, 《한국 복지국가의 기원과 궤적 1》, 사회평론아카데미, 2019a.

윤홍식, 《한국 복지국가의 기원과 궤적 2》, 사회평론아카데미, 2019b.

윤홍식, 《한국 복지국가의 기원과 궤적 3》, 사회평론아카데미, 2019c.

이병천, "개발 독재의 정치경제학과 한국의 경험", 이병천 엮음, 《개발 독재와 박정희 시대》, 창
    비, 2003, 17~65쪽.

이병천, 《한국 자본주의 만들기》, 해남, 2020.

이승윤·백승호·김윤영, 《한국의 불안정 노동자》, 후마니타스, 2017.

이안 고프, 《복지국가의 정치경제학》, 김연명 외 역, 한울아카데미, 1990.

이정우, "개발 독재와 빈부 격차", 이병천 편, 《개발 독재와 박정희 시대》, 창비, 2003, 213~243
    쪽.

이제민, 《외환 위기와 그 후의 한국 경제》, 한울아카데미, 2017.

전병유, 《한국 불평등 2016》, 페이퍼로드, 2016, 171쪽 재인용.

정진상, "동학농민군의 폐정 개혁 요구", 국사편찬위원회 편, 《한국사 39: 제국주의의 침투와
    동학농민전쟁》, 탐구당, 2003, 353~375쪽.

제라르 뒤메닐·도미니크 레비, 《자본의 반격: 신자유주의 혁명의 기원》, 이강국 역, 필맥,
    2006.

제러미 리프킨, 《글로벌 그린 뉴딜》, 안진환 역, 민음사, 2021.

제러미 리프킨, 《노동의 종말》, 이영호 역, 민음사, 1996.

제러미 리프킨, 《소유의 종말》, 이희재 역, 민음사, 2001.

조 스터드웰, 《아시아의 힘》, 김태훈 역, 프롬북스, 2016.

조지프 스티글리츠, 《세계화와 그 불만》, 송철복 역, 세종연구원, 2020.

조형제, 《현대자동차의 기민한 생산방식》, 한울아카데미, 2016.

조효제, 《탄소 사회의 종말》, 21세기북스, 2020.

주성수, 《한국 시민사회사: 민주화기(1987-2017)》, 학민사, 2017.

지그문트 바우만, 《유동하는 공포》, 함규진 역, 산책자, 2009.

최태욱, "복지국가 건설과 포괄 정치의 작동을 위한 선거제도 개혁", 《복지 한국 만들기》, 후마
니타스, 2013, 276~304쪽.

칼 폴라니, 《거대한 전환》, 홍기빈 역, 길, 2009.

케이트 레이워스, 《도넛 경제학》, 홍기빈 역, 학고재, 2018.

클라우스 슈바프, 《제4차 산업혁명 더 넥스트》, 김민주 외 역, 메가스터디북스, 2018.

클라우스 슈바프, 《제4차 산업혁명》, 송경진 역, 메가스터디북스, 2016.

킴 무디, 《신자유주의와 세계의 노동자》, 사회진보를위한민주연대 역, 문화과학사, 1999.

토니 주트, 《포스트워 1945-2005》, 1~2권, 조행복 역, 플래닛, 2008.

토마 피케티, 《21세기 자본》, 장경덕 외 역, 글항아리, 2014.

토마 피케티, 《자본과 이데올로기》, 안준범 역, 문학동네, 2020.

하상락, 《한국사회복지사론》, 박영사, 1997.

한상진, 《한국형 제3의 길을 통한 생태 복지국가의 탐색》, 한국문화사, 2018.

핫또리 타미오, 《개발의 경제사회학》, 유석춘·이사리 역, 전통과현대, 2007.

홍성태, 《생태 복지국가를 향하여》, 진인진, 2019.

환경부 엮음, 《녹색 전환》, 한울아카데미, 2020.

논문

강원택, "한국 선거에서 '계급 배반 투표'와 사회 계층", 《한국정당학회보》, 12(3), 2013, 5~28
쪽.

강원택. "2017년 대통령 선거에서의 보수 정치: 몰락 혹은 분화?", 《한국정당학회보》, 16(2),
2017, 5~33쪽.

구도완, "녹색 전환 이론과 체계의 전환", 《녹색 전환》, 환경부, 2020.

김도균·최종호. "주택 소유와 자산 기반 투표: 17대~19대 대통령 선거 분석", 《한국정치학회
보》, 52(5), 2018, 57~86쪽.

김보영, "보편적 기본 서비스는 기본소득의 대안이 될 수 있을까?", 《복지 동향》, 참여연대,
2021.

김수환·김형규, "소상공인의 사회 안전망에 관한 연구", 《전문경영인연구》, 제20권 제1호, 한
국전문경영인학회, 2017, 69~87쪽.

김연명, "김대중 정부의 사회복지정책: 신자유주의를 넘어서", 《한국 복지국가 성격 논쟁 I》,
인간과복지, 2002, 109~142쪽.

김영순·여유진, "한국인의 복지 태도: 비계급성과 비일관성 문제를 중심으로", 《경제와 사회》,
91, 비판사회학회, 2011, 211~240쪽.

김유선, "비정규직 규모와 실태", 《KLSI Issue Paper》, 한국노동사회연구소, 2000~2020.

김종진, "웹 기반과 지역 기반 플랫폼 노동 특징과 정책 과제", 『노동포럼』, 144, 서울연구원,
2019, 25~52쪽.

김현우 외, "기후변화와 공정한 전환의 길을 묻다", 《사회적 대화》, 경제사회노동위원회, 2021.

마경희 외, "청년 관점의 젠더 갈등", 경제인문사회연구회, 2020.

박은정, "특수 형태 근로종사자의 보호", 《산업관계연구》, 28(3), 한국고용노사관계학회,
2018, 47~80쪽.

반가운·김봄이·남재욱·김영빈·오계택·최혜란·조은상, "AI 시대, 한국의 노동자는 어떠한 역량이 필요할까?", 한국직업능력연구원, 2021.

반가운·남재욱·김영빈·오계택·최혜란, "한국의 노동자는 왜 역량을 발휘하지 못하는가?", 한국직업능력개발원, 2020.

반가운·김봄이·박동진, "한국의 스킬과 노동시장 성과: 국제 비교 분석을 중심으로", 한국직업능력개발원, 2017.

백승호, "서비스 경제와 한국 사회의 계급 그리고 불안정 노동 분석",《한국사회정책》, 21(2), 한국사회정책학회, 2014, 57~90쪽.

서정희, "기본소득과 사회서비스의 관계 설정에 관한 연구",《상황과복지》, 사회복지학회, 2017, 7~45쪽.

손동국·이현옥·최대규·안승연·서남규, "건강보험 자료를 활용한 비정형 근로자의 실태 파악 연구", 건강보험연구원, 2020.

여유진, "아동 빈곤의 추이와 함의",《보건복지 이슈와 포커스》, 336호, 한국보건사회연구원, 2017a.

여유진, "한국형 복지모형 구축", 한국보건사회연구원, 2017b.

여유진·김영순, "한국의 중간층은 어떤 복지국가를 원하는가? 중간층의 복지 태도와 복지국가 전망에의 함의",《한국정치학회보》, 49(4), 2015, 335~362쪽.

오기출, "기후위기 시대의 시민사회 중심 동향", 한겨레경제사회연구원, 2021.

오민준, "자산 불평등에서 주택의 역할", 국토연구원, 2020.

윤영훈, "주요국의 부동산 관련 세 부담 비교",《조세재정브리프》, 제108호 5월호, 한국조세재정연구원, 2021.

윤홍식 외, "포스트 코로나 신복지체제", 민주연구원, 2021.

윤홍식·강병구·전병유·남찬섭·강신욱·김교성·정준호·이영수, "복지, 성장, 고용의 선순환을 위한 복지정책 방향 연구", 보건복지부, 인하대학교, 2018.

윤희숙, "사회보험 사각지대 해소의 중요성 및 효과적 대응 방안",《여성경제연구》, 제15집 제2호, 한국여성경제학회, 2018, 1~22쪽.

이승윤·백상호·남재욱, "한국 플랫폼 노동시장의 노동과정과 사회보장제의 부정합",《산업노동연구》, 26권 2호, 한국산업노동학회, 2020, 77~135쪽.

이우진, "한국의 소득 및 자산의 불평등: 현황과 과제",《정부학연구》, 24(2), 고려대학교 정부학연구소, 2018.

이진순, "피케티의《21세기 자본》과 한국 경제",《재정학연구》, 7(4), 한국재정학회, 2014, 183~217쪽.

이호근, "산업재해보상보험법상 적용 대상 범위 관련 개선방안",《산업노동연구》, 21권 1호, 한국산업노동학회, 2015, 257~303쪽.

장귀연, "신자유주의 시대 한국의 계급 구조",《마르크스주의연구》, 10(3), 경상대학교사회과학연구원, 2013, 12~40쪽.

전병유·신진욱, "저소득층일수록 보수정당을 지지하는가? 한국에서 계층별 정당 지지와 정책 태도, 2003-2012",《동향과 전망》, 91, 한국사회과학연구소, 2014, 9~50쪽.

정향지, "조선 후기 진휼 정책 연구: 18세기를 중심으로", 이화여자대학교 대학원 사학과 박사학위논문, 1993.

조돈문, "한국 사회계급 구조의 변화, 1960-1990: 계급 구조의 양극화의 고찰", 《한국사회학》, 28, 한국사회학회, 1994, 17~50쪽.

조돈문, "해방 60년 한국 사회계급 구조 변화와 노동계급 계급 구성 변화", 《한국사론》, 43, 서울대학교, 2005, 3~36쪽.

조명래, "국가론의 녹색화를 위한 시론", 《한국정치학회보》, 36권 2호, 한국정치학회, 2002.

조성대, "스윙 투표자의 특징과 투표 행태에 관한 연구: 2018년 6·13 지방선거 사례", 《한국정치학회보》, 52(5), 한국정치학회, 2018, 31~56쪽.

차남희·윤현수, "자본주의의 농촌 침투와 농민운동: 1894년 갑오농민전쟁을 중심으로", 《사회과학연구논총》, 12, 이화여자대학교 사회과학연구소, 2004, 21~46쪽.

최기춘·이현복, "국민건강보험과 민간 의료보험의 역할 정립을 위한 쟁점", 《보건복지포럼》, 6월호, 한국보건사회연구원, 2016, 30~42쪽.

황덕순 외, "디지털 기술과 플랫폼 노동이 제기하는 사회정책 과제들", 《국제노동브리프》, 9월호, 한국노동연구원, 2016.

해외 문헌

Acemoglu, Daron. 2002. "Technical Change, Inequality, and the Labor Market." in: Journal of Economic Literature 40(1): p.7-72.

Acemoglu, David, and Pascual Restrepo. 2018. "The Race between Machine and Man: Implications of Technology for Growth, Factor Shares, and Employment." in: American Economic Review 108(6): p.1488-1542.

Alesina, A., Glaeser, E., and Sacerdote, B.(2001). Why doesn't the US have a scruggsopean-style welfare state? Paper was presented at the Brookings Panel on Economic Activity, September 7, 2001. Washington, DC. http://post.economics.harvard.edu/hier/2001papers/2001list.html. p.53.

Alesina, A., Glaeser, E., and Sacerdote, B.(2001). Why doesn't the US have a scruggsopean-style welfare state? Paper was presented at the Brookings Panel on Economic Activity, September 7, 2001. Washington, DC. http://post.economics.harvard.edu/hier/2001papers/2001list.html. p.54.

Autor, David. 2015. "Why Are There Still So Many Jobs? The History and Future of Workplace Automation." in: Journal of Economic Perspectives 29(3): p.3-30.

Autor, David. 2020. "Work of the Past, Work of the Future." NBER Working Paper #25588.

Avlijaš, S., Hassel, A., and Palier, B. eds.(2021). Growth and welfare in advanced capitalist economics. New York: Oxford University Press.

Ball, Michael. 1983. Housing Policy and Economic Power. The Political Economy of Owner Occupation. London and New York: Methuen.

Beck, U. and Beck-Gernsheim, E., 《Individualization: Institutionalized Individualism and Its Social and Political Consequences》, Sage, 2002.

Beck, Ulrich(ed.). 2000a. Die Zukunft von Arbeit und Demokratie. Frankfurt/M.: Suhrkamp, p.416-447.

Beck, Ulrich. 1999. Schöne neue Arbeitswelt. Frankfurt/M.: Suhrkamp.

Beck, Ulrich. 2000b. "Wohin führt der Weg, der mit dem Ende der Vollbeschäftigungsgesellschaft beginnt?" in: Ulrich Beck(ed.). Die Zukunft von Arbeit und Demokratie. Frankfurt/M.: Suhrkamp, p. 7-66.

Bell, Daniel. 1973. The coming of post-industrial society; a venture in social forecasting. New York, Basic Books.

Berger, Johannes, and Claus Offe. 1984. "Die Zukunft des Arbetismarktes: Zur Ergaenzungsbuerftigkeit eines versagenden Allokationsprinzips." in: Claus Offe. 'Arbeitsgesellschaft': Strukturprobleme und Zukunftsperspektiven. Frankfurt/M. and New York: Campus Verlag, p. 87-117.

Bonß, Wolfgang. 2000. "Was wird aus Erwerbsgesellschaft?" in: Ulrich Beck(ed.). Die Zukunft von Arbeit und Demokratie. Frankfurt/M.: Suhrkamp, p. 327-415.

Bowles, Samuel, and Herbert Gintis. 1988. "Contested Exchange: Political Economy and Modern Economic Theory." in: American Economic Review 78(2): p. 145-150.

Bowles, Samuel, and Herbert Gintis. 1990. "Contested exchange: new microfoundations for the political economy of capitalism." in: Politics and Society 18(2): p. 165-222.

Bowles, Samuel, and Herbert Gintis. 1993. "The revenge of homo economicus: Contested exchange and the revival of political economy." in: Journal of Economic Perspectives 7(1): p. 83-102.

Bowles, Samuel. 1985. "The Production Process in a Competitive Economy: Walrasian, Neo-Hobbesian, and Marxian Models." in: American Economic Review 75(1): p. 16-31.

Burawoy, Michael. 1985. The Politics of Production. Factory Regimes under Capitalism and Socialism. London: Verso.

Calhoun, Craig. 1993. "New Social Movements" of the Early Nineteenth Century." in: Social Science History 17(3): p. 385-427.

Cassegård, Carl. 2014. "Let us Live! Empowerment and the Rhetoric of Live in the Japanese Precarity Movement." in: positions: east asia cultures critique 22(1): p. 41-69.

Castells, Manuel. 1996. The Rise of the Network Society, The Information Age: Economy, Society and Culture Vol. I. Cambridge, MA, and Oxford, UK: Blackwell.

Castles, Francis G., and M. Ferrera. 1996. "Home Ownership and the Welfare State: Is Southern Europe Different?" in: South European Society and Politics 1(2): p. 163-185.

Chen, F., Shen, K., & Ruan, H. 2021. The mixed blessing of living together or close by: Parent-child relationship quality and life satisfaction of older adults in China, Demographic Research, 44, p. 563-594.

Conze, Werner. 1972. "Arbeit." in: Otto Brunner, Werner Conze, and Reinhart Koselleck(ed.). Geschichtliche Grundbegriffe. Stuttgart: Klett-Cotta, p. 154-215.

Coote, A. 2021. Universal basic services and sustainable consumption. Sustainability Science, Practice and Policy 17(1), p. 32-46.

Coote, A., P. Kasliwal, and A. Percy. 2019. Universal Basic Services: Theory and practice - A literature review. London: Institute for Global Prosperity.

Cranford, C. & Vosko, L. 2006. "Conceptualizing precarious employment: Mapping wage work across social location and occupational context." In L. Vosko. (ed.). Precarious employment: Understanding labour market insecurity in canada. Montreal & Kingston: McGill-Queen's University Press, p. 43-66.

Crouch, Colin. 2004. Post-Democracy. London: Polity.

Daatland, S. O., & Lowenstein, A. 2005. Intergenerational solidarity and the family-welfare state balance, European Journal of Ageing, 2, p. 174-182.

Dalton, Russel J. 2008, Citizen Politics. Public Opinion and Political Parties in Advanced Industrial Democracies, 5/e, Washington D.C.: CQ Press.

De Sario, Beppe. 2007. "'Precari su Marte': an experiment in activism against precarity." in: feminist review 87: p. 21-39.

Doer, Nicole. 2010. "Politicizing Precarity, Producing Visual Dialogues on Migration: Transnational Public Spaces in Social Movements." in: Forum: Qualitative Social Research 11(2).

Doling, John, and Richard Ronald. 2010. "Property-based Welfare and European Homeowners: How Would Housing Perform as a Pension?" in: Journal of Housing and the Built Environment 25(2): p. 227-241.

EIU, "Democracy index 2020: A year of democratic setbacks and popular protest", 2020.

Esping-Andernsen, Gøsta. 1985. Politics against Markets. The Social Democratic Road to Power. Princeton, NJ: Princeton University Press.

Forrest, Ray. 2008. "Globalization and the Housing Asset Rich: Geographies, Demographies and Social Convoys." in: Global Social Policy 8(2) p. 167-187.

Frey, C. B. & A. Michael, "The Future of Employment: How Susceptible are jobs to Computerization?", 《Univ. of Oxford working paper》, 2013.

Gamble, Andrew, and Rajiv Prabhakar. 2006, "The New Assets Agenda." in: Political Quarterly, 77: p. 197-204.

Gamble, Andrew. 2019. "Why is Neo-liberalism so Resilient?" in: Critical Sociology 45(7-8): p. 983-994.

Goldschmidt, N., and M. Wohlgemuth. 2008. "Social Market Economy: origins, meanings and interpretations." in: Constitutional Political Economy 19(3): p. 261-276.

Gordon, David M., Richard C. Edwards, and Michael Reich. 1982. Segmented Work, Divided Workers: The Historical Transformation of Work in the United States. Cambridge: Cambridge University Press.

Gordon, Robert. 2000. "Interpreting the 'One Big Wave' in US Long-Term Productivity Growth." NBER Working Paper #7752.

Gorz, André. 1982. Farewell to the Working Class. London: Pluto.

Gorz, André. 1985. Paths to Paradise: On the Liberation from Work. London and Sydney: Pluto.

Gorz, André. 1994. Capitalism, Socialism, Ecology. London and New York: Verso.

Gorz, André. 2000. Arbeit zwischen Misere und Utopie. Frankfurt/M.: Suhrkamp.

Gorz, André. 2017. "De la mise au travail à la production de soi." in: EcoRev 45: p.17-28.

Gough I. 2021. Move the debate from Universal Basic Income to Universal Basic Services. UNESCO Inclusive Policy Lab. 2021년 7월 1일 인출. https:// en.unesco.org/ inclusivepolicylab/analytics/move- debate-universal-basic-income-universal-basic-services

Gough, I.(2019) Universal Basic Services: a theoretical and moral framework. Political Quarterly, 90(3). p.534-542.

Hall, P. and Soskice, D.(2001). "An introduction to varieties of capitalism." In Hall, P. and D. Sosckice(eds), Varieties of capitalism: The institutional foundations of comparative advantage, pp. 1-68. Oxford: Oxford University Press.

Hardt, Michael, and Antonio Negri. 2004. Multitude: War and Democracy in the Age of Empire. New York: The Penguin Press.

Harloe, Michael. 1995. The People's Home? Social Rented Housing in Europe and America, Oxford, UK and Cambridge, USA: Blackwell.

Hassel, A. and Palier, B., eds. 2021. Growth and welfare in advanced capitalist economics. New York: Oxford University Press.

Heinze, Rolf G., Karl Hinrichs, Claus Offe, and Thomas Olk. 1984. "Interessendifferenzierung und Gewerkschaftseinheit: Bruchlinien innerhal der Arbeiterklasse als Herausforderung fuer gewerkschaftliche Politik." in: Clauf Offe. 'Arbeitsgesellschaft': Strukturprobleme und Zukunftsperspektiven. Frankfurt/M. and New York: Campus Verlag, p.118-137.

Hewison, K. 2016. "Precarious work." in: S. Edgell, H. Gottfried, and E. Granter(ed.). The Sage Handbook of the sociology of work and employment. CA: SAGE, p.1-72.

Ian Gough(2021), A Framework for a sustainable welfare state, 미발표 논문.

Inglehart, Ronald. 1990, Culture Shift in Advanced Industrial Societies, Princeton, N.J.: Princeton University Press.

Iversen, Torben, and Anne Wren. 1998. "Equality, Employment, and Budgetary Restraint: The Trilemma of the Service Economy." in: World Politics 50(4): p.507-546.

Jessop, Bob. 2005. "'Cultural Political Economy, the Knowledge-Based Economy, and the State." A. Barry and D. Slater(ed.). The Technological Economy. London: Routledge, p.144-165.

Kalleberg, A. L. 2011. Good Jobs, Bad Jobs: The Rise of Polarized and Precarious Employment Systems in the United States, 1970s-2000s. NY: Russell Sage Foundation.

Kemeny, Jim. 1992. Housing and Social Theory. London: Routledge.

Kim, & Gray, "Leave or stay? Battered women's decision after intimate partner violence", 《Journal of Interpersonal Violence》, 23(10), 2008, p.1465~1482.

Kocka, Jürgen, and Claus Offe(ed.). 2000. Geschichte und Zukunft der Arbeit. Frankfurt/ M.: Campus Verlag.

Kocka, Jürgen. 2016. "Thesen zur Geschichte und Zukunft der Arbeit." Institut für die Geschichte und Zukunft der Arbeit.

Laclau, Ernesto, and Chantal Mouffe. 1985. Hegemony and Socialist Strategy: Towards a Radical Democratic Politics. New York and London: Verso.

Lash, Scott, and John Urry. 1987. The End of Organized Capitalism. Cambridge, UK: Polity Press.

Lavoie, M. and Stockhammer, E. (2013). "Wage-led growth: Concept, theories and policies." In Lavoie, M. and Stockhammer, E., eds, Wage-led growth: An equitable strategy for economic recovery, pp. 13-39. New York: International Labour Organization.

Lipset, Seymour Martin, and Gary Marks. 2000. It Didn't Happen Here. Why Socialism Failed in the United States. New York and London: W. W. Norton & Company.

Lipset, Seymour Martin, and Stein Rokkan. 1967. "Cleavage Structures, Party Systems, and Voter Alignments: An Introduction." in: Seymour Martin Lipset and Stein Rokkan(ed.), Party Systems and Voter Alignments: Cross-national Perspectives. New York: Free Press, p.1-64.

Lipset, Seymour Martin. 1996. American Exceptionalism: A Double-Edged Sword. New York, N.Y.: W.W. Norton & Co., Inc.

Martin, Randy. 2002. Financialization of Daily Life. Philadelphia: Temple University Press.

Masahiko Aoki, "Corporations in evolving diversity: Cognition, governance, and institutions", Oxford University Press, 2010.

Melucci, Alberto. 1996. Challenging Codes: Collective Action in the Information Age. Cambridge University Press.

Moriguchi, Chiaki and Emmanuel Saez. 2008, "The Evolution of Income Concentration in Japan, 1886~2005 - Evidence from Income Tax Statistics." in: Review of Economics and Statistics 90(4): p.713-734.

Offe, Claus, and Rolf G. Heinze. 1992. Beyond Employment: Time, Work and the Informal Economy. Philadelphia: Temple University Press.

Offe, Claus. 1985. Disorganized Capitalism. Cambridge, MA: The MIT Press.

Oliver, Jr., H. M. 1960. "German Neoliberalism." in: The Quarterly Journal of Economics 74(1): p.117-149.

O'Donnell, G, "Transitions to democracy: Some navigation instruments", In Rober, P. ed., ⟨Democracy in Americas: Stopping of the pendulum⟩, pp.62-75, Holmes and Meier, 1989.

Palmer, B. D. 2014. Reconsiderations of class: Precariousness as proletarianization. Socialist Register. 50: p.40-62.

Pateman, C. 2004. Democratizing citizenship: Some advantage of a basic income, Politics & Society, 32(1), p.89-105.

Piketty, Thomas and Emmanuel Saez. 2006, "The Evolution of Top Incomes: A Historical and International Perspective." in: American Economic Review 96(2): p.200-205.

Piore, Michael J. and Charles F. Sabel. 1984. The Second Industrial Divide. New York: Basic books.

Portes, J. P., H. Reed, and A. Percy, 2017, Social prosperity for the future: A proposal for

Universal Basic Services, Institute for Global Prosperity

Prabhakar, Rajiv. 2009, "The Assets Agenda and Social Policy." in: Social Policy & Administration 43(1): p. 54-69.

Przeworski, Adam, and John Sprague. 1986. Paper Stones: A History of Electoral Socialism. Chicago: University of Chicago Press.

Rodrik, D, "Premature deindustrialization", 《Journal of Economic Growth》, 21, 2016, p. 1~33.

Saez, Emmanuel. 2006. "Income and Wealth Concentration in a Historical and International Perspective," Alan J. Auerbach, David Edward and John M. Quigley, eds., Public Policy and the Income Distribution, New York: Russel Sage Foundation, p. 221-258.

Sainsbury, D. 1999. Taxation and family responsibility. In Dian Sainsbury(Ed). Gender and welfare state regimes. Oxford University Press.

Sainsbury, D. 1999. Taxation and family responsibility. In Diane Sainsbury(Ed.). Gender and welfare state regimes. Oxford University Press.

Sartori, Giovanni. 1976. Parties and Party Systems: A Framework for Analysis. Cambridge: Cambridge University Press.

Scharpf, Fritz W. 1985. "Die Politikverflechtungs-Falle: Europäische Integration und deutscher Föderalismus im Vergleich." in: Politische Vierteljahresschrift 26(4): p. 323-356.

Schmidt, Vivien A., and Mark Thatcher(ed.). 2013. Resilient Liberalism in Europe's Political Economy. Cambridge: Cambridge UP.

Schnyder, Gerhard, and Gregory Jackson. 2013. "Germany and Sweden in the crisis: Re-coordination or resilient liberalism?" in Vivien Schmidt and Mark Thatcher(eds) Resilient Liberalism in Europe's Political Economy, Cambridge University Press, p. 313-345.

Schwartz, Herman M., and Leonard Seabrooke(ed.). 2009. The Politics of Housing Booms and Busts. New York: Palgrave Macmillan.

Shin, Jin-Wook. 2021. "Social Movements: Developments and Structural Changes after Democratisation." In: Cho Youngho, Han JeongHun and Ramon Pacheco Pardo(ed.). The Oxford Handbook of South Korean Politics. Oxford: Oxford University Press, forthcoming.

Somerville, Peter. 2005. "Housing, Class and Social Policy." in: P. Somerville(ed.). Housing and Social Policy. Contemporary themes and critical perspectives, London and New York: Routledge, p. 103-123.

Stamsø, Mary-Ann. 2010, "Housing and Welfare Policy - Changing Relations? A Cross-National Comparison," Housing, Theory and Society 27(1): p. 64-75.

Standing, G. 2014. A precariat charter: From denizens to citizens. London.: Bloomsbury.

Standing, G. 2015. "The precariat and class struggle." in: RCCS Annual Review 7: p. 3-16.

Standing, G. 2017. The precariat: The new dangerous class. London.: Bloomsbury.

Swank, D, 《Global capital, political institutions, and policy change in developed welfare states》, Cambridge University Press, 2002.

Taddei, Emilio. 2002. "Crisis económica, protesta social y "neoliberalismo armado" en América Latina." in: Cronología, June, 2002.

Thelen, K. 2014. Varieties of liberalization and the politics of social solidarity. Cambridge: Cambridge University Press.

Tony Fitzpatrik(2017), A Green History of the Welfare State, Routledge.

Torgersen, Ulf. 1987. "Housing: The Wobbly Pillar under the Welfare State." in: B. Turner, J. Kemeny and L. Lundqvist(ed.). Between State and Market: Housing in the Post-Industrial Era, Stockholm: Almqvist and Wiksell, p. 116-126.

Trägårdh, L. 1997. Statist individualism: On the culturality of the Nordic Welfare State. In Ø. Sørensen(Ed.). The cultural construction of Norden, Scandinavian University Press.

von Hayek, Friedrich August. 1963. "Arten der Ordnung", in: F. A. v. Hayek. Freiburger Studien. Gesammelte Aufsätze. Tübingen: J. C. B. Mohr(Paul Siebeck), 2/e, 1994, p. 32-46.

Wright, E. O. 2016. "Is the precariat a class?" in: Global Labour Journal 7(2): p. 123-135.

Zaremba, M., 1987. "Byalagets diskreta charm eller Folkhemmets demokratiuppfattning", in Du sköna gamla värld, ed. Sekretariatet för framtidsstudier. Stockholm: Liber Förlag.

_____. 1995. From Public Housing to the Social Market. London: Routledge.

_____. 2005. "The Really Big Trade-Off between Home Ownership and Welfare." in: Housing, Theory and Society 22(2): p. 59-75.

"Arrested development: The model of development through industrialisation is on its way out", 《The Economist》, October 4th 2014 edition, 2014. https://www.economist.com/special-report/2014/10/02/arrested-development

"Arrested development: The model of development through industrialisation is on its way out", 《The Economist》, October 4th 2014 edition, 2014. https://www.economist.com/special-report/2014/10/02/arrested-development

보고서 및 기타 자료

European Union Statistics on Income and Living Conditions(EU-SILC, 2012)

Household, Income and Labour Dynamics in Australia(HILDA, 2012)

IPCC, 〈제5차 평가보고서: 기후변화의 과학적 기초〉, 2013.

OEC), 〈In It Together: Why Less and Inequality Benefits All〉, 2015.

OECD, 〈Economic outlook 2020〉, 2020a.

OECD, 〈Government at a glance〉, 2019a.

OECD, 〈Health at a Glance. Paris: OECD Publishing〉, 2019b.

OECD, 〈How's Life? 2017: Measuring Well-being〉, 2017.

OECD, 〈Social expenditure-Aggregated data〉, 2019. https://stats.oecd.org/Index.aspx?datasetcode=SOCX_AGG#(접속일 2020. 8. 5.)

OECD, 〈World Happiness Report 2020〉, 2020b.

OECD, "Promoting Productivity and Equality: Twin Challenges", 〈OECD Economic Outlook〉, No. 99, 2016.

Survey of Labour and Income Dynamics(SLID, 2010) for Canada

국립정신건강센터, 《국가정신건강현황보고서 2019》, 국립정신건강센터, 2020.

김연명, "포스트 코로나 시대의 신복지 비전", 미발간 발표 자료집, 2021.

박은정, "플랫폼 노동자와 고용·산재보험제도", 사회정책연합학술대회 발표문, 2020.

윤홍식, "코로나19 팬데믹, 한국 복지국가의 패러다임 전환을 묻다", 한국사회복지학회, 연합 학술대회 발표문, 2021a.

이삼식 외, "인구구조 변화에 따른 한국 사회의 대응 전략", 정책기획위원회 연구용역보고서, 2019.

장지연, "고용 안전망 강화, 성과와 과제", 제5차포용국가포럼 발표문, 2021.

장지연, "고용 형태 다양화에 따른 사회보험의 대안", 사회정책연합학술대회 발표문, 2018.

장지연·이호근, "플랫폼 노동자 보호 제도의 전망: 노동법적 보호와 사회보장제도 적용을 중심 으로", 《플랫폼 경제 종사자 고용 및 근로 실태 진단과 개선 방안 모색 정책토론회》, 한국 고용정보원, 2019, 49~78쪽.

정부 관계부처 합동, "전 국민 고용보험 로드맵", 보도자료, 2020. 12. 23.

정책기획위원회, 《열린 정책》, 제9호, 정책기획위원회, 2021.

조돈문, "전국민고용보험제의 정치와 고용보험 사각지대 해소 방안", 〈사각지대 해소를 위한 전 국민 고용보험 시행 방향 세미나〉, 한국비정규노동센터, 2020.

최현수, "소득 중심 전 국민 사회보험과 휴먼 뉴딜 추진 방향", 제5차포용국가포럼 발표문, 2021.

통계청, "연령별 인구통계", 2020. http://27.101.213.4/ageStatMonth.do(접속일 2020. 8. 5.)

한국노동패널조사(KLPS, 2009)

한국사회정책학회, "정의로운 생태 전환과 새로운 복지국가", 춘계학술대회 자료집, 2021.

한국생태문명회의, "생명, 생활, 생산, 전환을 위한 사고와 행동", 콘퍼런스 자료집, 2020.

언론 기사

"2020년 봉준호, 기생충 해…아카데미 눈 뜨게 해", 《오마이뉴스》, 2020. 12. 11. http://star. ohmynews.com/NWS_Web/OhmyStar/at_pg.aspx?CNTN_CD=A0002701449

"UNCTAD, 한국 지위 '개도국→선진국' 변경…57년 역사상 처음", 《한겨레》, 2021. 7. 4. https://www.hani.co.kr/arti/politics/diplomacy/1002004.html

"김연아 피겨 금 같은 감동…세계를 홀린 클래식 코리아", 《조선일보》, 2015. 10. 22. https:// www.chosun.com/site/data/html_dir/2015/10/22/2015102200520.html

"러시아 마린스키발레단 동양인 첫 수석무용수 김기민", 《월간조선》, 2015년 6월호. http:// monthly.chosun.com/client/news/viw.asp?ctcd=L&nNewsNumb=201506100006&page=4

"미 타임 올해의 연예인에 방탄소년단", 《한겨레》, 2020. 12. 11. http://www.hani.co.kr/arti/ international/international_general/973808.html

"전 세계 공대생이 취직하고 싶은 기업 1위는 구글…삼성전자 9위", 《연합뉴스》, 2020. 10. 4. https://www.yna.co.kr/view/AKR20201002000900003

"코로나 고용 한파…작년 취업자 외환 위기 이후 최대 감소", 《한겨레》, 2021. 1. 14. 3면.

"코로나 확진 '사지마비 장애인', 기저귀 찬 채 5일째 요양병원에 방치", 《비마이너》, 2021. 8. 6. https://www.beminor.com/news/articleView.html?idxno=21783

"탄소중립위원회, 기후위기 면죄부 전략 우려", 《환경일보》, 2021. 5. 29. http://www.hkbs.co.kr/news/articleView.html?idxno=633898

구도완, "생태민주주의와 전환정치", 《바람과 물》, 1호, 여해와함께, 2021.

김종진, "녹색 전환, 과정과 결과 모두 정의로워야", 《이코노미 인사이트》, 5월호, 한겨레신문, 2021.

서혜빈, "'헌법 1조, 국가는 기후변화와 맞서 싸운다' 바꿔가는 시민들", 《한겨레》, 2021. 4. 5.

이유진, "어떤 탄소 사회를 만들 것인가", 《녹색평론》5-6월호, 녹색평론사, 2021.

홍덕화, "'노란 조끼'의 도전, '전환의 정치'가 필요하다", 《프레시안》, 2018년 11월 24일자. https://www.pressian.com/pages/articles/218683#0DKU

인터넷 사이트

NASA 홈페이지, https://climate.nasa.gov/evidence/

OECD 홈페이지, https://stats.oecd.org

비마이너 홈페이지, https://www.beminor.com

연합뉴스 홈페이지, https://www.yna.co.kr

오마이뉴스 홈페이지, http://star.ohmynews.com

월간조선 홈페이지, http://monthly.chosun.com

유네스코 홈페이지, https://en.unesco.org

이코노미스트 홈페이지, https://www.economist.com

조선일보 홈페이지, https://www.chosun.com

통계청 홈페이지, http://27.101.213.4

프레시안 홈페이지, https://www.pressian.com

한겨레 홈페이지, https://www.hani.co.kr

환경일보 홈페이지, http://www.hkbs.co.kr

성공한 나라 불안한 시민

대전환 시대, 한국 복지국가의 새판 짜기
ⓒ 이태수 이창곤 윤홍식 김진석 남기철 신진욱 반가운, 2022

펴낸날	1판 1쇄 2022년 2월 11일
	1판 2쇄 2024년 3월 11일
지은이	이태수 이창곤 윤홍식 김진석 남기철 신진욱 반가운
펴낸이	윤미경
펴낸곳	(주)헤이북스
출판등록	제2014-000031호
주소	경기도 성남시 분당구 황새울로 234, 607호
전화	031-603-6166
팩스	031-624-4284
이메일	heybooksblog@naver.com
책임편집	김영희
디자인	류지혜
찍은곳	한영문화사
ISBN	979-11-88366-32-3 03300